运动人体科学实验原理与方法

李　洁　段海俊　主编

人民体育出版社

图书在版编目（CIP）数据

运动人体科学实验原理与方法 / 李洁，段海俊主编. -- 北京 : 人民体育出版社，2009（2022.2重印）
ISBN 978-7-5009-3802-6

Ⅰ. ①运… Ⅱ. ①李… ②段… Ⅲ. ①人体运动－人体学－实验－高等学校－教材 Ⅳ. ①G804-33

中国版本图书馆CIP数据核字(2009)第233342号

*

人 民 体 育 出 版 社 出 版 发 行
北京中献拓方科技发展有限公司印刷
新　华　书　店　经　销

*

787×1092　16开本　21.25印张　470千字
2010年5月第1版　　2022年2月第6次印刷
印数：5,801—6,100册

*

ISBN 978-7-5009-3802-6
定价：80.00元

社址：北京市东城区体育馆路8号（天坛公园东门）
电话：67151482（发行部）　　邮编：100061
传真：67151483　　邮购：67118491
网址：www.sportspublish.cn
（购买本社图书，如遇有缺损页可与邮购部联系）

前　言

《运动人体科学实验原理与方法》是根据全国普通高校体育类各专业人才培养方案，为加强学生素质教育和培养实际动手能力，并结合我们多年的教学实践经验编写而成的。本书依照体育学院（系）各专业运动人体科学课程体系，包括《运动解剖学》《运动生理学》《运动生物化学》《体育保健学》《体育测量与评价》和《运动生物力学》6门课程所涉及的实验内容，通过验证型实验、综合型和设计型实验等，系统地介绍运动人体科学实验仪器的使用和实验方法，加强对学生动手能力、思维能力、观察能力、科研能力的培养，强化对学生的实验指导与实践，提高实验课的教学效果。

本书可供全国普通高校体育学院（系）各专业本、专科学生使用，也可作为运动人体科学硕士研究生的实验教学参考用书。此外，还可供教练员和有关医务、卫生保健人员及社区体育指导员参考。

本书力求反映运动人体科学实验的特点，避免各学科间实验内容的重复，进一步体现科学性、实用性、操作性和拓展性。各院（系）可根据自身条件和课程安排有选择地开设相关实验。另外本书对体育学院（系）相关实验室的建设也有一定的参考作用。

本书由李洁、段海俊主编，参加编写的有龚云（第一章），李洁（第二章、第三章），王宗兵（第四章），郭秀文（第五章），段海俊（第六章）。

虽然我们在整个编写过程中抱着一丝不苟的态度，但由于业务水平有限，不足和疏漏之处在所难免。敬请前辈专家和各方同仁不吝赐教，诚恳希望读者提出宝贵意见。

2009年于兰州

目 录

第一章　运动解剖学实验

实验一　显微镜的使用及组织切片观察（综合型实验）

【目的要求】

了解、掌握显微镜的构造及一般使用方法，观察组织切片。掌握上皮组织、结缔组织的结构及特点，软骨组织的结构及分类、骨组织的结构；掌握骨骼肌肌原纤维和神经元的结构特点。

【实验内容】

1. 了解显微镜的构造；
2. 掌握显微镜的一般使用方法；
3. 观察上皮组织、结缔组织、肌肉组织和神经组织的部分切片。

【实验（对象与）器材】

显微镜，各类组织切片。

【方法与步骤】

一、显微镜的一般构造

自 1665 年荷兰人列文·虎克首次发明显微镜以来，显微镜几经发展，仍是进行细胞、组织研究和实验的重要仪器之一，一般分为光学显微镜和电子显微镜两类。普通光学显微镜又可分为单目镜、双目镜等多种类型，学生实验多用单目镜。下面重点介绍普通单目显微镜的一般构造（图 1–1）。

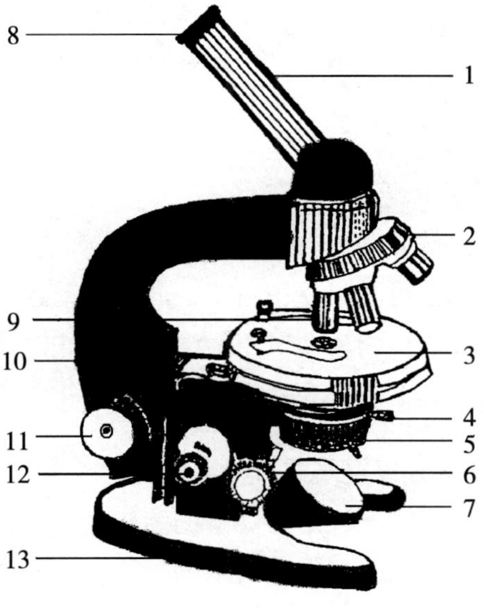

图 1–1　显微镜结构

1. 镜筒　2. 旋转盘　3. 载物台　4. 光圈　5. 集光器　6. 副镜台调节器　7. 反光镜　8. 目镜　9. 物镜　10. 镜臂　11. 粗调节器　12. 细调节器　13. 镜座

1. 镜筒：镜筒为装接目镜的装置。

2. 旋转盘：接于镜筒下方，嵌装物镜，可以旋转以更换物镜。

3. 载物台：放置载玻片的平台，中央有圆孔，光线可通过此孔，两侧装有压片夹或推进器。

4. 光圈：可任意开闭，以调节光线强弱。

5. 集光器：由几片透镜组成，用以聚集光线，可上下移动，以调节光度。

6. 副镜台调节器：转动时可使副镜台上下移动，以调节亮度。

7. 反光镜：为集光器下方的圆镜，此镜片可向各方向转动，以收集光源。其有平、凹两面，凹面镜有聚光作用，光线弱时使用；平面镜只有反射作用，光线强时使用。

8. 目镜：嵌于镜筒之顶端，刻有 5×或 10×或 15×等字样，表示该目镜的放大倍数。

9. 物镜：嵌于旋转盘下，分低倍、高倍和油镜头 3 种，表面均刻有放大倍数，如 10×或 40×或 100×等。低倍镜放大约 10 倍，镜头较短。高倍镜放大约 40 倍，镜头较长。油镜放大 90～100 倍，镜头最长，有红线或黑线作标记，用时在镜头与盖玻片之间要加香柏油。

10. 镜臂：位于中部，呈弓形，作支持和握取用。

11. 粗调节器：位于镜筒两侧，调节轮较大，旋一圈可升降镜筒 10mm。

12. 细调节器：位于粗调节器下方，调节轮较小，旋一圈可升降镜筒 0.1mm。

13. 镜座：在最下部，呈马蹄形，作支撑用。

二、显微镜的使用方法

（一）对光和装片

转动旋转盘，使低倍镜置于镜筒直下方；放大光圈；适当下降集光器；两眼睁开，用左眼在目镜上观察（注意两眼睁开，尽量勿用右眼）；转动反光镜，使镜内视野完全明亮为止。对好光后，用粗调节器升高镜筒将切片平置于镜台上；移动切片使需观察的部分移至圆孔中央，并用压片夹固定，如有推进器时可先将切片固定，再将标本移至圆孔中央即可。

（二）低倍镜观察

从镜臂侧面密切注视并向前转动粗调节器，使镜筒慢慢下降至距离载玻片约 3mm 时为止。然后左眼注视目镜，向后转动粗调节器使镜筒缓慢上升至看到物象为止。再转动细调节器将物象调节至最清晰时为止。注意，低倍镜观察视野广、光线亮，能看见较多结构，宜下工夫观察和寻找组织结构，不要急于使用高倍镜。

（三）高倍镜观察

在低倍镜下找好需观察的结构并移至视野中央，再换高倍物镜，通常只需转动细调节器调节焦距即可得到清晰的物象，如光线太弱，可开大光圈，升高集光器。

（四）油镜观察

在使用油镜之前需将油镜头和盖玻片用二甲苯或乙醚纯酒精（1∶1）擦拭干净，将高倍镜下已找到的结构移至视野中央。接着将镜头升高约 1cm，在盖玻片上滴一滴香柏油后，将油镜头转至镜筒直下方。从侧面注视镜头使之缓慢下降至镜头浸入油滴，约与盖玻片相隔 0.5mm 为宜，然后用左眼注视目镜，转动细调节器使物象至最清晰为止。注意，使用油镜头时需要较强的光线，用后须用镜头纸擦净镜头和盖玻片上的油迹，再用乙醚纯酒精（1∶1）擦拭干净。

三、观察组织切片

按照上述方法逐一观察上皮组织、结缔组织、肌肉组织和神经组织的切片并绘图。显微镜的放大倍数 = 物镜（倍数）× 目镜（倍数）。

【注意事项】

1. 携取时宜一手握镜臂，另一手托住镜座。
2. 放置时镜台向前，镜臂向后，置于工作台偏左侧。
3. 使用时勿使灰尘、湿气、水滴、药品等污染显微镜的任何部位；禁止用口吹或手抹目镜、物镜上的灰尘或污物，要用镜头纸擦拭，以免损坏透镜；严禁拆卸、调换和玩弄目镜、物镜；使用调节器时动作要轻，以免损坏；离座位时需将显微镜扶直，并推至桌子中央，以免撞翻。
4. 使用完毕将镜臂转至垂直位，移去载玻片，升高镜筒将物镜转至两侧，不要使任一物镜对准圆孔。然后再转动粗调节器，使镜筒下降至最低处，将反光镜折回原来的位置，拭净镜座、镜台。最后装回显微镜盒内。

【作业与思考题】

绘图要备好铅笔、橡皮、实验报告纸等用具。在看懂切片的基础上，抓住重点切片的特点进行真实的描绘。绘好后用铅笔注字，说明绘制的内容。注字时标线不应交叉，要整齐美观、字迹清楚。

1. 绘制在显微镜下看到的单层扁平上皮、单层立方上皮、单层柱状上皮图，并说明上皮组织的结构特点。
2. 通过观察组织切片，分别指出假复层纤毛柱状上皮和变移上皮的结构与功能意义。
3. 从疏松结缔组织的切片观察中，说明结缔组织的结构特点。
4. 认真观察长骨骨干横断面的骨磨片切片，将观察到的结构画出示意图，并标注各结构名称。
5. 观察骨骼肌肌纤维纵切片，绘制一根肌原纤维结构图，并标注明带、暗带、H 带、Z 线和肌节。

实验二 骨总论（验证型实验）

【目的要求】

1. 通过观察 4 种骨的形态，掌握骨的分类方法及其形态结构特征。

2. 观察长骨纵切标本、婴幼儿和成人肱骨或股骨标本，掌握骨的构造，了解婴幼儿骨的特征。

3. 观察脱钙骨、煅烧骨的物理特性。

【实验内容】

1. 观察骨的一般形态及结构。

2. 观察脱钙骨和煅烧骨标本。

【实验（对象与）器材】

人体骨架、4 种骨标本及其剖面标本、幼儿和成人肱骨或股骨标本、脱钙骨和煅烧骨标本。

【方法与步骤】

一、观察4种形态的骨

取成人肱骨、腕骨、顶骨和椎骨各一块，根据长骨、短骨、扁骨和不规则骨的形态特征，从形态上区别上述4块骨。注意观察长骨两端（骺端）游离面较为圆滑的关节面。结合观察4种形态骨剖面标本，注意4种形态骨的骨密质与骨松质的分布情况。

二、观察成人肱骨或股骨

取成人肱骨或股骨，用骨锯从股骨头沿股骨颈及股骨体长轴将骨锯成前后两半，并将锯开的骨取下，观察以下结构：

1. 观察剖开骨两端关节面，骺端内部为骨松质，骨体骨质主要是骨密质。结合成人股骨纵切标本，仔细观察骺端内骨松质、骨小梁排列特点，辨认出压力线和张力线。思考压力线、张力线的功能。

2. 观察剖开的肱骨或股骨，可见骨干中央的骨髓腔。并能看到血管出入的滋养孔。

三、观察婴幼儿股骨标本

取婴幼儿肱骨或股骨，能看到骺端与骨干之间有一薄层软骨称骺软骨。思考骺软骨与骨生长的关系。

四、观察脱钙骨和煅烧骨

1. 取经过盐酸浸泡后的脱钙骨，可见骨中无机盐类已被脱去，仅含有机物。虽保持骨外形，但变得柔软而富有弹性，可将其弯曲、扭转，甚至可将其打结，此为脱钙骨。

2. 取经煅烧的骨，可见骨中有机物燃烧后完全被去除，仅含无机盐类，骨虽保持原有外形，但变得异常酥脆、易碎，用手指碾压即成粉末状，此为煅烧骨。

【作业与思考题】

在实验报告纸上绘制 4 种不同形态的骨，特别注意在长骨上显示出骨密质和骨松质（压力曲线、张力曲线）。

实验三　上肢骨（验证型实验）

【目的要求】

1. 掌握人体上肢骨的组成及各骨的名称。
2. 结合课本内容，掌握上肢骨的结构特点以及各骨的主要骨性标志。

【实验内容】

观察上肢骨。

【实验（对象与）器材】

人体骨架标本，人体完整的上肢骨散骨标本数套。

【方法与步骤】

一、辨认上肢骨

在人体骨架标本上辨认上肢骨，掌握上肢骨的组成及各骨的位置和名称。

1. 上肢带骨：锁骨、肩胛骨。
2. 自由上肢骨：肱骨、桡骨、尺骨、腕骨、手骨。

二、观察上肢骨的主要骨性标志

根据课本内容，确认每块上肢骨的位置，并掌握各骨的主要骨性标志。

1. 锁骨：胸骨端、胸骨关节面、肩峰端、肩峰关节面、上面、下面。
2. 肩胛骨：三缘（上缘、内侧缘和外侧缘）；三角（内侧角、外侧角和下角）；前面（肋面）和后面（背面）、肩胛下窝、喙突、肩胛切迹、关节盂、盂上结节、盂下结节、肩胛冈、冈上窝、冈下窝、肩峰、肩峰关节面。
3. 肱骨：肱骨头、解剖颈、外科颈、大结节、大结节嵴、小结节、小结节嵴、结节间沟、三角肌粗隆、桡神经沟、内上髁、外上髁、肱骨滑车、肱骨小头、冠突窝、桡窝、尺神经沟、鹰嘴窝。
4. 尺骨：鹰嘴、冠突、滑车切迹、尺骨粗隆、桡切迹、骨间缘、尺骨头、环状关节面、尺骨茎突。
5. 桡骨：桡骨头、桡骨头凹、环状关节面、桡骨颈、桡骨粗隆、骨间缘、桡骨茎突、尺切迹。

6. 手骨

(1) 腕骨：共 8 块，排成远近两列，每列 4 块。近侧列由桡侧向尺侧依次为手舟骨、月骨、三角骨和豌豆骨；远侧列由桡侧向尺侧依次为大多角骨、小多角骨、头状骨和钩骨。

(2) 掌骨：共 5 块，由桡侧向尺侧依次为第一至第五掌骨，每块掌骨分为掌骨底、掌骨体和掌骨头。

(3) 指骨：共 14 块，除拇指 2 节外，其余各指皆为 3 节，分为近节（基节）指骨、中节指骨（拇指无中节指骨）和远节（末节）指骨，近节指骨和中节指骨分为指骨底、指骨体和指骨滑车，远节指骨的远端为指骨粗隆。

三、上肢骨主要体表标志

1. 锁骨：位于皮下，呈 S 形，可触扪到全长。
2. 肩胛骨：可触扪到肩峰、肩胛冈、下角、内侧缘。
3. 肱骨：可触扪到大结节、内上髁和外上髁。
4. 尺骨：可触扪到尺骨体、鹰嘴、尺骨头和尺骨茎突。
5. 桡骨：可触扪到桡骨头和桡骨茎突。
6. 手骨：可触扪到全部手骨的背面。

【作业与思考题】

在实验报告纸上分别绘制上肢各骨的形态图。

实验四 下肢骨（验证型实验）

【目的要求】

1. 掌握人体下肢骨的组成及各骨的名称。
2. 结合课本内容，掌握下肢骨的结构特点以及各骨的主要骨性标志。

【实验内容】

观察下肢骨。

【实验（对象与）器材】

人体骨架标本，人体完整的下肢骨散骨标本数套。

【方法与步骤】

一、辨认下肢骨

在人体骨架标本上辨认下肢骨，掌握下肢骨的组成及各骨的位置和名称。

1. 下肢带骨：即髋骨。

2. 自由下肢骨：股骨、髌骨、胫骨、腓骨、足骨。

二、观察下肢各骨的主要骨性标志

结合课本内容，辨认出下肢各散骨标本的上下、前后、内外侧及其位置，掌握各骨的主要骨性标志。

1. 髋骨：一对，左右各一块，由髂骨、耻骨和坐骨 3 骨结合而成，整体上可见髋臼和闭孔。

(1) 髂骨：髂骨体、髂骨翼、髂嵴、髂前上棘（下棘）、髂后上棘（下棘）、髂窝、髂粗隆、耳状面、臀面。

(2) 耻骨：耻骨体、耻骨上支、耻骨下支、耻骨梳、耻骨结节、耻骨联合面。

(3) 坐骨：坐骨体、坐骨支、坐骨结节、坐骨棘、坐骨大切迹（小切迹）。

2. 股骨：股骨头、股骨颈、大转子、小转子、转子间线、转子间嵴、粗线（内侧唇、外侧唇）、内侧髁、外侧髁、腘面、髌面、髁间窝、内上髁、外上髁、收肌结节。

3. 髌骨：髌底、髌尖、髌关节面。

4. 胫骨：内侧髁、外侧髁、上关节面、髁间隆起、腓关节面、胫骨粗隆、内踝、内踝关节面、下关节面、腓切迹、骨间缘。

5. 腓骨：腓骨头、腓骨头关节面、骨间缘、外踝、外踝关节面。

6. 足骨：由跗骨、跖骨和趾骨组成。

7. 跗骨：有 7 块，分别为距骨、跟骨、足舟骨、内侧楔骨、中间楔骨、外侧楔骨和骰骨。辨认跟骨结节、载距突、距骨滑车、舟骨粗隆、骰骨粗隆。

8. 跖骨：有 5 块，由内侧向外侧依次为第一至第五跖骨，分为跖骨底、跖骨体、跖骨头。

9. 趾骨：有 14 块，除拇趾为 2 节外，其余皆为 3 节，分为近节趾骨、中节趾骨（拇趾无中节趾骨）和远节（末节）趾骨，近节趾骨和中节趾骨分为趾骨底、趾骨体、趾骨滑车，远节趾骨的远端为远节趾骨粗隆。

三、下肢骨的主要体表标志

1. 髂骨：可触扪到髂嵴、髂前上棘、髂后上棘、耻骨结节和坐骨结节。

2. 股骨：可触扪到大转子、外侧髁和内侧髁。

3. 髌骨：位于皮下可触扪到前面。

4. 胫骨：可触扪到内侧髁、外侧髁、胫骨粗隆、胫骨前嵴、胫骨内侧面和内踝。

5. 腓骨：可触扪到腓骨头和外踝。

6. 足骨：可触扪到跟骨结节、载距突，以及除跟骨和距骨以外的全部足骨的背面。

【作业与思考题】

在实验报告纸上分别绘制下肢各骨的形态图。

实验五 中轴骨（验证型实验）

【目的要求】

1. 掌握人体中轴骨的组成及各骨的名称。
2. 结合课本内容，掌握中轴骨的结构特点以及各骨的主要骨性标志。

【实验内容】

观察中轴骨。

【实验（对象与）器材】

人体骨架标本，人体完整的中轴骨散骨标本数套。

【方法与步骤】

一、辨认中轴骨

在人体骨架标本上辨认中轴骨，掌握中轴骨的组成及各骨的位置和名称。

1. 颅骨（脑颅骨、面颅骨）。
2. 躯干骨：胸骨、肋骨、椎骨和骶骨。

二、观察中轴各骨的主要骨性标志

结合课本内容，辨认出中轴各散骨标本的解剖位置，掌握各骨的主要骨性标志。

1. 颅骨：脑颅骨（额骨、顶骨、筛骨、蝶骨）；面颅骨（颧骨、上颌骨、鼻骨、泪骨、下鼻甲骨、腭骨、下颌骨、犁骨、舌骨）。

2. 胸骨：胸骨柄、胸骨体、剑突、颈静脉切迹、锁切迹、肋切迹、胸骨角。

3. 肋骨：肋头、肋颈、肋角、肋骨体、肋结节、肋弓、肋沟。

4. 椎骨：椎体、椎弓、椎孔、突起（棘突 1 个、横突一对、上关节突一对、下关节突一对）、椎上切迹、椎下切迹和椎间孔。

5. 特殊椎骨的标志

(1) 寰椎（第一颈椎）：椎孔、前弓、后弓、侧块、横突孔、上关节面、下关节面、齿突凹。

(2) 枢椎（第二颈椎）：齿突、上关节面、下关节面。

(3) 骶骨（骶椎）：上关节面、骶骨岬、骶前孔、骶管、耳状面、骶后孔、骶管裂孔、骶角。

三、躯干骨主要体表标志

1. 颅骨：下颌角、下颌体、颧弓、乳突、枕外隆凸。

2. 胸骨：位于皮下，可触扪到胸骨的前面。

3. 肋骨：可触扪到第二至第十二肋骨的外面。

4. 椎骨：位于皮下，可触扪到全部椎骨的棘突，低头时在颈后部最长的棘突为第七颈椎（隆椎），是确定各椎骨的重要标志。

5. 骶骨：可触扪到骶骨的骶正中嵴、骶角以及尾骨的背面。

【作业与思考题】

在实验报告纸上分别绘制中轴各骨的形态图。

实验六　骨连接（验证型实验）

【目的要求】

1. 了解人体骨连结（关节）的类型。
2. 掌握关节的基本结构和辅助结构。
3. 掌握关节的分类。

【实验内容】

1. 观察骨连结类型和关节结构。
2. 观察关节分离模型。

【实验（对象与）器材】

人体骨架、成人与幼儿的头颅骨、骶骨和髋骨及前臂骨连结、肩关节标本（关节囊、冠状切面标本、去除肱骨头等标本）、膝关节标本（去除关节囊标本和矢状切面标本），关节分类模型。

【方法与步骤】

一、观察直接连结

1. 观察纤维连结：取前臂骨连结标本，可见到桡、尺骨骨体间的前臂骨间膜；取颅骨标本，可见缝的连结，缝的两骨边缘借少量的结缔组织相连。

2. 观察软骨连结：在骨架上观察肋软骨与胸骨借助软骨连结，椎骨椎体之间的椎间盘，二者均为永久性软骨连结。取幼儿的髋骨标本，可见髂骨、坐骨和耻骨在髋臼处借软骨连结，在幼儿的 5 块骶椎标本中可见到它们之间借软骨连结，二者均属暂时性软骨连结，这些软骨随年龄的增长，逐渐骨化而变为骨性连结。

3. 观察骨性结合：取成人骶骨与髋骨标本，与幼儿 5 块骶椎和髋骨对照，可见幼儿时的软骨连结部分被骨组织连结所代替，变成骨性结合。

二、观察关节的基本结构和辅助结构

（一）观察关节的基本结构

1. 取肩关节冠状切面标本，可见肱骨头（关节头）和肩胛骨的关节盂（关节窝），在关节头和关节窝表面覆盖着的一薄层软骨，表面光滑，此乃关节软骨。

2. 在完整的肩关节标本上，可见在肩胛骨关节盂与肱骨头周缘借纤维结缔组织彼此相连并将其封闭，此为关节囊。在肩关节冠状切面标本上可见关节囊外层为纤维层较坚韧，内层为滑膜层，内、外两层无法分离。

3. 取肩关节冠状切面标本，可见由关节囊围成的关节内部封闭的空隙，即为关节腔。

（二）观察关节的辅助结构

1. 取膝关节去除关节囊标本，可见到胫侧副韧带，此为关节囊增厚形成的韧带，还可见腓侧副韧带，此为关节囊外独立存在的囊外韧带。在该标本上还可见到位于关节中央的前、后交叉韧带，此为关节囊内韧带，以及髌骨下方的髌韧带，此为肌腱形成的韧带。

2. 取肩关节去除肱骨头的标本，观察附着于肩胛骨关节盂周缘的纤维软骨，此为关节唇，称盂唇。此类结构在髋关节的髋臼周缘称髋臼唇。

3. 取膝关节去除关节囊和股骨的标本，可见在股、胫骨连结之间有两个半月形的软骨，此结构在关节腔内，为关节内软骨，称半月板。在胸锁关节的关节腔内有关节盘。

4. 取膝关节矢状切面标本，可见到在关节腔内有许多淡黄色的形似脂肪的组织，此为滑膜襞。还可在髌骨上、下方见到囊袋状结构，此为滑膜囊。

三、观察关节类型

取关节分类模型，绕一个轴运动的为单轴关节（按关节面形状又可分为屈戍关节和车轴关节）；绕两个轴运动的为双轴关节（又可分为椭圆关节和鞍状关节）；绕三个轴运动的为多轴关节（又分为球窝关节和平面关节）。

【作业与思考题】

在图 1–2 中，填写引线所指的关节各结构名称。

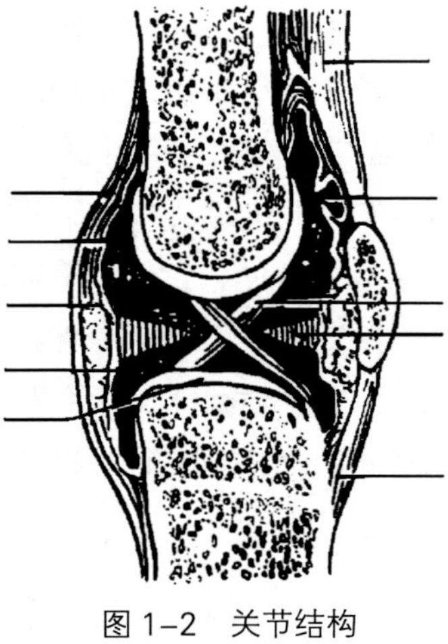

图 1–2 关节结构

实验七 上肢关节（验证型实验）

【目的要求】

1. 了解上肢带关节和自由上肢关节各包括哪些关节。

2. 观察胸锁关节和肩锁关节标本，了解其组成、结构特点，理解为何上肢带关节整体运动要以肩胛骨运动来表示。

3. 观察肩关节、肘关节、桡腕关节标本，掌握其组成、结构特点，熟悉各关节的运动。

【实验内容】

1. 观察上肢带关节；

2. 观察自由上肢关节；

3. 掌握上肢各关节的运动及特点。

【实验（对象与）器材】

人体骨架、上肢骨标本；胸锁关节、肩关节、肘关节和桡腕关节的标本；盘子、镊子和探针等。

【方法与步骤】

一、观察上肢带关节

1. 在骨架上观察和辨认上肢带关节包括的胸锁关节和肩锁关节。

2. 胸锁关节的观察

(1) 取锁骨与胸骨标本，将锁骨的胸关节面与胸骨的锁切迹相连结，了解该关节的组成及关节面的形状，思考其具备几个运动轴。

(2) 取胸锁关节标本，在保留完整关节囊一侧的标本上观察和辨认前方的胸锁前韧带、后方的胸锁后韧带、下方的肋锁韧带和上方的锁间韧带。这些韧带对该关节有何作用?

(3) 在胸锁关节标本冠状切面一侧，观察和辨认关节盘。它们对该关节有何作用?

3. 肩锁关节的观察：取锁骨和肩胛骨，并将二骨的肩峰关节面相连结，了解该关节面的形状。

二、观察自由上肢关节

(一) 肩关节的观察

1. 取肩胛骨和肱骨，将肩胛骨关节盂和肱骨的肱骨头相连结，了解该关节的组成。

2. 取有关节囊的肩关节标本，观察关节囊的松紧和厚薄，辨认加强关节囊的喙肱韧带（前上方）、盂肱韧带（前方）和喙肩韧带，思考其各自的作用。

3. 取肩关节冠状切面标本，观察肱二头肌长头肌腱的走向，思考其作用。

4. 取去除肱骨头的肩关节标本，辨认关节盂唇。思考关节盂唇的作用。

（二）肘关节的观察

1. 取肱骨、尺骨和桡骨标本，将肱骨滑车和肱骨小头分别与尺骨的滑车切迹、桡骨头凹相连结，并将尺骨的桡切迹与桡骨头环状关节面相连结，了解构成肘关节的 3 个关节（肱尺、肱桡和桡尺近侧关节）的组成。

2. 取有关节囊的肘关节标本，观察肘关节的关节囊。将肘关节做被动屈、伸运动，可观察到关节囊前后较为松弛。

3. 取去除关节囊的肘关节标本，辨认尺侧副韧带、桡侧副韧带和环状韧带。

4. 取去除关节囊并去除桡骨头的肘关节标本，观察由尺骨的桡切迹与环状韧带共同构成的关节窝，其将桡骨头包绕，可防止桡骨头脱位。

（三）桡腕关节的观察

1. 取桡骨和手骨标本，将桡骨的腕关节面与近侧列腕骨的手舟骨、月骨、三角骨共同构成的椭圆形凸起关节头相连结，观察掌指关节、指骨间关节。

2. 取腕部冠状切面的手关节标本，观察桡腕关节的组成，重点观察桡骨腕关节面与三角软骨盘共同构成的椭圆形关节窝。

三、上肢各关节的运动

（一）上肢带关节的整体运动

1. 让每位学生用左手于背侧触摸右侧肩胛骨下角，做耸肩运动时肩胛骨上提；还原时肩胛骨下降。

2. 左手触摸右侧肩胛骨内侧缘，做含胸动作时，肩胛骨做前伸运动；扩胸时则后缩。

3. 左手触摸右侧肩胛骨下角，右臂外展至 180° 时，肩胛骨做上回旋运动；右臂由外展上举位至内收运动时，肩胛骨做下回旋运动。

（二）肩关节的运动

1. 让学生站立做臂的前后摆动（或跑步的前后摆臂），前摆为屈，后摆为伸。

2. 让学生由标准解剖学姿势位做两臂向侧举至上举位动作，即上臂绕肩关节外展运动；还原动作则为内收运动。

3. 让学生做两臂向前向内旋转动作（或乒乓球正手拉弧圈球），即上臂绕肩关节旋内运动；上臂向后向外旋动（或乒乓球反手拉弧圈球），则为旋外运动。

4. 让学生做两臂由侧平举至前平举动作（或掷铁饼出手动作），即上臂绕肩关节水平屈；由前平举至侧平举的扩胸动作（或掷铁饼预摆动作），则为水平伸。

5. 让学生做直臂绕环运动，即上臂绕肩关节环转。

(三) 肘关节的运动

让学生手持物体做弯举动作(肘关节屈的运动);还原动作则为伸。让学生屈肘90°(以一侧为例)做逆时针(即松螺丝)旋转时,即前臂旋前;顺时针(即紧螺丝)旋转时,则为旋后。

(四) 桡腕关节的运动

让学生手持物体做屈腕和翻腕动作,屈腕即为手绕桡腕关节屈;翻腕则为手绕桡腕关节伸。做立掌动作时,即为外展;劈掌则为内收。手做绕环运动(或跳绳时的摇绳动作)时,即为环转。

【作业与思考题】

在实验报告纸上分别绘制上肢各关节的形态图。

实验八 下肢关节(验证型实验)

【目的要求】

1. 了解下肢带关节和自由下肢关节各包括哪些关节。
2. 观察骨盆标本或模型,了解骨盆的组成、形态及其运动。
3. 观察髋关节、膝关节和踝关节标本或模型,了解其组成及结构特点。
4. 熟悉骨盆的运动及髋关节、膝关节和踝关节的运动。

【实验内容】

1. 观察下肢带关节的组成及其结构;
2. 观察自由下肢关节的组成及其结构;
3. 掌握下肢各关节的运动及特点。

【实验(对象与)器材】

人体骨架、下肢骨标本(或模型),骨盆标本或模型,髋关节与骶髂关节、膝关节和踝关节的标本或模型。盘子、镊子和探针等。

【方法与步骤】

一、观察下肢带关节

1. 取骶骨与两侧髋骨,并将两骨的耳状面相连结,了解骶髂关节的组成和耻骨联合的连结。

2. 取骨盆标本或模型,从上向下看,可见骨盆由左右髋骨、骶骨、尾骨借关节、软骨和韧带连结而成。注意观察大、小骨盆的分界线及其拱型结构,并思考其功能。分辨男、女骨盆的上口、下口（出口）、耻骨角（弓）、耻骨联合等形态上的差异。

3. 取骶髂关节标本，可见该关节囊紧而厚，后上方有骶髂骨间韧带、前下方有骶棘韧带与骶结节韧带，它们对防止骶骨在重力作用下向前下滑动或转动起重要作用。

二、观察自由下肢关节

（一）观察髋关节的结构

1. 取股骨和髋骨，将股骨头和髋骨髋臼相连结，了解髋关节的组成。

2. 取髋关节去囊标本，观察髋臼唇加深关节窝，并观察附于股骨头凹至髋臼横韧带的股骨头韧带。

3. 取髋关节标本，观察关节囊坚韧情况及前方的髂股韧带、内侧的耻股韧带和后上方的坐股韧带。

（二）观察膝关节的结构

1. 取股骨、胫骨和髌骨，对照骨架的膝关节部分将3块骨连结起来，了解膝关节的组成。

2. 取有关节囊的膝关节标本，观察该关节囊宽阔而松弛。

3. 取膝关节矢状切面标本，观察滑膜襞和滑膜囊。

4. 取去除关节囊的膝关节标本，观察内侧的胫侧副韧带、外侧的腓侧副韧带、前方的髌韧带及关节腔内的前后交叉韧带。观察内、外侧半月板的形态（在去股骨的膝关节标本上观察更为清楚），胫侧副韧带与关节囊、内侧半月板相附着。将膝关节标本做被动的屈、伸动作，观察胫、腓侧副韧带及前后交叉韧带的松、紧情况，并观察内、外侧半月板在关节屈、伸活动中的移动情况。

（三）观察踝关节的结构

1. 取胫骨、腓骨和足骨标本，对照骨架足部将小腿骨与足骨连结起来，了解踝关节的组成。

2. 取踝关节标本，观察内侧的三角韧带、外侧的距腓前韧带、跟腓韧带、距腓后韧带。比较内、外侧韧带的强弱和内、外踝高低。思考为什么踝关节扭伤多伤及外踝。

3. 在足骨和踝关节标本上，观察足的内、外侧纵弓和横弓的组成，思考足弓的作用。

三、下肢各关节的运动

（一）骨盆的运动

1. 让学生站立位，做体前屈、后伸动作，前屈即骨盆前倾，后伸则骨盆后倾。

2. 让学生站立位，做左、右体侧屈动作，即为骨盆左、右侧倾。

3. 让学生站立位，做体转动作，即为骨盆左、右转动。

4. 让学生站立位，做腰绕环动作，即为骨盆的环转运动。

（二）髋关节的运动

1. 让学生做前、后摆腿动作，即为大腿绕髋关节屈、伸运动。

2. 让学生做向侧方摆腿动作，即为髋关节外展，还原动作为内收。

3. 让学生从解剖学标准姿势站立转为“立正”姿势，然后恢复解剖学标准姿势，前者为旋内，后者为旋外运动。

4. 让学生做武术运动中的里合腿动作，此为大腿绕髋关节做环转运动。

（三）膝关节的运动

1. 让学生做正脚背踢球的预摆和踢球动作，预摆小腿绕膝关节屈，踢球小腿绕膝关节伸。

2. 让学生分别做外脚背踢球和内脚背踢球动作，前者为膝关节屈位的旋内，后者则为旋外。

（四）足的运动

1. 让学生做足“绷脚尖”和勾脚动作，前者为足跖屈，后者为足背屈。

2. 让学生做内、外脚背踢球预备姿势，前者为足外翻，后者为足内翻。

3. 让学生做足“绷脚尖”和勾脚动作，比较足外展、内收动作的幅度差异。思考为什么勾脚时足的外展、内收几乎不能做。

【作业与思考题】

在实验报告纸上分别绘制下肢各关节的形态图。

实验九　中轴骨连接（验证型实验）

【目的要求】

1. 了解头颅骨大都以缝连结，仅有一对颞下颌关节。

2. 通过观察骨架、椎骨连结标本和脊柱标本，掌握椎骨连结的结构，了解脊柱整体观、人类脊柱的特征、胸廓的组成与形态特征，体会并掌握脊柱的运动。

【实验内容】

1. 头颅骨连结的观察；

2. 躯干骨连结的观察；

3. 了解胸廓及脊柱的整体观；

4. 掌握脊柱的运动及特点。

【实验（对象与）器材】

人体骨架、颅骨标本、椎连结标本、脊柱标本，盘子、镊子、探针等。

【方法与步骤】

一、观察颅骨的连结

取颅骨标本，观察颅骨除一对颞下颌关节外，均以缝连结。从头颅骨标本的上面观察辨认矢状缝、冠状缝和人字缝，侧面观察辨认“H”状缝和颞下颌关节。

二、观察椎骨的连结

1. 取椎连结的纵切和横切标本，观察位于上、下两椎体间的椎间盘，辨认其周围部分的纤维环和中央部分的髓核；辨认椎体前面的前纵韧带和后面的后纵韧带。

2. 取椎骨连结完整标本和矢状切面标本，辨认椎弓板间的黄韧带、上下横突之间的横突间韧带、上下棘突之间的棘间韧带和位于棘突尖的棘上韧带。

3. 取相邻上、下位椎骨，并将其连结，观察其上位椎骨的下关节面与下位椎骨上关节面相连结构成椎间关节。

三、脊柱的整体观

1. 在脊柱标本上，可观察到脊柱由 7 块颈椎、12 块胸椎、5 块腰椎、1 块骶骨和 1 块尾骨及 23 个椎间盘借助韧带、关节连结而成。从前面看，自第二颈椎至第二骶椎，椎体逐渐增大，第三骶椎向下逐渐缩小；椎间盘胸段最薄，腰段最厚。从侧面看，可以看到 23 对椎间孔。从上面看，全部椎骨的椎孔串联构成椎管，内容纳脊髓。

2. 在骨架上，从前、后面观察，脊柱全长为一直线，从侧面观察，则全长有 4 个弯曲，即颈、腰段凸向前（分别为颈曲和腰曲），胸、骶段凸向后（分别为胸曲和骶曲）。从个体发生过程来理解人类脊柱生理弯曲的形成。

四、胸廓的整体观

1. 取人体骨架模型，观察胸廓由 12 个胸椎、12 对肋以及 1 块胸骨连结而成。注意观察上位 7 对肋骨借助软骨连于胸骨，为真肋；下位 5 对肋骨不与胸骨直接连结，为假肋，其中第十一、第十二对肋骨前端游离，为浮肋。同时观察肋骨后端与胸椎形成关节，并思考胸廓扩大时肋骨的上提、下降活动情况。

2. 观察胸廓的形态，可见呈前后稍扁的圆锥体，上口小、下口大，并被膈肌所封闭。这形成了胸廓的前后径小于横径的形态特征。

五、脊柱的运动

让学生做广播体操的腹背运动，伸展动作脊柱做伸运动，体前屈动作则为屈运动；体侧运动时，脊柱为左、右侧屈运动；体转运动时，脊柱为左、右回旋运动。平时的腰绕环，脊柱参与做环转运动。

【作业与思考题】

在实验报告纸上分别绘制中轴各关节及胸廓和脊柱整体观的图。

实验十 运动上肢各关节的主要肌肉（验证型实验）

【目的要求】

1. 通过观察肌肉标本或模型辨认运动上肢各关节的主要肌肉，进一步了解其位置、形态和起、止点。

2. 了解主要肌肉的功能。

3. 通过观察手部腱滑液鞘的位置，了解其功能。

【实验内容】

1. 观察运动上肢各关节主要肌肉的位置、形态和起、止点。

2. 观察手部腱滑液鞘。

【实验（对象与）器材】

人体骨架、上肢肌肉标本或模型，手部腱滑液鞘标本或模型。

【方法与步骤】

一、运动上肢带的主要肌肉

1. 斜方肌：位于项背部浅层，一侧为三角形的阔肌，两侧对合起来似斜方形。在上肢肌肉标本（或躯干肌肉标本）的项背部浅层可观察到。也可在全身肌肉模型上观察辨认其起、止点，注意该肌上、中、下 3 部肌纤维的方向，确定该肌收缩时的肌拉力方向，并分析其功能。

2. 胸小肌：位于胸前部深层，将胸大肌翻开便可观察到。辨认其起、止点及肌纤维方向，确定其收缩时肌拉力方向及其功能。

3. 前锯肌：位于胸廓外侧面，为一宽大的扁肌，与胸廓侧面的曲度一致，其前上部被胸大肌所遮盖。辨认其起点处的肌齿及肌纤维在肋骨与肩胛骨之间走行，止于肩胛骨脊柱缘。确定该肌收缩时肌拉力方向及其功能。

二、运动肩关节的主要肌肉

1. 胸大肌：位于胸廓的前上部皮下，为扇形扁肌，注意观察此肌 3 部的起点及肌纤维在止点处的交叉情况。思考肌纤维交叉与肩关节运动幅度有何关系？确定收缩时肌拉力方向及其与肩关节运动轴的关系，并分析其功能。

2. 喙肱肌：位于肱二头肌内侧面，以短的扁腱与肱二头肌短头合并，同起自肩胛骨的喙突。观察此肌起、止点，思考该肌肌拉力方向与肩关节运动轴的关系，确定其功能。

3. 三角肌：位于肩部皮下，为三角形的多羽状肌。注意观察此肌前、中、后 3 部的起点及肌纤维方向，确定该肌收缩时肌拉力方向及其与肩关节运动轴的关系，分析其功能。

4. 冈上肌：位于肩胛骨的冈上窝内，斜方肌上部的深面，观察该肌的位置和起、止点，确定该肌的功能。

5. 背阔肌：位于腰背部和胸部的后外侧皮下，为三角形扁肌。注意观察该肌肌纤维在胸廓侧面与肱骨之间穿行而止于肱骨小结节嵴，在止点处，上、下肌纤维交叉。思考肌纤维交叉与肩关节运动幅度有何关系？确定该肌收缩时肌拉力方向及其与肩关节运动轴关系，分析该肌功能。

三、运动肘关节的主要肌肉

运动肘关节的主要肌肉配布于肘关节前和后面，在上肢肌肉标本（或全身肌肉模型）上，可观察到这些肌肉。

1. 肱二头肌：位于上臂前面皮下，在上肢肌肉标本上，将三角肌向上翻开并将胸大肌止点处翻开即可看到长、短头的起点。根据其位置以及起、止点，思考其功能。

2. 肱肌：位于上臂前面下半部，肱二头肌深面。观察其起、止点，确定其功能。

3. 肱三头肌：位于上臂后面皮下，有长头、内侧头和外侧头 3 个头。注意观察此肌 3 个头的起点及 3 个头合成一个肌腱的止点，并确定其功能。

4. 肘肌：位于肘关节后面的皮下，为三角形的小肌。观察其位置以及起、止点，确定其功能。

四、运动手关节的主要肌肉

运动手关节的肌肉位于前臂。前臂肌多为具有长腱的长肌，肌腹多在前臂的上半部。前臂肌可分为前、后两群，每群又分为浅、深两层，它们的起点多在肱骨内、外上髁和前臂中、上段，并跨过两个以上关节。取上肢肌肉标本（或全身肌肉模型）可观察到前臂前群肌和后群肌。

1. 屈肌：位于前臂前面及内侧的肌肉，主要为屈腕和屈指肌。前群浅层肌从桡侧向尺侧依次排列有：肱桡肌、桡侧腕屈肌、掌长肌、指浅屈肌和尺侧腕屈肌。深层肌有：指深屈肌、拇长屈肌等。

2. 伸肌：位于前臂的后面及外侧，主要为伸腕、伸指肌肉。后群浅层肌从桡侧向尺侧依次排列有桡侧腕长伸肌、桡侧腕短伸肌、指伸肌、小指伸肌。深层肌由上外侧往下内侧依次为拇长展肌、拇短伸肌、拇长伸肌和示指伸肌。

五、手　肌

位于手的掌面，数目多而形态短小，其功能是运动手指，可分为 3 群，即外侧群、内侧群和中间群，在手肌标本或模型上可观察到上述 3 群肌肉。

1. 外侧群：较发达，包括浅层的拇短展肌和拇短屈肌；深层的拇对掌肌和拇收肌。它们形成手掌外侧的鱼际。

2. 内侧群：浅层为小指短屈肌、小指展肌；深层为小指对掌肌等。它们形成手掌内侧的小鱼际。

3. 中间群：浅层为蚓状肌，中间层为骨间掌侧肌，深层为骨间背侧肌。

六、手的腱滑液鞘

在手肌模型的掌侧，辨认指屈肌总腱鞘，拇长屈肌腱鞘和指腱鞘。在手肌模型的背侧，辨认指伸肌总腱鞘、桡侧腕伸肌腱鞘、尺侧腕伸肌腱鞘、拇长展肌腱鞘和小指伸肌腱鞘等。思考其功能。

【作业与思考题】

在实验报告纸上分别绘制运动上肢各关节的主要肌肉图。

实验十一 运动下肢各关节的主要肌肉（验证型实验）

【目的要求】

1. 通过观察肌肉标本或模型辨认运动下肢各关节的主要肌肉，进一步了解其位置、形态和起、止点。

2. 了解主要肌肉的功能。

3. 通过观察足的腱滑液鞘的位置，了解其功能。

【实验内容】

1. 观察运动下肢各关节主要肌肉的位置、形态和起、止点。

2. 观察足的腱滑液鞘。

【实验（对象与）器材】

人体骨架模型，全身肌肉挂图和模型，下肢肌肉标本或模型，足的腱滑液鞘标本或模型。

【方法与步骤】

一、运动髋关节的主要肌肉

运动髋关节的肌肉分布于髋关节前面（主要为髂腰肌、缝匠肌、股直肌等）、后面（主要为臀大肌、臀中肌、臀小肌、半腱肌、半膜肌、股二头肌以及深层的梨状肌等）、外侧（阔筋膜张肌等）和内侧（主要为耻骨肌、短收肌、长收肌、大收肌和股薄肌）。

本实验主要观察以下 6 种肌肉。

1. 髂腰肌：包括位于髂窝内的髂肌和位于腰部脊柱的两侧的腰大肌。观察其起、止点，确定该肌收缩时肌拉力方向，分析其功能。

2. 缝匠肌：是人体中最长的肌肉之一，位于大腿前面，上端起于髂前上棘，向下延续至膝关节内侧，跨过大腿前面并止于胫骨内侧髁的内侧面。根据该肌位置、起止点，以及肌纤维走向与髋关节和膝关节的位置关系，思考其功能。

3. 股直肌：参见股四头肌。

4. 阔筋膜张肌：起于大腿前外侧，向下移行于大腿外侧的髂胫束。

5. 臀大肌、臀中肌和臀小肌：臀大肌位于骨盆后外侧面臀部皮下，为四方形强厚的扁肌。臀中肌位于臀大肌深层，将臀大肌肌腹翻开便可观察到。臀小肌位于臀中肌深层，将臀中肌翻开便可观察到。观察上述肌肉的位置，起、止点，注意它们肌纤维方向，确定肌肉收缩时肌拉力方向及其与髋关节运动轴的关系，并思考其功能。

6. 髋关节内侧肌群：在下肢肌肉标本上，自髋关节前内侧，由上向下进行观察，依次为耻骨肌、短收肌（大部被长收肌遮盖）、长收肌、大收肌和股薄肌。辨认每块肌肉，并思考其功能。

二、运动膝关节的主要肌肉

运动膝关节的肌肉，在膝关节前面、后面并从内、外侧跨过。在下肢肌肉标本或全身肌肉模型上，观察上述各群肌肉。

1. 股四头肌：位于大腿前面、缝匠肌下面，是人体最发达的肌肉，包括 4 个头（股直肌、股内侧肌、股外侧肌和股中间肌），股直肌最长，起于髂前下棘，股内侧肌和股外侧肌分别起于股骨粗线内、外侧唇，股中间肌起于股骨体中部的前方，股骨体中下部 4 头合并为一体，移行为肌腱（髌韧带），从前、内、外 3 个方向包绕髌骨并向下止于胫骨粗隆。根据该肌位置、起止点，以及肌纤维走向与髋关节和膝关节的位置关系，思考其功能。

2. 半腱肌、半膜肌和股二头肌：这 3 块肌肉共同起于坐骨结节（股二头肌短头起于股骨粗线）。半腱肌、半膜肌的肌腱经膝关节后面转至内侧止于胫骨粗隆的内侧。股二头肌则经膝关节后面转至外侧止于腓骨头。根据上述肌肉所跨过膝关节方位，起、止点，思考其对膝关节运动功能的异同。

另外，缝匠肌和股薄肌已在运动髋关节的肌肉中观察过了；腓肠肌见运动足关节的肌肉。

三、运动足关节的主要肌肉

运动足关节肌肉主要包括小腿前肌群、小腿后肌群和小腿外侧肌群。在下肢肌肉标本或全身肌肉模型上观察上述各群肌肉。

1. 小腿三头肌：位于小腿后面，包括浅层的腓肠肌及深层的比目鱼肌。在下肢肌肉标本中找出其起、止点，注意观察腓肠肌与比目鱼肌在小腿中部合并移行为强大的跟腱而止于跟骨结节，思考其功能。

2. 踇长屈肌、胫骨后肌和趾长屈肌：这些肌肉位于小腿三头肌深面，将小腿三头肌向上翻开便可观察到。踇长屈肌位于腓侧，中间为胫骨后肌，胫侧为趾长屈肌。3 块肌肉均为羽状肌，其肌腱均从距小腿关节和距跟关节后内侧跨过并转向足底。注意观察这些肌肉的位置、形态，肌腱走向，并思考其功能。

3. 胫骨前肌，踇长伸肌和趾长伸肌：在下肢肌肉标本的小腿前外侧可观察到。胫侧为胫骨前肌，腓侧为趾长伸肌，踇长伸肌位于两肌之间。注意观察这些肌肉的肌腱方向，思考其功能。

4. 腓骨长肌、腓骨短肌和第三腓骨肌：在下肢肌肉标本的小腿外侧可观察到，腓骨长肌位于最外侧，其深面为腓骨短肌，腓骨短肌的前面内侧为第三腓骨肌。注意观察这些肌肉的肌腱方向及位置关系，思考其功能。

四、足 肌

足肌分为足背肌和足底肌。足背肌较弱小，包括踇短伸肌和趾短伸肌。取足肌模型，可见足底肌与手掌肌相似，也分为内侧群、中间群和外侧群，每群肌肉均有浅层、中间层和深层。在足肌标本或模型上可观察到上述肌肉。

五、足的腱滑液鞘观察

取足的腱滑液鞘模型，可见足背侧从内侧至外侧，分别为胫骨前肌腱鞘、踇长伸肌腱鞘、腓骨肌总肌腱鞘。在其中部，可见到趾腱鞘。

【作业与思考题】

在实验报告纸上分别绘制运动下肢各关节的主要肌肉图。

实验十二 运动躯干的主要肌肉（验证型实验）

【目的要求】

1. 通过观察肌肉标本或模型，要求能辨认出主要作用肌。
2. 通过观察，进一步理解运动躯干主要作用肌的功能。

【实验内容】

观察运动躯干的主要肌肉的位置、形态和起、止点。

【实验（对象与）器材】

人体骨架，全身肌肉挂图和模型，躯干肌肉标本或模型。

【方法与步骤】

一、运动头颈的肌肉

运动头颈的肌肉多位于头颈部腹侧、背侧和左右两侧。在此，着重观察胸锁乳突肌、斜角肌、头夹肌和颈夹肌。

1. 胸锁乳突肌：在躯干肌肉标本的颈部，可见该肌斜列于颈部两侧的浅层。观察此肌肉的起、止点和肌纤维方向。

2. 斜角肌、头夹肌和颈夹肌：分别位于颈部两侧和颈椎背面深层，在躯干肌肉标本中分辨出这些肌肉。

二、运动脊柱的主要肌肉

(一) 腹　肌

腹肌通常指位于躯干腹腔前壁和侧壁的肌肉，包括腹直肌、腹外斜肌、腹内斜肌和腹横肌。除腹横肌外，均可使脊柱运动。

1. 腹直肌：在躯干肌标本腹侧，可见位于腹前壁正中线的两侧，被腹直肌鞘包裹。将腹直肌鞘翻开，可观察到此肌的全长有 3 ~ 4 个横行腱划。观察其起、止点，思考其功能。

2. 腹外斜肌：位于腹前外侧部浅层，为宽阔扁肌。注意观察上部起点与前锯肌的肌齿相交情况及肌纤维排列方向，思考其功能。

3. 腹内斜肌：位于腹外斜肌深层。观察其起、止点和肌纤维排列方向，思考其功能。

(二) 背伸肌

背伸肌包括竖脊肌和腰方肌。

1. 竖脊肌：位于躯干背面深层，在已切除斜方肌、菱形肌和背阔肌的躯干肌肉标本上，可观察到 3 条纵向平行排列的肌肉，从外侧向内依次是髂肋肌、最长肌和棘肌。注意观察其起、止点，思考其功能。

2. 腰方肌：位于腹腔后壁腰椎两侧，在胸腹腔标本内可观察到此肌。

三、呼吸肌

参与呼吸运动的肌肉很多，其中以膈肌的作用最为重要。还有肋间内、外肌等。

1. 膈肌：在胸腹腔和膈肌的标本中，可见到位于胸廓下口，分隔胸腔与腹腔，向上呈穹隆状、形宽而薄的膈肌。观察此肌的形态特点，周围为肌性部分，中央为腱性部分（中心腱），注意其分布、肌纤维排列方向，辨认出此肌的 3 个裂孔（主动脉裂孔、食管裂孔和腔静脉孔）。思考该肌收缩与松弛时，与呼吸运动的关系。

2. 肋间外肌和肋间内肌：肋间外肌位于肋间隙内浅层，肋间内肌位于肋间外肌深层。注意观察两肌的肌纤维方向，思考其功能。

3. 腹压肌：包括腹肌、腰方肌、膈肌和盆底肌等。着重观察盆底肌。在骨盆底肌肉模型上观察盆底肌，它包括肛提肌、尾骨肌、会阴浅横肌和会阴深横肌等。

【作业与思考题】

在实验报告纸上分别绘制运动躯干的主要肌肉图。

实验十三 体育动作的解剖学分析（综合型实验）

【目的要求】

了解体育动作解剖学分析的基本方法、步骤；掌握确定原动肌的原则、方法。

【实验内容】

1. 动作分析基本步骤；
2. 动力性动作分析；
3. 静力性动作分析。

【实验（对象与）器材】

体育动作的分解图片（照片或挂图），摄像机，计算机。

【方法与步骤】

体育动作的解剖学分析就是对体育动作中的机械运动形式进行分析，主要研究关节、肌肉的运动规律。

一、体育动作解剖学分析的基本步骤

体育动作的解剖学分析一般分为 4 个步骤：

1. 确定动作名称及动作（姿势）要点描述。

2. 划分动作阶段和确定动作开始阶段，确定动作开始阶段的两个依据。

（1）周期性动作，用力最大阶段即为开始阶段。

（2）非周期性动作，依先后顺序而定，最先起动的即为开始阶段。

例如：依动作方向的改变可将立定跳远分为预蹲、蹬地、腾空和落地缓冲 4 个动作阶段。

3. 分析各阶段各环节原动肌的具体运动状况并制表。

4. 动作综合评定。

二、动力性动作分析

参照体育动作的分解图片（照片或挂图）按以上步骤分析。为了更准确清楚地判断运动形式，也可以用摄像机拍摄一段体育动作录像，输入电脑，剪辑一个完整动作，观看慢放镜头并按上述步骤分析。例如：单杠引体向上（图 1–3）。

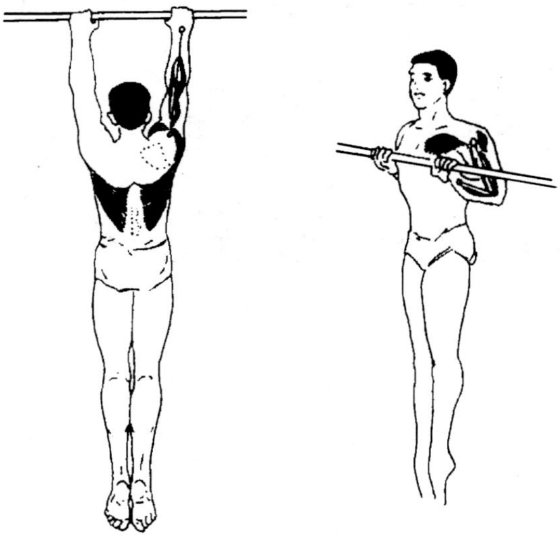

图 1–3　单杠引体向上

动作（姿势）要点描述：两手间距离与肩同宽，双手屈指握杠，肘关节伸直，上臂上举，肩胛骨上回旋，躯干和下肢呈悬垂位（参见图 1–3）。

划分动作阶段和确定动作开始阶段：根据环节运动方向与重力矩方向之间的关系，将引体向上分为屈臂引体和下落两个阶段。

分析各阶段各环节的具体运动状况并制作成表。

1. 屈臂引体阶段：上臂在肘关节处屈，肩关节伸（即躯干上升向上臂靠拢），肩胛骨由上回旋位至下回旋位并后缩，躯干和下肢保持伸直并上升向握点靠近，参见图 1–3。该阶段原动肌工作分析见表 1–1。

表 1–1　屈臂引体向上阶段环节运动的原动肌工作分析

环节（关节）名称	关节运动	环节运动方向与外力作用方向关系	主要原动肌	肌肉固定类型（工作条件）	肌肉工作类型	原动肌的作用
指在指间关节	屈	相反	屈指肌群	近固定	支持工作	肌力矩平衡身体的重力矩
前臂在桡腕关节	伸	相反	屈腕肌群和伸腕肌群共同收缩	远固定	加固工作	加固腕关节
上臂在肘关节	屈	相反	肱二头肌、肱肌、旋前圆肌、肱桡肌	远固定	向心工作	肌力矩 > 身体的重力矩，克服重力做功

（续表）

环节（关节）名称	关节运动	环节运动方向与外力作用方向关系	主要原动肌	肌肉固定类型（工作条件）	肌肉工作类型	原动肌的作用
上臂在肩关节	伸（躯干向上臂靠拢）	相反	胸大肌、背阔肌	远固定	向心工作	肌力矩 > 躯干和下肢的重力矩，克服重力做功
肩胛骨	下回旋 后缩	相反	菱形肌、胸小肌 菱形肌、斜方肌	近固定	向心工作	肌力矩 > 肩胛骨下回旋的重力矩，克服重力做功

2. 下落阶段：肘关节伸，肩关节屈，肩胛骨上回旋，还原成开始姿势。下落阶段的环节运动方向与重力矩方向一致，肌肉主要做退让工作（参见图 1–3）。该阶段原动肌工作情况可请学生自己动手分析并制作成表。

动作综合评定：由上表可见，引体向上练习的主要作用是发展肱肌、肱二头肌、胸大肌、背阔肌等肌肉的力量，同时也可增强使肩胛骨后缩和下回旋肌群的力量。采用不同的握法（正握、反握）和调整两手握杠的距离进行练习，能增加或减小引体向上的难度，以达到不同的训练效果，正握难度大于反握。

三、静力性动作分析

静力性动作分析（以双杠直角支撑为例）见图 1–4。

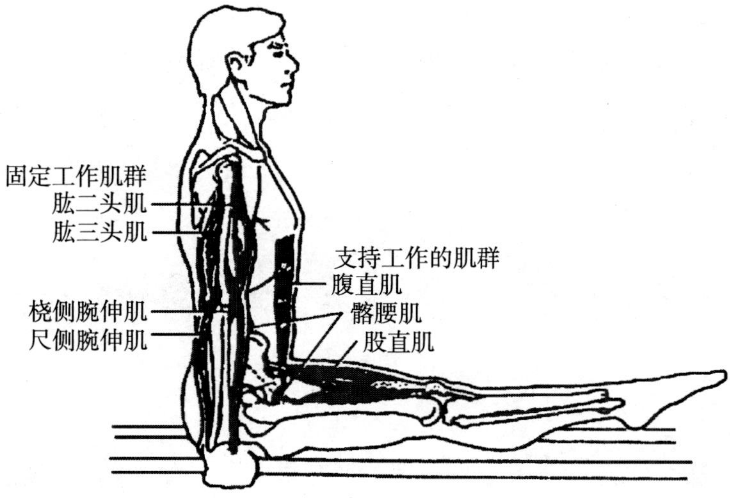

图 1–4　双杠直角支撑的静力性动作分析

动作（姿势）要点描述：两手间距离与肩同宽，两上肢伸直，双手屈指握杠，肘关节伸直，头和脊柱伸，骨盆接近水平位，两大腿与躯干成直角，膝关节伸，足在踝关节处跖屈（参见图 1–4）。

分析各阶段各环节的具体运动状况并制作成表（表 1–2）。

表 1–2 双杠直角支撑各部肌肉的工作分析

关节（或环节）名称	关节运动位相	外力矩引起的环节运动趋势	肌力矩功能	主要原动肌名称	肌肉工作类型
手指	屈	伸	屈	指浅屈肌、指深屈肌	支持工作
桡腕关节	伸		保持伸位	腕屈肌群、腕伸肌群	固定工作
肘关节	伸	屈	伸	肱三头肌	支持工作
肩关节	内收位	外展、屈	内收、伸	胸大肌、背阔肌	支持工作
肩胛骨	前伸位	后缩	前伸	前锯肌	支持工作
头颈	伸	屈	伸	斜方肌上部	支持工作
骨盆	水平位	前倾	后倾	腹直肌、腹内（外）斜肌	支持工作
髋关节	屈	伸	屈	髂腰肌、股直肌	支持工作
膝关节	伸	屈	伸	股四头肌	支持工作
踝关节	屈	屈	屈	小腿三头肌	支持工作
足趾	屈	屈	屈	趾跖屈肌群	支持工作

动作综合评定：由于整个下肢伸直，屈髋肌和伸膝肌工作时阻力臂长，加上一些多双关节肌要同时在两关节工作，会产生主动不足和被动不足，所以这些肌肉相当费力。另外，直角支撑动作，主要是发展腹肌、大腿屈肌群和小腿伸肌群的力量。但由于胸腹壁紧张，故呼吸困难，血液回心困难，因而肌肉和神经容易疲劳。

【作业与思考题】

试用解剖学分析法对排球正面屈体扣球动作和体操燕式平衡动作进行分析。

实验十四 内脏系统（验证型实验）

【目的要求】

了解消化系统的组成及其各器官的位置、形态和大体结构，以及呼吸系统的组成及其各器官的位置、形态和大体结构，泌尿系统的组成及其各器官的位置、形态和大体结构。观察肝小叶、肺小叶模型，掌握胃壁和小肠壁的微细结构，肺的内部结构，肾的内部结构。

【实验内容】

1. 观察消化系统的组成及各器官的位置、形态和结构；
2. 观察呼吸系统的组成及各器官的位置、形态、结构；
3. 观察泌尿系统的组成及各器官的位置、形态、结构。

【实验（对象与）器材】

消化系统、呼吸系统、泌尿系统标本或模型、挂图，人体半身模型，胃、小肠、肝、肝小叶、肺、肺小叶、肾、肾的组织切片或幻灯片、放大模型，显微镜。

【方法与步骤】

一、消化系统

（一）观察消化系统的组成

取人体消化系统模型，观察消化系统的组成及消化管各器官的排列顺序。消化系统包括消化管和消化腺两部分。消化管自上而下依次分为口腔、咽、食管、胃、小肠和大肠。

（二）观察胃的形态及大体结构

在胃模型上辨认其前壁、后壁、胃底、贲门、幽门、胃大弯和胃小弯。将胃冠状切面模型打开成前后两半，分清胃壁由内向外的 4 层（黏膜层、黏膜下层、肌织层和外膜层）结构，在模型上的黏膜层可见许多皱壁。在胃小弯处形成几条纵行皱襞，而其余部分为不规则皱襞。然后在去除外膜的胃模型上辨认肌织层的外层纵形肌、中层环形肌、内层斜形肌。

（三）观察小肠的形态及大体结构

取小肠空肠段和回肠段纵剖标本和模型，在剖面上可见黏膜形成许多环形皱襞，仔细观察还可见表面有密集的细小绒毛。比较空肠段和回肠段环状肌的多少和疏密程度。思考小肠环状肌与其功能的关系。

（四）观察肝的形态、大体结构和肝小叶模型

在人体半身解剖模型上，观察肝大部位于右季肋区，小部位于腹上区及左季肋区。将肝从模型中取出，可看到肝呈楔形，右端粗大而圆钝，左端细小。从上面观，镰状韧带将肝分成左、右叶；从下面观，右侧前缘有胆囊和中间一横行凹陷的肝门，在肝门处，分辨进出肝的肝动脉、肝总管、门静脉和神经。观察肝小叶模型，可见以中央静脉为中心，多角棱柱体的每一个角上有小叶间静脉、小叶间动脉、小叶间胆管分布，其间有肝细胞形成的肝索和肝板。思考肝小叶的整体功能。

二、呼吸系统

（一）观察呼吸系统的组成

在标本或模型上可见呼吸道起始于鼻腔，向后通一漏斗形，前后略扁的肌性管

道——咽；咽向后下通于喉，喉向下与气管相通，气管入胸腔后在胸骨角平面分为左、右支气管入肺。肺分左、右两肺，位于胸腔内，中间隔以纵隔，是进行气体交换的实质性器官。可见呼吸系统包括呼吸道和肺两部分。呼吸道自上而下依次分为鼻、咽、喉、气管、主支气管。

（二）观察鼻、咽的形态及大体结构

取头部正中矢状切面标本或模型，并结合颅骨正中矢状切面标本观察，分辨鼻腔外侧壁上的 3 个鼻甲（上鼻甲、中鼻甲和下鼻甲）以及每一个鼻甲下方的 3 个鼻道（上鼻道、中鼻道和下鼻道）。同时，在颅骨正中矢状切面标本上观察与鼻道相通的鼻旁窦（上颌窦，额窦，蝶窦和筛窦）。同时在该模型上还可看到位居中央的鼻中隔。往下还可看到鼻咽、口咽和喉咽的界限和各自的位置特征。

（三）观察喉、气管、主支气管的形态和结构

取喉软骨及喉肌解剖放大模型观察，可见喉由软骨构成支架。从侧面及前面观，可见甲状软骨，其下后方为前窄后宽的环状软骨，甲状软骨后面有一呈叶状的会厌软骨；从后面观，在环状软骨上缘可见一对近似锥体形的杓状软骨。喉的内腔称喉腔，将模型从正中矢状面处分开，可见其中部侧壁有两对矢状位的黏膜皱襞，上一对为室襞，下一对为声襞，左右声襞间的裂隙即声门裂，声襞向下与气管相接。思考声襞的发音功能。

另取气管和主支气管标本或模型，可见到气管管壁有 16 ~ 20 个“C”形透明气管软骨环，后壁为结缔组织及平滑肌构成的膜壁。气管下行分为左、右主支气管。左、右主支气管的管壁与气管相似，但稍薄。左主支气管细长，斜行入左肺；右主支气管粗短，较垂直地下行入右肺。

（四）观察肺的形态与大体结构及肺小叶模型

肺是交换气体的器官。在人体半身解剖模型上观察，可见肺位于胸腔内，纵隔两侧、膈肌之上、左右各一。将肺从模型中取出，可看到肺形似圆锥体。上为肺尖，越过胸廓上口约 2.5cm，下为肺底，位于膈肌上面，故又称膈面。外侧面隆凸，邻接肋和胸骨故又称胸肋面；内侧面中央有肺门，为肺的血管（肺动脉、肺静脉、支气管动脉与静脉）、支气管和淋巴管出入处。左肺分为上、下两叶，由于心脏偏左，使左肺前缘下部形成弧形凹窝，称心切迹，右肺分为上、中、下 3 叶。肺的表面覆有一层薄膜，即胸膜脏层，透过它，可见肺有很多多角形小区，每一个小区相当于一个肺小叶。

再取肺小叶模型，观察呼吸性细支气管、肺泡管、肺泡囊、肺泡的关系及特点，同时注意观察肺动脉分支、肺静脉属支与它们的伴行关系，特别注意肺泡周围的毛细血管网，思考其功能。

三、泌尿系统

（一）观察泌尿系统的组成

取泌尿系统整体标本或模型，可见该系统由肾、输尿管、膀胱和尿道组成。将人体

半身模型的胃、肠、肝等器官取下，可观察到肾位于脊柱两侧，紧贴腹后壁，左肾高于右肾。在肾的凹侧有输尿管相连，并沿腰大肌前面下降入盆腔至膀胱。在标本或模型上仔细观察，可发现输尿管全长有 3 个狭窄，分别位于其起始部、跨过髂总动脉处和入膀胱处。膀胱是位于盆腔内的囊状器官，其底部下方有尿道连接。男性尿道长而细，止于阴茎的尿道外口；女性尿道短而宽，止于尿道外口。

（二）观察肾的形态及大体结构

取肾模型整体观察，可见肾呈红褐色，形似蚕豆。肾的外缘凸隆，内缘中部凹陷为肾门。仔细观察、辨认出入肾门的肾动脉、肾静脉、输尿管、神经等。在肾模型冠状切面上，可见肾边缘的皮质，深部的髓质。髓质内可见 15～20 个成锥体形的肾锥体，锥体之间有皮质伸入为肾柱。肾锥体尖钝圆伸向肾窦形成肾乳头。仔细观察，可见每个肾乳头被肾小盏包绕，2～3 个肾小盏合成一个肾大盏，每个肾有 2～3 个肾大盏，由肾大盏汇合成漏斗状的肾盂。

（三）显微镜下观察肾切片

1. 低倍镜下观察整个切面区分皮质（深红色有肾小体）和髓质（浅红色无肾小体）的交界处，此处可找到血管即为弓状动、静脉。皮质内含有肾小体和很多弯曲的管道部分是皮质迷路。髓质内没有肾小体，由粗细不等的管道组成。

2. 高倍镜下观察皮质迷路和髓质

（1）皮质迷路：由肾小体和肾小管组成。肾小体散布在迷路处，由肾小球（血管球）和肾小囊组成。肾小球圆形或椭圆形，可见许多微血管切面。肾小囊围在血管球周围，有壁层和脏层两部。两层之间的裂隙为肾小球囊腔。肾小管分为近曲小管和远曲小管，在切面上可见近曲小管数目很多，管径粗大，管腔狭窄，而远曲小管数目较少，管径较小，管腔较大。

（2）髓质：髓质近皮质处有近曲小管直部，直部接降臂。降臂管径细小，管腔狭窄。降臂接升臂，升臂管径也较细。在髓质内还看到集合管，管径大。

【作业与思考题】

在实验报告纸上，分别绘制胃、肝、肺、肾的大体结构图。

实验十五 心脏（验证型实验）

【目的要求】

1. 熟悉心脏的位置与形态，掌握心脏各腔室的结构。
2. 了解心脏的传导系内容、心壁的构造和营养血管的配布。
3. 根据肺循环和体循环的特点，掌握心房、心室与出入心脏的大血管之间的关系。

【实验内容】

1. 观察心脏的位置、形态；
2. 观察心脏各腔室的结构、心壁的构造和心传导系的结构；
3. 观察营养心脏的血管。

【实验（对象与）器材】

心脏标本或模型，探针、镊子；心传导系电子演示模型。

【方法与步骤】

一、观察心脏的位置与形态

1. 观察心脏的位置：取人体胸腔解剖标本或人体半身模型，观察心脏位于胸腔纵隔内、膈肌之上，左、右两肺之间，整个心的 1/3 位于正中线的右侧，2/3 居正中线的左侧。将半身模型上的心、肺取下，可见到心的后面为食管和主动脉胸部。

2. 观察心脏的形态：取心脏标本或心脏放大模型，可观察到心外形呈前后稍偏的圆锥体，锥底即心底，朝向右后上方，锥尖即心尖，朝向左前下方，用右侧手指指腹在左侧第 5 肋间隙可摸到心尖搏动。在心脏模型上辨认心的胸肋面（即前面）、膈面（即后面）、左、右和下缘。近心底处可看到环形沟，即冠状沟，此沟为心房与心室的表面分界标志；在胸肋面和膈面上，分别辨认由冠状沟下行到心尖的前室间沟和后室间沟，它们是左、右心室的表面分界标志。最后在心脏模型上辨认左、右心房，左、右心室，左、右心耳，以及与心脏相连的主动脉、肺动脉、上腔静脉、下腔静脉和肺静脉的位置。

二、观察心脏各腔室的结构

1. 观察右心房：取心脏放大模型，将右心耳取下，观察辨认后上部分的上腔静脉口和后下部分的下腔静脉口，右房室口，下腔静脉口与右房室口之间的冠状窦口，房间隔下部的卵圆窝。在心脏标本的右心房内表面，可见纵行的梳状肌，此肌延至右心耳内面则交错成网状，在右心耳模型的内面可清楚看到。

2. 观察右心室：将心脏放大模型的右心室前壁取下，或在心脏标本右心室中观察、辨认右房室口周围纤维环上附着的 3 个三角形瓣膜，即三尖瓣。仔细观察三尖瓣借腱索连于乳头肌的情况，思考三尖瓣的结构对心脏内血流方向的作用。在右心室左上方观察肺动脉口，可见口周缘纤维环附有 3 个半月形的肺动脉瓣，把心脏标本的肺动脉纵行剪开处用镊子翻开，可见肺动脉瓣的 3 个袋口朝上。思考肺动脉瓣结构对血流方向的作用。

3. 观察左心房：在心脏放大模型上可见左心房的后部较大，壁光滑，两侧有左、右肺静脉的 4 个开口。前部左前方为左心耳，将左心耳取下，可见其内有发达的梳状肌。腔内可见通向左心室的大裂口，即左房室口。

4. 观察左心室：将心脏放大模型的左心室前壁取下，或取心脏解剖标本，辨认左房室口及其周缘的纤维环上附着的二尖瓣，瓣膜也借腱索连于乳头肌尖端。在左房室口的前内侧观察主动脉口，辨认口周缘纤维环上附着半月形的主动脉瓣，其结构和功能与肺动脉瓣相同。

三、观察心壁构造

1. 取已剖开心房、心室的心脏标本，可见心壁由内向外的心内膜、心肌层和心外膜3层结构。心内膜覆盖于心房和心室壁的内表面，不易分离，故分不清。但在心室壁内可见心内膜向心腔突出而成的心瓣膜。在标本或模型上观察、比较心肌层的心房肌与心室肌的厚度及左、右心室肌的厚度。思考为什么心室肌比心房肌肥厚，左心室肌较右心室肌肥厚的功能意义。

2. 放映主动脉和大血管切除的心脏瓣膜及冠状动脉开口的幻灯片，辨认三尖瓣、二尖瓣、主动脉瓣和肺动脉瓣，以及这些瓣膜周缘相应的纤维环。思考纤维环结构的功能意义。然后展示心房与心室前壁的心肌层幻灯片，可见冠状沟上方的心房肌和下方的心室肌，还可见浅层心室肌斜向心尖捻转为深层肌。思考心房肌和心室肌均起自何处？

四、观察心传导系

由于在心脏解剖标本上不易找到心传导系，故取心脏放大模型观察其结构。在模型上，可见位于上腔静脉与右心房交界处心外膜深面的窦房结，以及与心房肌联络较细的纤维和较粗的结间束与房室结联系。房室结位于右心房房间隔心内膜下部，下端延续于房室束，房室束进入室间隔内分为左、右两束支。在左、右束支的幻灯片上可见右束支较粗，左、右束支在心壁内再分支为浦肯野氏纤维。思考心脏正常节律的兴奋在何处产生，如何传导。

五、观察营养心脏的血管

1. 观察冠状动脉：取心脏放大模型，观察、辨认发自主动脉起始部，行于冠状沟和前、后室间沟的左、右冠状动脉及其主要分支。仔细观察左冠状动脉较右侧的稍大，发自主动脉起始部后分为两支，即前室间支（降支），沿前室间沟下降；旋支，在左心耳的下后方沿冠状沟转到心脏后面。右冠状动脉在冠状沟内向右行走，后延续为后室间支走行在后室间沟。

2. 观察心的静脉：心的静脉主要汇成几条较细的静脉支，在心脏放大模型的膈面观察、辨认心小静脉、心中静脉和心大静脉，以及心的静脉最后汇集于冠状窦，注意冠状窦开口于右心房。

【作业与思考题】

在实验报告纸上，分别绘制心脏胸肋面和膈面的大体结构图。

实验十六 感觉器官（验证型实验）

【目的要求】

1. 了解眼球和耳的形态及解剖结构。
2. 通过活体观察眼，了解眼副器。
3. 了解螺旋器、囊斑、壶腹嵴的微细结构。

【实验内容】

1. 观察视器（眼）的构造。
2. 观察耳的构造。

【实验（对象与）器材】

眼球标本、模型；听小骨标本、耳放大模型、内耳放大模型，螺旋器、囊斑、壶腹嵴微细结构 PPT 投影；解剖盘、镊子。

【方法与步骤】

一、观察视器的构造

1. 观察眼球外形：取眼球模型或标本，可见到眼球近似球形，前部稍凸，后方连视神经。

2. 取水平切面的眼球模型或标本的下半部，观察眼球的如下结构：

(1) 观察眼球壁的三层结构，用眼球模型或标本进行观察。

①纤维膜（外层）：在模型或标本上辨认前 1/6 圆凸、无色透明的角膜，后 5/6 乳白色的巩膜。

②血管膜（中层）：在模型或标本上辨认角膜后方呈圆盘状棕褐色的虹膜，以及虹膜上的瞳孔和放射形排列的瞳孔开大肌，虹膜后面可见染成黑色、由色素细胞构成的色素层。虹膜向后环形增厚的部分是睫状体，取眼球标本观察睫状体借睫状小带与晶状体相连。

③视网膜（内层）：在模型上辨认视网膜盲部和视部，以及视部后方的视神经盘、黄斑和中央凹。

(2) 观察眼球的屈光装置。取眼球标本下半部观察、辨认角膜、前（后）房水、晶状体和玻璃体。

3. 观察眼的附属结构：相互间或自我（对照镜子）进行活体人眼的附属结构观察。

(1) 相互间观察：眼睑与内眦，可见较大的上眼睑和较小的下眼睑。上、下眼睑间的裂隙是睑裂。眼睑的内侧端，上、下眼睑所夹成的角是内眦；外侧端为外眦。眼睑的边缘生有睫毛。

(2) 将上、下眼睑翻开观察泪点与结膜，可见到内眦附近的上、下睑缘上有一小突起，中央有一小孔是泪点，是泪小管的开口。衬在眼睑内面的一层光滑的薄膜即睑结膜，移行于巩膜前部的是球结膜。结膜内富有血管。

二、观察耳的大体构造

1. 结合耳放大模型和听小骨标本，观察外耳的耳廓、外耳道和鼓膜的形态。观察中耳各部的位置和邻接关系。辨认鼓室的外侧壁鼓膜；内侧壁上有两个孔，后上方的前庭窗和后下方的蜗窗；前壁的咽鼓管开口。同时辨认鼓室内的 3 块听小骨及彼此连接成的听骨链，锤骨柄附着于鼓膜，蹬骨底封闭前庭窗，砧骨在中间。思考它们各自在声波传导中所起的作用。

2. 结合内耳放大模型，观察内耳中骨迷路和膜迷路的结构。

(1) 观察骨迷路，先在内耳放大模型上辨认骨半规管、前庭、耳蜗 3 部分，然后分别观察 3 部分的结构。

①骨半规管：在模型上可见骨半规管位于前庭后方。根据方位分辨出前、后、外骨半规管，外半规管水平位，前半规管矢状位，后半规管冠状位，三者互相垂直。辨认每个骨半规管较细的单骨脚和一个膨大的壶腹骨脚，即骨壶腹。注意前、后骨半规管的单骨脚合成一个总骨脚。因此，3 个骨半规管只有 5 个骨脚，即有 5 个孔开口于前庭。

②前庭：位于骨迷路的中部，耳蜗的后方。在模型上辨认其外侧壁上的前庭窗和蜗窗。将模型上的骨半规管和前庭打开，可见其前下方有一孔通耳蜗，后上方有 5 个孔通向 3 个骨半规管。

③耳蜗：为骨迷路的前部，形似蜗牛壳。在模型上可观察到蜗螺旋管绕圆锥形蜗轴盘旋两周半；将耳蜗模型从蜗顶至蜗底的切面打开观察，可见蜗轴向蜗螺旋管内伸出一骨板，即骨螺旋板，此板未达蜗螺旋管的外侧壁。

(2) 观察膜迷路，将内耳模型的骨迷路打开，可见膜迷路套在骨迷路管内。然后分别观察膜半规管、椭圆囊、球囊和蜗管。

①取下模型上的骨半规管，可见膜半规管套在骨半规管内，骨壶腹部相应的膜部也膨大，即膜壶腹。膜壶腹壁可见局部增厚的壶腹嵴。

②取下模型上的骨半规管和前庭部分，可见前庭内有两个膜性膨大结构，后上方的椭圆囊，与膜半规管相通；前下方为球囊，借小管与蜗管相通；将两囊模型横切的上半部取下，可见囊壁均有局部增厚部分，分别为椭圆囊斑和球囊斑。

③将耳蜗模型的纵切面打开，在纵切面上可见蜗管呈三角形，底边为自骨螺旋板至外侧壁的一段膜性结构，即螺旋膜，膜上可见突出部分的螺旋器；上壁为前庭膜；下壁为基底膜（螺旋膜）；外侧壁与蜗管紧贴。

三、观察壶腹嵴、椭圆囊斑、球囊斑和螺旋器微细结构

1. 在投影上观察壶腹嵴的微细结构，可见壶腹嵴上有毛细胞，表面覆以终帽，毛细胞底部有前庭神经末梢分布，它们构成位觉感受器。

2. 在投影上观察椭圆囊斑和球囊斑的微细结构，可见囊斑上皮层内高柱状的支持细胞和毛细胞，毛细胞位于支持细胞之间，毛细胞上有纤毛插入于位觉砂膜内，细胞底部有前庭神经末梢分布，它们构成位觉感受器。

3. 在投影上观察螺旋器微细结构，可见螺旋器在螺旋膜上，内有支持细胞和毛细胞，毛细胞位于支持细胞之间，其上方有一胶质薄膜，即盖膜，毛细胞底部有蜗神经末梢分布，它们构成听觉感受器。

【作业与思考题】

1. 在图 1–5、图 1–6 中，填写引线所指的结构名称。
2. 试述光波需经过眼球的哪些结构，才能到达视网膜视觉细胞。
3. 试述声波通过耳内的哪些途径传至螺旋器。

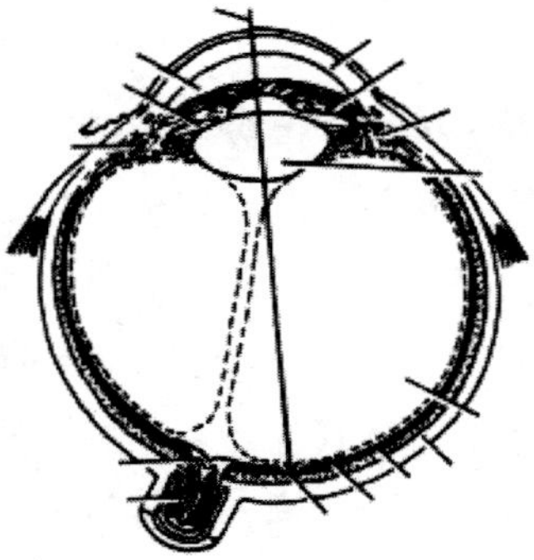

图 1–5

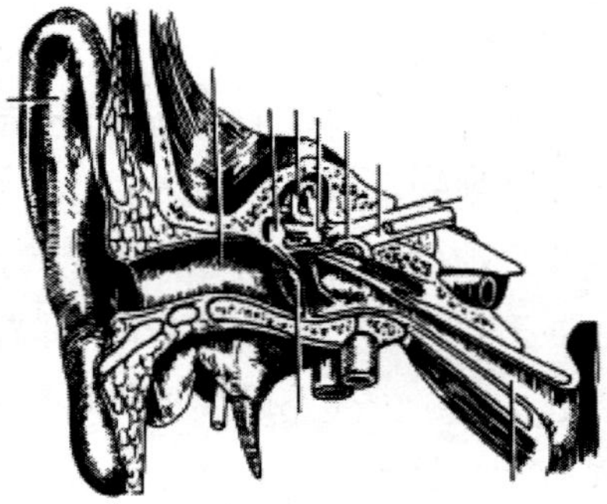

图 1–6

实验十七　中枢神经系统（验证型实验）

【目的要求】

1. 了解脊髓的外形及相关结构。
2. 掌握脊髓内部灰质、白质的配布及主要结构。
3. 掌握大脑半球的主要沟、回、分叶及大脑皮质重要机能中枢的所在部位。
4. 了解大脑内部的结构。
5. 了解脑干的位置、形态与脑干相连的脑神经及其内部的主要神经核。
6. 了解间脑的位置、分布及主要结构。
7. 了解小脑的位置、形态及其内部的主要神经核。

【实验内容】

1. 观察脊髓的位置、外形、相关结构及内部结构。

2. 观察大脑半球的外形及其表面的主要沟、回及分叶。
3. 观察大脑内部结构和皮质重要功能中枢的部位。
4. 观察脑干的组成、位置、外形及内部结构。
5. 观察间脑的位置、分布及主要结构。
6. 观察小脑的位置、形态及其内部结构。

【实验（对象与）器材】

人体半身模型，中枢神经系统标本或模型，脊髓横断面标本和模型、脊髓节段模型；脑标本或模型，大脑切面标本，透明脑干电动模型；脑干放大模型、小脑切面标本。

【方法与步骤】

一、观察脊髓的外形及表面的沟及相关的结构

观察中枢神经系统整体标本或模型，可见脊髓呈前后稍扁的圆柱体，全长上部有颈膨大、下部有腰骶膨大，向下渐渐缩小成脊髓圆锥，再向下延伸为一根细长的终丝。

1. 脊髓表面的沟：在脊髓解剖模型上，腹侧面可见正中较深的前正中裂及其两侧一对较浅的前外侧沟；背侧面可见正中较浅的后正中沟及其两侧一对较浅的后外侧沟。

2. 脊髓相关的结构：在脊髓节段解剖模型上可见自脊髓前外侧沟走出的前根；自后外侧沟进入的后根；同一节段的前根和后根在椎间孔处汇合成脊神经（共有 31 对）。后根在与前根汇合之前，于椎间孔处有膨大的脊神经节。

3. 脊髓节段，与每对脊神经的前后根相连的脊髓节段为脊髓节（共有 31 节）。注意观察从脊髓各节段发出的脊神经根在椎管内不是平行地穿出相应的椎间孔，其中颈上段为横行，颈下段和胸段为斜下行，然后走向相应的椎间孔，而腰、骶、尾部的脊神经根在出相应椎间孔之前，先在椎管内向下行，围绕终丝集聚成马尾。

二、观察脊髓的内部结构

1. 在脊髓横断面标本或模型上，可见位于中央颜色较深，呈蝶形的灰质，它纵贯脊髓全长，中央有中央管。辨认每侧灰质前端膨大部分的前角、后端较窄细部分的后角和在脊髓胸段灰质的前后角之间有一个向外突出的侧角。思考前角、后角和侧角内有何性质的神经元。

2. 在脊髓横断面标本或模型上，可见位于灰质周围、颜色较浅的白质，包括前正中裂与前外侧沟之间的前索，后正中沟与后外侧沟之间的后索和前后外侧沟之间的外侧索。在前索和外侧索中辨认出皮质脊髓前束和侧束，脊髓小脑前束和后束，脊髓丘脑前束和侧束；在后索中辨认出薄束和楔束；辨认出紧贴灰质表面的固有束等。思考上述各束属何性质的纤维束。

三、观察大脑的位置与外形

1. 将人体半身模型的一侧头部取下，可见大脑位于颅脑内，其下方有间脑与脑干相连，后下方为小脑。

2. 在脑标本和模型上，可观察到大脑由正中的大脑纵裂分为左、右两半球。沿大脑纵裂将大脑模型分成两半球，取一侧半球模型可见有 3 个面：即上外侧面（较为隆凸的面）、内侧面（是两半球相对较平坦的面）、底面（向下且凹凸不平的面）。内侧面可见呈弓形的胼胝体，它由连接两半球的横行纤维束构成。

四、观察大脑半球表面的主要沟、回、分叶及大脑皮质重要功能中枢部位

1. 取一侧大脑半球模型，观察大脑半球的主要沟裂。外侧沟：位于上外侧面，从前下向后上行；中央沟：位于背外侧面，半球上缘中点稍后方向前下斜行；顶枕沟：位于内侧面后部，从前下向后上行，并略转至背外侧面。

2. 在模型上观察大脑半球的 5 个分叶，辨认位于中央沟之前，外侧沟之上的额叶；位于中央沟之后，外侧沟之上，顶枕沟之前的顶叶；位于顶枕沟之后的枕叶；位于外侧沟之下的颞叶；位于外侧沟深部的岛叶（又称脑岛）。

3. 在模型上观察大脑半球的主要沟、回及皮质功能中枢部位

（1）额叶中的中央前沟，位于中央沟前方，并与其平行；两沟之间为中央前回。思考中央前回为大脑皮质的何种功能中枢。额上沟和额下沟自中央前沟水平向前走出，将额叶前部分为额上、中、下回。

（2）顶叶中的中央后沟，位于中央沟的后方，并与其平行；两沟之间为中央后回。思考中央后回为大脑皮质的何种机能中枢。顶间沟在中央后沟之后，由前向后走行，将顶叶分为顶上、下小叶；顶下小叶的前部是缘上回，后部是角回。思考角回为大脑皮质的何种功能中枢。

（3）枕叶内侧面的距状沟与顶枕沟相交，此沟上方是楔回，下方是舌回；思考楔回和舌回为大脑皮质的何种功能中枢。

（4）颞叶中的颞上、下沟是外侧沟下方并与其平行的沟，此二沟将颞叶分为颞上、中、下回。思考颞上回后部为大脑皮质的何种功能中枢。在外侧沟内有几条横行的小回是颞横回，思考颞横回为大脑皮质的何种功能中枢。

（5）内侧面的旁中央小叶，是中央前、后回从上外侧面延续到内侧面的部分。思考中央前回与旁中央小叶前部为大脑皮质的何种功能中枢；中央后回与旁中央小叶后部为大脑皮质的何种功能中枢。旁中央小叶下方的环行沟为扣带沟，扣带沟下方与其平行的是胼胝体沟，两沟之间环抱胼胝体的回是扣带回；扣带回向后延续至颞叶底面的部分是海马回；海马回前端的突起是海马回钩；3 部分总称穹窿回，又称边缘叶。思考边缘叶为大脑皮质的何种功能中枢。

五、观察大脑的内部结构

1. 取大脑冠状切面标本，可见其表层染色较深的灰质，深部色淡的白质。白质中可见回与回之间走向的，为联络纤维；位于两半球之间弧形走向的为连合纤维，即构成胼胝体的纤维；从各回向下行走至脑干的纤维为投射纤维。在白质中接近脑底部可见有灰质，此即基底核。在透明脑干电动模型上辨认尾状核、豆状核、杏仁核等。

2. 在透明脑干电动模型上，可见背侧丘脑，尾状核与豆状核之间的白质层，由大脑皮质与皮质下各中枢之间的上、下行纤维形成的内囊。

六、观察辨认脑干、间脑和小脑的位置及脑干的形态与结构

取脑模型将左、右两半分开，从内侧面观察。可见脑干呈柱状，上方为间脑，大部被大脑半球覆盖，下方连脊髓，脑干的背侧、大脑后下方为小脑。脑干自下而上依次为延髓、脑桥、中脑 3 部分。

（一）观察、辨认脑干外部形态及主要结构

1. 取脑干放大模型观察延髓段。腹侧面可见延髓上部正中裂两侧，有一对纵行隆起为锥体，其下方可见锥体交叉。锥体外侧一对卵圆形隆起为橄榄；背面可见与脊髓相连的后正中沟两侧，有两对隆起，近中线的一对为薄束结节；外上方一对为楔束结节。还可观察到楔束结节外上方的小脑下脚，以及延髓与脑桥背侧面的菱形窝，即第四脑室底。

2. 取脑干放大模型观察脑桥段。腹侧面可见隆起的基底部，有横行粗大的纤维束，中央纵行的基底沟，下方为延髓与脑桥的界沟。背侧面可见菱形窝上半部以及小脑中脚。

3. 在脑干放大模型观察中脑段。腹侧面可见两条纵行的大脑脚；背面观可见小脑中脚内侧上方的小脑上脚，还可见两对圆形隆起，上方一对为上丘，下方一对为下丘。

（二）观察、辨认与脑干相连的脑神经

1. 在延髓的前外侧沟中自上而下有舌咽神经（Ⅸ）、迷走神经（Ⅹ）、副神经（Ⅺ），锥体与橄榄之间有舌下神经（Ⅻ）。

2. 在脑桥的小脑中脚根部有三叉神经（Ⅴ），在延髓与脑桥界沟中从内向外依次有外展神经（Ⅵ）、面神经（Ⅶ）和前庭蜗神经（Ⅷ）。

3. 在中脑的大脑脚内侧有动眼神经（Ⅲ），背侧下丘下方有滑车神经（Ⅳ）。

（三）脑干透明模型观察

取透明脑干电动模型，观察辨认脑干的内部结构，可见延髓锥体内有许多纵行纤维束，橄榄内有橄榄核，在背侧的薄束结节和楔束结节内可见到薄束核和楔束核。在中脑靠背侧可见一对红色椭圆形的红核和其前方一对黑色板状的黑质。分别按第Ⅲ至第Ⅻ对

脑神经核按扭，即显示出第Ⅲ至第Ⅻ对脑神经核。一般有红、蓝和黄 3 种颜色，其中红色为躯体运动核，蓝色为躯体感觉核，黄色为内脑运动核。

七、观察、辨认间脑的分布与结构

1. 间脑分为 5 部分：在脑干放大模型的上后隆凸部，辨认上丘脑和背侧丘脑，在背侧丘脑后下方辨认后丘脑的内侧膝状体和外侧膝状体。在脑干放大模型的腹侧，中脑的大脑脚上方辨认下丘脑的乳头体、灰结节、漏斗。丘脑底部在模型上不易观察到。

2. 在透明脑干电动模型上，可观察到背侧丘脑内部有一对较大的卵圆形灰质块，此即丘脑核。模型上有不同颜色，可辨认出口前核、内侧核和外侧核。同时可观察到内、外侧膝状体内部有相应的神经核。思考丘脑核和内、外膝状体核的功能。

八、观察、辨认小脑的形态和内部结构

1. 取小脑模型，辨认小脑两半球、中间的蚓部以及表面许多排列有序的沟回。

2. 取小脑切面标本，可见表层染色较深的灰质（小脑皮质），深部色淡的白质，以及白质中有 4 对染色较深的小脑中央核。

【作业与思考题】

在图 1–7、图 1–8、图 1–9、图 1–10、图 1–11、图 1–12 中，填写引线所指的结构名称。

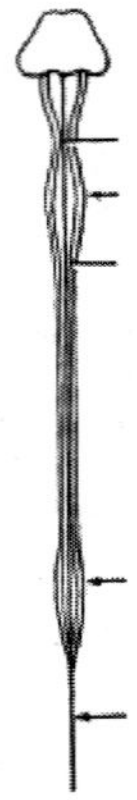

图 1–7

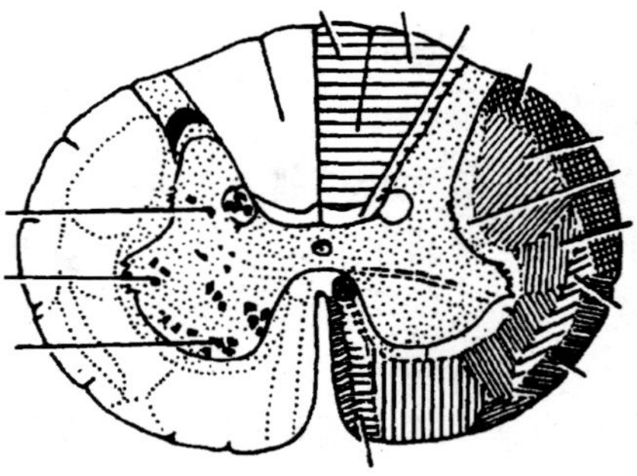

图 1–8

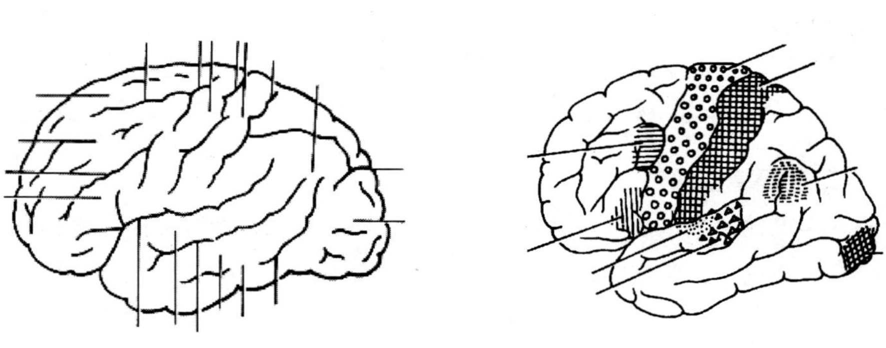

图 1–9

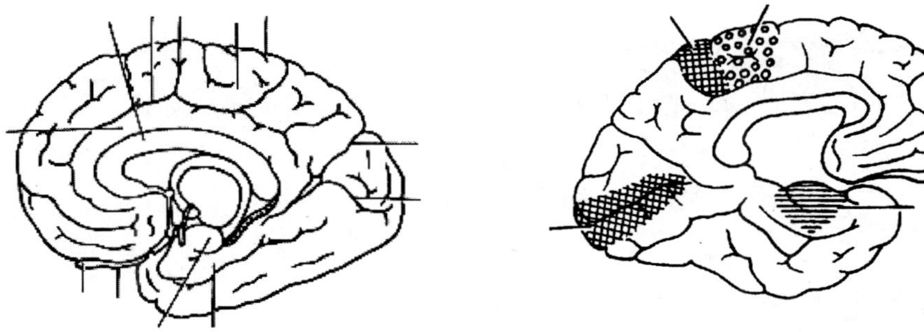

图 1–10

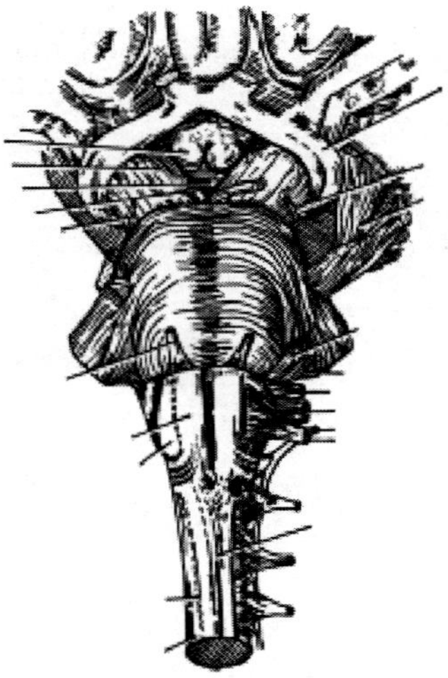

图 1–11

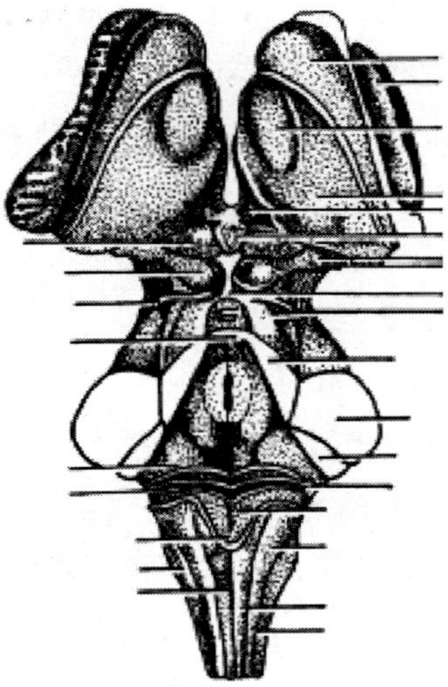

图 1–12

实验十八　周围神经系统（验证型实验）

【目的要求】

1. 熟悉第Ⅰ至第Ⅻ对脑神经进出脑的部位，了解其分布概况。

2. 了解脊神经的组成及颈丛、臂丛、腰丛和骶丛的组成、位置和主要分支、分布概况。

【实验内容】

1. 观察第Ⅰ至第Ⅻ对脑神经进出脑的部位及其分布。

2. 观察脊神经的组成、分支与分布。

【实验（对象与）器材】

附着有脑神经的脑标本，附着有脊神经的脊髓标本；脑和脑干模型、人体骨骼（附神经、血管）模型、脊神经模型；脑神经分布的课件及多媒体设备。

【方法与步骤】

一、观察脑神经

取附有脑神经的脑标本和脑模型，观察、辨认第Ⅰ至第Ⅻ对脑神经的位置并演示脑神经分布（投影），观察、辨认脑神经的分布概况。

1. 嗅神经：自鼻黏膜处上行穿过筛孔，在额叶底面终于嗅球。
2. 视神经：自眼球的视网膜穿过视神经孔，经视交叉、视束，终于外侧膝状体核。
3. 动眼神经：由中脑的大脑脚内侧出脑至眼眶，分布于眼肌。
4. 滑车神经：起于中脑背面，下丘上方，分布于眼外肌。
5. 三叉神经：位于脑桥腹侧小脑中脚跟部，分布于咀嚼肌和面部皮肤。
6. 展神经：位于延髓脑桥界沟内最内侧的一对，分布于眼肌。
7. 面神经：位于延髓脑桥界沟内，展神经外侧，分布于面部表情肌及舌黏膜等。
8. 前庭蜗神经：位于延髓脑桥界沟内，面神经外侧，分布于内耳。
9. 舌咽神经：位于延髓腹侧面橄榄后方的纵沟内，为纵沟内最上一对脑神经，分布于咽部及咽黏膜、舌后黏膜、颈动脉窦和颈动脉球。
10. 迷走神经：位于舌咽神经下方的纵沟内，分布于颈、胸、腹部的脏器。
11. 副神经：位于迷走神经下方的纵沟内，分布于胸锁乳突肌和斜方肌。
12. 舌下神经：位于延髓锥体外侧，橄榄和舌咽神经内侧，分布于舌肌。

二、观察脊神经

1. 取附有脊神经的脊髓标本或模型，观察脊神经的组成，每一脊髓节的前后外侧沟内，有脊神经根丝出入。辨认前根和后根，思考其内含神经纤维的性质。后根在近椎间孔处可见一膨大的结节，即脊神经节，思考节内有何神经细胞体。在椎间孔处可见由前根和后根汇合成的脊神经，出椎间孔后即分为 3 支：前支（粗大）、后支（细小）和脊膜支（返回椎管）。

2. 取附有神经和血管的骨骼模型，观察脊神经前支的分布概况，除胸部的胸神经前支保持着明显的节段性外，其余的相邻脊神经前支均互相吻合交织成神经丛。在模型上分别辨认颈丛、臂丛、腰丛和骶丛的组成及其主要分支。

（1）颈丛：在模型上可见由第一至第四对颈神经的前支组成，其分支主要分布于颈肌、肩等部位。

（2）臂丛：在模型上可见由第五至第八对颈神经前支和第一胸神经前支的大部分组成，辨认其主要分支腋神经、正中神经、肌皮神经、尺神经、桡神经。它们分布于上肢肌和上肢皮肤。

(3) 腰丛：在模型上可见由第十二胸神经前支的一部分和第一至第四对腰神经前支组成，辨认其分支股神经和闭孔神经。股神经主要分布于股前群肌和股前面皮肤，闭孔神经主要分布于股内侧肌群和股内侧皮肤。

(4) 骶丛：在模型上可见由第四至第五腰神经前支、第一至第五骶神经和尾神经前支组成，辨认该丛发出短支臀上神经和臀下神经、长而粗大的坐骨神经。臀上、下神经分布于臀部肌肉和皮肤。坐骨神经在大腿部的分支分布于股后肌群和股后面的皮肤。坐骨神经于腘窝处分支，在模型或小腿的腘窝上部一般分为胫神经（胫前神经、胫后神经）和腓总神经，它们的分支分布于股后肌群、小腿肌、足底肌和小腿、足部皮肤。

【作业与思考题】

1. 在图 1–13 中，填写引线所指的脑神经名称，并注明其是第几对脑神经。说明各对脑神经是何类性质的神经。

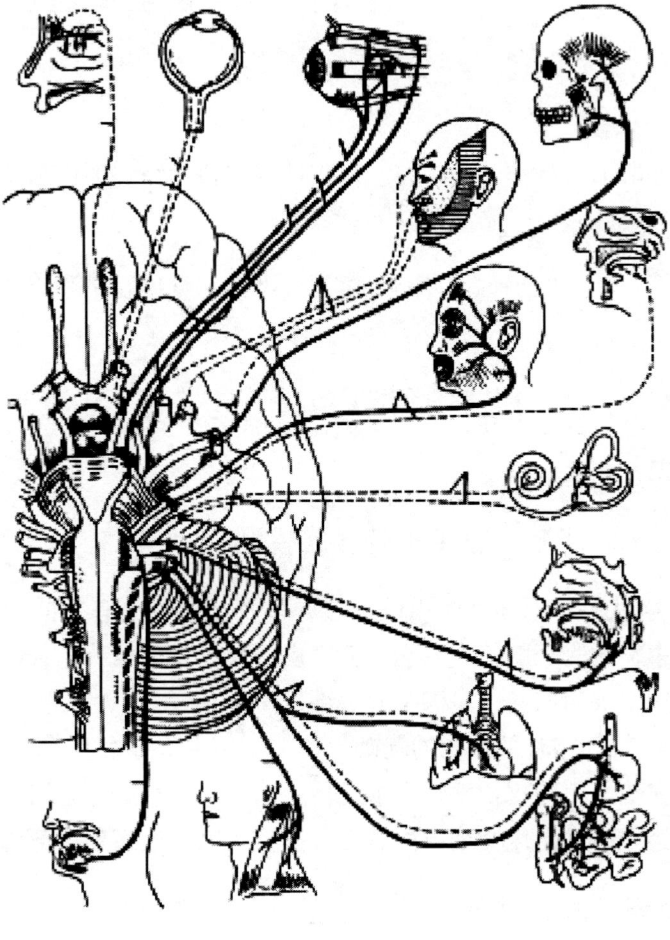

图 1–13

2. 在图 1–14 中，填写引线所指的结构名称。

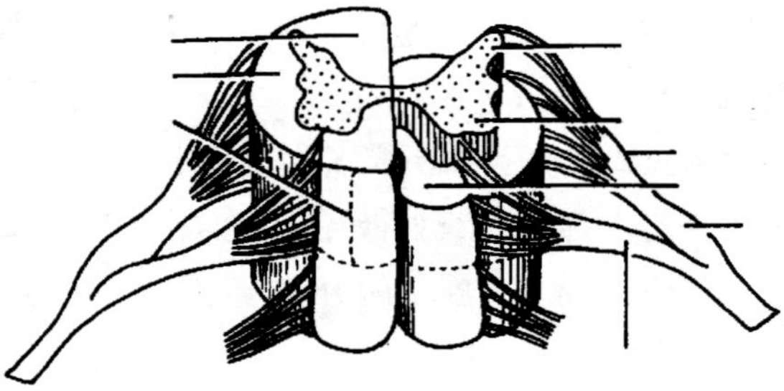

图 1–14

3. 说明臂丛、腰丛、骶丛的组成。

实验十九 传导路（验证型实验）

【目的要求】

了解躯干和四肢的一般感觉传导路、意识性本体传导路、锥体系传导路。

【实验内容】

观察躯干和四肢的一般感觉传导路、意识性本体感觉传导路和锥体系传导路。

【实验（对象与）器材】

一般感觉传导路模型、本体感觉传导路模型、锥体系模型。

【方法与步骤】

一、观察躯干和四肢一般感觉传导路模型

1. 在模型上辨认每个断面在中枢的部位，以及与传导路有关的结构（脊髓丘脑侧束、脊髓丘脑前束、脊髓丘脑束、内囊、丘脑皮质束、脊神经节、脊髓后角细胞、丘脑外侧核、大脑皮质中央后回和中央旁小叶后部）。

2. 在辨认了与传导路有关结构的基础上，在模型中追寻由躯干和四肢一般感受器，经脊神经节周围突传至大脑皮质感觉中枢的传导途径。注意第一至第三级神经元胞体所在位置，每级神经元纤维沿途交叉部位、上行途径，以及最终到达部位。

二、观察意识性本体感觉传导路模型

1. 在模型上辨认每个断面在中枢的部位，以及与传导路有关的结构（薄束、楔束、内侧丘系、丘脑皮质束、内囊、脊神经节、薄束核、楔束核、丘脑外侧核、大脑皮质中

央后回和中央旁小叶后部）。

2. 在辨认与传导路有关结构的基础上，在模型中追寻意识性本体感觉传导途径。注意第一至第三级神经元胞体所在位置，每级神经元纤维沿途交叉的部位及其上行途径，最终到达部位。

三、观察锥体系传导模型

1. 在模型上辨认每个断面在中枢的部位，以及与传导路有关的结构（内囊、大脑脚、锥体、锥体交叉、皮质脊髓前束、皮质脊髓侧束、大脑皮质中央前回、中央旁小叶前部、脊髓灰质前角）。

2. 在辨认与传导路有关结构的基础上，在模型中追寻锥体系传导途径。注意上下两级神经元胞体所在部位，每级神经元纤维沿途交叉的部位及其下行途径，最终到达部位。

【作业与思考题】

1. 观察完躯干和四肢一般感觉传导路模型后，请说明其感受器在何处？第一至第三级神经元各在何处？最终传至大脑何处？

2. 观察完意识性本体感觉传导路模型后，请说明其感受器在何处？第一至第三级神经元各在何处？最终传至大脑何处？

3. 观察完锥体系传导模型后，请说明信息由大脑何处发出？下行纤维的走向，第二级神经元在何处？最终传至何处？

参考文献

[1] 人体解剖学实验指导编写组. 人体解剖学实验指导 [M]. 北京：高等教育出版社，1998.

[2] 李月玲. 运动解剖学实验复习指导 [M]. 北京：高等教育出版社，1989.

[3] 人体解剖学编写组. 人体解剖学 [M]. 北京：高等教育出版社，1987.

[4] 人体解剖学编写组. 人体解剖学 [M]. 第 2 版. 北京：高等教育出版社，1997.

[5] 卢义锦，姚士硕. 人体解剖学 [M]. 北京：高等教育出版社，2001.

[6] 齐家玉，夏云建，黄元汛. 运动人体科学实验 [M]. 武汉：华中师范大学出版社，2006.

第二章　运动生理学实验

实验一　坐骨神经－腓肠肌标本的制备（验证型实验）

【目的要求】

学习并掌握蛙类坐骨神经－腓肠肌标本的制备方法。观察骨骼肌收缩过程。

【基本原理】

蛙类的一些基本生命活动和生理功能与温血动物近似，而且离体组织器官的生活条件较为简单，可以在室温条件下于一定时间内保持它的功能。因此，在生理实验中常用蛙类的坐骨神经－腓肠肌标本来观察其兴奋性、兴奋过程的一些规律及骨骼肌的收缩特性。

【实验对象与器材】

蛙或蟾蜍、蛙板、玻璃板、粗剪刀、手术剪、金冠剪、镊子、探针、玻璃分针、大头针、解剖盘、滴管、任氏液、培养皿、锌铜弓、烧杯、棉线。

【方法与步骤】

1. 破坏脑脊髓：破坏脑脊髓的方法有两种。（1）去头毁脊髓：取蛙或蟾蜍 1 只，用左手紧握其身及肢体，右手执粗剪刀从口裂插入口腔，沿两眼后连线剪去头，然后用探针插入椎管，捣毁脊髓。（2）用探针损毁脑与脊髓：左手握蛙，用食指下压蛙头前端，拇指按压背部，使头前俯，右手持探针，由两眼之间沿中线向后方滑动，触及耳后腺之间的凹陷处即是枕骨大孔的位置，随即将探针由此垂直刺入皮肤，再将探针折向前方插入颅腔并左右搅动捣毁脑组织。然后将探针退至枕骨大孔，针尖转向后方，与脊柱平行刺入椎管，以捣毁脊髓。待四肢松软，即表明脊髓完全破坏（图 2–1）。

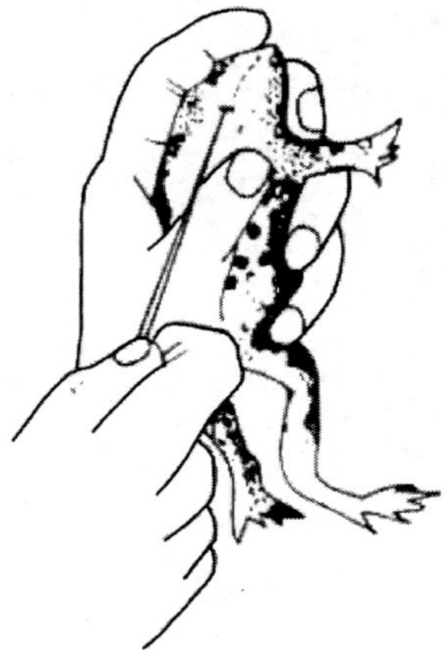

图 2–1　用探针损毁蟾蜍脑、脊髓的方法

2. 去内脏及剥皮：用粗剪刀在蛙前肢后部将脊柱横断，并将头及前肢连同所有内脏剪去。用左手捏住脊柱断端，右手从断面往下剥去皮肤至趾端，然后将标本放入盛有任氏液的培养皿中备用。洗净手及用过的器械，再进行以下操作（图 2–2、图 2–3）。

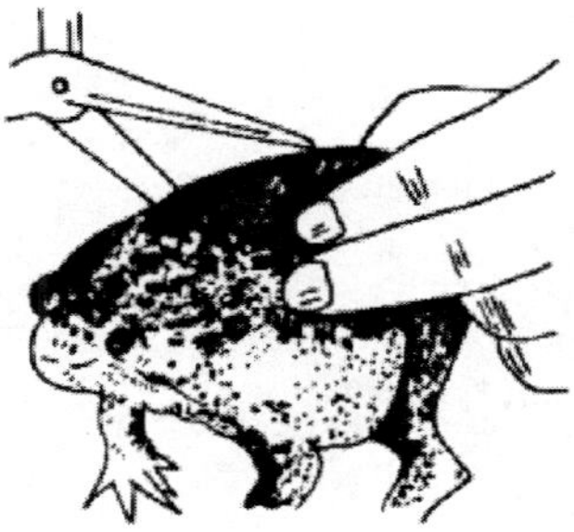

(1)

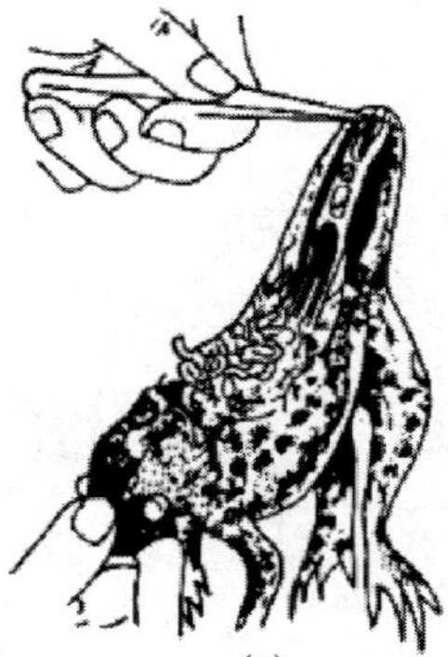

(2)

图 2–2 剪除躯干上部及内脏

图 2–3 剥掉后肢皮肤

3. 分离两后肢：将剥去皮的标本腹面向上放在清洁的玻璃板上，用粗剪刀沿正中线在耻骨联合处切开耻骨联合，再用金冠剪剪开两后肢相连的肌肉组织，并纵向剪开脊柱（尾杆骨留在一侧），使两后肢完全分离。将分开的后肢一只继续剥制标本，另一只放入任氏液中备用。

4. 分离坐骨神经：将一侧后肢的脊柱端腹面向上，趾端向外侧翻转，使其足底向上，用大头针将标本固定在玻璃板下方的青蛙解剖板上。用玻璃分针在股二头肌及半膜肌之间找出坐骨神经的大腿部分，小心地将其从脊柱骨到腘窝全部分离出来，保留一小段与坐骨神经相连的脊柱骨，其余部分全部剪去（图 2–4）。

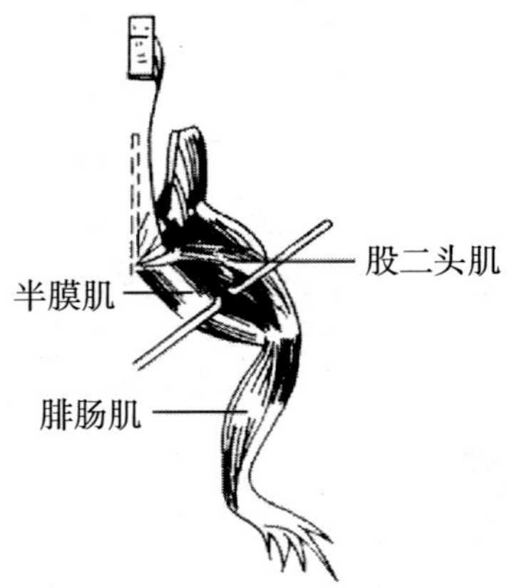

图 2-4　坐骨神经－腓肠肌标本的制作

5. 分离腓肠肌：用玻璃分针将腓肠肌跟腱分离并在跟腱下面穿线结扎，在结扎处的下端剪断跟腱，左手执线提起腓肠肌分离至膝关节。

6. 制备坐骨神经－腓肠肌标本：在膝关节周围剪断全部大腿肌肉，并用粗剪刀将股骨刮干净，在股骨上部保留 1cm 股骨头并剪断股骨，再在膝关节以下将小腿剪去，留下的即为坐骨神经－腓肠肌标本（图 2-5）。

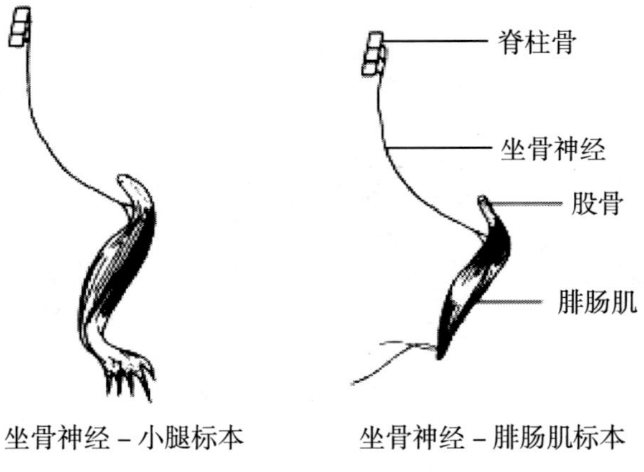

图 2-5　坐骨神经－小腿标本及坐骨神经－腓肠肌标本

7. 用锌铜弓检查标本：用经任氏液沾湿的锌铜弓迅速接触标本的坐骨神经。如腓肠肌发生明显的收缩，表示兴奋性良好，即可放入盛有任氏液的培养皿中备用。

【注意事项】

1. 损坏脑、脊髓前可先用纱布挤捏蟾蜍头部两侧大的耳后腺，并排出分泌物，避免蟾酥溅入眼内。

2. 要用玻璃分针分离神经，尽量减少神经与金属器械及污物接触。防止神经过度牵拉和压迫。

3. 要经常用任氏液浸润及清洗标本，防止干燥，但勿用清水冲洗。

4. 提取标本时，手提跟腱结扎线或用镊子夹住股骨断端，不要直接夹持牵拉标本。

【作业与思考题】

制备的坐骨神经－腓肠肌标本为什么要在任氏液中保存?标本为什么不能用清水冲洗或浸泡?

附：

刺激的极性法则

使用直流电刺激可兴奋细胞，之所以能使细胞产生兴奋，从根本上讲是电刺激改变了细胞原来膜内外之间的电位差。细胞的静息膜电位为外正内负，如果刺激使膜电位差值减小（去极化），细胞则兴奋；如果使膜电位差值增大（超极化），细胞则兴奋性降低（抑制）。因此在细胞膜外使用直流电刺激细胞，通电时兴奋只发生在负极，正极的兴奋性下降；在持续通电期间不形成刺激；断电时产生反向电流，兴奋只发生在正极；通电的刺激强度大于断电。

刺激神经干最简单的方法就是使用锌铜弓。锌铜弓在溶液中沾湿以后，锌的表面电离出正离子，里面形成负离子；而铜的表面电离出负离子，里面形成正离子。当锌铜弓接触活组织时，电流便沿着锌—活组织—铜的方向流动而产生刺激效应。所以锌相当于正极，而铜相当于负极发挥刺激作用。当断开时，则发生相反的效应。使用锌铜弓就可以在剥离的蟾蜍坐骨神经干（也可在在体的蟾蜍神经干）上进行这一实验。

方法步骤如下：

1. 在坐骨神经－腓肠肌标本的神经干中间部位用干棉线结扎，以阻断其传导兴奋的能力。

2. 用锌铜弓跨越结扎线结刺激坐骨神经干。使锌极在腓肠肌一端刺激，观察腓肠肌收缩发生在通电（接触神经干）时，还是断电（离开神经干）时。

3. 调转锌铜弓的极性，使铜极在腓肠肌一端刺激，观察腓肠肌收缩发生在通电时，还是断电时。注意比较实验步骤 2 和 3 引起腓肠肌收缩的强度是否一样，哪个收缩强度比较大?

4. 可以多位同学手拉着手串联起来，第一位同学用锌铜弓的铜极接触结扎线结一端的神经干，最后一位同学拿另一只锌铜弓用锌极接触结扎线结另一端的神经干，即使中间有 5 个以上同学拉手串联起来，也能得到良好的实验效果。

5. 解释各项实验结果。

注意：

1. 用锌铜弓刺激时，一定要使神经干悬空，且勿接触其他物体。

2. 如果神经干结扎不好，通电和断电时都会引起腓肠肌收缩，需重新结扎。

实验二 肌肉生理横断面大小对肌肉收缩力量的影响（验证型实验）

【目的要求】

了解肌肉生理横断面大小对肌肉收缩力量的影响。

【基本原理】

通常肌肉的力量可用肌肉的绝对力量和比肌力来表示。肌肉的绝对力量是指肌肉做最大收缩时产生的力量，它与肌肉的生理横断面积有关，肌肉生理横断面积越大，肌肉的绝对力量也越大。比肌力是指肌肉单位生理横断面积的绝对力量。由于直接测量人体肌肉的生理横断面积较困难，而身体某一部位的净围度与该部位的生理横断面积成正相关，因此，通过测量身体某部位的净围度，可间接了解该部位肌肉的生理横断面大小。如已知该部位肌肉的绝对力量，可推算出比肌力相关值。

【实验对象与器材】

人、握力计、背力计、皮脂厚度测量计、小带状尺等。

【方法与步骤】

一、绝对力量的测定

1. 前臂肌绝对力量：用握力计测量。测量时将握柄调至受试者 2～5 指第 2 指间关节至大拇指虎口距离最适宜位置，然后，一手握住握力计，指针向外，双腿自然开立，双臂下垂，全力紧握握力计，握力计指针随即摆动，当握力计的指针停止摆动时，指针对应的读数即为握力值。连测 3 次，每次之间休息 30s，记录最大值，即为前臂肌绝对力量（图 2–6）。

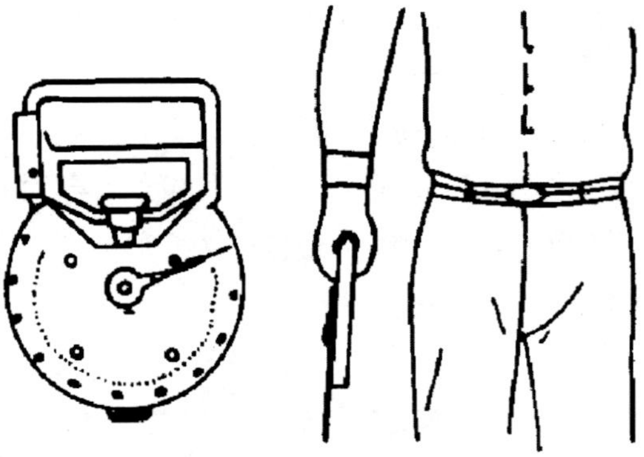

图 2–6　握力测定

2. 腿部伸肌绝对力量：用背力计测量。受试者站立于背力计踏板指定位置上，膝关节弯曲成 130° ～140° ，调节背力计握柄的高度，将其置于两大腿内侧中部，然后用力伸直膝关节向上拉背力计，测量 3 次，取最大值记录，即为腿部伸肌绝对力量。测量时不得借助屈臂和身体后倒的力量（图 2–7）。

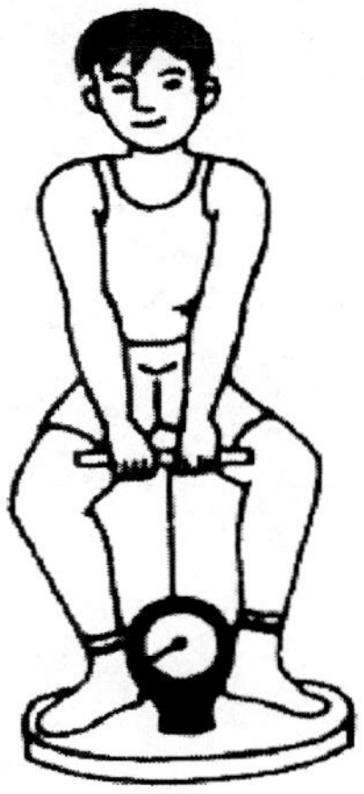

图 2–7　腿力测定

二、比肌力的测定

1. 前臂和大腿围度：前臂伸直下垂，用带状尺在前臂最粗的位置测量其前臂围度；两腿取站立位，将带状尺置于大腿臀大肌皱纹（臀纹点）处水平环绕一周测量大腿围度（图 2–8、图 2–9）。

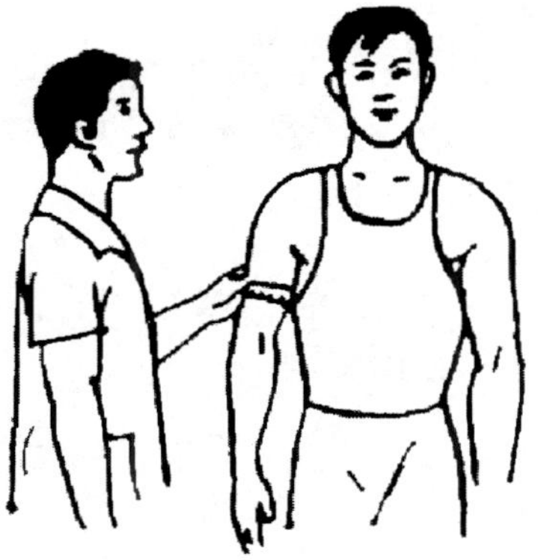

图 2–8　上臂放松围

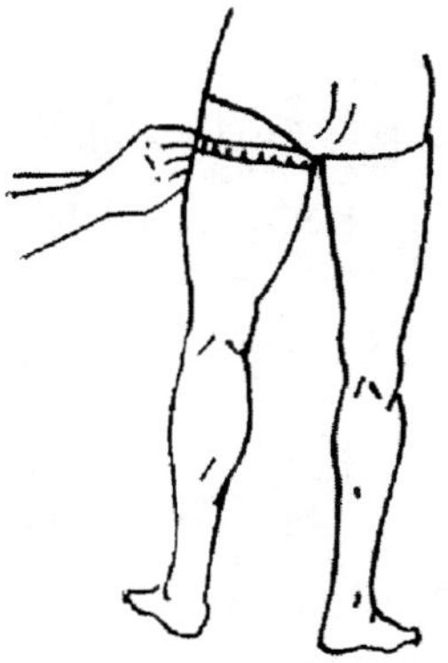

图 2–9　大腿围

2. 前臂和大腿皮褶厚度：采用皮褶厚度测量计测量。测试前应对仪器精确性进行校正，要求测量卡尺压强为 $10g / cm^2$，接触面积为 $20 \sim 40mm^2$。测试时要求受试者自然站立，暴露身体的右侧测量部位。各测量部位定位为：上臂部，肩峰与上臂鹰嘴连线的中点，皮褶走向与肱骨平行（图 2–10）。大腿部，腹股沟中点与髌骨上缘中点连线处，皮褶方向与大腿纵轴平行（图 2–11）。测量时测试者左手拇指和食指捏起所测部位的皮肤和皮下组织，使其成一皱褶。将卡钳张开卡在捏起部位下方约 1cm 处，待指针停稳，立即读数并作记录，测量 3 次取中间值或取其平均值，任意两次测量误差不得超过 5%。以 mm 为单位，取小数点后一位记录。

图 2–10　上臂部

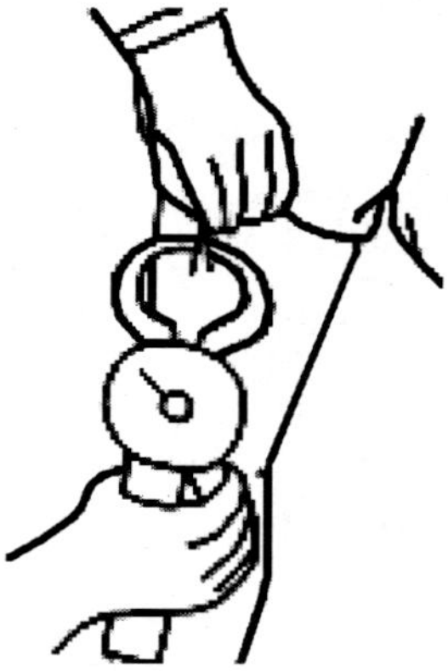

图 2–11　大腿部

3. 净围度计算：a. 计算围度半径 R 值

$$R=\frac{C}{2\pi}$$

b. 计算净围度：

$$C'=2\pi\ (R-r)$$

（注：式中 C 为围度；R 为围度半径；C' 为净围度；r 为皮褶厚度；单位为cm。）

4. 比肌力计算：比肌力可用单位净围度肌力表示

$$\text{比肌力}\ (kg/cm)=\frac{\text{绝对肌力}}{\text{净围度}}$$

【注意事项】

仪器要校对准确，严格按实验步骤进行。

【作业与思考题】

1. 依据实验结果，描述生理横断面大小对肌肉收缩力量的影响。
2. 分析肌肉收缩力量和比肌力测量在运动实践中的意义。

实验三 反射时的测定与反射弧分析（验证型实验）

【目的要求】

1. 观察反射活动的各种特征，掌握研究反射活动的基本方法。
2. 掌握测量反射时的方法，了解刺激强度与反射时的关系。
3. 分析反射弧的组成，并探讨反射弧各部分在反射活动中所起的作用。

【基本原理】

1. 反射是指在中枢神经系统参与下，机体对内外环境刺激所产生的具有适应性的规律性应答。

2. 反射活动的结构基础称为反射弧，典型的反射弧包括感受器、传入神经、神经中枢、传出神经和效应器5个部分（图2–12）。在自然条件下，反射活动一般都需经过完整的反射弧才能实现，如果反射弧中任一部分中断（解剖结构受到破坏或生理功能受到抑制），则反射不能发生。

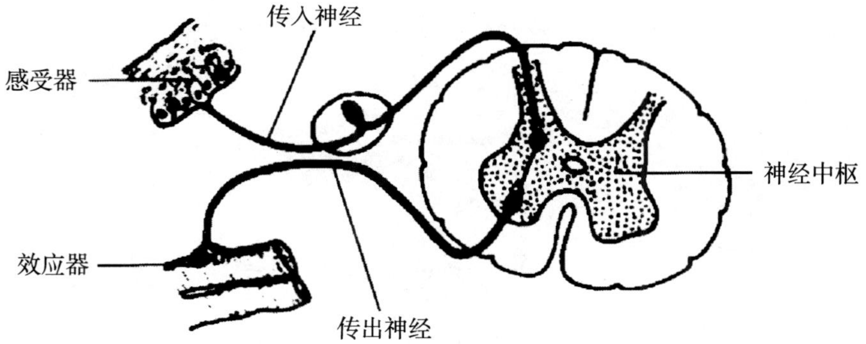

图2–12 反射弧结构模式图

3. 从刺激开始至反射出现所需要的时间，也就是反射通过反射弧的时间，称为反射时（或称潜伏期），亦即兴奋通过反射弧而引起外周效应所需的时间。在一定的条件下和一定的刺激强度范围内，刺激越强，反射时越短，刺激越弱，反射时越长。

4. 在反射活动中由于神经元，特别是中间神经元联系方式的不同，使反射活动表现出种种特征，如反射时的长短、反射活动空间范围的大小、反射活动持续时间的长短以及引起反射活动的刺激条件等。

5. 本实验通过对脊蟾蜍后肢屈肌反射与搔扒反射的观察及分析，加深对反射时及反射弧组成的了解。

【对象、器材与药品】

蛙或蟾蜍、蛙类解剖器械一套、蛙板、铁支架、肌夹、玻棒、小滤纸片、纱布、培养皿、小烧杯、棉花、棉线、秒表、盐酸（0.1%、0.5%、1%、2%各100ml）、2%普鲁卡因、清水。

【方法与步骤】

一、脊蟾蜍制备

1. 用右手拇指和食指夹住蟾蜍，用自来水稍加冲洗去除蟾蜍表面的污物，然后用温毛巾轻沾蟾体，但不可搓揉，否则会有大量蟾酥液和蛙皮素放出，影响实验效果。

2. 左手持蟾蜍用食指分开上下颌，右手用剪刀沿眼后方剪去上颌，保留下颌及脊髓，此即为去脑的“脊蟾蜍”。

二、分离坐骨神经

将脊蟾蜍腹位固定于蛙板上，沿左侧大腿背侧纵行剪开皮肤，分离肌肉（股二头肌和半膜肌）和结缔组织，暴露坐骨神经，在神经下穿一条棉线备用。

三、反射时的测定

1. 用肌夹夹住脊蟾蜍下颌，悬挂于铁支架上（图2–13）。

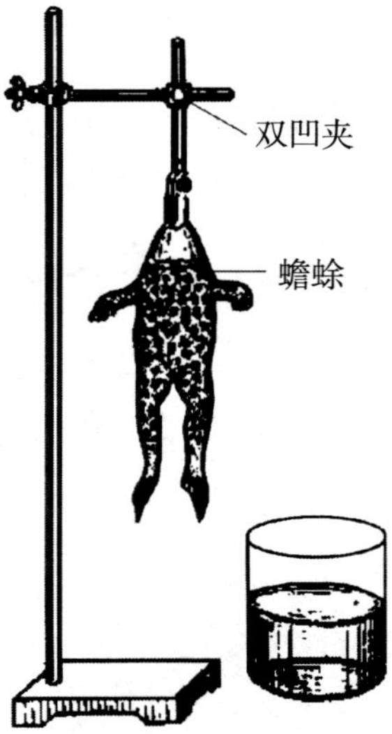

图2–13 反射活动测定装置图

2. 用0.1%盐酸（培养皿中）刺激后肢的中趾趾端，同时启动秒表计时，当屈肌反射一出现，立刻停止计时，记下反射时，将刺激部位洗净。重复3次，每次间隔5min，求平均值。

3. 同法用0.5%、1%盐酸分别刺激同一后肢脚趾各3次。注意每次用盐酸刺激后都要用清水冲洗并拭干脚趾。

4. 反射的抑制：夹住一侧前肢给一个较强的刺激，待动物安静后再测反射时，观察其有无延长。

5. 搔扒反射：将浸以2%盐酸溶液的小滤纸片贴在蟾蜍腹部皮肤上，可见四肢皆向此处搔扒，直到除去滤纸为止。

四、反射弧组成分析

1. 用培养皿盛0.5%盐酸分别刺激两后肢的中趾趾端（刺激时间和刺激范围应保持恒定），均会出现屈肌反射，之后立刻用清水洗净脚趾，并用纱布轻轻拭干水（防止稀释盐酸溶液）。

2. 在右膝关节处将皮肤做一环形切口，剥去切口以下的全部皮肤（趾尖皮肤一定要剥干净）。

3. 再用0.5%盐酸刺激右脚趾，观察是否出现反射，分析原因，洗净刺激部位。

4. 用小滤纸片浸较浓的盐酸（1%）贴在该侧小腿环形切口以上的皮肤上，此侧小腿是否能出现反射活动，分析原因。

5. 将浸过1%盐酸的滤纸片贴在左后肢的皮肤上，观察左后腿，以及右后肢的屈肌反射情况，分析原因。

6. 麻醉坐骨神经：在坐骨神经上放一浸过2%普鲁卡因的小棉球（注意活标本的神经干，不可用镊子夹持），每隔1min用0.5%盐酸测试左后肢脚趾，观察屈肌反射是否出现。

7. 当左后肢屈肌反射不再出现时（坐骨神经干内的传入纤维比传出纤维先被麻醉），立即将浸过1%盐酸的滤纸片贴在背部，左侧后肢能否出现搔扒反射，分析原因。

8. 继续麻醉坐骨神经，直至左后肢的搔扒反射消失，刺激动物身体的各部位，观察左肢体的反射动作是否发生。

9. 用镊子夹住右后肢，观察该侧屈肌反射情况。

10. 用探针插入其椎管内将脊髓破坏，观察屈肌反射和搔扒反射是否还存在，分析原因。

【注意事项】

1. 离断颅脑部位要适当，太高可能保留部分脑组织而出现自主活动，太低也会影响反射的引出。

2. 分离坐骨神经应尽量向上，并尽量剪断与其相连的分支。

3. 每次盐酸刺激后应立即用清水洗净刺激部位，并用纱布拭干，以保护皮肤并防止冲淡盐酸溶液。

4. 浸入盐酸溶液的部位应限于一个趾尖，每次浸泡范围也应恒定，切勿浸入太多。要求每一次动作均要到位。

5. 剥脱脚趾皮肤要完全，若剩留少量皮肤会影响实验结果。

【作业与思考题】

1. 运用所得到的实验现象，通过严格的推理来分析后肢屈肌反射的反射弧构成。

2. 论述刺激强度和反射时的关系，如果实验中开始测定的反射时很长，随后有缩短趋势，可能是什么原因？

实验四 大脑皮质运动区功能定位和去大脑僵直（验证型实验）

【目的要求】

了解大脑皮质不同部位对骨骼肌运动的调节作用，观察去大脑僵直现象和脑干在调节肌紧张中的作用。

【基本原理】

大脑皮质运动区是躯体运动机能的高级中枢，电刺激该区的不同部位可以引起躯体不同部位的肌肉运动。在动物中脑的上、下丘之间横断脑干，则中枢神经系统抑制伸肌紧张作用减弱，而易化作用就会相对加强。动物表现呈四肢僵直、头向后仰、尾向上翘的角弓反张的去大脑僵直现象。

【对象、器材与药品】

兔子或其他哺乳类动物、解剖器械 1 套、颅骨钻、咬骨钳、电子刺激器、银丝电极、兔解剖台、脱脂棉、纱布、骨蜡、0.9%生理盐水、20%氨基甲酸乙酯溶液、烧杯等。

【方法与步骤】

1. 称重，用 20%氨基甲酸乙酯溶液以 5ml / kg 体重剂量，从兔耳缘静脉注入。然后将麻醉后的兔俯卧并固定于手术台上。

2. 剪掉颅顶上的毛，沿头部正中线由两眉间至头后部切开皮肤。用刀柄紧贴头骨剥离颞肌，把头皮和肌肉翻至颧弓下，暴露额骨和顶骨（图 2–14）。

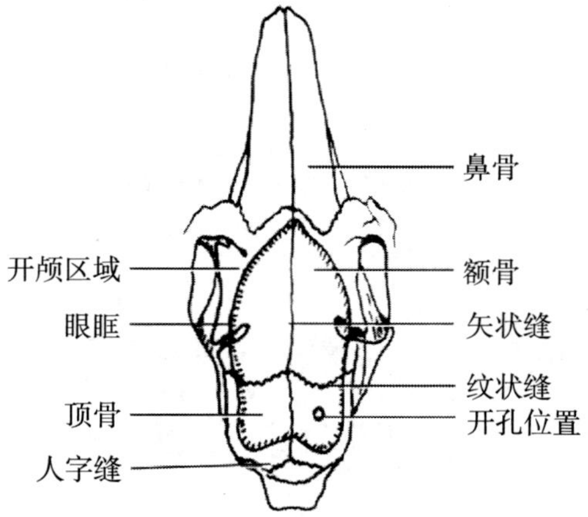

图 2–14　开颅部位

3. 用颅骨钻在顶骨一侧钻孔开颅，并用咬骨钳逐渐将孔扩大，尽量暴露大脑半球的后部。若有出血，可用纱布吸去血液后迅速用骨蜡涂抹止血。在接近头骨中线和枕骨时，注意不要伤及矢状窦，以免大出血。

4. 将一侧头骨打开后，用薄而钝的刀柄伸入矢状窦与头骨内壁之间，将矢状窦与头骨内壁附着处小心分离；待分开后，再用咬骨钳向对侧头骨扩大开口，充分暴露大脑。

5. 用针在矢状窦的前后各穿一条线并结扎，然后提起脑膜用眼科剪做十字形切开，将脑膜向四周翻开暴露脑组织。

6. 在裸露的大脑皮质处，用浸有生理盐水的温热纱布覆盖或滴几滴石蜡油，以防止干燥。松解兔的头部和四肢。

7. 用适宜强度的连续脉冲电刺激大脑皮质的不同部位，观察兔的躯体肌肉运动反应，并要作详细记录。刺激参数：波宽 0.1 ~ 0.2ms，电位 10 ~ 20V，频率 20 ~ 100Hz，每次刺激持续 5 ~ 10s，每次刺激后休息约 1min。

8. 左手将动物头托起，右手用竹片刀从大脑两半球后缘轻轻向前拨开，露出四叠体（上丘较粗大，下丘较小）。在中脑的上、下丘之间，略向前倾斜，朝着颅底将脑干切断（图 2-15）。可将棉球塞入切断处，以促进血凝，减少出血。

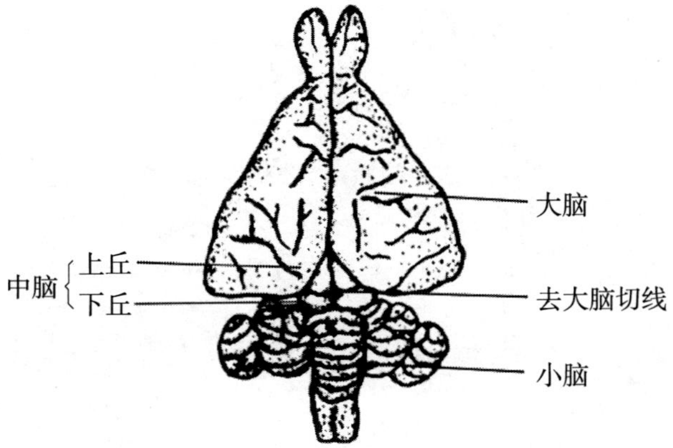

图 2-15　去大脑部位

9. 将动物侧卧，数分钟后，记录肌张力变化。

10. 用竹刀片再向下切，当切到延髓时，观察其肌紧张状态变化。

【注意事项】

1. 动物麻醉不能过深，以免影响去大脑僵直现象。解剖过程如动物苏醒挣扎可随时再用乙醚麻醉。

2. 电刺激不易过强。

3. 解剖时勿损伤冠状窦与矢状窦，避免大出血。

4. 因为刺激大脑皮质后引起肌肉收缩反应往往有一长潜伏期，所以每次刺激需持续 5 ~ 10s 方可确定有无反应。

5.切断脑干部位不能偏深，以免伤及延髓呼吸中枢，引起呼吸停止。但也不能切得偏浅，否则僵直现象出现不了。

【作业与思考题】

1. 实验前画好一张兔大脑半球背面观的轮廓图，实验时将观察到的反应标记在图上，绘制大脑皮质运动区的功能定位图。

2. 根据图 2-16 说明去大脑僵直的发生机理。

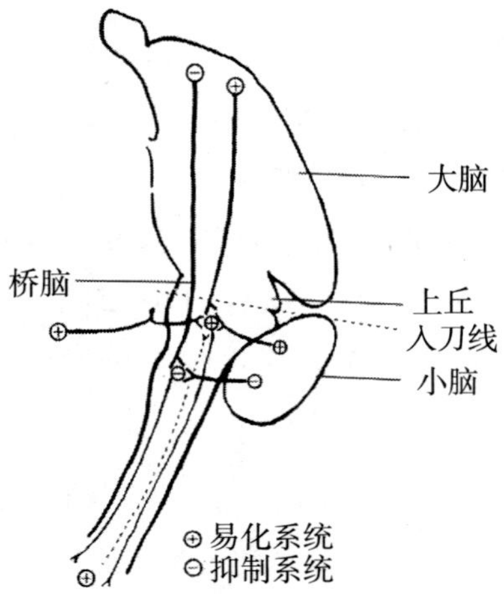

图 2-16　去大脑僵直发生机理示意图

实验五 人体反应时的测定（验证型实验）

【目的要求】

1. 学习视觉与听觉简单反应时的测定方法。
2. 比较两种简单反应时的差别。
3. 学习测定视觉选择反应时的方法。
4. 了解选择反应时不同于简单反应时的特点。

【基本原理】

感受器从接收刺激到效应器发生反应所需的时间称为反应时。通过测定反应时可以了解和评定人体神经系统反射弧不同环节的功能水平。机体对刺激的反应越迅速，反应时越短，灵活性也越好。以反应时间作为反应变量，经常应用于心理学、生理学、医学及其相关学科。

荷兰生理学家唐德斯（Donders）将反应时区分为三种：一般称为DondersA、B和C反应时。A反应时间又称简单反应时；B反应时间又称选择反应时；C反应时间又称辨别反应时。本实验主要学习简单反应时及选择反应时的测量。

简单反应时是一个单一简单刺激（如光、声音）与被试者做出单一简单反应（按下电键或放开电键）之间的最小的延迟时间。

不同感官的反应时不同，说明反应时间与所刺激的感觉通道有关系。视觉通道对光线的反应时间长，是由于光线虽然可以直接射到视网膜上，但是视网膜上的感光细胞却不能由光刺激直接引起兴奋，要经过光化学中介过程，这个过程需较长的时间，因而视觉对光的反应时间长于听觉对声音的反应时间。

选择反应时有两个（或多于两个）刺激和两个（或多于两个）反应。每个刺激都有自己独特的反应。从多个可能出现的刺激中到某一刺激的出现而做出正确反应的时间，就是选择反应时。

测量时一般应重复测量多次，求其均值为反应时的测定结果。简单反应时是较复杂反应时的基础，同时也是其组成成分之一。

【对象、器材】

人、EP202简单反应时测定装置、EP203选择反应时测定装置。

【方法与步骤】

一、简单反应时的测定

1. 接通仪器电源，主试者拨动信号发生开关，在光和声刺激呈现的同时，计时器应立即进行计时。

2. 练习操作。刺激呈现器放在距被试者1m处，被试者以右手食指轻触电键。主试者在发出“预备”口令约2s呈现刺激。被试者当感觉到刺激出现时立即按压电键，计时器停止计时，主试者记下反应时间。练习实验可做2~3次。

为防止无关刺激的干扰，主试者与被试者可分隔在两个操作室中进行实验。

3. 实验观察

（1）刺激呈现按视—听—听—视方式安排，每单元各做20次，总次数为80次。

（2）为了检查被试者有无超前反应，在每单元的20次实验中插入1次检查实验。如被试者发生对空白刺激作出反应，主试者根据反馈信号灯提供的信息，须宣布该单元实验结果无效，重做20次。

（3）做完20次后，休息1min。一被试者测完80次后，换另一被试者进行实验。

二、选择反应时的测定

1. 接通仪器。主试者按预先列出的程序，操作信号呈现，开关发出“红”“黄”“绿”“白”4种不同光刺激。

2. 被试者以右手食指做按键状，当感觉到某种色光时，即用右手食指按压相应的反应键（即被试者对4种不同的刺激，相应作出4种不同的反应）。计时器记下时间，练习实验可做4~5次。

3. 实验观察

（1）4种色光刺激各呈现20次，随机排列。

（2）主试者呈现刺激与被试者反应方式同预备实验。如果反应错了，计时器不计时间，主试者根据反馈信号灯提供信息，安排被试者重做一次。

每做完20次休息1min。一被试者测完80次后，换另一被试者进行实验。

【注意事项】

1. 主试者与被试者必须认真按操作要求进行实验。

2. 在选择反应时实验时，被试者必须根据主试者发出的信号作出相应的反应，不得按自己猜测或者听到预告信号作出反应。

【作业与思考题】

1. 比较视觉与听觉简单反应时是否存在差异，并分析其可能的原因。

2. 分析、比较简单反应时与选择反应时的产生差异及原因。

3. 根据实验结果说明简单反应时是否受练习的影响。

实验六 肺通气功能的测定（验证型实验）

【目的要求】

掌握利用肺量计测定肺通气功能的方法，加深对肺容量各组成部分和测定肺活量常用指标的理解。

【基本原理】

机体在进行新陈代谢时，不断地消耗氧和产生二氧化碳。为了实现机体与环境之间的气体交换，肺必须不断地与外界大气进行通气活动。肺可容纳的最大气体量称为肺总容量，它由潮气量、补吸气量、补呼气量和余气量4部分组成，除余气量外，各部分气量都可用肺量计测定。

【对象、器材与药品】

人、单筒肺量计、橡皮吹嘴、鼻夹、肺功能仪、纸口套、75%乙醇、酒精棉球、烧杯、1%过氧乙酸等。

一、FJD-80型肺量计的构造和使用方法

肺量计主要由一对套在一起的圆筒组成（图2-17）。外筒是一层夹水槽，夹层中装满清水，内筒中有进出2个通气管，远端有三通阀门与外界相通。当阀门开放时，呼吸气可经通气管进出肺量计，使倒置于水槽中的内筒随之上下移动，这时经滑轮与内筒相

对的平衡锤上安装的描笔便可在纸上记录出呼吸气量变化的曲线。专用记录纸上印有表示容积和表示走纸速度的竖格与横格（1 小竖格为 100ml，一横格为 25ml）。肺量计顶部有排气开关，可供筒内充气，也可使筒内气体由此排出。内筒的实际使用容量为6 ~ 8L。除一般构造外，尚有推动气流，减少呼吸阻力的鼓风机，可吸收呼出气中 CO_2 的钠石灰，后面还有放水筒水和放溢出水开关等。

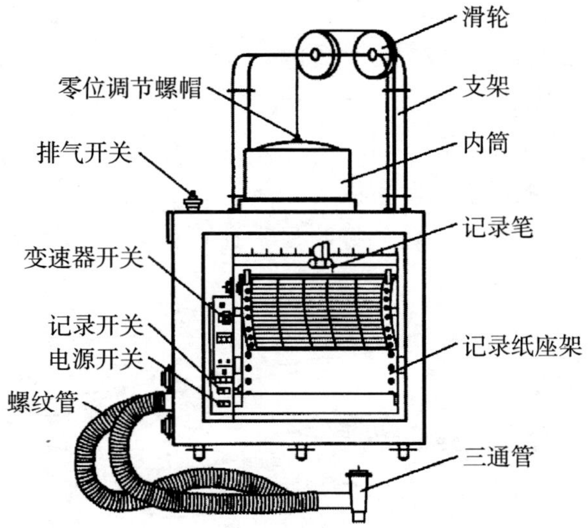

图 2-17　FJD-80 型肺量计的构造

实验前先将支架和滑轮提起，向外筒内装水至水槽的水平面指示刻度，装好记录纸和钠石灰，接通电源检查机器运转情况。然后将连有三通阀门的螺纹管与呼气和吸气管相接，转动三通阀门，开放肺量计，提起内筒，让筒内装有一定量的空气（4 ~ 5L），转动三通阀门，关闭排气开关，检查肺量计是否漏气。

二、肺功能仪的结构概况（图 2-18）

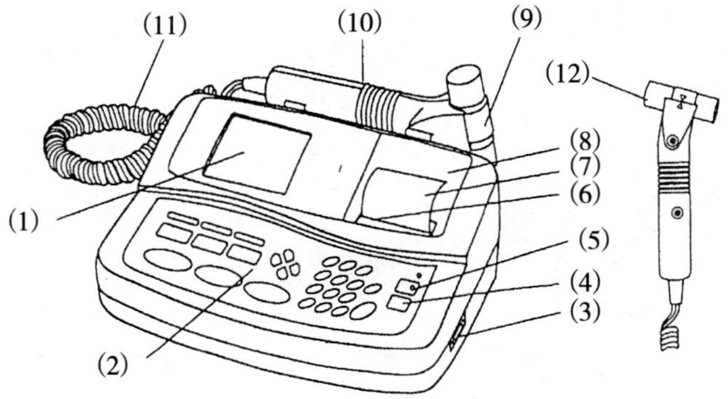

图 2-18　HI-101 肺功能仪

1. LCD 显示屏：显示受试者的资料、预测值和测量值。

2. 操作面板（参见图 2–20）。

3. RS–232 接头：连接 RS–232 电缆，以传输数据。电缆另一端接计算机。

4. OFF 键：关断电源。

5. ON 键：接通电源。

6. 打印机：打印受试者的资料或测量数据。

7. 打印纸：打印测量结果。

8. 打印机盖：装打印纸时打开，平时关闭。

9. 气流传感器：安置在手柄上进行测量。

10. 传感器手柄：上面安传感器。

11. 传感器管：连接传感器和主机。

12. 口套接头：上面接口套进行测量，还可以接一个过滤器（可选件）。后部（图 2–19）。

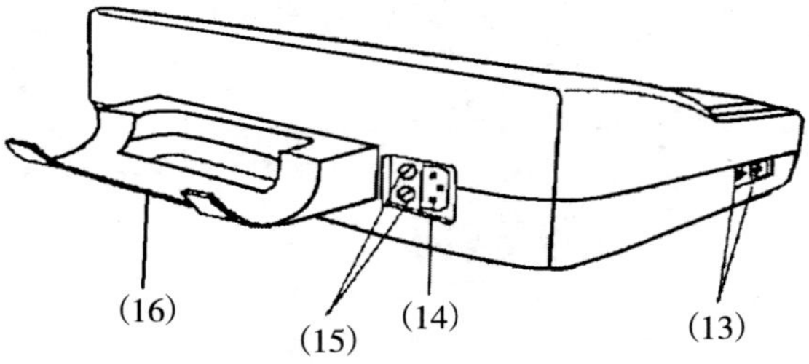

图 2–19　HI–101 肺功能仪

13. 传感器接头，连接传感器上的传感器管，管 A 接 A，管 B 接 B。

14. 电源插座：连接三相电源线。电源线另一端接交流 100 ~ 120 / 220 ~ 240V、50 / 60Hz 电源。

15. 保险丝座：每只保险丝座中都有保险丝

使用交流 100 ~ 120V 电源时，为 2 × 0.5A，250V。

使用交流 220 ~ 240V 电源时，为 2 × 315mA，250V。

●熔断时，两只要同时更换。

16. 传感器托架：不测量时放置传感器。它也可作为此设备的提手。

操作面板（图 2–20）。

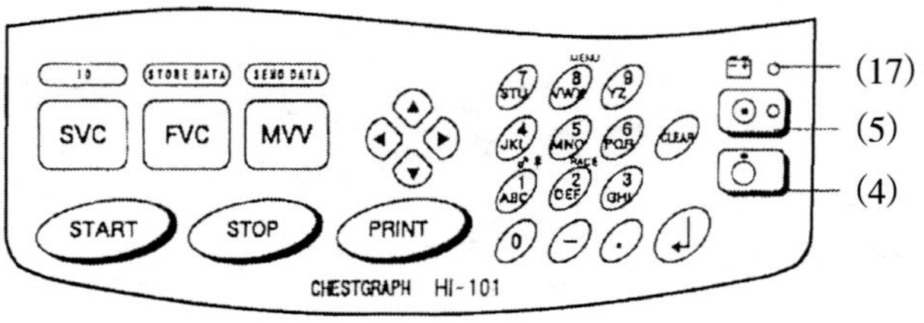

图 2–20　HI–101 肺功能仪

[ID]：显示受试者的资料（ID）屏。

[STORE DATA]：储存受试者的资料。

[SEND DATA]：向计算机输送受试者的资料。

●RS—232 连接口位于机器左侧

[SVC]：选择测量 SVC。

[FVC]：选择测量 FVC。

[MVV]：选择测量 MVV。

[START]：开始测量。

[STOP]：停止测量。

[PRINT]：打印受试者的资料。

[▲] [▼] [◀] [▶]：移动光标。

[0] ——[9] [–] [.]：用于输入受试者的数据。

●根据当前输入的是何种数据，数字和字母可自动互相切换。

[1/♂♀]：通常用于输入数字“1”。但在（ID Input）屏中如果光标位于“Sex”（性别）上时，它就在男、女之间切换。

[2/RACE]：通常用于输入数字“2”。但在（ID Input）屏中如果光标位于“RACE”（种族）上时，它就在“白人”和“其他人种”之间切换。

[8/MENU]：通常用于输入数字“8”。但如果在测量状态屏中按它时，（Setup Menu）屏中将显示如下。

[CLEAR]：修改储存的数据

●在测量屏中，可以用它来减少测量数据。

[↙]：同回车键功能。

17. 电池指示灯：电池充电时亮起。

【方法与步骤】

一、单筒肺量计测量法

肺容量组分的测定

1. 打开肺量计的排气开关，上提浮筒使筒内补充空气 4～5L，然后关闭开关。

2. 用消毒后的橡皮吹嘴套在三通阀门接口上。受试者取站立姿势，将吹嘴的薄片置于口腔前庭，并用牙齿咬住吹嘴上的两个突起，先用鼻做平静呼吸。

3. 受试者夹鼻，将三通阀门转向外界，待受试者习惯用口呼吸后，转动三通阀门使之与肺量计相通，并开动慢鼓（0.83mm/s）。这时随着受试者的呼吸而将呼吸气量的变化描记在记录纸上。描记 3～4 次平静呼吸曲线之后，让受试者在一次平静吸气之末，继续做一次最大限度的吸气。随后，在一次平静呼气之末，继续做一次最大限度的呼气。最后再让受试者做一次最大的深吸气后，随即做一次最大的深呼气。

根据上述各种情况下呼吸曲线变化的高度，即可计算出潮气量、补吸气量、补呼气量和肺活量，如图 2–21 所示。潮气量可取 5 次描记的平均值。

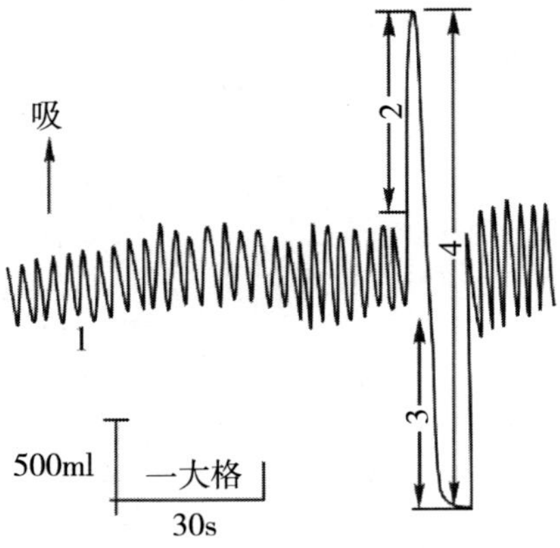

图 2–21　肺活量组成成分的分析曲线

1. 潮气量　2. 补吸气量　3. 补呼气量　4. 肺活量

4. 时间肺活量的测定

(1) 肺量计内重新装上新鲜空气 4 ~ 5L。调节好笔尖位置以便描记。

(2) 受试者口衔吹嘴，夹住鼻子，用口呼吸。开动慢鼓（0.83mm / s），记录平静呼吸 3 ~ 4 次后，令受试者做最大限度的吸气，在吸气之末屏气 1 ~ 2s，此时开动快鼓（25mm / s），然后用最快的速度做用力深呼气，直到不能再呼为止。随即停止走纸。从记录纸上测出第一、第二和第三秒终末时的呼出气量，并计算它们各占全部呼出气量的百分率（图 2–22）。

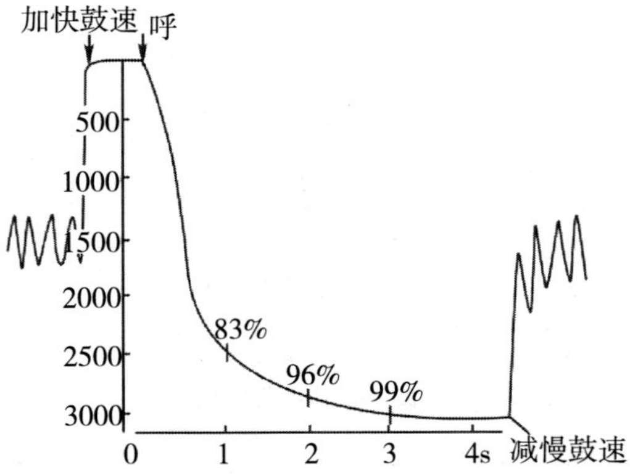

图 2–22　时间肺活量曲线

5. 最大通气量的测定

(1) 受试者口衔橡皮嘴，夹住鼻夹，记录一段平静呼吸的通气曲线。

(2) 开动中速鼓（1.67mm / s），受试者按主试者口令在 15s 内尽力做最深最快的呼吸（受试者测定前可预先加以练习）。根据曲线高度和次数计算 15s 内的呼出或吸入气总量，再推算出每分钟的最大通气量。

6. 呼吸肌力量耐力。连续测定受试者 5 次肺活量（每间隔 15s 测定 1 次），记录每一次的肺活量值。运动后疲劳时肺活量一次比一次下降。

二、肺功能仪（CHESTGRAPH HI-101）测量肺功能的方法

（一）测量方法

1. 接通电源。

2. 显示测试数据输入屏。

3. 等待 10 min 让机器稳定，按“SET”键进行校正（通电后校准，每天进行一次；传感器每次被清洗或更换后，校正一次）。

4. 输入被试者信息（ID 数据）。

接通电源后在 <SVC Measurement>、（FVC Measurement）或（MVV Measurement）屏中按［ID］键，［ID Input］屏将显示如下。

［ID Input］屏（图 2-23）

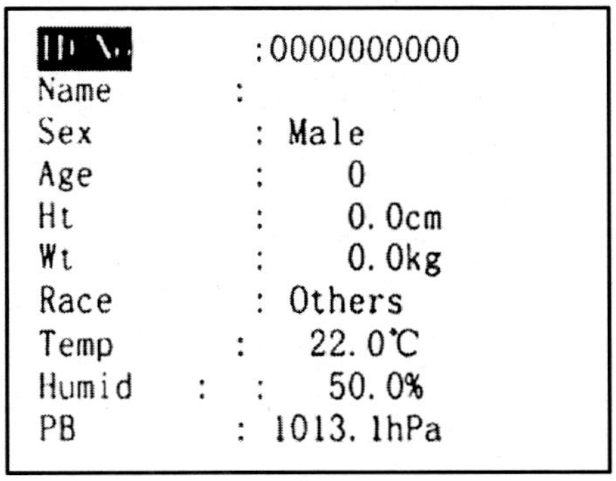

图 2-23

●如果你不需要预测值和百分比预测值，就不需要 ID 数据（年龄、身高和体重都输入“0”）。

●如果你需要预测值和百分比预测值，就要正确输入性别、年龄、身高和体重。

●进行测量前正确输入［Temp］——［PB］（温度——气压）。一旦输入这些数据后，测量其他受试者时就不必再输。如必要，还需重新输入。

ID 输入范围

ID NO.（受试者编号）：10 位数。

Name（姓名）： 20 位数。

Sex（性别）： Male 或 Female（男或女）。

Age（年龄）： 3 位数（0 ~ 120）。

Ht（身高）：　　5 位数（60.0～220.0）。
Wt（体重）：　　5 位数（5.0～300.0）。
Race（人种）：　　White，Black，Asian 和 others（白人、黑人、亚洲和其他洲）。
Temp（温度）：　　4 位数（0.0～99.9℃）。
Humid（湿度）：　　4 位数（0.0%～99.9%）。
PB（大气压）：　　6 位数（0.0～1331.6hPa）。

ID 输入程序

在输入 ID 数据前，先打印出或保存已测得数据。

●如在改变［ID　NO］后进行测量，已测得数据将被清除。

●如在改变［ID　NO.］后没有进行测量，还可以打印、保存被选择的数据。

(1) 受试者编号

a. 确认光标处于［ID NO.］处。

b. 用数字键输入［ID NO.］，并按回车键。

●［Name］——［Race］的内容将被清除。

(2) 姓名

a. 将光标移动到［Name］处。

b. 用［1 / ABC］——［9 / YZ］.［–］，［.］键输入姓名。

(例) 要输入［A. Ito］。

[A]：按［1 / ABC］键，直到［A］出现，再按回车键。

[.]：按［.］键，再按回车键。

[I]：按［3 / GHI］键，直到［I］出现，再按回车键。

[t]：按［7 / STU］键，直到［t］出现，再按回车键。

[o]：按［5 / MNO］键，直到［o］出现，再按回车键。

c. 结束姓名输入时，按回车键。

(3) 性别

a. 移动光标到［Sex］处。

b. 按［1 / ♂♀］键，选择［Male］（男）或［Female］（女），然后按回车键。

(4) 年龄

a. 移动光标到［Age］处。

b. 输入年龄，范围在 0～120 之间，然后按回车键。

(5) 身高

a. 移动光标到［Ht］处。

b. 输入身高，范围在 60.0～220.0cm 之间，然后按回车键。

(6) 体重

a. 移动光标到［Wt］处。

b. 输入体重，范围在 5.0～300.0kg 之间，然后按回车键。

(7) 人种

a. 移动光标到［Race］处。

b. 按［2 / Race］键，在［White］，［Black］，［Asian］和［Others］之间进行选择，然后按回车键。

(8) 温度

a. 移动光标到［Temp］处。

b. 输入温度，范围在 0.0 ~ 99.9℃之间，然后按回车键。

(9) 湿度

a. 移动光标到［Humid］处。

b. 输入湿度，范围在 0.0% ~ 99.9%之间，然后按回车键。

(10) 大气压

a. 移动光标到［PB］处。

b. 输入大气压，范围在 0.0 ~ 1331.6KPa 之间，然后按回车键。

●如以［mmHg］为单位，输入范围为 0.0 ~ 999.9mmHg。

●一旦输入了温度……大气压各项后，再输入新受试者的资料时，就不必再输入这些数据。

●如发生错误，按［CLEAR］消除错误数据，重新输入。

5. SVC 测量（图 2-24）

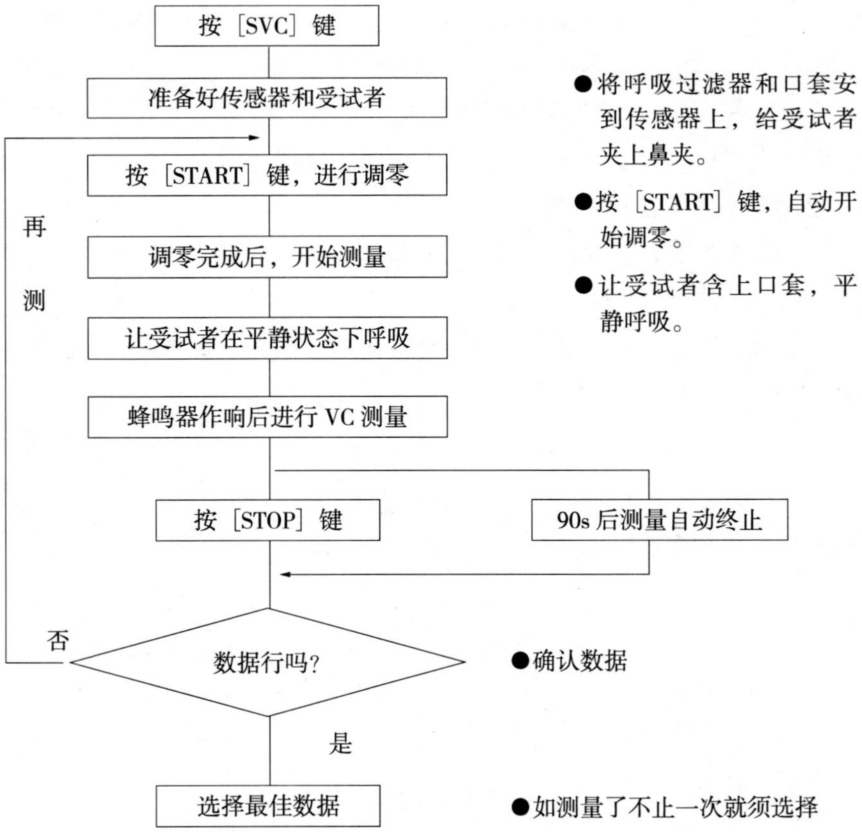

图 2-24

（1）按［SVC］键，<SVC Measurement>（SVC 测量）屏中将显示如下。

<SVC Measurement >（SVC 测量）屏（图 25）。

（2）将呼吸过滤器和口套接到机器口套接口上（图 2-26），给受试者夹上鼻夹。

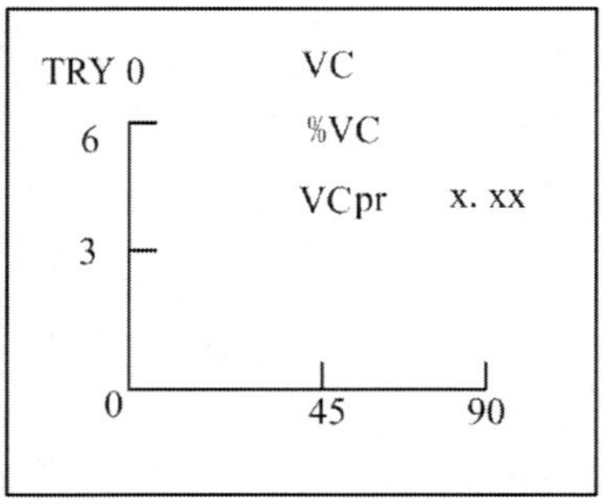

图 2-25

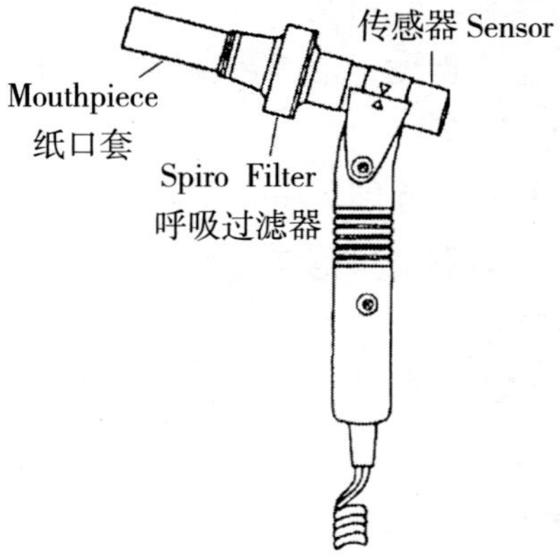

图 2-26

（3）让受试者握住传感器，保持静止。

●让传感器离开受试者的嘴。

（4）按［START］键，出现“Flow zero asj”（调零）字样，流量调零自动开始。

●不要移动传感器，也不要将它放在嘴里。否则调零不能进行，也不能测量。

（5）“Flow zero asj”消失，表明调零完成。

（6）调零完成后，让受试者将口套含在嘴里，平静呼吸，开始测量。

●不能让空气从口套四周泄漏。

●如果呼吸不平稳，在继续呼吸的同时按［START］键，原来数据将被消除，测量继续进行。

（7）当呼吸几次后，蜂鸣器作响时，让受试者开始 VC 测量。

<SVC Measurement> 屏（图 2-27）。

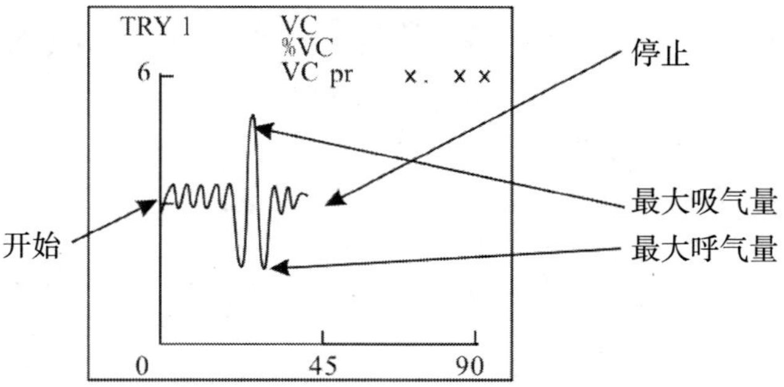

图 2-27

(8) 让受试者最大量地吸气和最大量地呼气。

(9) 在最后一次充分呼气后，让受试者恢复正常呼吸，然后按［STOP］键，结束测量。

●如果测量时间达到90s，测量将自动终止。

(10) 摘下受试者的口套和鼻夹。

(11) 测量结果将显示出来。<SVC Measurement Result>（测量结果）屏（图2-28）。

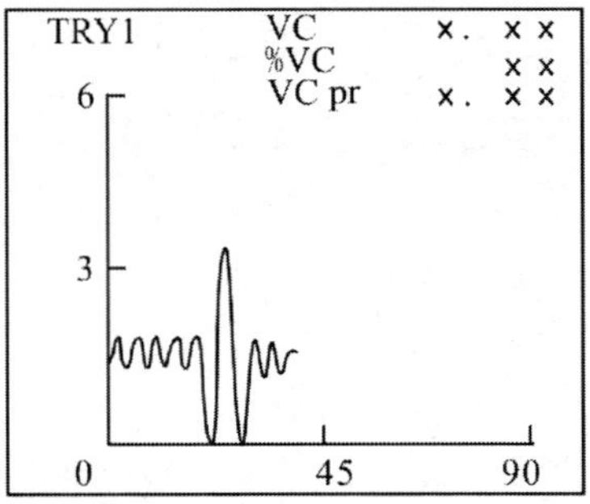

图 2-28

(12) 用上下箭头键可以放大和缩小波形尺度，设定最佳波形尺度。

(13) 如再次测量，从第2步开始重复上述过程。

(14) 选择数据

●数据自动显示。

●如在调零时向传感器中吹气或移动传感器，调零将不进行。并显示信息："Flow zero adj.failed press and key"（调零失败，按任意键）。按任意键后，回到前一屏，再稳定握持传感器进行调零。

6. FVC测量（图2-29）

(1) 按［FVC］键，<FVC measurement>（FVC测量）屏中将显示如下。<FVC measurement>（FVC测量）屏（图2-30）。

(2) 将呼吸过滤器和口套接到机器口套接口上，给受试者夹上鼻夹。

(3) 让受试者握住传感器，保持静止。

●让传感器离开受试者的嘴。

(4) 按［START］键，出现"Flow zero adj."（调零）字样，流量调零自动开始。

●不要移动传感器，也不要将它放在嘴里，否则调零不能进行，也不能测量。

(5) Flow zero adj."消失，表明调零完成。

(6) 调零完成后，让受试者将口套含在嘴里，平静呼吸，开始测量。

●不能让空气从口套四周泄漏。

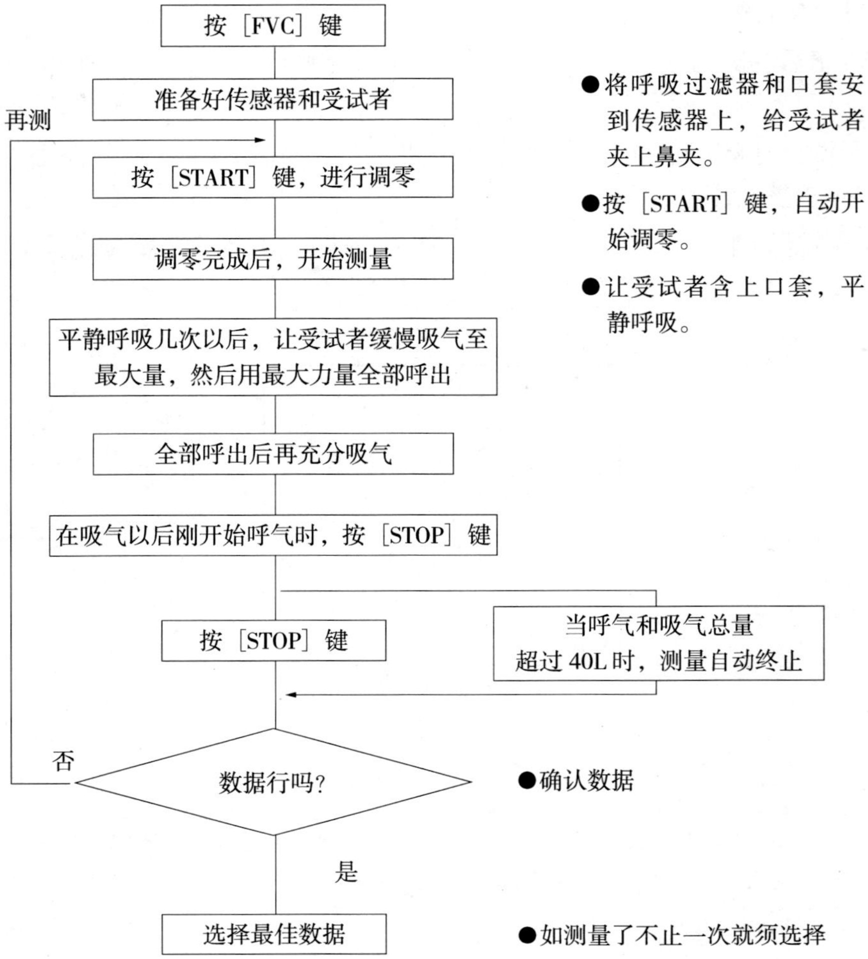

图 2–29

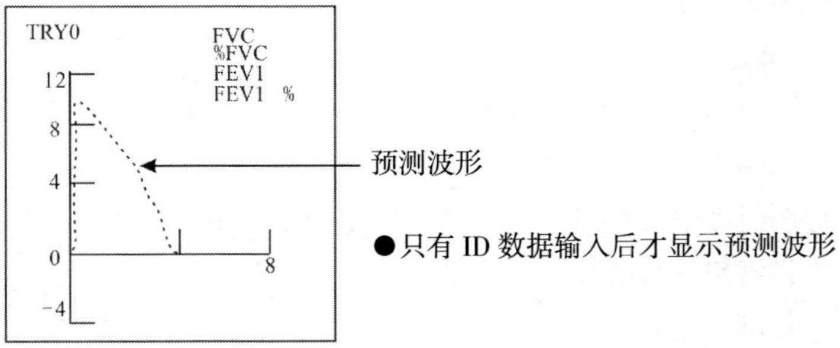

图 2–30

(7) 完成调零后，让受试者缓慢吸气至最大量，然后用最大力量呼出最大量的气体。

(8) 呼气以后，让受试者再吸入最大量的空气。<FSVC Measurement> 屏（图 2–31）。

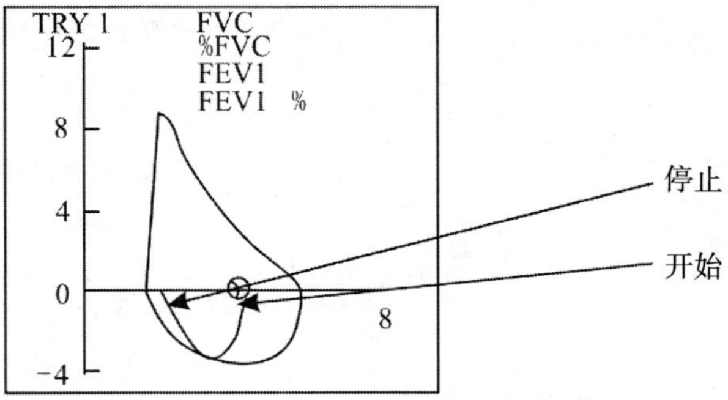

图 2-31

(9) 当最大量吸气后开始呼气时，按［STOP］键，终止测量。

(10) 摘下受试者的口套和鼻夹。

(11) 确认数据。<FVC Measurement Result>（测量结果）屏（图 2-32）。

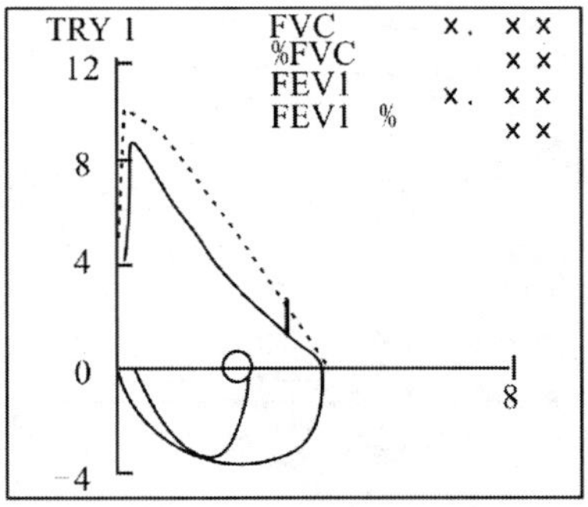

图 2-32

(12) 用上下箭头键可以放大和缩小波形尺度，设定最佳波形尺度。

(13) 如再次测量，从第 2 步开始重复上述过程。

(14) 选择数据。

●数据自动显示。

7. MVV 测量（图 2-33）

(1) 按［MVV］键，<MVV Measurement>（测量）屏中将显示如下（图 2-34）。

(2) 将呼吸过滤器和口套接到机器口套接口上，给受试者夹上鼻夹。

(3) 让受试者握住传感器，保持静止。

●让传感器离开受试者的嘴。

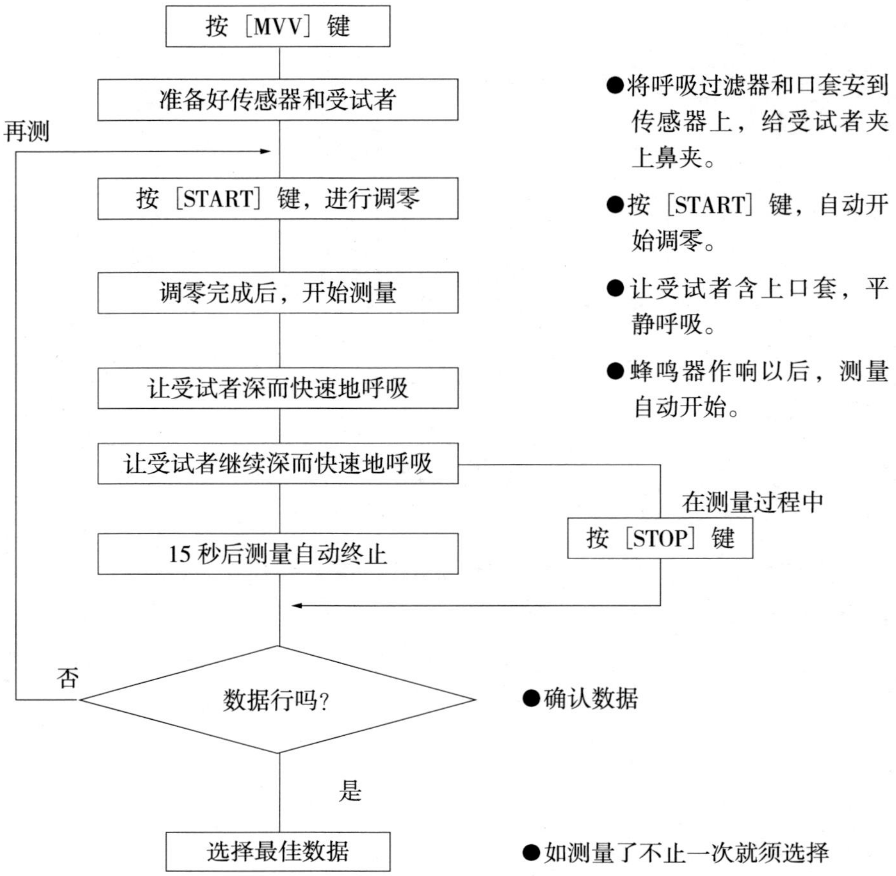

图 2-33

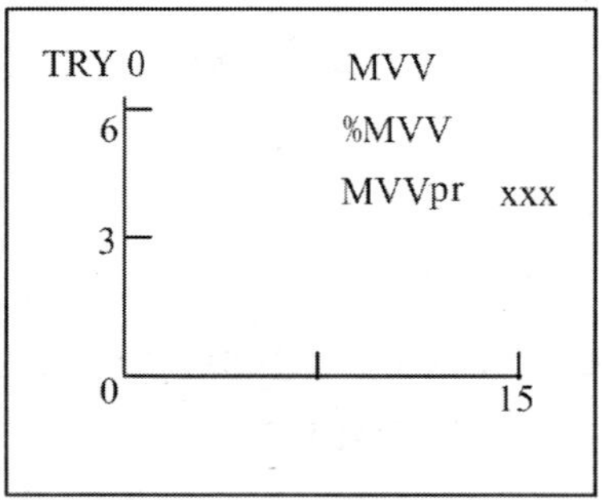

图 2-34

(4) 按［START］键，出现“Flow zero adj.”（调零）字样，流量调零自动开始。

●既不要移动传感器，也不要将它放在嘴里，否则调零不能进行，也不能测量。

(5) “Flow zero adj.”消失，表明调零完成。

(6) 调零完成后，让受试者将口套含在嘴里，尽量深而快地呼吸，以开始测量。

●不能让空气从口套四周泄漏。

(7) 当呼吸几次，蜂鸣器作响以后波形将显示出来，让受试者继续深而快地呼吸。

●如果呼吸不平稳，在继续呼吸的同时按［START］键，原有数据将被消除，测量继续进行。<MVV Measurement> 屏（图 2-35）。

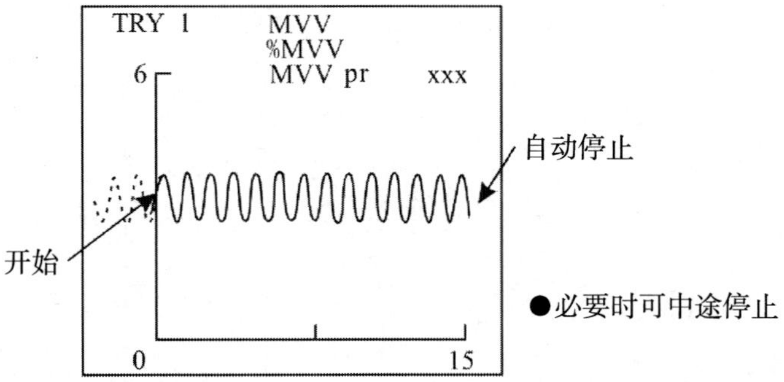

图 2-35

(8) 15s 后，测量将自动终止。

●如果中途不能继续测量，立即按［STOP］键，终止测量。该数据将自动转换成测量一分钟的数值，然后进行分析。

(9) 摘下受试者口套和鼻夹。

(10) 确认数据。<MVV Measurement Result>（测量结果）屏（图 2-36）。

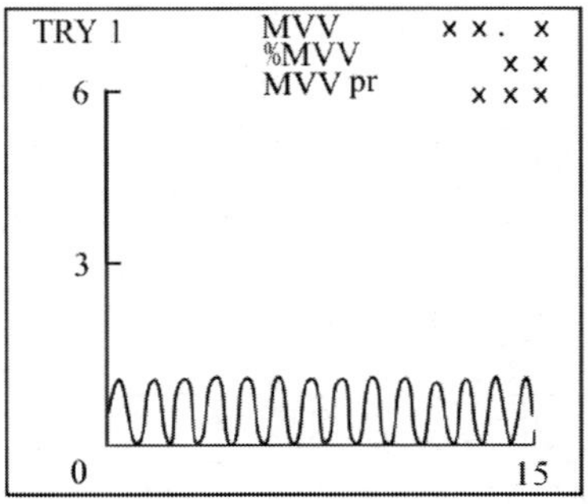

图 2-36

用上下箭头键可以放大和缩小波形尺度，设定最佳波形尺度。

如再次测量，从第 2 步开始重复上述过程。

(11) 选择数据。

●数据自动显示。

8. 打印、保存。

9. 完成测量及后测量工作后关电源。

(二) 测试指标英文缩写说明

1. SVC 测量(图 2-37)及说明

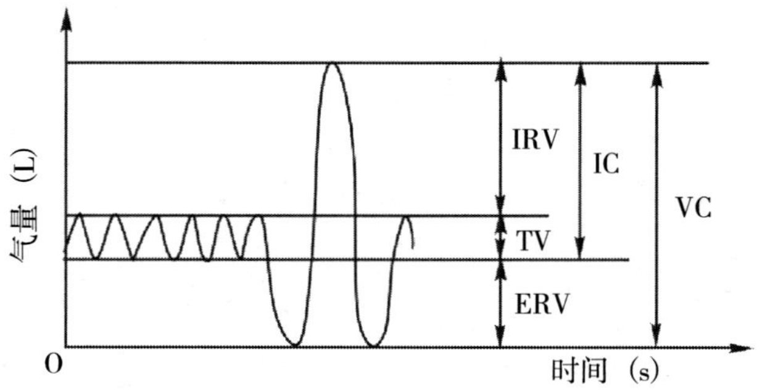

图 2-37 肺量图

分析项目	说 明	单位	备 注
VC	吸气峰值和呼气峰值之差	L	肺活量
IC	IRV+TV	L	吸气量
TV	VC 测量前平均静息通气量	L	潮气量
ERV	超过静息呼气量的最大呼气体积	L	补呼气量
IRV	超过静息吸气量的最大吸气体积	L	补吸气量
VC / HT	VC / 身高	L / m	

2. FVC 测量(图 2-38)及说明

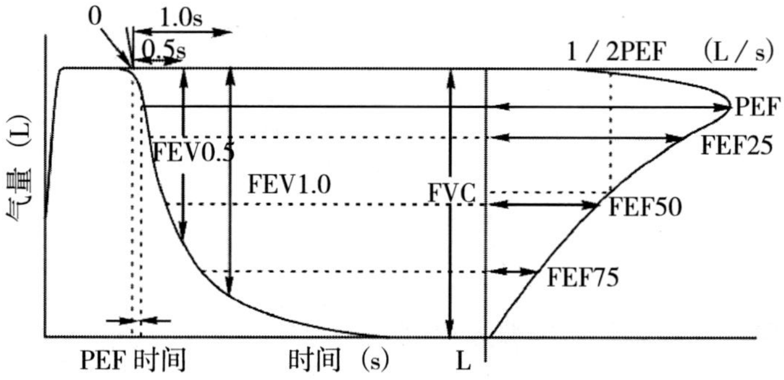

图 2-38 时间肺活量

分析项目	说 明	单位	附 注
FVC	用力呼气的肺活量	L	用力肺活量
FEV0.5	第一个 0.5s 内的用力呼气量	L	0.5s 用力呼气量
FEV1.0	第一个 1s 内的用力呼气量	L	1s 用力呼气量

（续表）

分析项目	说 明	单位	附 注
FEV3.0	第一个3秒钟内的用力呼气量	L	3s用力呼气量
FEV0.5%	（FEV0.5 / FVC）× 100	%	
FEV1.0%（G）	（FEV1.0 / FVC）× 100	%	（Geansler）
FEV1.0%（T）	（FEV1.0 / VC）× 100	%	（Tiffeneau）
FEV3.0%	（FEV3.0 / FVC）× 100	%	
FVC / HT	FVC / 身高	L / m	
FEV1 / HT	FEV1 / 身高	L / m	
FEV1 / VCpr	（FEV1.0 / VC预测值）× 100	%	
MMF	从75%到25%FVC的平均流速	L / s	最高中段呼气流速
PEF	最大呼气流量	L / s	最大呼气流量
V75	75%FVC时的用力呼气流量	L / s	
FEF50	50%FVC时的用力呼气流量	L / s	
FEF75	25%FVC时的用力呼气流量	L / s	
FEF90	10%FVC时的用力呼气流量	L / s	
FEF50 / FEF75	FEF50 / FEF75		呼气流量比
PEF / HT	PEF / 身高	L /（s·m）	
FEF25 / HT	V75 / 身高	L /（s·m）	
FEF50 / HT	V50 / 身高	L /（s·m）	
FEF75 / HT	V25 / 身高	L /（s·m）	
FEF75–85	从85%到75%FVC间的平均流量	L / s	
FEF200–1200	呼气后从200到1200CC间的平均流速	L / s	
FEF25–50	V75 ~ V50的流量－体积曲线梯度	L / s	平均时间常数
FEF50–75	V50 ~ V25的流量－体积曲线梯度	L / s	平均时间常数
FEF75–RV	V25% ~ RV的流量－体积曲线梯度	L / s	平均时间常数
MTCR	MTC75–50 ÷ MTC25–RV		平均时间常数比
oI	FVC / V0..5PF阻塞愈严重，该值愈大	L / s	阻塞指数
ATI	｛（VC（FVC）/ VC｝× 100	%	空气滞留指数
V25（FEF75）	达到用力肺活量25%时的流速	L / s	
PEF时间	呼气流量从零达到峰值所需时间	S	
FET	呼气时间	S	
Extrap V	Extrap V ÷ FVC × 100	%	
FIVC	用力吸气肺活量	L	
FIV0.5	用力呼气后再用力吸气时第一个0.5秒钟内吸入空气体积	L	0.5s用力呼气体积
FIV1.0	用力呼气后再用力吸气时第一个1秒钟内吸入空气体积	L	1s用力呼气体积
FIV1 / FVC	（FIV1.0 ÷ FVC）× 100	%	
FIV1 / FIVC	（FIV1.0 ÷ FIVC）× 100	%	
PIF	最大吸气流量	L / s	
PIF50	在50%FIVC时用力吸气流速	L / s	
FEF50 / FIF50	FEF50 ÷ FIF50		
FIF50 / FEF50	FIF50 ÷ FEF50		
CVI	FEV0.5 ÷ FIV0.5		止回阀指数

3. MVV 测量（图 2–39）及说明

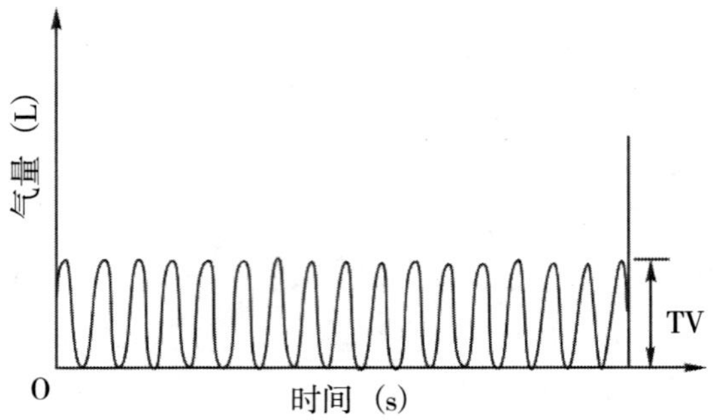

图 2–39　最大通气量　TV– 潮气量

分析项目	说　明	单　位	附　注
MVV	1min 最大呼气量	L / min	最大自主通气量
RR	1min 呼吸次数	呼吸次数 / 分钟	呼吸速度
TV	几次静息呼吸量的平均值	L	潮气量
MVV / BSA	MVV / 体表面积	L /（min·m^2）	
AVI	%MVV ÷ %VC		空气速度指数

【应用与评价】

肺活量、时间肺活量和最大通气量是评价肺通气功能的常用和重要的生理指标。

肺活量可以反映呼吸运动的最大深度，其大小受性别、年龄、身高、体重、训练水平和运动项目等因素影响。我国成年男子的肺活量为 3500 ~ 4000ml，女子为2500 ~ 3500ml；若以体重肺活量计算，男子约为 62ml / kg 体重，女子约为 51ml / kg 体重。40 岁以上的人肺活量有逐渐减少的趋势。运动员肺活量一般大于正常人，尤其是划船和游泳运动员可达到 5000ml 以上。但是该指标只表示一次呼吸运动的幅度，不能反映呼吸的时间和速度，故不能显示呼吸功能的动态过程。

时间肺活量比肺活量更能反映肺组织的弹性和呼吸道的畅通能力。健康成人时间肺活量第 1 秒末为 83%，第 2 秒末为 96%，第 3 秒末为 99%，其中以第 1 秒末的意义最大。

最大通气量可以全面反映肺的通气贮备能力，一般成年男子为 100 ~ 110L / min，女子为 80L / min 左右。有良好训练的优秀运动员可达 180 ~ 200L / min 以上。

【作业与思考题】

1. 计算出自己的肺容量和肺通气功能各项指标，并对实验结果进行分析。

2. 比较本班同学中有训练者和无训练者，或从事不同项目训练的同学间肺通气功能有无差别。

实验七 人体血红蛋白含量的比色法测定（验证型实验）

【目的要求】

掌握测定血红蛋白含量的基本方法——比色法。

【基本原理】

测定血红蛋白（Hb）的方法很多，常用比色法。在此介绍用于目测比色的酸化法，即沙利氏比色法。其原理是在一定量的血液中加入少许盐酸，酸不仅使红细胞膜破坏，而且使原来位于红细胞内的亚铁血红素转变成高铁血红素（酸化血红素），后者呈现较稳定的棕色。将其用蒸馏水稀释后与血红蛋白测定计的标准色进行目测比色，即得每100ml 血液所含的血红蛋白克数或百分率。

【对象、器材与药品】

人、血红蛋白计、0.1mol / L 盐酸溶液、一次性 20μl 定量毛细取血管、滴管、玻璃棒、75%酒精棉球、乙醚、蒸馏水。

【方法与步骤】

1. 血红蛋白计（图 2–40）

血红蛋白计包括：（1）标准比色架，架的一侧或两侧镶有两个棕色的标准色柱；（2）血红蛋白稀释管，呈方形或圆形，两侧有刻度，一侧以 g 为计数单位，对侧以百分率计，是按国人血红蛋白正常值，即以每 100ml 血液内含血红蛋白 14.5g，为 100%进行百分率刻度标记。

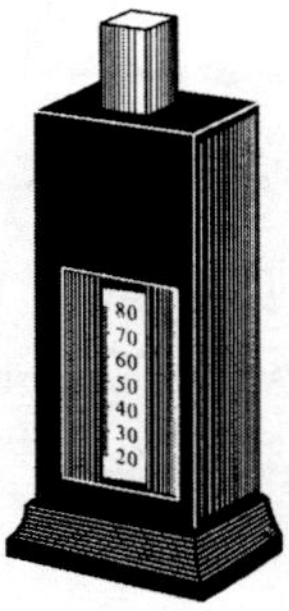

图 2–40　血红蛋白计

2. 用滴管滴加 0.1mol / L 盐酸至血红蛋白稀释管的刻度 2 处（以 g 为计数单位的那一侧刻度值）。

3. 常规消毒指尖，用一次性采血针刺破指尖，采血，血滴宜大些。用一次性毛细取血管的尖端接触血滴，吸血至刻度 $20mm^3$ 处（0.02ml，即 20μl）。

4. 用滤纸片或棉球擦净毛细取血管口周围的血液，将一次性毛细取血管插入血红蛋白稀释管的盐酸液内，轻轻吹出血液至管底部，反复吸入并吹出稀释管内上层的盐酸，洗涤取血管多次，使一次性毛细取血管内部的血液完全洗入稀释管，摇匀或用小玻棒将其搅匀后，放置 10min，使盐酸与红细胞及其内部的血红蛋白充分作用，形成棕色的高铁血红蛋白。

5. 把稀释管插入标准比色架两色柱中央的空格中，使其无刻度的两侧面位于空格的前后方，以便于透光和比色。

6. 用滴管向稀释管内逐滴加入蒸馏水（每加一滴要搅拌），边滴边观察颜色，直至颜色与标准玻璃色柱的颜色相同为止，此时稀释管液面的读数即为100ml血液中血红蛋白的克数。

【注意事项】

1. 一定要准确掌握进入稀释管内的血液量（20μl）。

2. 蒸馏水需逐滴加入，多做几次比色，以免稀释过量。每次比色时，应将搅拌用的玻璃棒取出，以免影响比色。

【应用与评价】

1. 我国成人Hb正常值男子为120～160g／L，女子为110～150g／L。男子低于120g／L和女子低于110g／L时诊断为贫血，并出现倦乏、无力、头晕等各种症状。一般人与运动员都以此为标准。常居高原者血红蛋白含量偏高。

2. 运动员安静时的Hb含量与正常人大致相似，大运动量训练期间可能偏低，甚至低于正常值，出现运动性贫血；运动后即刻，多数人出现Hb升高现象，也有下降的，这与运动项目、负荷大小、训练季节和训练状态有关。

【作业与思考题】

1. 为什么正常人男女的Hb值不同?

2. 对训练有良好适应性时，Hb变化规律如何?

实验八 人体ABO血型的鉴定（验证型实验）

【目的要求】

学习鉴别血型的基本方法，观察红细胞凝集现象，掌握ABO血型的鉴定原理。

【基本原理】

血型就是红细胞上特异抗原的类型。在ABO血型系统，根据红细胞上是否含有A、B抗原而分为A、B、AB、O血型。血型鉴定是将受试者的红细胞加入标准A型血清（含足量的抗B抗体）与标准B型血清（含足量的抗A抗体）中，观察有无红细胞凝集现象，从而测知受试者红细胞上有无A抗原或B抗原。

【对象、器材及药品】

人、显微镜、离心机、采血针、双凹玻片、滴管、1ml吸管、小试管、试管架、牙签、标准A、B型血清、生理盐水、75%酒精、碘酒、棉球、消毒棉签。

【方法与步骤】

一、玻片法

1. 将标准A型与B型血清各一滴，滴在玻片的两侧凹内，分别标明A与B。

2. 75%酒精棉球消毒左手无名指端。用消毒采血针刺破皮肤。滴一滴血于盛有 1ml 生理盐水的小试管中，混匀制成红细胞悬液（浓度约 5%）。

3. 用滴管吸取红细胞悬液，分别滴一滴于玻片两侧血清上，用两支牙签分别混匀（注意严防两种血清接触）。

4. 15min 后用肉眼观察有无凝集现象。

二、试管法

1. 取小试管两支，分别标明 A、B 字样。分别加入 A、B 型标准血清与受试者的红细胞悬液各 1 滴，混匀后离心 1min（1000r / min）。

2. 取出试管后用手指轻弹试管底，使沉淀物弹起，在良好的光源下观察结果。轻弹管底时，若沉淀物成团漂起，表示发生凝集现象；若沉淀物之边缘是烟雾状逐渐上升，最后使试管内液恢复红细胞悬液状态，表示无凝集现象。

【注意事项】

1. 血型鉴定时应注意消毒，防止穿刺部位皮肤感染。
2. 当吸 A、B 型标准血清及红细胞悬液时，应使用不同的滴管。
3. 在肉眼看不清凝集现象时，应在低倍显微镜下观察。
4. 红细胞悬液及标准血清须新鲜，因污染后可产生假凝集。
5. 红细胞悬液不能太浓或太淡，否则可出现假阴性反应。

【应用与评价】

1. ABO 血型检查结果判断如图 2–41。

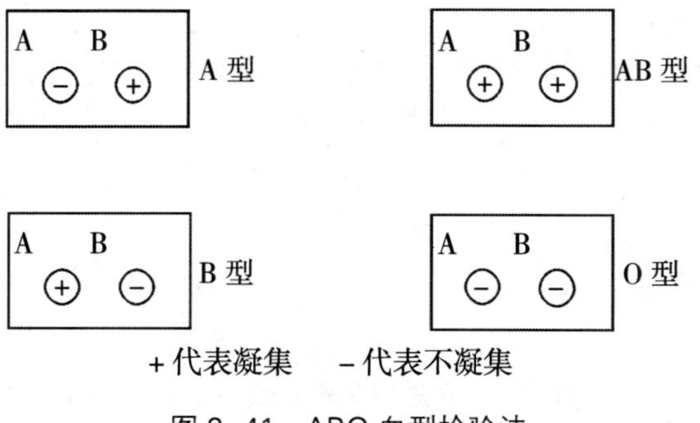

图 2–41　ABO 血型检验法

2. 血型鉴定是临床输血前必须进行的一项检查工作，但为了确保输血安全，还应进行交叉配血试验，以检出 ABO 系统中不规则的凝集素，检出 ABO 以外的配血不合和防止血型定错。

3. 一些学者调查表明，中国人血型的分布 O 型占人群比例的 30.77%，A 型占 27.07%，B 型占 32.48%，AB 型只占 9.67%，运动员血型以 O 型和 A 型的较多，约大于均值 3%，因此今后选拔运动员从 O 型和 A 型的血型中挑选为好。另外，许多学者认为，血型与运动员的神经类型、性格以及身体素质、运动项目等都有一定的相关性，但仍有待于进一步研究。一般认为，O 型血型的运动员敢于拼搏；A 型血型的能吃苦耐劳；B 型血型的好胜；AB 型血型的沉着冷静。

【作业与思考题】

1. 如果有标准 A 型红细胞和 B 型红细胞，但无标准血清时，能否进行血型鉴定？
2. 运动员血型与从事的专项有无关系？

实验九 人体白细胞计数和分类（验证型实验）

【目的要求】

掌握白细胞计数和分类方法。

【基本原理】

计数白细胞时，须用适当溶液将血液稀释，然后将稀释液滴入血细胞计数板的计数室内，在显微镜下计数一定容积血液稀释液中的白细胞个数，再将所得结果换算为 $1mm^3$ 血液中的白细胞个数。

白细胞必须经过染色才易于区分其类别。瑞氏染料是碱性美蓝（亚甲蓝）与酸性伊红钠盐混合而成的染色粉。当溶于甲醇后，即发生解离，分成酸性染料和碱性染料两种。染色时，细胞中的嗜酸性物质即与酸性染料伊红结合而染成红色；嗜碱性物质即与碱性美蓝结合而染成蓝色，而嗜中性物质则同时吸附酸碱两种染料，而成红蓝混合的紫红色。

【对象、器材与药品】

人、血细胞计数板、血红蛋白测定用吸管（或白细胞计数专用吸管）、移液管、小试管、中试管、显微镜、采血针、消毒棉球、擦镜纸、小吸管、白细胞稀释液、75%酒精、95%酒精、乙醚、1%氨水、玻片、玻片水平支架、计数器、小滴管、瑞氏染色液、缓冲液、香柏油、蒸馏水。

1. 白细胞稀释液的配制（表 2–1）

表 2–1　白细胞稀释液配制比例表

冰醋酸（破坏红细胞）	1.5ml
1%龙胆紫（染白细胞核）	1ml
蒸馏水	加至 100ml

2. 瑞氏染液配制（表 2–2）

表 2–2　瑞氏染液配制比例表

瑞氏染料（粉末）	0.1g
纯甲醇	60ml

将染料放在乳钵内加少量甲醇研磨使染料溶解。然后将溶解的染料倒入洁净的棕色玻璃瓶内。剩下未溶解的染料再加少量甲醇研磨，如此继续操作，直至全部染料溶解并用完甲醇为止。将制好的染料在室温中保存一周后即可使用。新鲜配制的染液偏碱性，放置后可呈酸性，染液储存愈久染色愈好。此染液适宜 pH 值为 6.4 ~ 6.8。因此，可按比例另配制缓冲液。染色时加入缓冲液可维持一定的酸碱度，使染色效果更好。

3. 缓冲液的配制（表 2–3）

表 2–3　缓冲液的配制比例表

1%磷酸二氢钾	30ml
1%无水磷酸氢二纳	20ml
蒸馏水	加至 100ml

【方法与步骤】

一、白细胞总数计算

1. 熟悉血细胞计数板的构造。计数板为一块特制的长方形厚玻璃板，在中部 1 / 3 面积处有 4 条槽。在中央的两槽中间还有一条横槽相通，因此在中部构成两块长方形的平台。此平台比整个玻璃板的平面低 0.1mm，当放上一块盖玻片后，平台与盖玻片之间距离（即高度）为 0.1mm。平台中心部分各以 3mm 长、3mm 宽，精确划分为 9 个大方格，称为计数室。每个大方格面积为 $1mm^2$，体积为 $0.1mm^3$。四角的大方格又各分为 16 个中方格，适用于白细胞计数（图 2–42、图 2–43、图 2–44）。

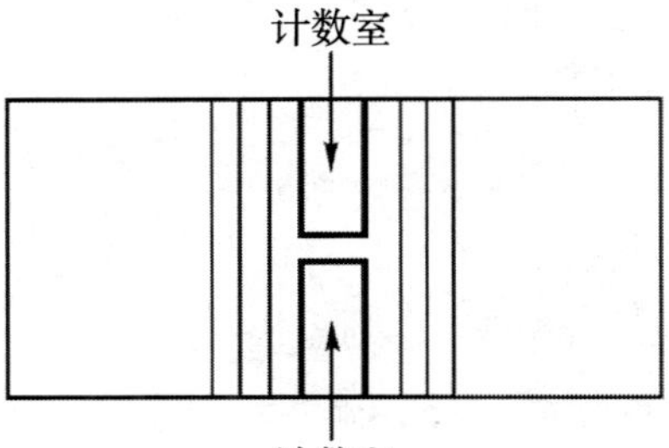

图 2–42　血细胞计数板平面图

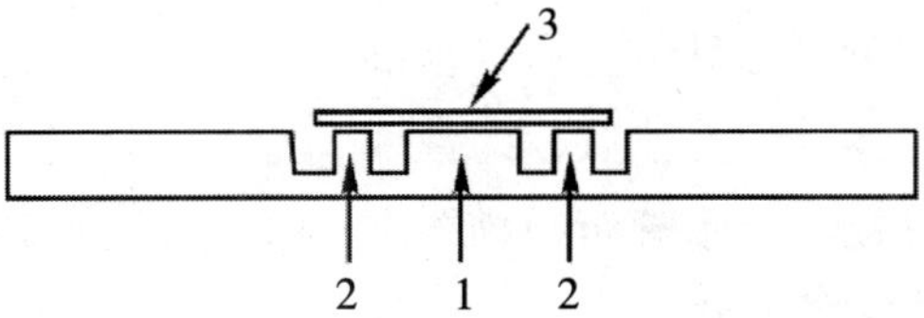

图 2–43　血细胞计数板纵切面图

1. 计数室，计数室与盖玻片的距离为 0.1mm；2. 盖玻片支柱；3. 盖玻片

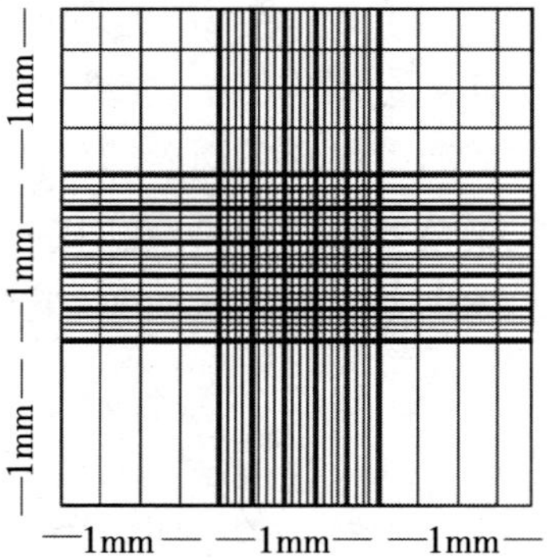

图 2-44　血细胞计数板上计数室的分格

2. 采血及稀释：以 1ml 移液管在干净的小试管内准确加入白细胞稀释液 0.38ml，加塞备用。

用 75%酒精棉球消毒耳垂皮肤，待酒精挥发后用消毒的采血针刺破皮肤，深约 2mm，使血能自然流出。用消毒干棉球擦去第 1 滴血，待流出第 2 滴血呈大滴时，用 20mm^3 吸管吸血至刻度处。持握采血吸管宜取垂直位置，以便观察血柱高度，如血柱已超过规定 1～2mm 可用干棉球在吸管下端开口处轻轻触碰（此时必须执吸管于水平位置），吸去多余部分使血柱恰至规定刻度处。同时擦净管尖外部血；如血柱已超过 2mm 以上或吸入气泡，应冲洗吸管后另采标本，否则由于沾留管壁的血细胞过多会使测定结果偏高。将血液吹入盛有白细胞稀释液的小试管底部，再吸上清液以冲洗沾在管壁上的血。将吸管立即洗涤清洁和干燥（使用白细胞计数专用吸管时，吸取血液至 0.5，再吸取稀释液至 11。吸管的膨大部分内有 1～2 个小玻璃砂，供稀释血时搅拌之用）。

3. 充液：稀释后的血液滴入计数室前将试管摇振 1～2min。不可用力过猛，以免产生泡沫。

将盖玻片由计数板正中的一侧推向另一侧，使两者密接。用小吸管吸取摇匀的稀释血液。将一小滴稀释后的血液滴在盖玻片边缘的厚玻璃片上，使溶液借毛细血管现象而自动流入计数室内。例如滴入溶液过多，则溢出并流入两侧深槽内，使盖玻片浮起，体积不准，会影响计数结果。如滴入溶液过少，经多次充液，易造成气泡。遇上述情况均应洗净计数室，干燥后再行滴入。

4. 计数：血液稀释溶液滴入计数室后，须静置 2～3min，然后在低倍显微镜下计数，即数四角 4 个大方格的白细胞总数。对于分布在划线上的白细胞，则可计数方格中的左边线上和下方线上的白细胞，而不计数方格的另两边线上的白细胞，即“数下不数上，数左不数右”（图 2-45）。

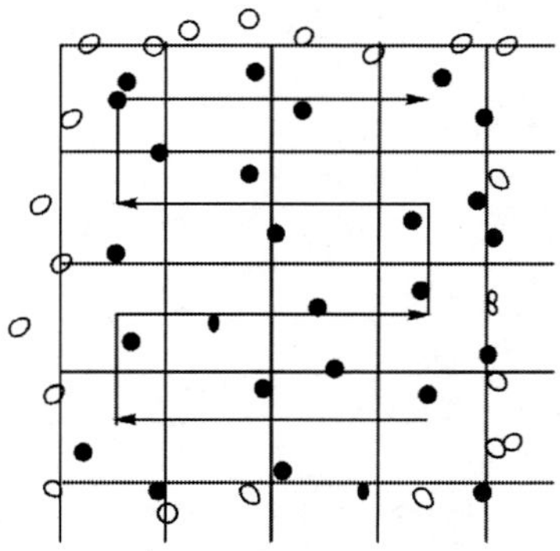

图 2-45　白细胞计数示意图

● 应计数的白细胞；○ 不应计数的白细胞；→计数时的方向与顺序

如发现各大格的白细胞数相差 10 个以上时，表示白细胞分布不均匀，必须将同一试管内的标本摇匀后再滴入计数室计数。

5. 计算：将四个大方格内数得的白细胞总数乘以 50，即得每 $1mm^3$ 血内的白细胞总数，也可将对角两个大方格内数得的白细胞总数乘以 100。

二、血涂片的制作和白细胞的分类

1. 血涂片的制作：从耳垂或指尖取 1 滴血，滴于洁净无油脂的玻片一端。左手持玻片，右手再取边缘光滑之另一玻片作为推片，并将推片边缘置于血滴前方，然后向后拉，当与血滴接触后，血即均匀附在两玻片之间。此后两玻片约呈 30°～40° 的角度平稳地向前推至玻片另一端（图 2–46）。推时角度要一致，用力应均匀，即推出均匀的血膜。将制好的血涂片晾干，不可加热。

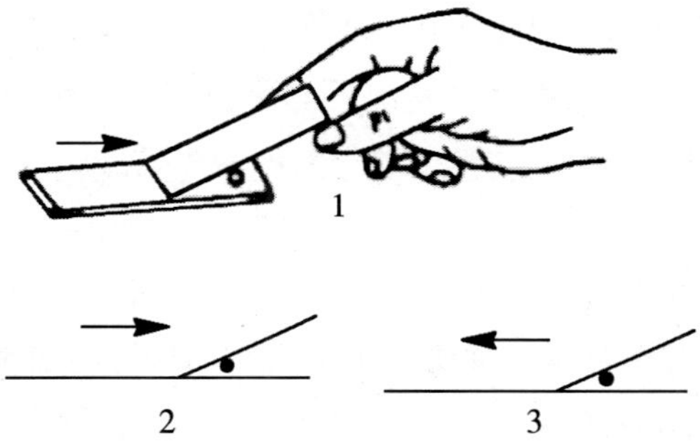

图 2–46　血涂片制作

2. 血涂片的染色步骤

（1）用蜡笔在血膜两端各画一道线，以免染料外溢；置血涂片于水平支架上。

（2）用小滴管将瑞氏染液滴于涂片上。并盖满画出的涂片部分，固定约 0.5min。

（3）用另一小滴管再加入 1.5 倍的缓冲液（也可用新鲜蒸馏水代替），轻轻摇动，并轻轻吹动液体，静置 5～8min。

（4）用新鲜蒸馏水冲洗（如自来水的 pH 值稳定于 7.2 左右时亦可代用）。在冲洗血膜时应将玻片持平，使水自玻片边缘溢出。沉淀物从液面浮去，切勿将染液倾斜，以免沉淀物附在血膜上。

（5）斜立血涂片于空气中待干，或先用滤纸吸去水分使其迅速干燥后，即可镜检。

3. 白细胞分类计算：血涂片薄膜可分为头、体、尾、边缘等部分。由于各种白细胞体积不同，在血涂片上的分布也有差别。一般体积较大，如粒细胞、单核细胞等多分布于涂片的上下边缘及尾端，淋巴细胞则多在体部。先用低倍镜检查涂片及染色是否合适，然后加 1 滴香柏油于血膜厚薄均匀的体尾交界处，在油镜下由此处开始进行分类计数。计数时用显微镜的移动器将血涂片向尾端有顺序地迂回移动，避免重复。根据所见到的白细胞顺序数满 100 个，记录其中数量较少的白细胞数目（一般为淋巴、单核、嗜酸性、嗜碱性等)，不计算多的一种。数满 100 个后，减去所记录的各种白细胞数，即为较多的一种白细胞（一般为中性粒细胞）数，然后报告各种白细胞的百分数。

【注意事项】

1. 计数板和盖玻片在应用前必须用软绸或拭镜纸擦净，其刻度应清晰。
2. 采血吸管、盖玻片及计数板等用过后必须立即洗涤干净。
3. 如染色太浅，可按照原来步骤重染；染色太深或有沉淀物则可用甲醇脱色后重染。
4. 白细胞分类计数所数数目，应以白细胞的多少而定，一般不满 10^4 者应数 100 个，$1\sim2\times10^4$ 者数 200 个，2×10^4 以上者还要多数。

【应用与评价】

正常人白细胞总数为 $4.0\sim10.0\times10^9/L$。各种白细胞比例：中性粒细胞最多，为 50%～70%，淋巴细胞为 20%～40%，单核细胞为 2%～8%，嗜酸性粒细胞为 0%～7%，嗜碱性粒细胞为 0%～1%。在各种病理情况下，可引起不同种类的白细胞发生数量和质量的变化，如急性感染时，中性粒细胞高达 $20.0\times10^9/L$ 以上；过敏性疾病时，嗜酸性粒细胞增加；在某些病毒刺激下，淋巴细胞增加等。

运动员安静时的白细胞总数与一般常人一致，分类中淋巴细胞较多。艾瑞波（Eropob）把白细胞的变化分为 3 种时相，统称为“肌原性白细胞增多”，在短时轻负荷运动时，其特点是淋巴细胞增多，使总数达 $10.0\sim12.0\times10^9/L$，称为淋巴细胞时相。进行长时中等或大强度运动时，常出现嗜中性粒细胞增多，总数达 $16.0\sim18.0\times10^9/L$，称为嗜中性时相。第三时相为中毒时相，其分为两个阶段：第一阶段表现为白细胞总数大大增加，达 $30.0\sim50.0\times10^9/L$，称为再生阶段；进而白细胞开始下降，即大量白细胞被破坏，此时为中毒阶段，为机能不良反应，这一时相多半是没有训练或训练较差的运动员进行大强度活动后出现，训练良好的运动员几乎不出现。

【作业与思考题】

运动实践中如何应用白细胞计数来评定训练负荷？

实验十 蛙心搏动过程的观察（验证型实验）

【目的要求】

1. 观察并了解蛙心起搏点和蛙心脏不同部位的自律性的高低。
2. 观察并了解蛙心搏动过程。

【基本原理】

哺乳动物心脏的特殊传导系统（结区除外）具有自动节律性，但各部的自律性高低不同，窦房结的自律性最高。正常的心脏搏动每次都由窦房结发出，依次到心房、心室引起收缩，所以窦房结被称为哺乳动物的心搏起点。两栖类动物的心搏起点是静脉窦。心房、心室的自动节律性比静脉窦低，正常情况下服从静脉窦的节律。

【对象、器材与药品】

蛙或蟾蜍、蛙类解剖器械一套、任氏液、线、秒表。

【方法与步骤】

1. 取蛙一只，用探针破坏脑和脊髓，将蛙仰卧在蛙板上。用镊子提起胸骨下端的皮肤，并用剪刀剪开皮肤，而后沿中线剪开胸骨，可见心脏包在心包内。仔细剪开心包，暴露心脏。

2. 参照图 2-47 识别静脉窦、心房和心室。观察它们的跳动程序并记录下 1min 内的跳动次数。

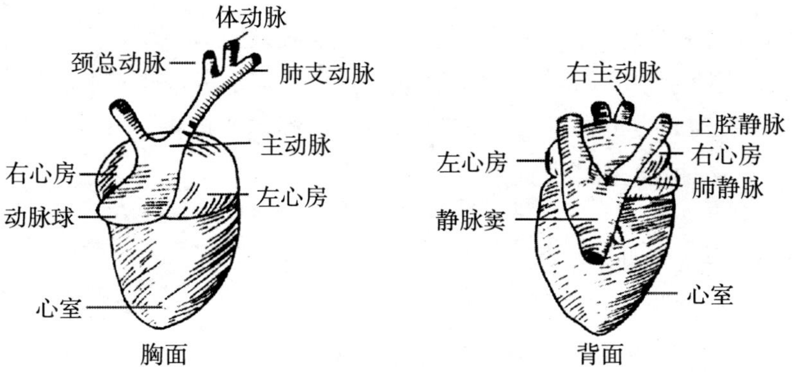

图 2-47 蛙心结构示意图

3. 用小镊子在主动脉干下穿一线备用，再用玻璃分针穿过心脏后面将心尖翻向头端，暴露心脏背面，找到静脉窦和心房交界的半月形白线（窦房沟）。然后将预先穿入的线沿着半月形白线进行结扎，以阻断静脉窦和心房之间的传导。观察心房的跳动是否停止，静脉窦是否仍照常在跳动？

4. 待心房、心室恢复跳动后，分别计数 1min 内静脉窦和心房、心室频率，三者是否一致？然后再在心房与心室的交界处（房室沟）做第 2 个结扎，观察心室跳动是否停止？待心室恢复跳动后，记录心室在 1min 内的跳动频率，并观察它们的跳动节律是否一致？

【注意事项】

1. 经常用适宜温度的任氏液湿润心脏，以保持其兴奋性。
2. 结扎窦房沟时部位要准确，结扎要彻底，否则会造成假象。

【作业与思考题】

根据实验结果，分析正常情况下蛙心起搏点的部位和心脏各部分的自律性及其生理意义。

实验十一 人体安静与运动时心电图的测量与评价(综合型实验)

【目的要求】

学会辨认人体体表正常心电图的波形，了解其生理意义及正常范围。初步掌握心电图的记录、测量、分析方法及运动时心电图的描记方法。

【基本原理】

人体是一个容积导体，心脏位于导体之中。心脏兴奋时，其兴奋的产生、传导及恢复可通过心脏周围的组织和体液传播到体表。利用表面电极从体表不同部位将心肌的电变化引导并放大到心电图机上所记录到的波形，即为心电图。正常心电图，包括 P、QRS 和 T。3 个波形的生理意义如下。

P 波：心房去极化；

QRS 波群：心室去极化；

T 波：心室复极化；

P–R 间期：兴奋由心房至心室之间的传导时间。

【对象、器材与药品】

人、心电图机、自行车功量计、导电膏、酒精棉球、医用胶布等。

【方法与步骤】

一、人体安静时心电图的描记

1. 在心电图机接地线妥善接地后接通电源，预热 3 ~ 5min。

2. 正确安放电极，连接导联线：受试者静卧于检查床上，摘下眼镜、手表、手机和其他微型电器，全身肌肉放松。在放置引导电极前，应在相应部位皮肤上用酒精棉球反复擦拭脱脂，以减少皮肤电阻，或涂上少许导电膏，保证导电良好。电极夹应安放在肌肉较少的部位，一般两臂应放在腕关节上方（屈侧）约 3cm 处，两腿应放在小腿下段内踝上方约 3cm 处。按所用心电图机之规定，正确连接导联线。一般以 5 种不同颜色的导联线插头与身体相应部位的电极连接，导线连接方式是：右手——红色，左手——黄色，左足——蓝色，右足——黑色（接地），胸导联——白色。常用胸部电极的位置有 6 个（图 2–48）。

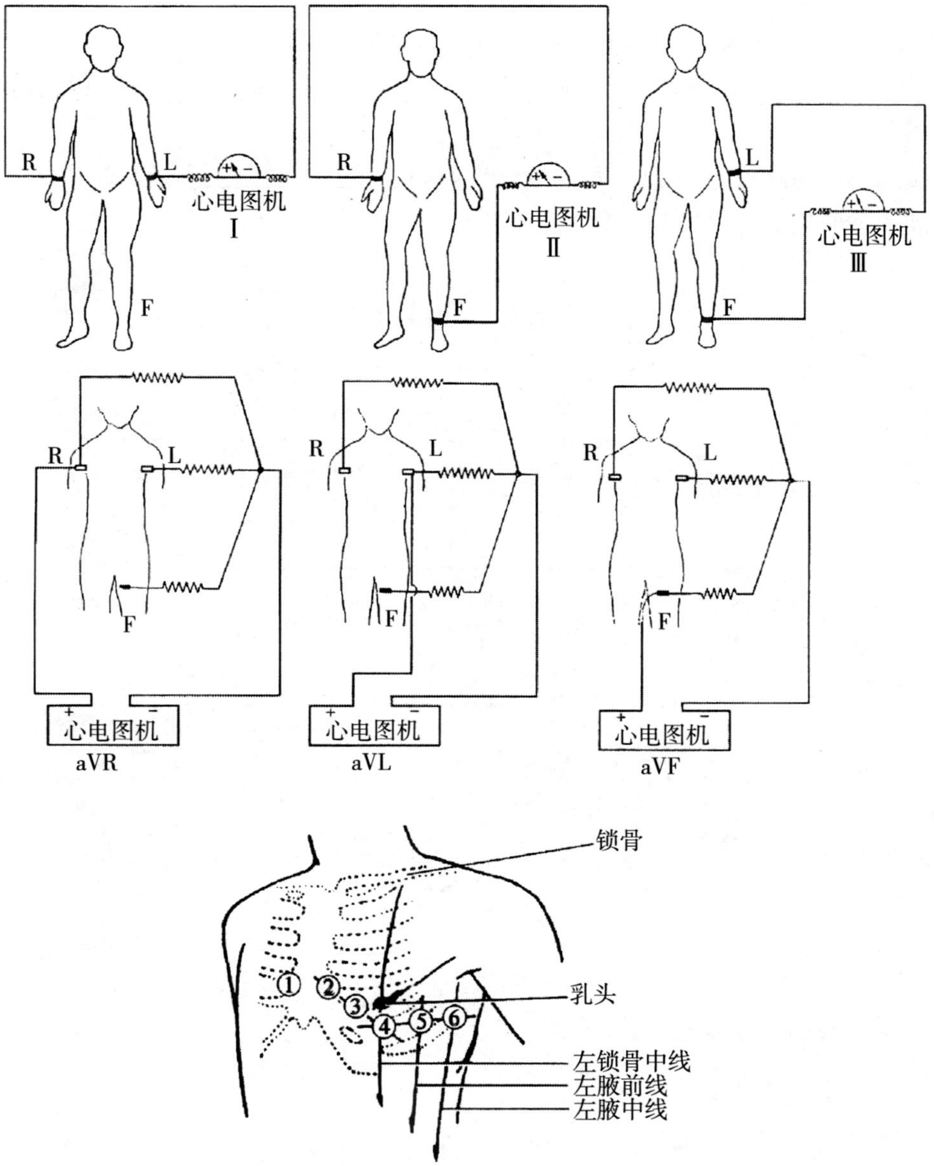

图 2-48 电极的安放位置与导联方式

1.（V_1）：胸骨右缘第 4 肋间，2.（V_2）：胸骨左缘第 4 肋骨，3.（V_3）：为 2. 和 4. 连线的中点，4.（V_4）：为左锁骨中线与第 5 肋间交点，5.（V_5）：为 4. 水平与左腋前线交点，6.（V_6）：为 4. 水平与左腋中线交点。

3. 心电图机面板上各控制按钮置于适当位置。将运转控制键置于“准备”档，导联选择开关置于“0”位。旋转“调零位”旋钮，使描记笔居中，然后将运转控制键转换到“记录”档，开始走纸，走纸速度通常设定为 25mm / s。

4. 输入标准电压：通过调节增益来调整心电图机的放大倍数。按下“标准电压”按钮，使 1mV 电压推动描记笔向上移动 10mm。

5. 记录心电图：检查基线是否平稳、有无肌电等干扰后，即可旋动导联选择开关，依次记录肢体导联 I、II、III、aVR、aVL、aVF，胸前导联 V_1、V_3、V_5 等 9 个导联的心电图，同时记录标准电压。每个导联记录时间约 10s，然后关闭运转控制键，停止走纸。

6. 记录完毕后取下记录纸，写上受试者姓名、年龄、性别及测量时间。如记录纸上未打印出导联则需注明导联（图 2–49）。

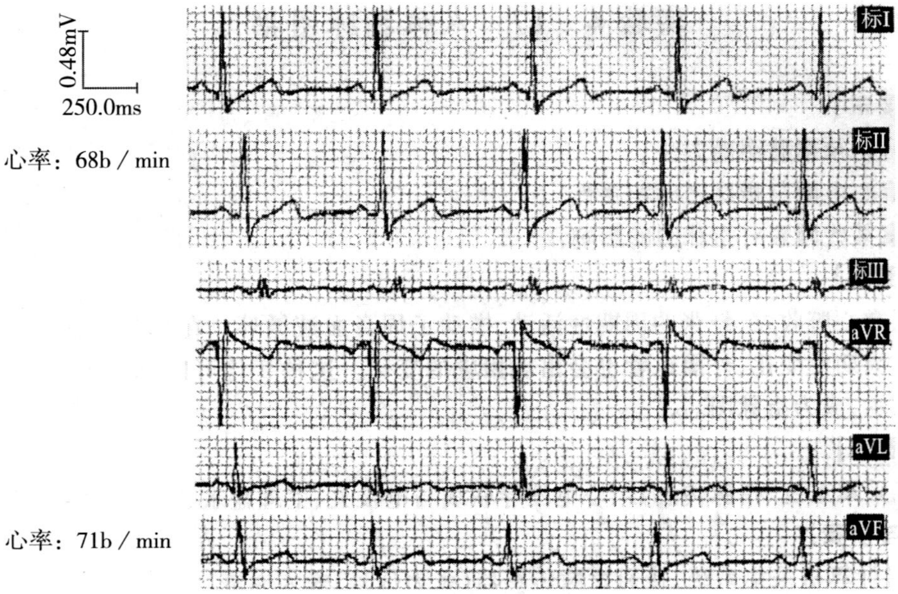

图 2–49　人体心电图

二、人体运动时心电图的描记

1. 仪器准备同上。

2. 安放电极及连接导联线：采用 CM_5 导联，利用肢体导联线的红、蓝、黑 3 线，蓝线接 V_5。部位为正极，红线接胸骨柄区为负极，黑线为接地线，可接在胸壁上。同样，安放电极之前，相应部位皮肤用酒精棉球反复擦拭脱脂或涂少许导电膏。用 5cm × 5cm 胶布将电极贴紧在皮肤上，使之在运动时不会脱落。心电图机取 III 导联，用 1 / 2 电压挡。

3. 测量运动前安静状态及运动过程中的心电图：受试者坐在自行车功量计上，先测量安静时 CM_5 导联心电图。然后令受试者以 150W 负荷踏车运动 3min，在每分钟末 10s 分别记录运动过程中的心电图。

三、心电图测量分析

按图 2–50 的方法，测量 II、V_5 等导联的 P 波、R 波、T 波振幅，P–R、Q–T、R–R 间期。

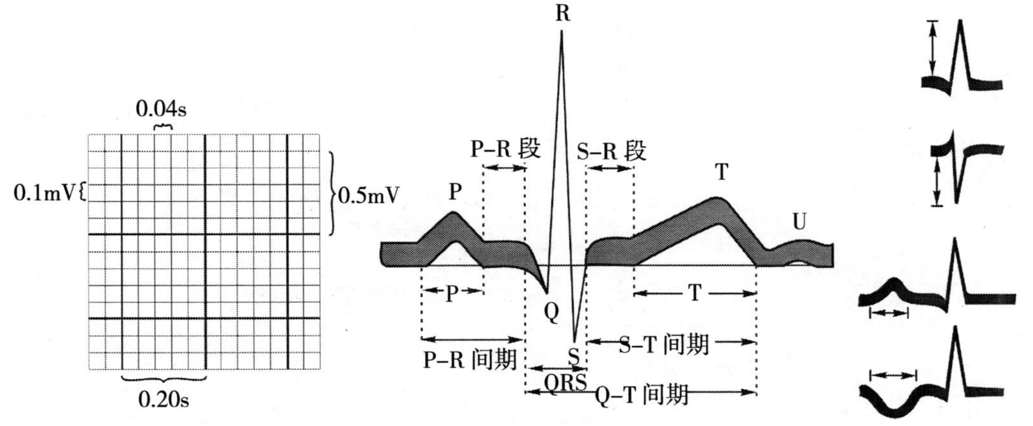

图 2–50　心电图的测量

1. 时间和波幅的测量：因常规记录心电图采用 25mm / s 的走纸速度，常规标准电压 1mV 为 10mm，故心电图纸上每一小格（1mm）代表的时间为 0.04s，波幅为 0.1mV。测量波幅时，正向波由基线上缘测量至波峰的顶点，负向波由基线下缘测量至波谷的底点。

2. 心律分析和心率的测量

（1）正确辨认出 P 波、QRS 波群和 T 波（图 2–51）。

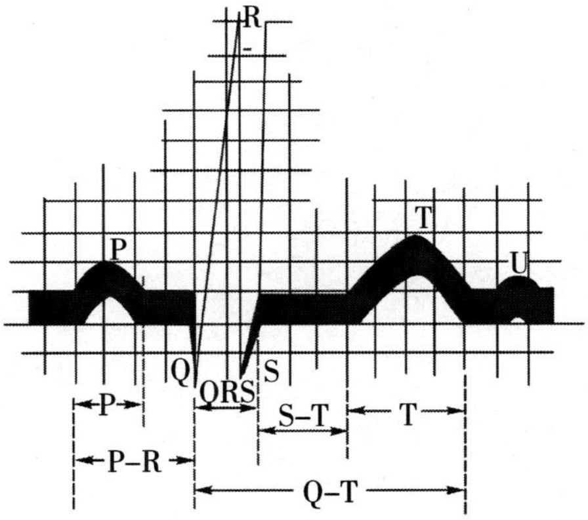

图 2–51　心电图各波及间期测量法

（2）心律分析：窦性心律的正常心电图表现为 P 波在 I 和 II 导联中正向，aVR 导联中负向，P–R 间期在 0.12s 以上。若心电图中最大 P–P 间期和最小 P–P 间期相差 0.12s 以上，称心律不齐。成年人正常窦性心律，心率为 51 ~ 100b / min*。

（3）心率测量和计算：相临两个 P 波之间的时间（即 P–P 间期）或相临两个 R 波之间的时间（即 R–R 间期）都能代表一个心动周期的时程。故：

*：b / min（beat / min）= 次 / 分

$$心率 = \frac{60}{P\text{–}P\ 间期\ (s)}\ 或\ \frac{60}{R\text{–}R\ 间期\ (s)}$$

若 P–P 或 R–R 间期相差 0.12s 以上，则可以读出连续 10s 内出现的 QRS 波数，乘以 6 即为心率。

3. 正常心电图各波段分析：正常心电图各波段的正常值及特征见表 2–4。

表 2–4　人体心电图各波段和间期的正常值及其特征

名称	时间（s）	电压（mV）	形　态
P 波	≤0.11	I、II、III<0.25 aVF、aVL<0.25 $V_1 \sim V_5$<0.15 V_1、V_2 双向时其总电压 <0.2	I、II、aVF、$V_4 \sim V_6$ 直立，aVR 倒置，III、aVL、$V_1 \sim V_3$ 直立、平坦、双向或倒置
P–R 间期	0.12 ~ 0.20*		
QRS 波	0.06 ~ 0.10 （Q<0.04）	Q<1 / 4R（以 R 波为主的导联） R_{aVR}<0.5；R_{aVL}<1.2； R_{aVF}<2.0；R_{V1}<1.0；V_1R / S<1 R_{V5}<2.5；V_5R / S>1 $R_{V1}+S_{V5}$<1.2 $R_{V5}+S_{V1}$<4.0（男）、<3.5（女）	aVR 是 Qr、rS 或 rSr 型 V_1 是 rS 型 V_5 是 Rs、qRs、qR 或 R 型
ST 段		I、II、aVL、aVF、$V_4 \sim V_6$ 抬高不超过 0.1，降低不超过 0.05； $V_1 \sim V_3$ 抬高不超过 0.3	
T 波		>1 / 10R（R 波为主的导联）	I、II、aVF、$V_4 \sim V_6$ 直立，aVR 倒置，III、aVL、$V_1 \sim V_3$ 直立、平坦或倒置
Q–T 间期	<0.40*		
U 波	0.1 ~ 0.3	肢导联 <0.1 心前导联 <0.2	其方向应与 T 波一致

*：P–R 间期、Q–T 间期的正常值与心率有关。

【注意事项】

1. 记录心电图时，先将基线调至中央使图形描记在纸的中央，防止造成基线不稳和干扰。若出现基线不稳或干扰时，应排除后再进行描记。

2. 在变换导联时必须将输入开关关上，然后才能转动导联选择开关。

3. CM_5 导联心电图波形与 II 导联相似，但电压较 II 导联高。

4. 记录完毕将电极和皮肤擦净，心电图机各控制旋钮转回“关”的位置，切断电源。

【应用与评价】

心电图是诊断心脏疾病的常规检查，当心脏缺血、缺氧时，心电活动的变化能正确及时地反映在心电图上，表现在各个波形的异常变化和进行性演变过程，为诊断心律失常、心室肥厚、急性缺血、心肌梗塞等心脏疾病提供可靠依据。

在运动医学上，心电图可以作为运动员身体功能状态及疲劳的辅助诊断方法。运动时的心电图（心电运动试验）既是临床诊断冠心病的重要指标，又是评估心功能和体力活动能力及科学制定运动处方的依据之一。另外，监测运动过程中的心电变化，也是确保一些慢性患者在康复锻炼时防止发生意外的必要措施。

【作业与思考题】

根据记录到的安静和运动时的心电图，对照各参数比较不同波型、不同间期的特征，并分析其原因。

实验十二 人体心脏泵血功能的测评（综合型实验）

【目的要求】

了解心脏泵血功能（ICG）的测评方法。

【基本原理】

当身体的某一节段或区域，由于某种原因引起其容积的扩张或缩小时，该段的电阻抗会随之变化。生物体内短暂性的容积变化，则主要是血液的流动所造成。因此，血液流动造成身体某一节段的容积变化，容积变化引起相应的电阻抗变化，记录此种阻抗变化，即可间接推测血流情况。

ICG 检测是利用电阻抗技术探测心输出量等心脏血流动力学的无创伤性检查方法。通过同步记录心电图（ECG）、阻抗微分图（Dz / dt）和颈动脉图（CPT）的 3 路电生理信号，仪器自动识别图中的 5 个生理标志点，经分析处理可输出每搏量（SV）、心输出量（CO）、每搏功（SW）等 18 个生理参数。

【对象、器材与药品】

人、心阻抗仪（MCA-3C 型心脏功能信息综合检测仪）、75%乙醇、生理盐水、脱脂棉等。

【方法与步骤】

一、标志点（图 2–52）

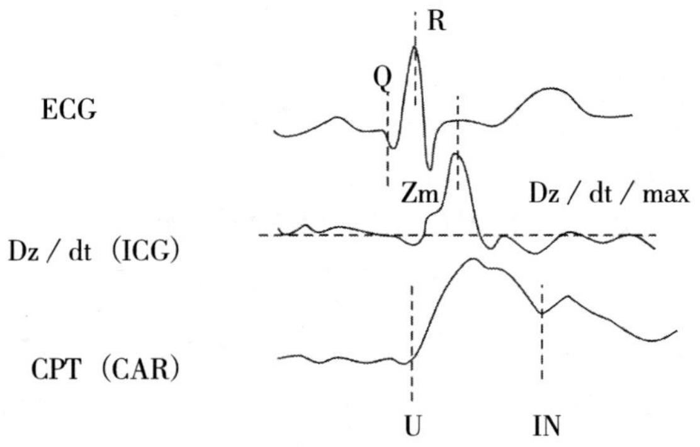

图 2–52　各参数标志点

R：QRS 波顶点；Q：QRS 波起始点；Zm：Dz / dt 波形图上幅度最高点；U：颈动脉图上升支陡升的起点，左心室射血开始；IN：颈动脉图下降支的初始点，表示射血结束。

二、实验操作

1. 启动 MCA–3C 型心脏功能信息综合检测仪。受试者仰卧 3 ~ 5min，用 75%乙醇对电极放置部位进行皮肤脱脂，待挥发后再用生理盐水涂擦以利于导电。心电电极按标准II 导联放置（左腿——绿、右腿——黑、右手——红），颈动脉传感器放置在左侧或右侧颈动脉搏动处，阻抗电极按图 2–53 放置。E1、E4 黄色为发射电极，在外圈；E2、E3 黑色为接收电极，在内圈；阻抗带位置与剑突部位平齐。

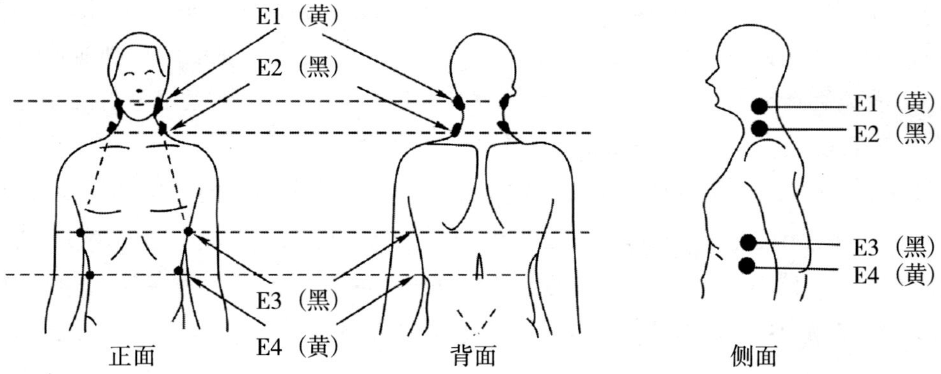

图 2–53　阻抗电极放置示意图

2. 主菜单下直接用鼠标单击“心脏泵血功能（ICG）”，使系统进入 ICG 检测的子菜单。将仪器的面板选择开关分别设置为“定标、正常、2、检查”。

3. 键入“Ctrl+S”，系统将测量并显示基础阻抗（Zo），测量完毕后回车则开始进行 Dz / dt 的定标，显示采样，并计算出定标值。仪器面板选择“测量、正常、2、时域”，调节“心电”“阻抗微分”“颈动脉”增益旋钮，使 3 路生理信号的波形规范、幅度适宜并无干扰。键入“Ctrl+C”，进行记录，再输入受试者身高、体重、电极距离，然后返回子菜单。

4. 点击“数据采集”下的“回放”，显示记录波形，若波形不理想可重新采集记录，再键入“F2”存盘。

5. 键入“Ctrl+A”，系统将进行自动分析，在系统完成 5 个周期的自动找点后便进入人工校正状态，依据采集的心电波形，判断 4 种心电模式中的属性，并按数码键选择属性。通过 1 ~ 5 键的标志点选择和箭头键左右移动进行人工校正。每个标志点校正结束后，按“空格键”通过。若自动找点正确，不需要修正时，可打“空格键”通过。

6. 键入“Ctrl+R”，系统将提示用户输入受试者的有关信息，然后打印检测报告。键入“Q”返回主菜单。

【注意事项】

1. 电极的放置位置要求脱脂，放置要准确，否则会影响心电图波形。
2. 实验前，受试者不能吸烟、喝酒。
3. 避免服用一些影响实验结果的药物，如硝酸甘油、咖啡因、麻黄素、心得安等。

【应用与评价】

电极间距离为胸前两黑色带内侧距离和背后两黑色带内侧距离的平均值。心脏作为人体的动力器官，在维持正常的血液循环，确保各组织、器官的血液与营养物质的供应发挥着重要作用。对于运动员而言，良好的心脏泵血功能尤为重要。根据实验检测报告，参见表 2–5 分析和评价受试者的心脏泵血功能状况。

表 2–5　ICG 检测生理指标

指　标	临 床 意 义	正 常 值
每搏输出量 SV（ml）	与心肌收缩率和心肌纤维缩短速率呈正比关系	男：73.48 ± 22.11 女：71.62 ± 21.34
每分输出量 CO（L / min）	反映心泵功能的重要指标	男：4535.67 ± 790 女：4660.93 ± 1047
心脏指数 CI（L / min·m^2）	反映心泵功能的重要指标	男：2.70 ± 0.52 女：3.07 ± 0.96
收缩强度指数	反映心肌损伤的指标，心梗患者加大	男：13.65 ± 1.75 女：13.43 ± 4.37
每搏功 SW（kg / m）	反映心肌一次做功的能力	男：0.085 ± 0.017 女：0.08 ± 0.024
每搏功指数 I（kg·m / m^2）	按体表面积计算每搏做功能力	男：0.052 ± 0.013 女：0.054 ± 0.017

（续表）

指　标	临床意义	正常值
每分功 CW（kg / m）	反映心肌每分钟的做功能力	男：6.156 ± 2.043
		女：5.414 ± 1.504
每分功指数 I（kg·m / m^2）	按体表面积计算每分钟做功能力	男：3.527 ± 0.892
		女：3.599 ± 1.125
总外周阻力 R 达因·s / cm	反映全身小动脉紧张性的指标	男：1565.05 ± 445
		女：1598.47 ± 491
血管弹性 C	反映血管弹性的重要指标，当动脉硬化时减少	男：2.01 ± 0.53
		女：2.02 ± 0.53

【作业与思考题】

根据记录的图形，对照各参数进行心脏泵血功能分析和评价。

实验十三　人体左心室收缩间期和舒张间期的测定（综合型实验）

【目的要求】

了解左心室收缩间期（STI）和舒张间期（DTI）的检测原理，掌握测试及评定方法，并能对测试结果进行分析。

【基本原理】

反映心脏收缩功能的检测，是应用得最早、最成熟和最普遍的心功能检查方法之一。心室机械收缩时间是从 QRS 波群的起点至第 2 心音主动脉瓣关闭为终止时间，也就是从心室电兴奋开始到射血所需的时间（Q–S_2）。此可分为射血前期（PEP）和射血时间（LVET），而 PEP / LEVT 是反映左心室收缩功能最敏感的指标。

STI 检测时同步录取心电（ECG），心音（PCG），颈动脉（CAR）3 路生理信号，识别 R、Q、S_1、S_2、U_1、HW、Pm 等生理标志点，经分析处理可输出 16 个生理参数。

用小电极短距离引导心前区阻抗微分图，可测定左心室充盈时间过程血流变化，以获得心脏在舒张间期的有关参数指标，评价心脏的舒张功能。

【对象、器材与药品】

人、MCA–3C 型心脏功能信息综合检测仪、75%乙醇、生理盐水等。

【方法与步骤】

一、标志点（图 2-54）

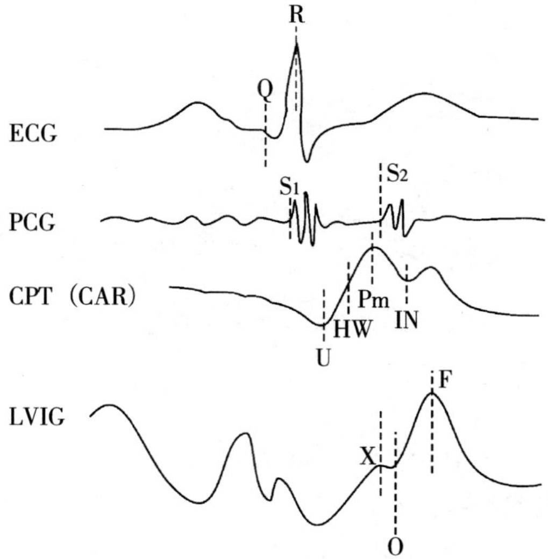

图 2-54　各参数标志点示意图

S_1、S_2：心音图第 1 心音和第 2 心音高频高振幅的起始位置。U：颈动脉图上升支陡升的起点，左心室射血开始。IN：颈动脉图下降支的初始点，表示射血结束。HW：颈动脉图上升支陡升到幅度的一半。Pm：颈动脉最高点。

二、实验准备

启动 MCA-3C 型心脏功能信息综合检测仪，受试者仰卧位，静息 5min 左右，用 75%乙醇对电极放置部位进行皮肤脱脂，待挥发后再用生理盐水涂擦以利于导电。

三、左心室收缩功能（STI）检测

1. 心电电极按标准 II 导联放置（左腿——绿，右腿——黑，左手——黄，右手——红），心音传感器放置在心脏中部，用松紧带固定，颈动脉传感器放置在左侧或右侧动脉搏动处。

2. 用鼠标单击屏幕左侧“左心室收缩功能（STI）”处，使系统进入 STI 子菜单，并将仪器面板的选择开关分别设置为“测量、正常、2、时域”。

3. 键入“Ctrl+J，仪器开始进行 3 路电生理信号的扫描，调节“心电”“心音”“颈动脉”旋钮，使波形规范，幅度适宜，若心电干扰大，可按下“干扰抑制”中的“陷波”按钮。

4. 键入“Ctrl+C”，仪器开始记录。记录结束后返回 STI 子菜单。点击“数据采集”下的“回放”显示记录的波形，若波形信号理想，可键入“F2”存盘，若波形信号不理想可重新采集记录。

5. 键入“Ctrl+A”，系统将进入自动分析，在系统完成6个周期的自动找点后便进入人工校正状态，依据采集的心电波形，判断在4种心电模式中的属性，并按数码键选择属性（图2–55）。

图2–55　4种心电模式示意图

通过1～6键的标志点选择和箭头键左右移动进行人工校正。每标志点校正结束后，按“空格键”通过，若仪器自动找点正确，不需要修正时，可打“空格键”通过。键入“Ctrl+R”系统将提示用户输入受试者的有关信息，打印检测报告。键入“ESC”，返回主菜单。

四、左心室舒张功能（DTI）检测

1. 正确放置心电电极、心音传感器和心前区阻抗电极。4个环状吸附电极E_1、E_2、E_3、E_4，E_2、E_3分别放置于第三肋间胸骨左缘和心尖搏动最强处；E_1、E_4分别放置于距内电极外侧4～5cm处，4个电极按心脏长轴成一条直线（图2–56）。

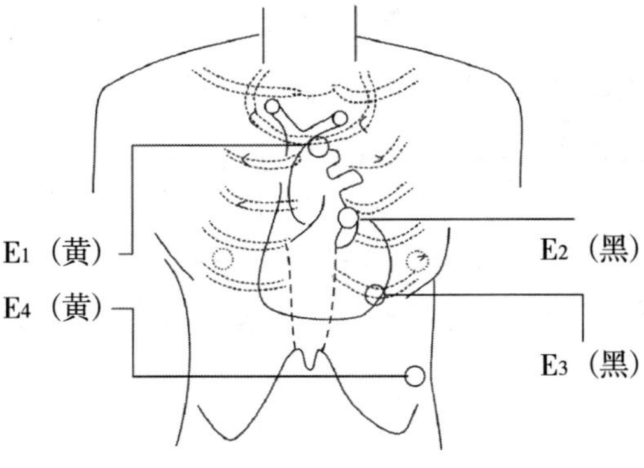

图2–56　心前区阻抗微分图（LVIG）的各阻抗电极的放置位置图

2. 用鼠标单击左心室舒张间期（DTI）”处，系统即进入“DTI”检测子菜单。

3. 将控制面板的选择开关设置为“测量、正常、2、时域”。

4. 键入“Ctrl+J”，进入波形实时扫描显示。

5. 调节“心音”“心电”“阻抗微分”旋钮，出现3路对应信号。检查调整使波形规范，幅度适宜，且无干扰，键入“Ctrl+C”进行正式录取。录取后返回子菜单。点击“数据采集”下的“回放”，系统将在显示器上分屏回放已录取的信号波形。假如数据不够理想，可重新采集录取。

6. 键入“F2”，输入文件名将原始数据存盘。若不需要存盘，可跳过此部分。

7. 点击“波形分析”，系统进入自动分析。此系统提示用户输入心电 QRS 波形的模式。4 种心电模式示意图（图 2–55），在系统完成 5 个周期的自动找点后，进入人工校正功能状态。其中 1 ~ 6 为标志点代号，R 显示结果，箭头键为左右移动选定的光标，EPC 空格键为通过。当用户需要修正某个标志线时，先键入其代号，方向左右移动，确认后打空格键通过。若本周期找点正确不需要修正，即打空格键通过。

8. 点击“检测报告”下的“检测结果”，系统将提示用户输入受试者有关信息，然后打印检测报告。

9. 选择目录，系统将提示输入磁盘号，正确输入后，系统可列出磁盘上所有 DTI 原始检测数据。

10. 键入“ESC”，系统将结束“DTI”检测工作，返回系统主菜单。

【注意事项】

1. 实验前，受试者不能吸烟、饮酒。
2. 避免服用一些影响实验结果的药物，如硝酸甘油、咖啡因、麻黄素、心得安等。
3. 电极的放置位置要求脱脂，放置要准确，否则影响心电图波形。
4. 测试时受试者检查受姿势的影响，一般保持仰卧位。
5. 心脏收缩、舒张功能受昼夜影响，一般在上午 8 ~ 10 点钟测试。

【应用与评价】

STI 检测不仅可较好地反映普通人、运动员的心脏收缩功能，而且还是某些心血管疾病诊断的方法。DTI 是反映心室舒张功能、心室顺应性的一项指标。临床上常见的心力衰竭和体育运动中所见的心脏猝死，有时并非是心室收缩功能减退所致，而是由于心室舒张功能受损引起。根据检测结果，参照表 2–6 和表 2–7 所列出的参数，可分析受试者的左心室收缩与舒张功能，并进行简单的评价。

表 2–6　STI 检测正常值与临床意义

英文缩写	指　标	临床意义	正常值	
			男	女
EMT	电机械收缩时间	心梗早期，儿茶酚胺增加时，可使 EMT 明显缩短	383.84 ± 22.09	398.03 ± 27.83
LVET	左心室排血时间	LVET 长则心功能好。冠心病、心衰患者 LVET 缩短明显	293.44 ± 21.10	306.23 ± 16.73
PEP	排血前时间	反映心室去极与收缩速度冠心病患者明显延长	92.19 ± 10.04	91.75 ± 10.39

（续表）

英文缩写	指　标	临床意义	正常值	
			男	女
PEP / LVET 比值		比值大，表示射血功能受损。大于 0.5 的冠心病患者，死亡的危险性很大	0.316 ± 0.037	0.300 ± 0.036
MST	机械收缩时间	从二尖瓣关闭到主动脉关闭的时间与心率呈明显负相关	329.21 ± 22.82	339.41 ± 20.34
EML	电机械延迟时间	兴奋在心肌上的传播时间。冠心病、二尖瓣狭窄患者 EML 延长	57.41 ± 10.21	59.31 ± 10.77
ICT	等容收缩时间	心室内压上升速率快，ICT 短，心衰时 ICT 延长	36.31 ± 9.62	33.68 ± 10.33
ICT / LVET 比值		反映左心室收缩功能的敏感指标	0.125 ± 0.043	0.123 ± 0.012
PWTT	脉搏波传递时间	反映动脉弹性的指标。动脉硬化时 PWTT 明显缩短	25.13 ± 7.84	27.64 ± 6.72

表 2–7　检测生理指标

英文缩写	指　标	正常值
R–R	心动周期	
HR	平均心率	
QS_1	电机械延迟时间	
QS_2	电机械收缩时间	
MST	心脏机械收缩周期	
IRP	等容舒张期	58.8 ± 9.3
RFT	快速充盈期	119.6 ± 20.8
SET	缓慢充盈期	257.9 ± 123
S_2–F	舒张间期	
SFT / RFT	舒张功能特征比值	

【作业与思考题】

根据记录的图形，对照各参数进行左心室收缩和舒张功能的分析和评价。

实验十四　人体安静与运动后心率和动脉血压的测评（综合型实验）

【目的要求】

掌握人体安静时心率和动脉血压的测定方法，观察运动对心率和动脉血压的影响。

【基本原理】

一、心率测定原理

心率测定的方法有心音听诊法、指触法和心率遥测法。

心脏在活动过程中产生的心音可通过周围组织传递到胸壁，用听诊器在胸壁特定部位听诊能测量出心率，此为心率直接测量法。

在一个心动周期中，心脏的收缩、舒张会引起动脉血管内的压力产生周期性波动，导致管壁发生搏动，并能以波的形式沿管壁向外周传播，且与心脏活动的周期一致。故用手指触摸到的身体浅表部位动脉搏动速率，通常可以间接代表心率，此为心率的间接测量法。

心率遥测法则是根据心脏活动时的电变化而采集心率的。心脏兴奋时的电变化传至体表，表面电极将心电信号接收后送入发射机，经接收机接收后显示。

二、动脉血压测定原理

人体动脉血压测量采用听诊法，测量部位为上臂肱动脉。用血压计的压脉带充气，通过在动脉外加压，然后根据血管音的变化来测量血压。

通常血液在血管内流动时没有声音，但如果血液流经狭窄处形成涡流，则发出声音。当缠于上臂的压脉带内充气后压力超过肱动脉收缩压时，肱动脉内的血流完全被阻断，此时用听诊器在其远端听不到声音。徐徐放气，降低压脉带内的压力，当压脉带内压力低于肱动脉收缩压而高于舒张压时，血液将断续流过肱动脉而产生声音，在肱动脉远端能听到动脉音。继续放气，当压脉带内压力等于舒张压时，血流由断续流动变为连续流动，声音突然由强变弱并消失。

因此，从无声音到刚刚听见的第 1 个动脉音时的外加压力相当于收缩压，动脉音突然变弱时的外加压力相当于舒张压。

【对象、器材与药品】

人、听诊器、节拍器、心率遥测仪、秒表、酒精棉球、血压计等。

【方法与步骤】

一、心率测定

1. 安静时的心率及脉搏测量：受试者静坐 5min。采用心前区听诊法直接测量心率。

指触法测量脉搏时，通常将食指、中指和无名指放在受试者一侧手腕桡动脉搏动处。脉搏测量时先以 10s 为单位，连续测量 3 个 10s，其中两次相同并与另一次相差不超过 1 次时，即认为是相对安静状态，否则应适当休息后继续测量，直至符合要求。然后，再测量 30s 脉搏乘以 2，即为心率。

2. 运动后即刻及恢复期脉搏的测量：令受试者按节拍器节律（30b / min）以 2 秒一次的速度连续做蹲起运动 3min，然后取坐位，测定运动后即刻、2min、4min 和 6min 的脉搏。

3. 运动过程中心率的测量：运动过程中心率的测量常采用 POLAR 心率遥测法。首先，将带有传感发射器的胸带固定在胸前，松紧适度。再将心率遥测仪戴在手腕上，使“选择”键处于“测试”状态，按“使处于状态 / 起动 – 停止”键，开始测定相对安静状态和运动过程中的心率变化。测试完毕，再按“使处于状态 / 起动 – 停止”键，心率遥测仪停止记录。最后，按“回忆、回收”键，手控提取记录数据或将数据输入到计算机进行分析处理。

4. 基础心率、最大心率、心率贮备、靶心率和靶心率范围的测定：基础心率是指人在基础状态时的心率。基础状态是指人清醒、静卧、空腹、无肌肉活动时的状态。基础心率不受肌肉活动、环境温度、食物及精神紧张等因素的影响，通常是在早晨刚刚醒来尚未起床活动时测取的心率。

运动时运动强度与心率成正比例关系，当人体进行大强度并持续一定时间的运动时，心率增加到极限水平，这就是最大心率。最大心率随年龄增长而逐渐减小，一般用 220 减去年龄来估算最大心率，或者 HRmax＝208–0.7 × 年龄。

最大心率与安静心率之差称心率贮备。靶心率是运动训练或体育课、体育锻炼中欲达到的心率，如要跑 10000m 的心率控制在 150b / min，则 HR＝150b / min 即为靶心率，但靶心率控制十分困难，故体育实践中，常用靶心率的范围。有氧运动的靶心率范围是：安静心率 +（最大心率 – 安静心率）× 60%~ 安静心率 +（最大心率 – 安静心率）× 80%。

二、动脉血压的测量

1. 熟悉血压计的结构：血压计有汞柱式、弹簧式和电子式，一般常用的是汞柱式血压计。它由检压计、压脉带和橡皮充气球 3 部分组成。检压计是一标有压力刻度的玻璃管，上端通大气，下端和水银槽相通。压脉带为外包布套的长方形橡皮囊，它借橡皮管分别与检压计的水银槽和充气球相通。橡皮充气球是一个带有螺丝帽的橡皮囊，供充气、放气用（图 2–57）。

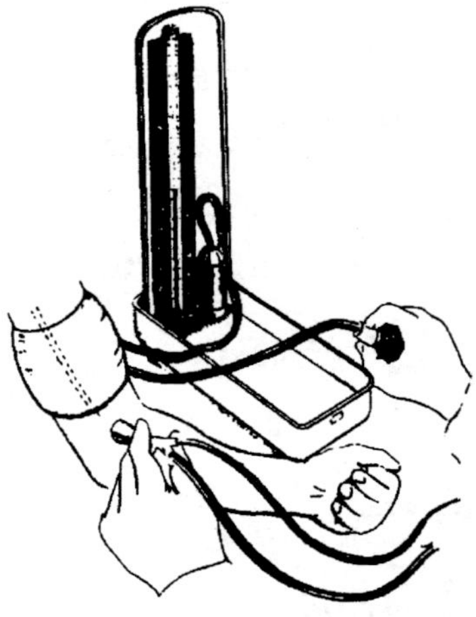
图 2–57　人体动脉血压测量法

2. 令受试者脱去一侧衣袖，静坐 5min 以上。

3. 松开血压计橡皮球螺丝，驱出压脉带内残留气体，再旋紧螺丝。

4. 令受试者将脱了衣袖的前臂平放于桌上，手臂与心脏处于同一水平，手掌朝上。将压脉带缠在该上臂，压脉带下缘至少在肘关节上 2cm，松紧适宜。

5. 将听诊器耳件塞入外耳道，其弯曲方向与外耳道一致，即略向前弯曲。

6. 在肘窝内侧先用手指触及肱动脉脉搏，将听诊器放在肱动脉搏动处。

7. 测量收缩压：用橡皮球将空气打入压脉带内，使检压计中水银柱逐步上升，直到听诊器听不到脉搏音为止。继续打气，使水银柱再上升 20 ~ 30mmHg。随即松开充气球螺丝，连续缓缓放气，降低压脉带内压力，在水银柱缓慢下降的同时仔细听诊。当开始听到“砰、砰”的动脉音时，检压计上水银柱的刻度即为收缩压。

8. 测量舒张压：继续缓缓放气，动脉音先由低到高，然后由高变低，最后完全消失。在声音突然变弱的瞬间，检压计上水银柱的刻度即代表舒张压。

我国正常青年人安静时的收缩压为 100 ~ 120mmHg（13.3 ~ 16.0kPa），舒张压为 60 ~ 80mmHg（8.0 ~ 10.6kPa）。血压记录常以收缩压 / 舒张压表示。反复测血压时，如血压波动小于 4mmHg 即为准确。

9. 运动后动脉血压测量：拉开压脉带与检压计相连的橡皮管接头，注意不要取下压脉带。令受试者按节拍器节律（30b / min）以 2 秒一次的速度连续做蹲起运动3min，结束后取坐位测定运动后即刻、2min、4min 和 6min 时的血压。

10. 血压体位反射：受试者取坐姿测其安静时血压，然后令其躺卧在诊断床上 3min 后，再让受试者返回坐姿（推受试者背部，使其被动坐起），并立即测定血压，每 30 秒测定一次，共测 2min。若在 2min 内完全恢复者，说明没有疲劳；恢复一半以上者为轻度疲劳，完全不能恢复者为重度疲劳。

【注意事项】

1. 进行遥测心率测试时，受试者不宜穿尼龙类衣服，以免干扰测试。

2. 在使用心率遥测仪时应避免其他强磁场，如电视机、高压线、机动车等的干扰。

3. 必要时遥测仪胸带电极的放置部位要用酒精棉球进行脱脂处理，以防绝缘不能成功发射信号。

4. 血压测量应在安静环境下进行。

5. 测血压时应让受试者脱去衣袖，以免袖口过紧阻碍血液循环。

6. 打气时不要太快，以防水银柱喷出管外。

7. 重复测量血压时，应让水银柱回到零位后再测，以防静脉回流不畅。

【应用与评价】

基础心率、安静心率和运动时、运动后即刻及恢复期心率的测定，可用于评定身体功能状态，了解和确定运动强度的大小，并可间接推算最大摄氧量、通气阈、乳酸阈和最大心率。心率贮备、靶心率等的测定，能帮助我们科学控制运动的强度。

测量血压是临床诊断心血管疾病及其他疾病对心血管功能影响的常用方法，亦用于评价正常人的心血管功能。运动后测量血压有助于观察心血管功能变化及恢复和推测运动量，也是判定运动性疲劳的重要方法。

学生可连续测量本人一周的基础心率、血压，以及一周训练课中各项运动练习后即刻的心率和血压，据此对人体心脏功能和运动强度的大小进行评价。

【作业与思考题】

1. 运动时和恢复期心率的变化规律如何？产生这些变化的原因是什么？

2. 分析运动对血压的影响及运动后血压变化规律。

实验十五 最大摄氧量的测评（综合型实验）

【目的要求】

了解和掌握最大摄氧量的直接测定法和间接测定法，并能应用于有氧工作能力的评价。

【基本原理】

人体在进行有大量肌肉参与的长时间激烈运动中，心肺功能和肌肉利用氧的能力达到本人极限水平时，单位时间内所能摄取的氧量称为最大摄氧量。通常以每分钟为计算单位。最大摄氧量反映机体氧运输系统的工作能力，是评价人体有氧工作能力的重要指标之一。最大摄氧量的测定方法分为直接测定法和间接测定法。通过气体分析仪器收集受试者的呼出气体，分析和计算 VE（每分通气量）、O_2、CO_2 浓度等所需要的指标，直到力竭运动负荷时测出运动中的最大摄氧量。这种方法称为最大摄氧量直接测定法。由于心率、功率和吸氧量在一定范围内呈线性相关，因此可利用人体在亚极量运动时，机体处于稳定状态的功率和心率，间接推测最大摄氧量。此方法称为最大摄氧量的间接测定法。

【对象、器材与药品】

人、运动心肺功能测试系统、跑台（或功率自行车）、400m 跑道、40cm 台阶、心率遥测仪、秒表、75%乙醇等。

【方法与步骤】

一、直接测定法

1. 人员分工：总指挥兼气体分析仪器操作者 1 人，控制运动负荷强度 1 人，管理呼吸口嘴（或呼吸面罩）及安全保护者 1 人。

2. 受试者称体重，然后安装心率遥测仪（或电极），测定受试者坐位安静时心率和气体代谢各项指标，如$\dot{V}O_2$、CO_2、O_2、VE 等。

3. 令受试者上跑台或功率自行车。开始进行负荷运动测定最大摄氧量。运动负荷方法可选择递增或间歇负荷运动。

（1）递增负荷运动见表 2–8。

（2）间歇负荷运动见表 2–9。

表 2–8　递增负荷运动参数

Bruce 方案（活动跑台）			McArdle 方法（功率自行车）		
速度（mph）	坡度（%）	时间（min）	蹬圈数（rpm）	功率（watts）	时间（min）
1.7	10	3	60	30	2
2.5	12	3	60	60	2
3.4	14	3	60	90	2
4.2	16	3	60	120	2
5.0	18	3	60	150	2
5.5	20	3	60	180	2
6.0	20	3	60	210	2
6.0	22	3			

注：未达到力竭时可继续进行递增负荷运动。

表 2–9　间歇负荷运动参数

Taylor 方案（跑台）			Åstrand 方法（功率自行车）		
速度（mph）	坡度（%）	时间（min）	蹬圈数（rpm）	负荷（kg）	时间（min）
3.5	10	15	60	2	5
休息		5	休息		10
7	0	3	60	3	5
休息		5	休息		10
7	25	3	60	3.5	5
休息		5	休息		10
7	5	3	60	4.0	5

如受试者还能持续进行运动时，可继续运动直到力竭。Taylor 方案可在每一个运动期间的后 2min 收集气体，Åstrand 方法可在每一个运动期间的后 2min 收集气体，并在最后一个运动期间的 2.5min 收集气体。

4. 最大摄氧量的判断方法：当受试者在运动中感到力竭时，测试者可用以下 4 种情况中任何 3 种同时出现的指标确定：（1）$\dot{V}O_2$ 不再增加而出现平台；（2）R（呼吸商）大于 1.15；（3）HR（心率）大于 180b / min；（4）血乳酸浓度大于 8mmol / L。

5. 测得最大摄氧量后，将跑台慢慢减速到开始准备活动时的强度，受试者进行慢跑至步行整理活动 5min，同时可摘下呼吸面罩或口嘴，然后停机并摘下心率遥测仪

（或电极）。

二、实验室间接测定法

1. 人员分工：心率测定操作者 1 人，控制运动负荷强度者 1 人，安全保护者 1 人，记时 1 人，记录 1 人及总指挥 1 人。

2. 受试者称体重，然后安装心率遥测仪或电极，测定受试者坐位安静时的心率。

3. 令受试者上跑台（或功率自行车、台阶）。

4. 进行次极限运动负荷，运动负荷方法可选择表 2–10 中任何一种或台阶实验，测定最后 2 分钟的平均心率或脉搏。

（1）递增负荷运动

表 2–10　递增负荷运动参数

运动负荷固定法			递增负荷运动参数		
转速（rpm）	功率（watts）	时间（min）	转速（rpm）	功率（watts）	时间（min）
（男）60	150	6	60	30	2
（女）60	150	6	60	60	2
			60	90	2
			60	120	2

（2）台阶实验：男青年受试者在 40cm 高的台阶上，女青年受试者在 33cm 高的台阶上，以每分 22.5 次的频率（左腿上、右腿上、左腿下、右腿下 4 步为 1 次）登上跨下，连续 5min，检测运动结束后第一个 10s 的心率，乘以 6，作为恢复期第 1min 的心率。

5. 最大摄氧量的推测方法：根据 Åstrand–Ryhming 的计算图推测最大摄氧量。本法是瑞典学者 Åstrand 和 Ryhming（1954）根据 18 ~ 30 岁健康青年大学生亚极量运动负荷时，吸氧量与心率呈线性相关的测试结果绘制的使用方便的列线图（图 2–58）。

例如，某青年女子体重为 61kg，台阶测试后第 1min 的心率为 156b / min，连结两点，读出中间斜线相交点上的数值，该青年女子的最大吸氧量为 2.4L / min。

又例如，某男性受试者在自行车功量计上运动至 200W 时，其心率为 166b / min，在列线图上将该受试者的功率标点和心率标点相连，读出中间斜线上相交点的数值为 3.6，即该受试者的最大吸氧量值为 3.6L / min。如若受试者在自行车功量计上做亚极量运动时，同时测定亚极量运动的吸氧量和心率，按同理也可在列线图上找出其最大吸氧量。如上述受试者亚极量运动时的吸氧量为 2.8L / min 时，心率为 166b / min，读出两点连线与中间斜线相交点的读数为 3.6，即该受试者的最大吸氧量为 3.6L / min。

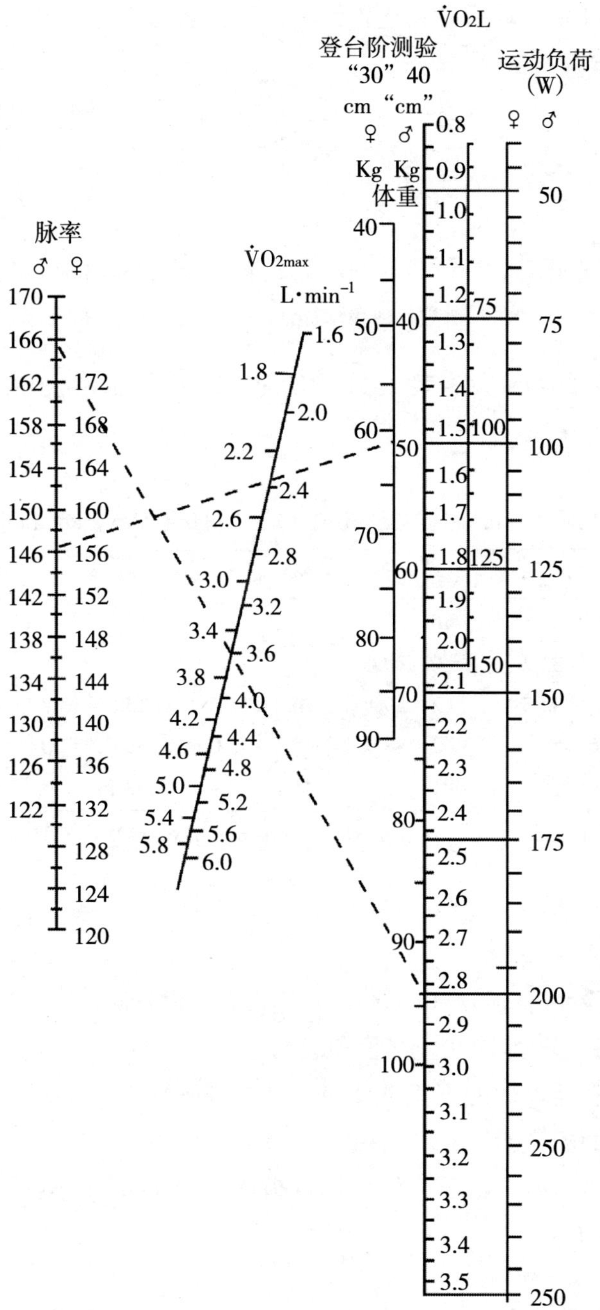

图 2-58 最大摄氧量的推测

三、运动现场间接测定法（12min 跑测定法）

受试者在运动场跑道上以匀速尽力跑完 12min 的距离，然后将运动成绩代入公式计算，查表推测最大摄氧量值。运动场地为 200m 或 400m。每 50m 为一个单位，可分 4 或 8 个区域。

1. 受试者做完准备活动后站在起跑线上，主试者喊口令“开始”按表计时，记录者开始记录跑的圈数。

2. 到 12min 时，主试者立即鸣哨，受试者听哨音后立即停止跑步，可在原地活动。

3. 跑距的计算：

200（m）×（圈数）+50（m）×（区域）=12min 跑的距离
或 400（m）×（圈数）+50（m）×（区域）=12min 跑的距离

4. 根据 12min 跑的距离，查表 2–11 中所对应的最大摄氧量值即为受试者的最大摄氧量。

表 2–11　12min 跑成绩（m）与最大摄氧量（ml／kg·min）

距离（m）	<30 岁	30～90 岁	40～49 岁	>50 岁	最大摄氧量等级
<1610	25.0	25.0	25.0		非常差
1610～1990	25.0～33.7	25.0～30.0	25.0～26.4	25.0	差
2000～2390	33.8～42.5	30.2～39.1	26.5～35.4	25.0～33.7	普通
2400～2800	42.6～51.1	39.2～48.0	35.5～45.0	33.8～43.0	好
2810	51.6+	48.1+	45.1+	43.1+	优秀

（引自 Cooper，K. H. A means of assessing maximal oxygen intake. JAMA，203:201～204，1968）

【注意事项】

1. 受试者在实验前需进行心电图检查，正常者可进行测定。

2. 受试者在实验前一小时禁止饮食和吸烟。

3. 注意受试者在运动中的不正常反应，其主观感觉不适时，可举手示意立即停机（停止运动），主试者应充分注意安全保护。

4. 操作气体分析仪时，注意气体代谢各指标的变化，特别是达到力竭运动及最大摄氧量出现时的准确性。

【应用与评价】

最大摄氧量是有氧耐力的基础，其值越大有氧耐力水平越高。最大摄氧量用于有氧工作能力的评价和耐力运动员的选材指标。直接测定法可根据气体分析仪测出结果，间接测定方法可根据图 2–58 的 Åstrand–Ryhming 的计算图推测最大摄氧量，并可按表 2–12 评价有氧耐力水平。12min 跑可按图 2–58 查出其值，并可评价有氧耐力水平。

表 2-12　Åstrand 最大摄氧量等级表

年龄（岁）	最大摄氧量［ml / (kg·min) L / min］ low（≤）差	fair 较差	average 一般	good 好	high（≥）优秀
女子					
20 ~ 29	1.69	1.70 ~ 1.99	2.00 ~ 2.40	2.50 ~ 2.79	2.80
	28	29 ~ 34	35 ~ 43	44 ~ 48	49
30 ~ 39	1.59	1.60 ~ 1.89	1.90 ~ 2.39	2.40 ~ 2.69	2.70
	27	28 ~ 33	34 ~ 41	42 ~ 47	48
40 ~ 49	1.49	1.50 ~ 1.79	1.80 ~ 2.29	2.30 ~ 2.59	2.60
	25	26 ~ 31	32 ~ 40	41 ~ 45	46
50 ~ 69	1.29	1.30 ~ 1.59	1.60 ~ 2.09	2.10 ~ 2.39	2.40
	21	22 ~ 28	29 ~ 36	37 ~ 41	42
男子					
20 ~ 29	2.79	2.80 ~ 3.09	3.10 ~ 3.69	3.70 ~ 3.99	4.00
	38	39 ~ 43	44 ~ 51	52 ~ 56	57
30 ~ 39	2.49	2.50 ~ 2.79	2.80 ~ 3.39	3.40 ~ 3.69	3.70
	34	35 ~ 39	40 ~ 47	48 ~ 51	52
40 ~ 49	2.19	2.20 ~ 2.49	2.50 ~ 3.09	3.10 ~ 3.39	3.40
	30	31 ~ 35	36 ~ 43	44 ~ 47	48
50 ~ 69	1.89	1.90 ~ 2.19	2.20 ~ 2.79	2.80 ~ 3.09	3.10
	25	26 ~ 31	32 ~ 39	40 ~ 43	44
60 ~ 69	1.59	1.60 ~ 1.89	1.90 ~ 2.49	2.50 ~ 2.79	2.80
	21	22 ~ 26	27 ~ 35	36 ~ 39	40

（引自 Åstrand, I. Aerobic work capacity in men and women with special reference to age. Acta. Physiol. Scand. 49:Suppl. 169, 1960）

【作业与思考题】

1. 根据测试结果，分析不同专项运动员最大摄氧量是否有差别。
2. 如何应用最大摄氧量这项指标进行运动员选材。

实验十六　胰岛素致低血糖效应（验证型实验）

【目的要求】

了解胰岛素调节血糖水平的机能。

【基本原理】

胰岛素是调节机体血糖的激素之一，当动物体内胰岛素含量增高时便引起血糖下降，动物出现惊厥现象。

方法一

【对象、器材与药品】

小白鼠（6只）、1ml注射器、鼠笼、胰岛素溶液（2U/ml）、50%葡萄糖溶液、酸性生理盐水。

【方法与步骤】

1. 取6只小白鼠称重后，分实验组4只和对照组2只。

2. 给实验组动物腹腔注射胰岛素溶液（0.1ml/10g体重）。

3. 给对照组动物腹腔注射等量的酸性生理盐水。

4. 将两组动物都放在30～37℃的环境中，并记下时间，注意观察并比较两组动物的神态、姿势及活动情况。

5. 当实验组动物出现角弓反张、乱滚等惊厥反应时，记下时间，并立即给其中2只皮下注射葡萄糖溶液（0.1ml/10g体重），另2只不予抢救。

6. 比较对照组动物、注射葡萄糖的动物以及出现惊厥而未经抢救的动物的活动情况，并分析所得的结果。

【注意事项】

1. 动物在实验前必须饥饿18～24h。

2. 一定要用pH2.5～3.5的酸性生理盐水配制胰岛素溶液，因为胰岛素在酸性环境中才有效应。

3. 酸性生理盐水的配制。将0.1mol/L HCl10ml加入300ml生理盐水中，调整其pH值在2.5～3.5，如果偏碱，可加入同样浓度的盐酸调整。

4. 注射了胰岛素的动物最好放在30～37℃的环境中保温，夏天可为室温，冬天的温度则应高些，可到36～37℃。因温度过低，动物反应出现较慢。

方法二

【对象、器材与药品】

金鱼、胰岛素（2U/ml）、10%葡萄糖溶液、500ml烧杯（2个）、500ml量筒。

【方法与步骤】

1. 准备两只烧杯分别作A和B记号，A烧杯中加入200ml水及0.5ml胰岛素，B烧杯中加入10%葡萄糖溶液200ml。

2. 把一金鱼放入A烧杯中，胰岛素通过鱼鳃的毛细血管循环扩散入血液，仔细观察金鱼的情况，记录金鱼出现昏迷所需的时间，并观察金鱼出现昏迷时的活动。

3. 当金鱼出现昏迷后，小心地将它转放到B烧杯中。观察金鱼发生的变化，并记录金鱼恢复活动所需的时间。

【作业与思考题】

1. 试分析正常机体内胰岛素如何调节血糖水平?

2. 试分析糖尿病产生的原因及治疗方法。

实验十七 人体体温的测定（综合型实验）

【目的要求】

掌握测定体温的方法。

【基本原理】

体温系指机体内部的平均温度，是机体进行新陈代谢和正常生命活动的必要条件，同时也是反映机体机能状态的客观指标之一。一般测定体温的部位有口腔、腋窝、直肠和皮肤，常用口腔温度和腋窝温度代表体温。

【对象、器材与药品】

人、水银体温计（或电子数字式体温计）、纱布、1%过氧乙酸液。

【方法与步骤】

一、体温计介绍

水银体温计是一根有刻度的真空玻璃毛细管构成。其一端为盛有水银的储液槽，当水银受热后，水银沿着毛细管上升，其高度与受热程度成正比。体温计的毛细管下端和水银槽之间有一狭窄处，防止水银柱遇冷过度下降，不便检视温度。体温计刻度由35～42℃，37℃处染以红色以醒目。一般分为口腔计和肛门计两种。

二、测定方法

1. 口腔温度测定法：将消毒过的体温计用纱布擦干，甩水银柱至35℃以下（运用电子体温计则应先进行校正。临床上常用于测定瘫痪和危重患者体温，在运动生理科研方面也有一定的现实意义），斜放于舌下，紧闭口唇，勿用牙咬，此时用鼻腔呼吸，5min后（电子体温计约需6s尚能稳定）取出读数。

2. 腋窝温度测量法：先将受试者的腋窝内汗液擦干，然后将体温计水银端置于腋窝深处，上臂紧贴胸部夹持10min后取出（电子体温计需6s左右）读数。

【注意事项】

1. 测量口腔温度时必须在进食或饮水后20min才能进行，否则不准确。

2. 测量腋窝温度时时间要足够，且不能有汗，否则将会造成误差。

3. 持体温计读数时，轻微转动体温计方可看清。

4. 每次测试前均需将水银柱甩下去，甩水银柱时要小心，以免碰坏温度计。

【应用与评价】

正常人安静时口腔温度为36.2～37.2℃，腋下温度为36～37℃。24h内体温略有波动，一般相差不超过1℃，早晨略低，下午最高。女子比男子体温略高0.3℃，老年人体温略低。运动或进食后体温一般较高，疾病患者体温过高或过低。

运动时体温随运动强度增加和时间的延长而增高，为正常生理反应，而且对提高人体各器官系统的功能有利。

【作业与思考题】

1. 测量腋窝温度为什么需较长时间才能稳定？腋窝无汗液与有汗液所测得的温度为何有差别？

2. 准备活动使体温适度升高的生理作用是什么？

实验十八 运动性蛋白尿的测评（综合型实验）

【目的要求】

观察运动后尿蛋白浓度的变化，掌握尿蛋白定性测定法，了解微量测定法。

【基本原理】

蛋白质在pH4.0～4.6的弱酸性溶液中加热后会凝固变性，生成沉淀。沉淀的多少与尿蛋白的量成正比。

Coomassie（考马斯）亮蓝在酸性溶液中与蛋白质结合后成蓝色，在600nm光波处有吸收峰。颜色深浅与蛋白质浓度呈线性关系，可在分光光度计上进行定量测定。

【对象、器材与药品】

人、酒精灯、95%酒精、烧杯、10ml试管、试管夹、5%醋酸、721型分光光度计、刻度吸管、微量加样器、coomassie亮蓝G_{250}、SDS、蛋白标准液、磷酸、乙醇、生理盐水。

【方法与步聚】

一、尿蛋白加热凝固法（定性试验）

1. 尿液收集（20～50ml）：受试者运动前20min时饮水250ml，运动前排空尿，并收集尿液。然后做大强度运动（80%～90%$\dot{V}O_2max$），可在跑台上或功率自行车上做5min运动、5min休息，共4组的间歇运动后即刻收集尿液，也可在大强度或大运动量训练课后即刻收集尿液。如果运动后即刻无尿，可在运动后休息10～15min再收集尿液。

2. 测定：在试管内加入尿液5ml，用试管夹夹着试管，在酒精灯的火焰上加热试管底部。至沸腾时加入5%的醋酸2～3滴，再加热至沸腾。立即在黑色背景下观察尿煮沸部分有无浑浊，以此来估计尿中蛋白质大致含量（表2-13）。

表2-13 尿中蛋白质大致含量

表示方法	现象及含量
阴（-）	尿液清晰，不显浑浊
微量（±）	轻微浑浊，尿蛋白含量 <0.01g/dl
阳性（+）	白色浑浊，但未见颗粒及絮状沉淀，蛋白质含量0.01～0.03g/dl
++	明显的颗粒样浑浊，但不见絮状沉淀，蛋白质含量0.04～0.2g/dl
+++	大量絮状沉淀，但未见凝块，蛋白质含量0.2～0.5g/dl
++++	有大量絮状沉淀并有凝块，蛋白质含量 >0.5g/dl

二、蛋白质SDS-CBG微量测定法（表2-14）

1. 反应液配制

（1）蛋白标准液（60mg/dl）：取蛋白标准液（5g/dl）0.6ml加生理盐水至50ml，置于4℃冰箱保存。

（2）SDS-CBG反应液：取coomassie亮蓝 G_{250} 125mg，溶于40ml乙醇，加85%磷酸100ml、双蒸水800ml，然后加入SDS30mg，混匀后加水至1000ml。

2. 尿液收集同上。

3. 测定：取试管4支，按表2-14顺序操作后混匀，室温放置5min，分光光度计600nm处以空白管调零进行比色测定。结果计算方法：

$$尿蛋白含量（mg/dl）=\frac{测定管吸光率}{标准管吸光率}\times 60$$

表2-14 尿蛋白SDS-CBG法操作表

试剂	测定管		标准管	空白管
	运动前管	运动后管		
样品（尿）	0.1ml	0.1ml	-	-
蛋白标准液	-	-	0.1ml	-
生理盐水	-	-	-	0.1ml
SDS-CBG反应液	2ml	2ml	2ml	2ml

【注意事项】

1. 尿液加热后显浑浊，但加酸后又消失者，多为磷酸盐。加酸后消失并产生许多气泡者，多为碳酸盐。

2. 微量测定时间应在30min内完成。

【应用及评价】

人体安静时尿中蛋白质含量甚微，一般检验方法不能测定其数量，故称为阴性。用化学分析方法测定时，人体一天尿中排出的蛋白质在 10 ~ 150mg。运动后尿中排出增加。因此，根据蛋白质排出数量和组成成分，可评定运动员身体机能状态、运动负荷强度和负荷量。

一、尿蛋白和运动量的关系

尿蛋白出现的数量和运动量有关，而在运动量诸因素中，它与运动强度关系最大。游泳训练中当强度加大时，尿蛋白增多，因而可用尿蛋白出现的数量来评定运动量，尤其是评定运动强度。

在大运动量训练过程中，当身体开始不适应时尿蛋白排泄量较多，继续坚持一个阶段，完成相同的强度训练后，尿蛋白又会减少，这是大运动量训练中身体适应性反应。如果尿蛋白不减少或反而增加时，要注意运动员身体状态，酌减运动强度或运动量。

二、尿蛋白和身体机能的关系

运动性蛋白尿有较大的个体差异，有些人在运动后易出现、数量较多，有些人则不易出现，这和训练水平关系不大。这种个体差异可能和遗传有关，但这种个体差异性表现具有一定的特点，就是同一个体在完成相近的运动量或相同项目比赛时尿蛋白相对比较稳定，当训练水平提高时尿蛋白的数量减少。当身体机能下降（如疲劳、睡眠不好）时尿蛋白在运动后排泄量突然增加。所以采用尿蛋白这一指标来评定机能状态时，宜进行系统观察。

激烈运动后 15min 尿蛋白排泄量达最高值。因此，比赛后测定尿蛋白时，应让运动员休息 15min 后取尿样。运动性蛋白尿在大运动量训练后 4h 内基本消除，如果恢复时间延长也是身体机能下降的表现。

三、尿蛋白与某些训练手段的关系

训练可引起人体内环境的改变，如大强度的训练课可出现大量的尿蛋白。对短距离游泳的运动员来说，尿蛋白出现主要受其主项和短于主项的 50m 和 100m 的重复和间歇训练手段影响明显。对短跑运动员来说尿蛋白出现则主要受其 100m 和 200m 的专项训练课影响明显。中长跑运动员反复跑训练比变速跑影响明显。篮球运动外围队员的身体反应要比内线运动员大，排球训练中滚动救球引起的身体反应往往比其他训练手段时更明显。总之，速度快、强度大的训练手段是引起尿中蛋白质明显增加的主要原因。

四、尿蛋白与年龄和环境的关系

少年运动员尿蛋白比年长者更易出现。冬泳时尿蛋白出现的阳性率和排泄量大于常温条件下。这可能是由于寒冷因素的刺激，运动后血液重新调配使肾血流量减少，从而引起肾小球上皮缺血缺氧，使其通透性增加，蛋白漏出增加。高原条件下运动后出现的尿蛋白多于平原，这可能是低氧分压对肾脏刺激的结果。

【作业与思考题】

比较运动前、后尿蛋白的浓度变化，并分析原因。

实验十九 无氧功率的测评（综合型实验）

【目的要求】

掌握无氧功率的间接测定及评价方法。

【基本原理】

无氧功率是指人体在短时间内所能输出的最大功率，反映机体在缺氧条件下的运动能力。其供能系统是磷酸原系统和乳酸能系统。虽然它们的供能时间短，但能量输出功率高，常以几秒钟运动时的最大功率来间接测定。

【对象、器材与药品】

人、软黑板、直尺、12 级台阶（每级台阶 13 ~ 20cm）、体重计、Monark 功率自行车、计时器、滑石粉等。

【方法与步骤】

一、纵跳法

1. 受试者先称体重，然后用手指粘些滑石粉侧向墙壁站立，近侧足应贴近墙根，远侧足置于离墙 20cm 的白线外缘处。身体轻贴墙壁尽量上举手臂，用中指尖在软黑板上点一指印。

2. 受试者在距离墙 20cm 处屈膝位用力原地垂直向上跳起，达最高点时用中指在软黑板上点一指印。上下两指印的垂直距离即纵跳高度。

3. 根据下列公式计算功率：

$$P=W\sqrt{0.5gH}\times 9.8^{*}$$

P：功率（J / s），W：体重（kg），g：重力加速度（m/s^2）；H：纵跳高度（m）

二、玛格里亚——卡耳曼测试（Margaria–Kalamen）

1. 受试者先称重，然后站在离台阶 6m 处。

2. 令受试者以 3 级 1 步的最快速度跑上台阶（图 2–59），一直跑至 12 级，记录通过由第 3 级到第 9 级的时间。电表的开关在第 3 级和第 9 级，当受试者脚踏上第 3 级时

* 因 1kg·m=9.8J，故将功率（P）的 kg·m / s 换算成 J / s

图 2–59 ATP – CP 功率测验

a 点为出发点，以最快速度登楼梯，每步 3 级。

在楼梯间安装能记录 0.01s 的计时器

开动计时器，而跑到第 9 级时停止计时器，通常大约 0.5s。

3. 测试 3 次，取 1 次最短的时间。

4. 根据公式计算功率：P＝WD／t

P：功率 kg·m／s，D：第 3 级至第 9 级的垂直高度（m），W：体重（kg），t：通过第 3 级至第 9 级的时间（s）。

三、温盖特（Wingate）无氧功率测试

1. 准备活动：受试者在功率自行车上蹬车 2～4min，使其心率上升到 150～160b／min，其中做 2～3t／min*（每次持续 4～8s）全力蹬骑。

2. 准备活动后休息 3～5min。

3. 正式测试：发出“开始”口令后，受试者尽力快骑，同时主试者逐渐地调整阻力（2～4s 内调整好），达到规定负荷（成年男性为 0.083～0.092kg／kg 体重，少儿和女子为 0.075kg／kg 体重）后，开始计算蹬圈数。受试者持续做 30s 最快速度蹬车，测试者一人读圈数，另一人则记下每 5 秒的圈数。

4. 结束阶段：进行放松蹬骑活动 2～3min，同时运动负荷尽快减轻。

5. 功率的计算：用 Monark 功率自行车进行测试时，可用下面公式计算每 5 秒的功率。

$$功率（W）＝负荷阻力（kg）\times 圈数 \times 11.765$$

6. 评定结果：

（1）最大无氧能力（Peak Anaerobic Power）

6 个 5s 为一组的圈数中的最大圈数，反映磷酸原系统（ATP、CP）供能能力。通常

*：t／min（time／min）＝次／分。

为第 1 个 5s 的功率为最大无氧能力。

（2）平均无氧能力（average Power）

6 个 5s 的功率的平均数，反映磷酸原系统和乳酸能系统供能能力。

（3）无氧能力下降率（Power Decline）

6 个 5s 组中的最大无氧功率值减去最小无氧功率值，然后除以最大无氧功率值，再乘以 100。其结果值反映疲劳指数。

$$\text{无氧能力下降率}=\frac{\text{最大无氧功率值}-\text{最小无氧功率值}}{\text{最大无氧功率值}}\times 100$$

【注意事项】

1. 不允许做垫步或跨步动作进行纵跳。
2. 玛格里亚——卡耳曼和温盖特无氧功率测试前，应试练几次以熟悉动作过程。
3. 各种实验前受试者应该充分做好准备活动，以免受伤。
4. 运动结束后及时进行整理活动，以防发生头晕等重力休克现象。

【应用与评价】

在既需要速度，又需要爆发力的短跑、举重、跳跃、冲刺等运动中，磷酸原系统起着相当大的作用，并可直接影响运动成绩。所以，可以用无氧功率来评定那些需要高功率输出运动的能力（表 2–15）。

表 2–15 根据 Margaria 测验评价磷酸原系统功率输出能力分级表（单位：kg·m／s）

级别	性别	年龄				
		15～20	21～30	31～40	41～50	51～60
差	男	<113	<106	<85	<65	<50
	女	<92	<85	<65	<50	<38
一般	男	113～149	106～139	85～111	65～84	50～65
	女	92～120	85～111	65～84	50～65	38～48
中等	男	150～187	140～175	112～140	85～105	66～82
	女	121～151	112～140	85～105	66～82	49～61
良好	男	188～224	176～210	141～168	106～125	83–98
	女	152～182	141～168	106～125	83～98	62～75
优秀	男	>224	>210	>168	>125	>98
	女	>182	>168	>125	>98	>75

（引自：Mcardle 运动生理学，1981）

【作业与思考题】

无氧功率的大小是否与运动专项和训练程度有关，为什么？

实验二十 视力、视野的测定（综合型实验）

【目的要求】

掌握视力（视敏度）、视野的测定原理和方法。

【基本原理】

一、视力（视敏度）

视觉器官对物体形态的辨别能力，常以能辨别两点的最小距离为衡量标准。当两点在视网膜上的成像有一定的距离，即两点与眼的节点所成的视角足够大时，便可辨别清楚，故采用视角的倒数表示视敏度。视角为 1 分时，人的正常眼即可辨别两点，即视力＝1／视角，因而临床上将 1 分视角的视力定为 1.0，为视力的正常值。分辨两点所需要的最小视角越大则视力越弱，最小视角越小则视力越强，视力表就是根据此原理设计的。常用的国际标准视力表是大小不同的 E 字，按大小由上到下排成 12 横行，第 10 行是由直径为 7.5 mm，缺口为 1.5 mm 的 E 字组成。当人们站在距离视力表 5m 处，能分辨该行 E 字缺口时，其视角恰好为 1 分，故规定此视力为 1.0，即认为是正常视力。若某人只能辨认此行上面的，则视力<1，为视敏度低；若某人能辨认此行下面的，则视力>1，为视敏度高。表上每行左边的数字表示在 5m 距离处能辨认该行 E 字的视力。

二、视　野

单眼固定注视正前方某一点不动，所感受到的空间范围称为视野。视野的大小随视分析器的构造（如视网膜上圆柱细胞与圆锥细胞的分布情况）和功能状况，以及所用的视标颜色、实验环境条件（如光亮程度）、人体面部骨骼结构不同，而有所不同。

【对象、器材与药品】

人、国际标准视力表、遮眼板、指示棍、米尺、视野计、各色视标、视野图表、铅笔等。

【方法与步骤】

一、视力的测定

1. 将视力检查表挂在光线充足而均匀的墙上。

2. 受试者站立或坐在距离视力表 5m 远的地方，用遮眼板将左眼遮蔽，用右眼看视力表。主试者用指示棍从表的第三行开始，依次向下指各行，直到受试者完全不能辨认的最小字行为止，依照表旁边所注的数字来确定其视力。

3. 用同一方法测试左眼的视力，分别记录两眼视力。

4. 若受试者单眼不能辨别第一横行，可让受试者向前移动，直至能辨认最上一行字为止，根据公式计算其视力：

$$\frac{\text{受试者视力}}{\text{正常视力（1.0）}}=\frac{\text{受试者辨认某字的最远距离（Xm）}}{\text{正常视力辨认该字的最远距离（50m）}}$$

$$\text{受试者视力}=\frac{X}{50}$$

二、视野的测定

1. 将视野计放置于光线充足的地方，受试者背向光源。

2. 受试者下颌靠在视野计的托颌架上，调节高度使眼眶下缘靠在眼眶托上，眼与弧架中心点的小镜子处在同一水平面。用手或遮眼小板遮蔽一眼，另一眼固定注视弧架中心点（图 2–60）。

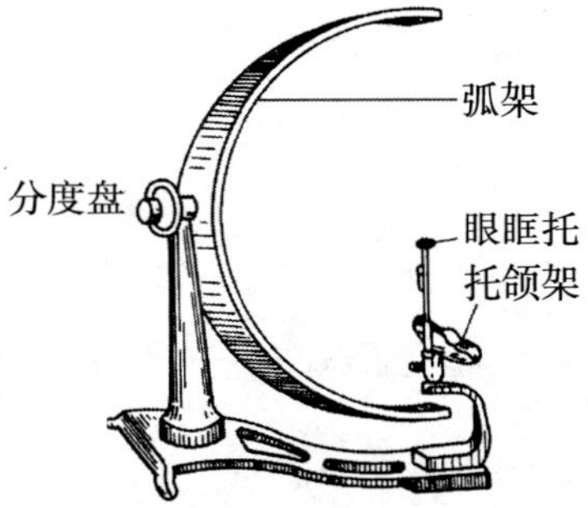

图 2–60 视野计

3. 旋转弧架到水平位置，主试者手持白色视标在弧架内侧面从外向中心慢慢移动，并随时询问受试者，直至受试者看见视标为止，再将视标由内向外移动，直至受试者看不到视标为止，然后再由外向内移动，重复数次，得出一致结果。然后将受试者刚能看到视标所在位置上的数值标记在印好的视野图表上的相应经纬度上（图 2–61）。

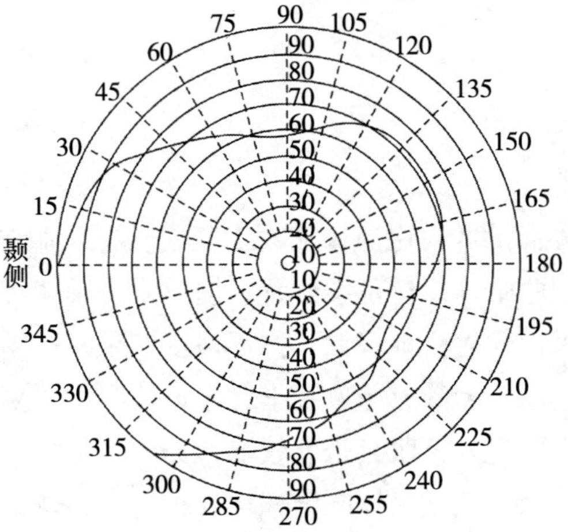

图 2–61 左眼视野图

4. 转动弧架至不同经纬度，用同样方法测定 45°、90°、135°、180°、225°、275°、315°、360° 等不同方向的视野，并分别将测得的数值记在视野图表上，然后用曲线连接，得出视野图，即为该眼的白色视野。

5. 同样用红、黄、绿、蓝等颜色视标，按照上述方法，测定各色觉的视野。

6. 依同样的方法测定另一眼的白色视野和其他颜色视野。

【注意事项】

1. 在实验过程中受试者可略休息，避免由于眼睛疲劳而影响实验结果。

2. 测试过程中受试者被测的一侧眼睛，一定要始终注视弧架中心的小圆镜子，眼球不得转动，而是用余光观察视标。

【应用与评价】

视野大小除决定于感光细胞在视网膜上的分布外，还可因面部的结构阻挡视线而受到影响，在同一光照下，视野大小顺序为：

白色 > 黄色、蓝色 > 红色 > 绿色；

颞侧 > 鼻侧；

下侧 > 上侧。

研究表明，有训练的运动员，特别是球类运动员的视野大于一般人。进行球类运动后的视野可暂时比运动前大，这可能与交感神经兴奋性升高有关。

【作业与思考题】

比较不同颜色视野的差异，并分析与运动项目之间的关系。

实验二十一 眼肌平衡、色盲的测定（综合型实验）

【目的要求】

掌握眼肌平衡及色盲的测定方法。

【基本原理】

一、眼肌平衡

眼球的运动靠眼球外面的 3 对眼肌来实现。正常情况下眼睛注视物体时，3 对眼肌的收缩与舒张相互协调，两眼球保持正中位置，使双眼视轴能交于所视物体上，视网膜的成像位置是对称的，因而获得一个单像，称正视。如果眼肌紧张度不能协调，眼球就会偏转一方，这时两眼视网膜上的成像位置不对称，便产生了复像或重影的感觉，称为斜视。眼球偏外，说明主要是外直肌紧张度较强，称为外斜视，这时该眼视网膜的物像位置相对另一眼较靠外，因此感觉物体向内偏移。相反若眼球偏内，说明主要是内直肌紧张度较强，称为内斜视，这时该眼视网膜的物像位置较靠内，因此产生物体向外偏移的感觉。斜视严重的人，从外表即可看出，而斜视不太严重者，由于对抗肌紧张度有意识地加强，使两眼球仍能保持正中位置而获得一个单像，这种现象称为隐斜视。隐斜视从外表不能看出，只有通过仪器才能检测出来。通常所用的仪器为马独克（Maddox）眼肌平衡器，当用立杆遮蔽一只眼时，此眼只能看到标尺中心小灯通过玻棒折光所形成的一条细亮线，这时斜视者被遮眼对抗肌的额外紧张性就会解除。因此，看到的细亮线与另一眼注视的灯光不吻合，从偏离的程度可了解斜视情况。

二、色　觉

视分析器能分辨颜色，对颜色区别能力降低或异常，称为色盲。常见的有红色盲、绿色盲及紫色盲，完全色盲者是少见的。鉴定色盲可以用色盲检查图，也可以用比色法，后者为受试者在各种颜色的绒线条中检出与标准色相类似的绒线来，以检查辨认颜色的能力。目前我国使用较多的是俞自萍和汪芳润的色盲检查图，但也有用其他色盲检查图的。

【对象与器材】

人、马独克眼肌平衡测定器，色盲检查图。

【方法与步骤】

一、眼肌平衡的测定

（一）熟悉眼肌平衡测定器的结构

1. 标尺：为一块长 110cm、宽 10cm 的白色木板。刻度按 cm 记以黑色（或其他色），刻度 0 处安装一只红色小灯泡（图 2-62）。

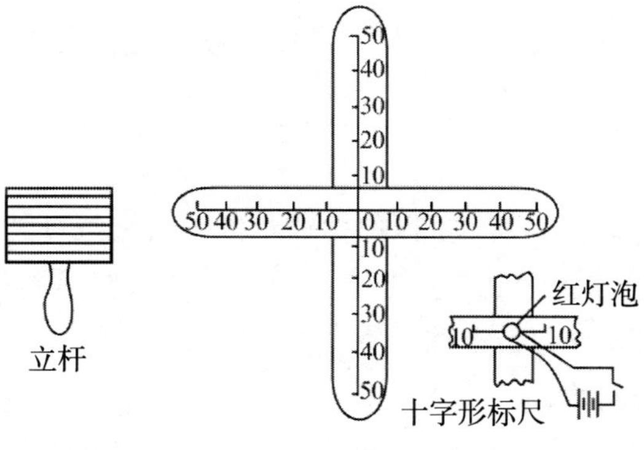

图 2-62　眼肌平衡测定器

2. 立杆：是一个带柄的木框，内嵌镶 7 ~ 10 根 5cm 长、0.5cm 粗的玻璃棒，用于遮蔽眼部。

（二）测定内外隐斜视

1. 让受试者站在位于距标尺 5m 处，面对标尺，两眼注视平衡器中央的红灯。

2. 受试者一手持立杆置于欲测眼的前面，立杆的玻璃棒走向要与地面平行。这样被立杆所遮蔽的眼就看不到标尺上的红灯，只能看到由于立杆上玻璃棒折光所形成的与地面垂直的一条细红线。

3. 欲测眼所视的红线与另一眼所视的红灯相比，看是否重合，记录两者距离。

（三）同样将立杆翻转 90°，可测上下隐斜视

二、色觉的测定

1. 色盲检查图是由很多大小不同、颜色各异的点组成，其中一部分颜色的点排列成一个阿拉伯数字、线条或图形，这些排列成数字、线条或图形的点很容易与周围的颜色点混淆，但两者的明暗不同，正常人能辨认，而色盲者往往不能辨认。

2. 在明亮而均匀的自然光下，检测者逐页翻开色盲检查图，令受试者在双眼距图面 50～100cm 处尽可能立即回答所见到的数字、线条或图形，注意受试者回答是否正确，时间是否超过检查图所规定的时间（一般为 10s 或 30s）。根据检查图说明可知，错认某种图形即属于何种色盲。

【注意事项】

1. 必须正面注视红灯，头不能有任何偏转。

2. 若所视红细亮线往复移动，应待其静止后再读出刻度。若红线长时间摇摆不定则可取其中间值。

3. 检查者必须参照受试者文化程度、反应灵敏度、是否作假以及年龄等情况，随机应变进行检查，选图不必依照次序，可根据情况决定。

4. 遇可疑时不妨停顿一下再予检查，色觉正常而反应较迟钝的人，有时可能回答错误，所以不能仅以一图或一字之差就判断受试者为色盲或色弱。

5. 受试者在检查时，不许戴用有色眼镜。

【应用与评价】

一般认为隐斜视在眼球偏转 3° 以内（或红细线偏离红灯约 25 或 30cm 以内），为生理正常。眼肌平衡对体育运动有重要意义，正常的眼肌平衡有助于准确判断空间位置、距离大小、运动员动向以及运球的速度，如投篮、射门、击球等。用眼过度和运动性疲劳时可暂时出现隐斜视。

一般男子的色盲率为 5%，而女子为 0.8%左右。色盲可分先天性及后天性色盲，前者是一种遗传性疾病，后者是某些眼底疾病而引起的色觉障碍。色盲者看颜色的主要错误如下：

1. 红色盲者：对淡红色与深绿色赭色、青蓝色与绛色（即紫红色）、紫色不能分辨，而最容易混淆的是红与深绿、蓝与紫。

2. 绿色盲者：不能分辨淡绿与深红，紫与青。绛色与青色虽不混淆，但对绛色与灰色则视之混乱。

3. 紫色盲者：（青黄色盲）只能分辨红和青两种颜色。

4. 全色盲者：无颜色感觉，只有黑色、灰色和白色感觉。

【作业与思考题】

1. 评定分析受试者眼肌平衡情况。
2. 在体育运动过程中隐斜视的危害有哪些？
3. 色盲对运动能力有何影响？

实验二十二 视觉深度的测定（综合型实验）

【目的要求】

掌握视觉深度的测定方法。

【基本原理】

双眼视觉与单眼视觉不同，双眼视觉不仅平面视野较大，对物体大小和距离判断较单眼视觉更为准确，并有立体感。一般用判断两根标尺的前后距离来测量视觉深度。

【对象与器材】

人、电动视觉深度测定仪、秒表、尺。

【方法与步骤】

1. 视觉深度测定仪构造：在封闭的仪器外壳内有 3 根黑色的垂直小棍，高为20cm，直径为 0.3cm，其中间一根可以移动，两侧的两根固定杆分别有两个以上的固定插孔，可自由选择。仪器一端有一观察窗供受试者观察移动杆的移动情况，两侧有标尺供检测者测量记录，仪器还有两个手动按钮，可控制移动杆前后移动（图 2–63）。

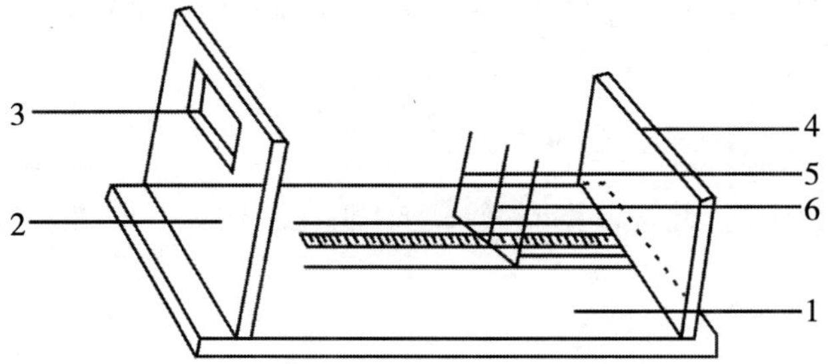

图 2–63 视觉深度测定仪

1. 底座 2. 前垂直板 3. 窥视窗
4. 后垂直板 5. 固定视标 6. 可滑动视标

2. 让受试者坐在视深度仪前 2.5m 处，眼睛与观察窗同高度。
3. 检测者用一小挡板遮住观察窗口，然后将移动杆向前或向后移动一定距离。
4. 检测者打开窗口，让受试者双手握住移动按钮，并使移动杆前后移动，直至受试者自认为与固定杆平行为止。检测者记录移动杆与固定杆的距离。

5. 重复上述操作，记录结果，并求出两次平均值。

6. 同法测左右单眼视觉深度，并与双眼视觉深度进行比较。

【注意事项】

1. 检测者在每次测试前，都应将移动杆任意移动一定距离。

2. 受试者头不能偏斜。

【应用与评价】

实验证明，当人在 5 ~ 6m 以外的距离用双眼区别两个物体间的距离（深度）时，误差在 20mm 之内，但用单眼观察时，其误差不少于 120mm；距离物体越近，误差越小。某些运动项目（如射击、篮球、排球、乒乓球等）能提高立体视觉感。运动性疲劳时，立体视觉敏感度下降。

【作业与思考题】

1. 双眼视觉与单眼视觉相比优点是什么？

2. 立体视觉在运动实践中的重要性有哪些？

实验二十三 动物一侧迷路破坏的效应（验证型实验）

【目的要求】

观察迷路在维持动物姿势的平衡及调节肌紧张的作用。

【基本原理】

迷路起维持姿势及协调肌紧张的作用。破坏动物的一侧迷路后，它的对侧肌紧张出现障碍，从而使动物的姿势或活动发生改变。

【对象、器材与药品】

蛙或蟾蜍（或鸽子）、蛙类解剖器械一套、滴管、棉球、纱布、脸盆、乙醚、氯仿。

【方法与步骤】

一、破坏蛙（或蟾蜍）一侧迷路

1. 观察正常蛙的跳跃、游泳活动，注意身体是否平衡，动作是否协调。将蛙放在蛙板上，并将蛙板旋转，观察蛙头部的变化。

2. 用乙醚麻醉蛙使其不活动，将其腹面向上握于左手中，翻开下颌用左手拇指压住。用手术剪沿颅底中线剪开黏膜（勿损伤中线两侧的血管），向两侧分离，可看到“十”字形的副蝶骨。迷路位于副蝶骨横突的左右两旁（图 2–64）。用手术刀削去薄薄一层骨质，可看到小米粒大的白点，此处即是内耳囊。将毁髓针刺入内耳囊 2 ~ 3mm，转动针尖，搅毁其中的迷路。

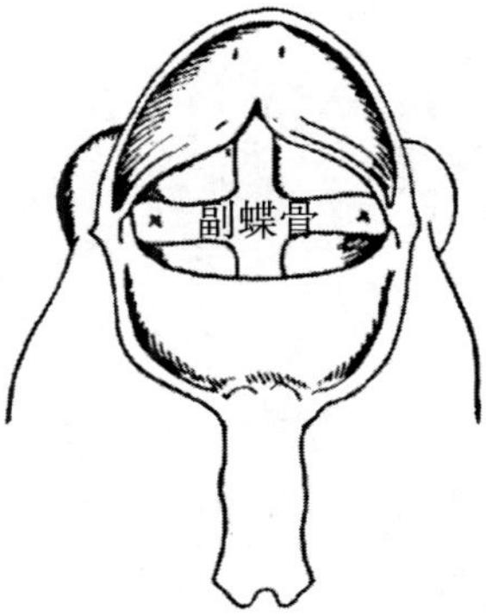

图 2-64　蛙类迷路的位置如图中“×”所示

3. 破坏一侧迷路后静待数分钟，待蛙从麻醉中恢复后，观察蛙的跳跃、游泳和旋转。比较解剖侧与健侧、解剖前后的变化。

二、鸽子一侧迷路机能的消除

将鸽子侧卧，固定头部，用滴管尽可能向一侧外耳道深处滴入氯仿 2 ~ 3 滴，捏住动物片刻。使其不动。约 10 ~ 15min 后，放开动物观察头与身体的姿势，以及飞翔的姿势的变化（图 2-65）。

图 2-65　右侧迷路麻醉后的鸽子

【注意事项】

1. 破坏蛙迷路时，不可刺得太深，以免损伤中枢神经。

2. 氯仿是一种高脂溶性麻醉剂，滴入鸽子外耳道可使其一侧迷路功能消失，如滴入过多，可造成动物死亡。

【作业与思考题】

1. 分析前庭器官在维持身体姿势中的作用。

2. 破坏动物的一侧迷路功能会出现哪些变化，为什么？

实验二十四 前庭功能稳定性的测定（验证型实验）

【目的要求】

掌握测定前庭器官功能稳定性的方法。

【基本原理】

当人的身体或头在空间做直线或旋转的变速运动时，由于直线加速度和角加速度的变化，会使前庭器官受到刺激而兴奋，引起机体产生各种反射性反应，这些反应称前庭反应。例如，姿势反射（肌紧张发生改变）、眼震颤，植物性功能反应（脉搏、血压、呼吸频率、汗腺活动，消化系统等功能变化）等。过度刺激前庭感受器而引起机体各种前庭反应的程度，则称为前庭功能稳定性。经常有系统地参加体育锻炼，可以有效地提高前庭器官功能的稳定性。

内耳的前庭器官——椭圆囊、球囊和半规管是调节姿势反射的感受器之一，它们可以感受头部和身体位置及运动情况。通过前庭迷路反射，反射性调节机体各部肌肉的肌紧张，从而使机体保持姿势平衡。

生理性（前庭性）眼震颤（简称眼震），是在正常人躯体或头部进行旋转运动时表现的眼球的特殊运动。其主要由三个半规管发出的神经冲动引起。眼震颤方向与相应方向的半规管受刺激有关。如水平半规管受到刺激，则表现出水平方向的眼震，其有慢动相和快动相之别。慢动相是两侧眼球缓慢向某侧移动的过程，而快动相则是当两侧眼球移动到两眼裂某侧端而不能再移动时，又突然返回到眼裂正中的过程（图 2–66）。

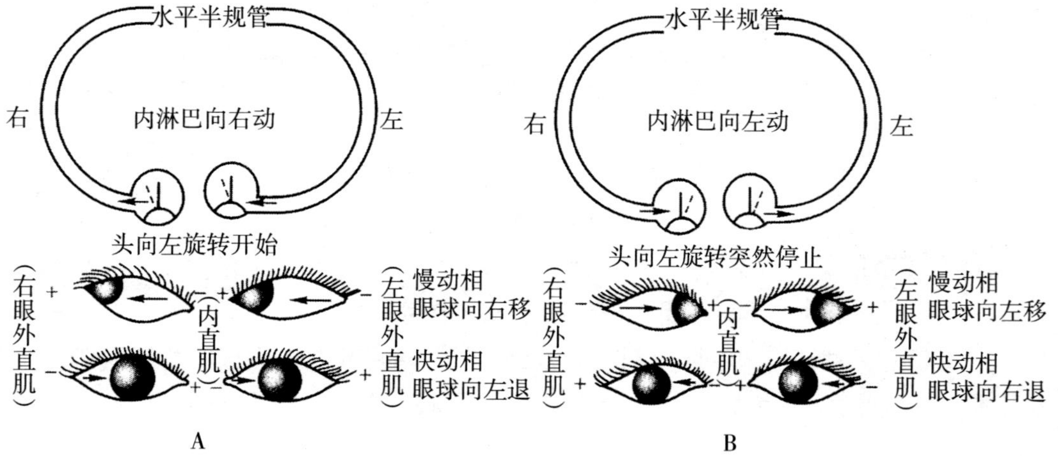

图 2–66 旋转变速运动时两侧水平半规管壶腹嵴毛细胞受刺激情况和眼震方向示意图

A. 头前倾 30°，旋转开始时的眼震颤方向；B. 旋转突然停止后的眼震颤方向

【对象与器材】

人、旋转椅（图 2–67）、血压计、听诊器、节拍器、秒表、皮尺、评分表。

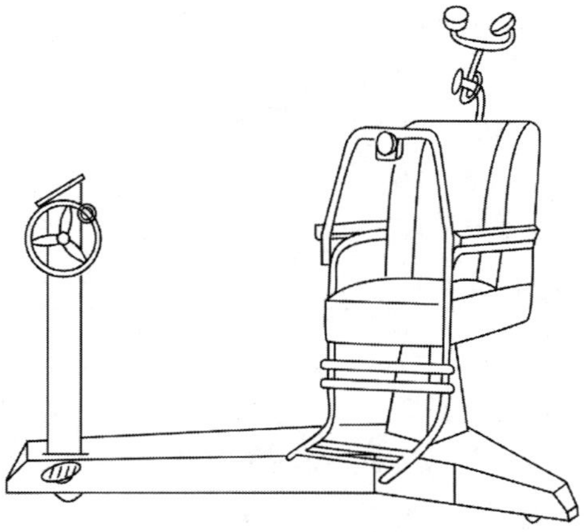

图 2–67 旋转椅

【方法与步骤】

一、观察植物性功能的反应

1. 受试者坐在旋转椅上，平静 3 ~ 5min，测其安静时的脉搏和动脉血压。

2. 受试者闭眼，头前倾 30° 以每 2s 一周的速度均匀地旋转 10 周（采用单方向的旋转），而后突然停止旋转，立即测出旋转后第一个 10s 的脉率和血压。

3. 根据旋转前后脉搏、血压的变化值，按陆查诺夫（Лованов）和柏钦柯（N.П. Байченко）所制定的前庭器官功能稳定性评分表，评定受试者的前庭器官功能的稳定性（表 2–16）。

表 2–16 前庭器官功能稳定性评分表

脉率变化（每 10s 次数）		+5	+4	+3	+2	+1	0	−1	−2	−3	−4	−5	−6
最高血压变化（mmHg）	+30	–	–	2	2.25	2.5	2.75	–	–	–	–	–	–
	+26	–	2.0	2.25	2.5	2.75	3.0	2.5	–	–	–	–	–
	+23	2.0	2.25	2.5	2.75	3.0	3.25	2.75	–	–	–	–	–
	+20	2.25	2.5	2.75	3.0	3.25	3.5	3.0	2.5	–	–	–	–
	+17	2.5	2.75	3.0	3.25	3.5	3.75	3.25	2.75	2.0	–	–	–
	+14	2.75	3.0	3.25	3.5	3.75	4.0	3.5	3.0	2.5	2	–	–
	+11	3.0	3.25	3.5	3.75	4.0	4.25	3.75	3.25	2.75	2.25	–	–
	+8	3.25	3.5	3.75	4.0	4.25	4.50	4.0	3.5	3.0	2.5	–	–

（续表）

脉率变化（每 10s 次数）		+5	+4	+3	+2	+1	0	−1	−2	−3	−4	−5	−6
最高血压变化（mmHg）	+5	3.5	3.75	4.0	4.25	4.5	4.75	4.25	3.75	3.25	2.75	–	–
	± 2	3.75	4.0	4.25	4.5	4.75	5.0	4.5	4.0	3.5	3.0	2.5	2.0
	−5	2.5	3.0	3.5	4.0	4.5	4.75	4.25	3.75	3.35	2.75	–	–
	−8	2.25	2.75	3.25	3.5	4.0	4.25	3.75	3.25	2.75	2.25	–	–
	−11	–	2.5	2.75	3.0	3.5	3.75	3.25	2.75	2.25	–	–	–
	−14	–	–	2.25	2.5	3.0	3.25	2.75	2.25	–	–	–	–
	−17	–	–	–	2	2.5	2.75	2.25	–	–	–	–	–

4. 评分表使用说明

（1）根据受试者旋转前后 10s 脉搏和血压的差值核查评分表。例如，某受试者在安静时的脉搏是 11b / 10s，动脉血压是 116 / 64mmHg；旋转后的脉搏是 13b / 10s，动脉血压是 122 / 60mmHg。也就是说，旋转后脉搏增加 2 次，最高血压上升 6mmHg，根据评分表上端的脉率变化以及表左边所表示的最高血压的变化，可以查出脉搏在 +2 的一纵行数字和最高血压 +6 的一横行数字的交叉点是“4 ~ 4.25 之间”，这就是评分值。受试者在旋转前后脉搏和血压的变化越小，所得的分数越高，即前庭器官功能稳定性越高，在 3 分以下是稳定性不良的表现。

（2）最高血压变化一栏的数字，正数是表示上升的差数，负数代表下降的差数。

（3）表中最高血压变动数字“ ± 2”是表示在 2 到 −2 之间，“+5”是 +3 到 +5 之间，“+8”是表示 +6 到 +8 之间，“−5”是 −3 到 −5 之间，其他依此类推。

（4）当脉搏压没有降低，最低血压变化若在 ± 10 到 ± 15mmHg 时，要在查表所得分减 0.5 分。在 ± 16 到 ± 20mmHg 时要减去 1 分。在 ± 21mmHg 以上时要减 1.5 分。

（5）如遇到脉搏压降低时，就不能按最高血压的变化查表，而是把最高血压和最低血压变动数字相加之和按负数查表。

二、观察运动性反应

1. 用粉笔在旋转椅前地面上的正中画一条长 6m 的直线，并分别在两侧距正中线 0.25m、0.5m 和 1m 处各画一条不同颜色的线。

2. 受试者坐在转椅上闭眼，头前倾 30° 以每 2s 一周的旋转速度单一方向均匀地旋转 10 周，然后突然停止。其他人注意观察受试者在旋转时头部及躯干位置的变化。

3. 令受试者在旋转停止后立刻抬头睁眼，并站立起来沿直线行走，尽力控制自己沿直线行走到 6m 处。检测者要注意被试者行走的足印，判定其偏离正中线的距离，并注意偏离的方向。

4. 结果评定

（1）旋转停止后，能沿正中直线正常行走，或偏离正中直线不超过 0.25m 者，属于前庭器官功能稳定性好，评为 5 分。

(2) 旋转停止后，偏离正中直线不超过 0.5m 走完 6m，评为 4 分。

(3) 旋转停止后，偏离正中直线不超过 1m 走完 6m，评为 3 分。

(4) 旋转停止后，2s 内站不起来，或行走时偏离正中直线 1m 以上者，属前庭器官功能稳定性不好，评为不及格。

三、观察眼震颤

1. 受试者坐在旋转椅上头前倾 30° ，闭眼以每 2s 一周的速度逆时针均匀旋转 10 周，而后突然停止。

2. 旋转停止后，受试者马上抬头睁开双眼，注视竖立在正前方（15 ~ 20cm）的目标(手指或小棍)。检测者同时开动秒表观察和记录受试者眼震颤的强度、方向、次数以及持续时间。

3. 休息 10min 后顺时针方向同法旋转和观察眼震颤。

4. 结果评定

(1) 正常人旋转停止后，应有中等强度的水平性眼震颤，快动相方向与旋转方向相反，持续时间为 15 ~ 40s。迷路功能正常者，顺时针和逆时针旋转所引起的反应时间相差多在 5s 以内。

(2) 前庭器官功能减退者，旋转停止后眼震颤消失或减弱，或持续时间过短。

(3) 前庭器官功能亢进者，旋转停止后眼震颤持续时间延长，并伴有眩晕或恶心呕吐等症状。

【注意事项】

1. 严格按实验要求控制旋转椅的旋转速度。

2. 测定旋转后的植物性反应时，要做到及时而准确。因此在旋转前要做好准备，如让受试者左上臂扎好血压计的袖带，以便旋转停止后能立刻接上血压计的检压计，尽快而准确地测量血压。

3. 在进行运动性反应观察时，受试者只能尽力沿正中直线行走而不能跑。检测者要密切注意受试者的反应，做好保护，避免因眩晕跌倒或碰撞在其他物品上而造成损伤。但也不要搀扶，以免影响实验结果。

【应用与评价】

前庭器官功能稳定性在社会生活和体育运动中具有重要意义。随着社会生产力和科学水平的提高，人类的活动范围不断扩大，如宇宙航行，乘坐高速交通工具等，对人体耐受各种加速度的能力提出更高的要求。同样，运动技术的不断发展，需要运动员完成更多更复杂的变速运动、旋转和翻腾等动作，这就要求机体具有较高的平衡和判断方位的能力。前庭器官功能稳定性可以通过体育锻炼得到提高，若从幼年开始训练前庭器官的功能稳定性，则其发展潜力大，速度快，也是评定训练程度的一项重要指标。

【作业与思考题】

1. 前庭器官功能稳定性有无个体差异？与训练年限、项目等因素的关系如何？

2. 旋转终止后沿直线行走时受试者身体有向哪个方向倾倒的趋势？为什么？

实验二十五 本体感觉功能的测定（验证型实验）

【目的要求】

掌握本体感觉功能的测定方法。

【基本原理】

人体做各种动作的时候，都会引起本体感受器（骨骼肌内的肌梭和腱器官）的兴奋，这种兴奋沿着传入神经传到大脑皮质中央前回的动觉细胞，从而产生各种动作变化的感觉。本体感觉能区分动作差别的能力称为本体感觉敏感度，敏感性愈高标志着本体感觉越精细。

【对象与器材】

人、多用关节测量仪。

【方法与步骤】

一、多用关节测量仪构造

多用关节测量仪主要由一直径 2m 左右的圆形木板（或其他材料）制成。在圆板面上有分度数，圆板由一支架固定在可升降的底座上。在大圆板面上用不同的颜色画制另一带分度数，直径 1m 的小圆。大圆用作测量肩关节、髋关节和膝关节，小圆可测量肘关节（图 2–68）。

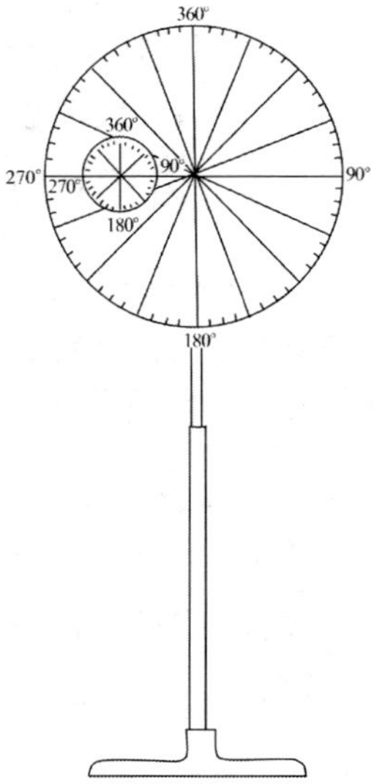

图 2–68 多用关节测量仪

二、测量肩关节本体感觉敏感度

1. 令受试者两臂下垂侧立于仪器前，调整仪器高度，使测量仪器的圆心正对着受试者的肩峰。然后令受试者手心向内直臂做前屈动作，屈到一定位置（角度），然后再返回原位（下垂），重复 3 次。要求受试者边做动作边体会肩部肌肉感觉。

2. 受试者闭上双眼，再按上述动作的屈度做 5 次，检测者观察受试者每次直臂前屈的角度与原要求角度的差距，并记录其结果。

3. 受试者背向仪器，使圆心正对着第 7 颈椎（隆椎），可以测单臂或双臂外展时的敏感度。实验方法步骤同上。

肩关节敏感度测定也可以采用刘键改进的肩关节敏感度测量仪（图 2–69）进行测量。测试时将测量仪平放在桌面上，受试者面对仪器站立，调节好距离，使两手握住活动把手后手臂完全伸直。测量方法基本同上。

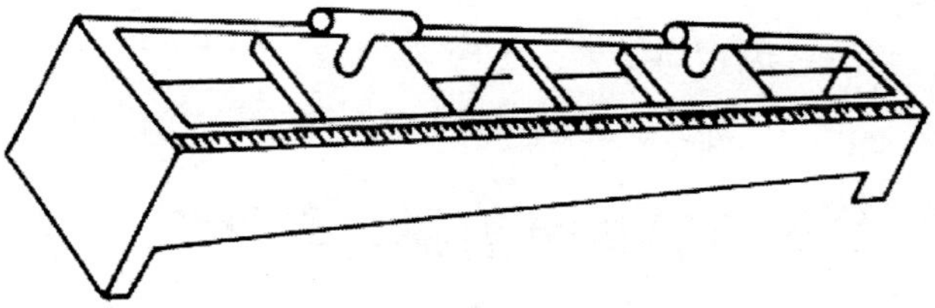

图 2–69　肩关节敏感度测量仪

三、测定肘关节本体感觉敏感度

可用多用关节测量仪的小圆进行。令受试者侧立仪器前，将肘关节的中心点（肱骨外上髁处）正对小圆的圆心，上臂固定不动，以肘关节为轴心屈伸前臂进行实验。实验方法同肩关节。

此测定也可采用刘键改进的肘关节敏感度测量仪（图 2–70）进行测量。测试时将测量仪平放在桌面上，受试者取坐位，面向仪器使肘关节正对仪器的轴心，前臂放在仪器的移动板上用固定带固定。然后以肘关节为轴心做屈、伸运动。测量方法基本同上。

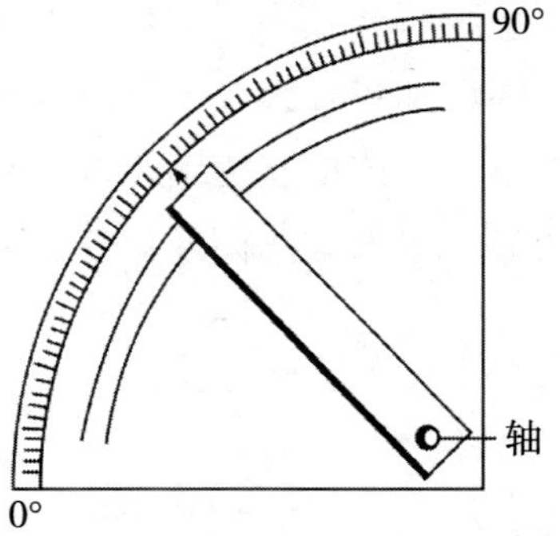

图 2–70　肘关节敏感度测量仪

四、测定髋关节和膝关节本体感觉敏感度

可用多用关节测量仪进行测定。测试时可升降圆板或让被试者站在升降台凳上，使髋或膝关节中心点正对圆心处。方法步骤同上。

【注意事项】

1. 被试者在测试过程中必须闭上双眼。
2. 检测者在测试过程中不能给予受试者暗示。

【应用与评价】

人体的一切动作技能都是以肌肉感觉为基础才能实现，另一方面，本体感觉能不断地调整、矫正运动动作，使运动技能更加协调，有助于运动技术、战术的运用。本体感觉敏感度可以通过运动训练得到提高，因此是一项评定训练程度的重要指标。

【作业与思考题】

本体感觉敏感度与哪些因素有关?

实验二十六 人体成分的测量与评价（综合型实验）

一、皮褶厚度法

【目的要求】

熟练掌握用皮褶厚度计测量皮褶厚度的技术，以及推算体脂%、体脂重和瘦体重的方法，分析评价体成分与运动能力及健康的关系。

【基本原理】

人体脂肪分布有一定的规律，通常 2/3 存于皮下，1/3 存于身体内部、脏器周围。皮下脂肪厚度与体脂总量有一定的比例关系，因此，皮褶厚度的测量不仅可以反映体脂的分布情况，也可以根据不同部位的皮褶厚度推算出体脂总量。但反映全身体脂含量的程度受年龄、性别、总脂肪量及测量部位和技术的影响。一般情况下，同年龄女性皮下脂肪要多于男性；同性别年轻人皮下脂肪要多于老年人。该方法所测得皮下脂肪厚度包括皮肤的厚度，不同个体皮肤压缩率的差异会造成测量误差，对于过度肥胖和皮下脂肪坚实者更为明显。但该方法简便易行，尤其适合大面积普查，目前在国内外被广泛应用。

【对象、器材与药品】

人、皮褶厚度计、标尺等。

【方法与步骤】

(一) 仪器校正

1. 校正皮褶厚度计指针刻度：合上钳口，看指针是否停在“0”位，如果不在“0”位，可用手轻轻转动刻度盘，使指针对准“0”位。

2. 校正压强：指针校至“0”位后，再检查钳口压强是否合乎要求。检查方法如图2–71所示。左手持皮褶厚度计使之呈水平位置，在皮褶厚度计的下侧臂顶端小孔中挂上重200g的砝码，使下侧臂基部与顶端的接点处于同一直线上，观察圆盘内指针的偏高情况。若指针处在15～25mm范围内，表明两接点间的压力符合10g / mm^2的要求，若指针超过25mm，表明接点压力不足，须转动压力调节旋钮增加压力至15～25mm。反之，若指针不到15mm，表明压力过高，须转动压力调节旋钮校正指针至规定的范围内。指针允许有±5mm的误差。

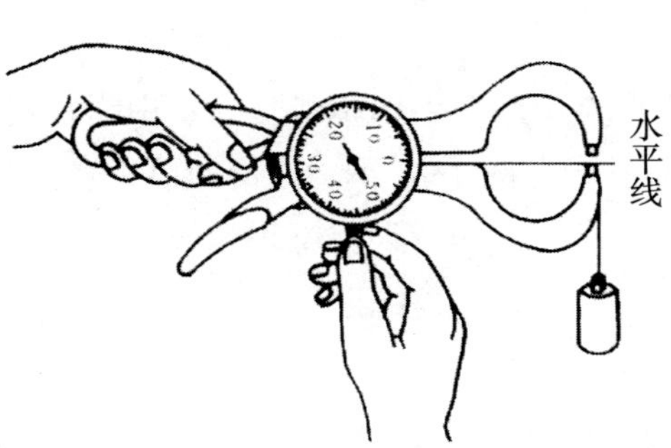

图 2–71 皮褶厚度计校正

(二) 测量部位

受试者自然站立，暴露身体的右侧测量部位。

躯干测量部位：肩胛下角、胸部、腹部和髂前上嵴等。四肢测量部位：肱三头肌和大腿等部位（图2–72）。女性常测部位：肱三头肌、髂前上嵴和大腿部位的皮褶厚度。男性常测部位：胸部、腹部和大腿部位的皮褶厚度。各测量部位定位如下。

1. 胸部：位于男性腋前线和乳头的斜向连线中点处（图2–72A）。

2. 上臂部：上肢自然下垂，于肩峰与尺骨鹰嘴突连线的中点处，肱三头肌的肌腹上。皮褶走向与肱骨平行，垂直捏起皮褶（图2–72B）。

3. 肩胛部：肩胛下角点下约1cm处。皮褶走向与脊柱成45°角，方向斜下（图2–72C）。

4. 腹部：脐水平线与锁骨中点垂线相交处。皮褶走向水平（图2–72D）。

5. 髋部：髂嵴上缘其水平线与腋中线相交处上方约1cm处，皮褶走向稍向前下方（图2–72E）。

6. 大腿部：腹股沟中点与髌骨上缘中点连线的中点处，皮褶方向与大腿纵轴平行（图2–72F）。

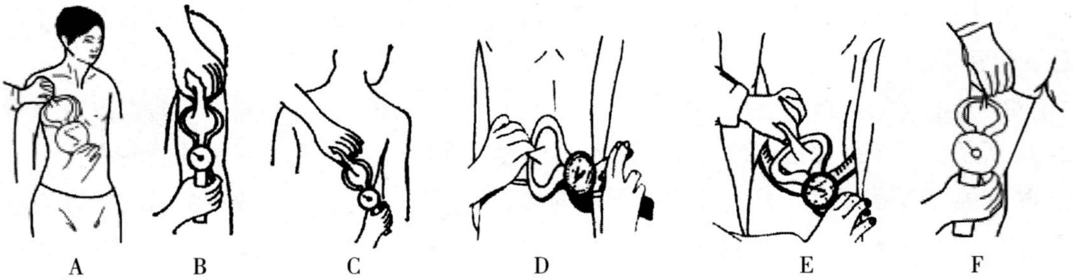

图 2–72　皮褶测量部位

（三）测量方法

测量时测试者选准测量点，用左手拇指和食指、中指将皮脂捏起，右手持皮褶钳，将卡钳张开，卡在捏起部位下方约 1cm 处，待指针停稳，立即读数并作记录，测量 3 次取中间值或取其均值，任意两次测量误差不得超过 5%。以 mm 为单位，取小数点后一位记录。

（四）计算身体密度

将皮褶厚度（mm）测量数据带入相应身体密度公式，计算身体密度值，再将身体密度值带入 Siri 或 Brozek 预测公式，计算体脂%。

1. Jackson、Pollock 和 Ward 的身体密度公式：

$$\text{身体密度（男）} = 1.1125025 - 0.0013125 \times (X_1) + 0.0000055 \times (X_1) \times 2 - 0.0002440 \times (X_2)$$

$$\text{身体密度（女）} = 1.089733 - 0.0009245 \times (X_1) + 0.0000055 \times (X_1) \times 2 - 0.0000979 \times (X_2)$$

X_1：男：胸部 + 肱三头肌 + 肩胛下角皮褶厚度

　　女：髂前上棘 + 肱三头肌 + 腹部皮褶厚度

X_2：年龄（岁）

2. 张薇、徐冬青（1999）等建立的我国身体密度公式：

$$\text{身体密度（男）} = 1.0991 - 0.0005 \times \text{腹部皮褶厚度} - 0.0004 \times \text{肩胛下角皮褶厚度} - 0.0005 \times \text{大腿皮褶厚度} - 0.0003 \times \text{年龄}$$

$$\text{身体密度（女）} = 1.0837 - 0.0004 \times \text{肱三头肌皮褶厚度} - 0.0004 \times \text{腹部皮褶厚度} - 0.0004 \times \text{大腿皮褶厚度} - 0.0003 \times \text{年龄}$$

3. 计算体脂百分比：

体脂% ＝（4.95 / 身体密度 – 4.50）× 100　　　Siri 公式（1956 年）
体脂% ＝（4.570 / 身体密度 – 4.142）× 100　　Brozek 等公式（1963 年）

4. 我国现阶段学龄儿童少年体脂（%）的调查也都采用皮褶厚度法间接估算体脂量。常用公式如下。

男生：体脂% ＝ 6.93 + 0.428X
女生：体脂% ＝ 7.896 + 0.458X

X（皮褶厚度 mm）＝肱三头肌皮褶厚度 + 肩胛下角皮褶厚度

5. 根据体脂%计算体脂重和瘦体重：

体脂重（kg）＝体重（kg）× 体脂%
瘦体重（kg）＝体重（kg）– 体脂重（kg）

【注意事项】

1. 注意测量精确，因皮肤具有弹性，捏起皮褶后会慢慢回缩，所以应及时测量。

2. 测量前检查皮褶钳的质量，检查是否有延迟现象。

3. 测试应分室或有屏风幕布分隔，男女分开，便于测量。

二、水下称重法

【目的要求】

学习并掌握水下称重法测量体脂含量的原理与方法。

【基本原理】

人体是由各种组织构成的，根据尸体研究，体脂密度和去脂体质密度分别为 0.90g / cm^3 和 1.10g / cm^3。身体内脂肪和非脂肪组织量的不同，身体密度也不同，因此通过身体密度可推算出人体脂肪含量。水下称重法是经典的体成分估算方法，当人体浸于水中，其浮力等于身体排开水的重量。通过人体在水中和陆上的体重变化来计算人体体积和身体密度，从而推算出体脂百分比、体脂重和瘦体重。

【对象、器材与药品】

人、体重秤、80cm × 80cm × 180cm 的水箱及相配备盘秤、肺活量计、电热水器、温度计、皮尺、泳衣、座椅哑铃、肥皂等。

【方法与步骤】

(一) 测量方法

1. 测量前2h之内不得进食，须排空大小便。
2. 令受试者着游泳衣（裤）测量空气中的体重。
3. 测量肺活量，换算成标准状态下的肺活量（表2–18）。

表2–18　不同室温标准状态下的肺活量（BTPS）

T（℃）	BTPS	T（℃）	BTPS
20	1.102	26	1.068
21	1.096	27	1.063
22	1.091	28	1.057
23	1.085	29	1.051
24	1.080	30	1.045
25	1.075		

4. 腰系重物淋浴，使全身及头发全部湿透。

5. 进入水下称重器水箱，坐于称重器座位，排出身体表面及衣裤中的气体。

6. 深吸气后将肺内气体尽量呼出，然后闭气将头浸没在水中，至水中气泡全部排出，身体不要摆动，待称重器上的指针稳定后立刻读数并记录。连续测量几次，当测量值稳定在一定范围时，取相邻数值接近的3个实测的平均数为水下称重的测量值（图2–73）。测量完毕，立刻记录即时水温。计算时按照记录的即时水温查水密度表（表2–19）。

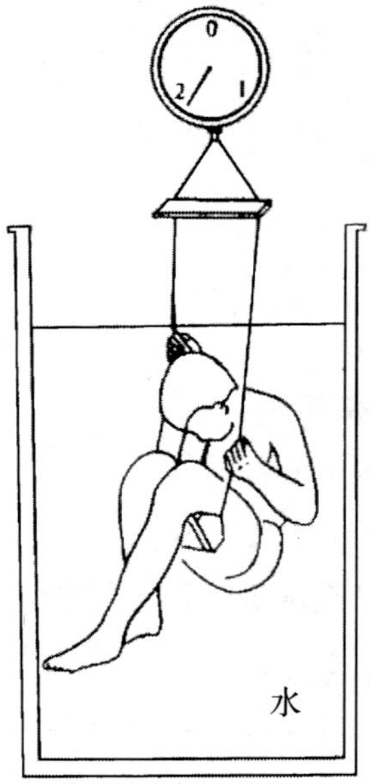

图2–73　水下称重模式

表 2-19　水密度常用值

温度（T，℃）	密度（DW，g / ml）	温度（T，℃）	密度（DW，g / ml）
21	0.9980	31	0.9954
22	0.9978	32	0.9951
23	0.9975	33	0.9947
24	0.9973	34	0.9944
25	0.9971	35	0.9941
26	0.9968	36	0.9937
27	0.9965	37	0.9934
28	0.9963	38	0.9930
29	0.9960	39	0.9926
30	0.9957	40	0.9922

（二）计算方法

1. 计算体密度 Db

$$D_b = \frac{W_a}{\frac{W_a - W_w}{D_w} - (R_v + 0.1)}$$

公式中 W_a=空气中体重（kg）

W_w=水中体重－水中附加物重量（kg）

D_w=测定时水温所对应的水密度

R_v=肺残气量（L），男子 R_v=肺活量×0.24（L）

女子 R_v=肺活量×0.28（L）

0.1=肠残气量（L）

2. 计算体脂百分比（F%）：

$$F\% = \left(\frac{4.95}{D_b} - 4.50\right) \times 100 \qquad \text{(Siri 公式)}$$

$$F\% = \left(\frac{4.570}{D_b} - 4.142\right) \times 100 \qquad \text{(Brozek 等公式)}$$

3. 计算体脂重（F）

$$F = W_a - F\%$$

4. 计算瘦体重（LBW）

$$LBW = W_a - F$$

【注意事项】

1. 受试者要穿紧身泳装，放松，平静呼吸，在水下的姿势要符合要求，尽量保持体位不变。

2. 测量时水温保持在 33 ~ 37℃。

【应用与评价】

1. 人体健康需要合理的体重和体成分比例，体重过轻或过重以及体成分比例失调都会对人体健康造成影响。体脂量过多会造成肥胖，不仅给生活、工作带来诸多不便，而且严重影响健康。大量流行病学研究表明：成年肥胖，尤其是腹部脂肪积累过多的肥胖与胰岛素抵抗、高血脂、高血压、心血管疾病、脑血管意外、糖尿病、脂肪肝及某些肿瘤有重要的发病学关系。儿童肥胖也面临许多问题，如肥胖脑的形成而影响神经网络的发育、智力水平降低、反应迟钝；生长素水平降低影响正常生长发育；心肺功能降低、肢体行动困难等。儿童肥胖不仅影响其现阶段的生活、学习和健康，而且也是引起成年疾病的温床。由于肥胖能增加相关疾病的发病率和死亡率，缩短人类寿命，所以肥胖已成为当前所面临的重要的公共健康问题。体脂过少也会影响人类健康，如长期节食、营养不良、厌食症及其他疾病造成的体脂过少时，人体会出现代谢紊乱、身体功能失调（如闭经），严重者可导致死亡。所以合理的体脂比例才有利于健康长寿（表 2–20、表 2–21）。

表 2–20　根据体脂（%）划分的身体成分等级

年龄、性别	体脂过少	非常好	很　好	正　常	体脂多	体脂过多
男≤19	<3	12.0	12.1 ~ 17.0	17.1 ~ 22.0	22.1 ~ 27.0	≥27.1
20 ~ 29	<3	13.0	13.1 ~ 18.0	18.1 ~ 23.0	23.1 ~ 28.0	≥28.1
30 ~ 39	<3	14.0	14.1 ~ 19.0	19.1 ~ 24.0	24.1 ~ 29.0	≥29.1
40 ~ 49	<3	15.0	15.1 ~ 20.0	20.1 ~ 25.0	25.1 ~ 30.0	≥30.1
≥50	<3	16.0	16.1 ~ 21.0	21.1 ~ 26.0	26.1 ~ 31.0	≥31.1
女≤19	<12	17.0	17.1 ~ 22.0	22.1 ~ 27.0	27.1 ~ 32.0	≥32.1
20 ~ 29	<12	18.0	18.1 ~ 23.0	23.1 ~ 28.0	28.1 ~ 33.0	≥33.1
30 ~ 39	<12	19.0	19.1 ~ 24.0	24.1 ~ 29.0	29.1 ~ 34.0	≥34.1
40 ~ 49	<12	20.0	20.1 ~ 25.0	25.1 ~ 30.0	30.1 ~ 35.0	≥35.1
≥50	<12	21.0	21.1 ~ 26.0	26.1 ~ 31.0	31.1 ~ 36.0	≥36.1

（引自：Wermer W. K. Principles and Labs for Fitness and Wellness，2003）

表 2–21　超重、肥胖诊断的体脂（%）标准及其与疾病的关系

肥胖分级		体脂%（Fat%）	2 型糖尿病、高血压、心血管疾病危险（腰围 cm）	
			男≤102 女≤88	男 >102 女 >88
低体重		<20	—	—
正常体重		20 ~ 25	—	—
超重		26 ~ 31	有增加趋势	高
肥胖	I 级（轻度肥胖）	32 ~ 37	高	很高
	II 级（中度肥胖）	38 ~ 45	很高	很高
	III 级（重度肥胖）	>45	非常高	非常高

2. 运动员需要保持适宜的体重和身体成分比例，获得最佳运动成绩。随着现代竞技体育运动水平的迅速提高，人们已充分认识到运动员体重和体成分与运动专项能力有密切的关系。如在体操、中长跑、跳高、跨栏、艺术体操等运动项目中，需要克服体重完成某些动作。为保证发挥最佳运动成绩，运动员体重往往较轻，而且体脂比例较低、肌肉比例较高。但体脂比例不能过低，否则会影响机体的代谢活动，如女运动员闭经、运动性贫血等都与体脂过少有关。以体重分级的项目，如举重、摔跤、柔道等，对控制体重要求很高，既要保持肌肉力量又要去掉不必要的脂肪；有些以力量和爆发力为主的项目，如投掷项目，因力量大小与瘦体重呈正相关，所以增加瘦体重很重要；耐力项目的运动成绩却与体脂百分比呈负相关，所以耐力项目运动员体脂的多少，在一定程度上反映了他们训练程度的高低。

因此，不同运动项目的理想体脂百分比要求各异。不同运动项目的青少年运动员理想体脂百分比如表 2–22 所示。

表 2–22　青少年运动员理想体脂百分比

项　目	理想体脂（%）	
	男	女
长距离跑	6 ~ 10	7 ~ 11
短跑、投掷、跳跃	10 ~ 14	10 ~ 16
篮球	7 ~ 9	7 ~ 11
排球	7 ~ 9	7 ~ 11
足球、曲棍球	7 ~ 9	7 ~ 11
棒球、垒球	8 ~ 10	10 ~ 12
体操	5 ~ 7	5 ~ 10
游泳	6 ~ 10	6 ~ 12
摔跤	5 ~ 7	7 ~ 9

我国主要运动项目部分优秀运动员的身体成分见表 2–23。

表 2–23　我国优秀运动员的身体成分

项目	例数	性别	身高（cm）	体重（kg）	去脂体重（kg）	体脂（%）
短跑	26	男	173	65.7	58.4	11.1
	24	女	164	54.3	45.3	11.7
110m 栏	9	男	184	73.3	64.8	11.7
100m 栏	13	女	170	59.8	50.1	16.3
400m 栏	25	男	179	67.4	60.2	10.8
400m	18	女	166	53.9	45.4	15.8
长跑	34	男	174	61.2	54.9	10.3
	29	女	165	51.5	43.7	15.2

（续表）

项目	例数	性别	身高（cm）	体重（kg）	去脂体重（kg）	体脂（%）
跳高	18	男	187	71.1	63.3	11.0
	10	女	175	61.5	50.9	17.2
撑竿跳高	10	男	183	69.3	61.7	10.9
跳远	21	男	180	70.6	62.9	10.9
	16	女	165	55.0	45.6	17.1
标枪	11	男	181	82.4	70.7	14.2
	14	女	169	66.6	53.5	19.8
链球、铅球	24	男	184	98.9	80.1	19.0
铁饼	22	女	172	79.2	58.9	25.6
全能	10	男	183	77.5	68.8	11.2
	10	女	172	59.9	50.7	15.4
游泳	37	男	176	69.1	60.8	12.1
	41	女	166	55.5	45.2	18.5
排球	39	男	190	77.6	68.6	11.5
	53	女	178	66.6	53.5	19.7
体操	12	男	162	59.9	51.6	10.5
	13	女	155	42.2	37.5	11.1
网球	36	男	178	67.6	59.0	12.6
	33	女	167	56.0	47.1	15.9
羽毛球	49	男	175	65.9	57.6	12.5
	51	女	166	57.3	47.9	16.3
跳水	33	男	165	55.2	48.7	11.0
	31	女	157	46.6	39.2	15.4
帆板	31	男	174	46.2	55.6	13.6
	10	女	164	58.8	48.5	17.5
皮划艇	11	男	183	77.4	66.7	13.8
	6	女	171	62.4	48.8	21.8
赛艇	17	男	187	76.4	66.2	13.2
	16	女	175	66.2	52.7	20.3
曲棍球	75	男	173	65.9	56.8	13.7
水球	61	男	181	71.8	62.5	12.9
柔道	66	男	177	79.1	66.4	15.5
帆船	74	男	178	69.8	59.7	14.4
摔跤	55	男	169	67.9	58.6	13.7
举重	119	男	167	71.9	90.4	16.0

【作业与思考题】

分析测量体成分几种方法的优缺点和适用范围，并根据所测数值，评价个人和全班学生的体成分状况和健康风险。

实验二十七 训练效果的生理学评价（设计型实验）

【目的要求】

运动训练对机体各器官系统的结构与功能都会产生显著的影响，从而形成运动员独特的身体形态与功能特征。通过测定安静状态、运动状态以及运动后恢复期的生理指标，可对运动员的训练效果作出客观的评价，并为运动训练的科学化提供参考依据。通过本实验使学生了解和掌握评定训练效果的生理学指标与方法，并能针对不同个体或群体以及不同专项运动员设计评定受试者训练水平或训练效果的适宜方法和手段。

【对象与器材】

人、功率自行车或跑台、台阶（女 25cm、男 30cm）、心率遥测仪或心电图仪（或手触脉搏的方法监测心率）、心肺功能测试系统等。

【基本原理】

评定训练效果常用的指标与方法

1. 安静状态下训练效果的生理学评定：在相对安静状态下与运动密切相关的各器官系统应显示出良好的生物学适应特征，因此可选择运动系统、氧运输系统和神经系统等指标进行测试与分析。如随着运动员训练水平的提高，在运动系统方面表现为骨密度增加、骨骼肌纤维增粗、肌肉力量增强等；在氧运输系统方面表现为心搏徐缓或基础心率（晨脉）降低、肺活量增大等；在神经系统方面表现为反应时缩短等。

2. 定量负荷状态下训练效果的生理学评定：定量负荷一般选择极限下负荷或中等强度的负荷。与无训练者相比，有训练者在从事定量负荷时的反应特征主要表现为运动开始时机能动员得较快；运动过程中机能反应较低，做功能力较强；运动结束后机能恢复较快。目前，国内外常用的定量负荷试验有哈佛台阶试验、联合机能试验、PWC_{170}试验等。

3. 最大负荷状态下训练效果的生理学评定：最大负荷也称极限负荷，指受试者竭尽全力完成的负荷。与无训练者相比，有训练者在从事最大负荷时的反应特征主要表现为运动开始时机能动员得较快；运动过程中机能反应较大，各器官系统的机能水平较高，并表现出非凡的运动潜力；运动结束后机能恢复较快。常用的最大负荷运动试验如最大摄氧量（$\dot{V}O_{2}max$）测定等。

【参考方案】

以功率自行车定量负荷运动试验为例对运动员训练效果进行评定。

一、方法步骤

1. 选择有训练者和无训练者各 10 名，分为 2 组。

2. 受试者进入实验室后静坐 5min，测定安静时心率。

3. 令受试者在功率自行车上进行中等负荷 5min 蹬踏自行车运动，并测定其运动过程中每分钟的心率、肺通气量和摄氧量等相关指标。

4. 运动结束后测定受试者恢复期（3 ~ 5min）每分钟的心率、肺通气量和摄氧量等相关指标。

二、评　定

有训练者或训练水平较高者在相对安静状态下和定量负荷工作时各项测试指标均显示出明显的机能节省化现象，并且运动后各项指标恢复至相对安静水平的时间较短，恢复较快。

【要点与难点】

1. 应用生理学指标与方法评定训练效果时，所选择或设计的指标与方法应客观、准确、有效。

2. 安静状态下某些生理指标的评定（如心率、能量消耗等）可选择在基础状态下（即清晨起床前）进行测定。

3. 甲、乙受试者定量负荷的确定应相对一致。如以本人最大负荷的 50%的负荷进行实验测试；或以受试者在运动过程中心率达到一定水平，如 170b / min（即 PWC_{170}）或 150b / min（即 PWC_{150}）的相对稳定状态下单位时间内机体所做的功进行定量负荷测试。

4. 定量负荷的持续时间应以心率达到相对稳定水平为度，以使受试者身体功能充分动员起来并达到相对稳定状态，持续 3 ~ 5min 即可（一般不应少于 3min）。

5. 运动后的恢复期，通常以各项指标恢复至相对安静时水平所需的时间来确定。

6. 如果没有心率遥测仪或心电图仪，可以用手触脉搏的方法计数安静时、运动负荷后即刻和运动后恢复期每分钟第 1 个 10s 的心率，然后乘以 6 即为每分钟的心率次数。

实验二十八 运动性疲劳的特征、诊断与消除（设计型实验）

【目的要求】

在运动性疲劳的特征与恢复手段理论知识的基础上，学生通过自行设计与实地操作，提高理论指导运动实践的能力。

【基本原理】

运动性疲劳是指人体进行连续多次的大负荷运动后，机体在“预定和／或特定”时间、空间里不能重新建立适应平衡的、复杂的功能变化过程。由于运动的负荷和性质不同，会对人体功能产生不同影响。因此，运动性疲劳的诊断须依据运动负荷的性质进行。

不同时间的全力运动和不同代谢类型的运动项目，疲劳的特征不同。短时间最大强度运动性疲劳，是由于肌细胞内代谢变化导致 ATP 转换速率下降所致。长时间中等强度运动性疲劳，往往与能源贮备运用过程受抑制有关。

非周期性练习和混合性练习，其技术动作的不断变化是加深运动性疲劳的重要因素。要求精力高度集中以及运动中动作多变的练习，则较易产生疲劳。

静力性练习时中枢神经系统的相应部位持续兴奋，肌肉中血液供应减少以及憋气引起的心血管系统功能下降是产生疲劳的主要原因。

消除疲劳的基本原则是：依据恢复过程的一般规律和机体能源贮备的恢复特点以及促进人体功能恢复的措施进行。

【对象、器材与药品】

人、肺活量计、反应时测定仪、血压计、听诊器、诊断床、两脚规、闪烁值测定仪和秒表、按摩仪器、理疗器械、吸氧仪、针灸器械、气体代谢测试仪、心功能测试系统、肺功能测试系统、心电图仪、肌电图仪、等速肌力测试系统等（根据需要选择使用）。

【参考方案】

运动性疲劳主要包括局部性疲劳、整体性疲劳等。由于出现运动性疲劳的运动方式、发生部位以及产生机制不同，设计实验时应根据运动的性质和运动的特征，实施针对性的诊断。

一、局部骨骼肌疲劳的诊断

1. 负重进行肱三头肌弯举训练，或股四头肌蹲起训练，或任意选一块大肌肉训练。
2. 严格控制负荷重量、组数、间隔时间和总时间。
3. 通过完成负荷重量、时间和次数变化，准确判定疲劳。
4. 通过测定反应时、肌电图、血乳酸、疲劳自觉症状等指标，共同判断、分析疲劳程度。
5. 疲劳消除的手段可以采用按摩、药物等方法。

二、机体疲劳的诊断

1. 进行马拉松跑、球类（足球）的比赛、或多肌群参加的全身性运动练习，或利用跑台、功率自行车等设定运动负荷。

2. 严格控制负荷量和负荷强度。

3. 观察运动员的表现和疲劳自觉症状，准确判断疲劳。

4. 通过测试反应时、皮肤空间阈值、闪光融合频率、肌电图、脑电图、心电图、生化指标等，共同判断、分析疲劳程度。

5. 疲劳消除的手段可以采用按摩、药物、心理、营养等方法。

三、心肺功能疲劳的诊断

1. 进行中等以上强度的有氧练习，活动内容不限。

2. 严格控制负荷总量。

3. 观察运动员的表现和疲劳自觉症状，准确判断疲劳。

4. 自觉疲劳后，测试每分输出量（CO）、心率（HR）、每搏输出量（SV）、呼吸肌力量耐力、血压体位反射等指标，共同判断分析疲劳程度。

5. 消除心肺功能疲劳可以采用积极性休息、物理手段、药物、心理、营养等方法。

【要点与难点】

1. 受试者身体健康，无疾病。否则不能进行实验。

2. 严格控制运动负荷和操作过程，以防测量误差。

3. 预防运动伤病发生。

附录1 实验动物及其主要生理学数据

动物是生理学实验的重要组成部分。因此生理学工作者只有对常用实验动物的生物学特征、主要用途以及主要生理学数据有了基本的了解，才能正确地选择与使用动物，获得可靠的实验结果。

如下附录中选用了几种实验动物较为常用的生理学数据，这些数据是由不同作者在不同实验条件下所得到的，仅作参考。

一、家　兔

（一）生物学特征

家兔属于哺乳纲，兔形目，兔科。是穴兔的变种，品种甚多。最常见的品种有中国本兔（耳短而厚、嘴较尖、白毛、红眼），青紫蓝兔和大耳白兔（日本大耳兔）。

家兔的寿命为4～9年。性成熟期为5～8个月，第一次配种期为7～9个月，交配期为1～5天，孕期30天。一年内产仔为3～5次，每胎产仔1～5只，哺乳期30～50天。雌性生育期4～5年，雄性生育期2～3年。

家兔的年龄鉴定：家兔年龄的鉴别主要依据趾爪和门齿而定。白色家兔幼年趾爪呈白色，爪根部呈粉红色，隐于脚部被毛之中，随着年龄的增长而露出毛外。一年生家兔趾爪的白色与红色部分长度相等；一年以下，红色长于白色；一年以上，白色长于红色；老年趾爪长而弯曲，色黄。深色兔的爪呈褐黑色。

家兔的门齿随年龄而增长。幼兔门齿洁白而短小、排列整齐；老年家兔的门齿呈暗黄色、厚而长、排列不整齐，且时有破损。

家兔性别的鉴定：主要依据外生殖器，方法是将家兔头部轻轻夹于左腋下，左手按住动物腰背部，右手拉开尾巴，并用中指和无名指夹住，然后用拇指与食指扒开生殖器附近的皮毛。此时，在雄兔，即可见到在圆孔中露出圆锥形稍向下弯曲的阴茎，天热时，睾丸可离开腹腔进入耻骨联合两旁的阴囊内（注意，幼兔看不到明显的阴茎，只能看到圆孔中有一凸起物）；在雌兔，此处则为一条朝向尾部的椭圆形间隙，间隙越向下越窄，此即阴道开口处。

（二）主要用途

家兔易于繁殖与饲养，在生理学实验中被广泛应用。如常用家兔进行血压、呼吸、泌尿等急性实验，卵巢、胰岛等内分泌实验。离体兔耳和离体兔心常被选用作灌流实验的标本，可进行心血管方面的分析性研究。家兔颈部主动脉神经与迷走神经分离、自成一束，便于观察主动脉神经的作用，是研究减压反射的首选动物。在心肌细胞电生理学的研究中，兔心的窦房结常用来进行心脏起搏电位的研究。需要注意的是，家兔心血管系统较为脆弱，有时出现反射性衰竭。由于家兔是草食动物，胃的排空时间较长。另外，家兔缺乏呕吐反射与咳嗽反射，故研究此类问题时，不宜选用。

（三）主要生理学数据

以下所列数据均为平均值，括号内为变化范围。

血容量：占体重的 8.7%（7% ~ 10%），即 87（70 ~ 100）ml / kg 体重

心率：205（123 ~ 304）b / min

心输出量：2.8L / min 或 0.11L /（kg 体重·min）

血压：收缩压 110（95 ~ 130）mmHg

舒张压 80（60 ~ 90）mmHg

循环时间：右耳→左耳 4.8（3.4 ~ 7.2）s

整体循环 10.5s

红细胞：5.7（4.5 ~ 7.0）$\times 10^{12}$ / L

血红蛋白：119（80 ~ 150）g / L

红细胞压积：41.5%（33% ~ 50%），即 41.5（33 ~ 50）ml / 100ml 血液

平均单个红细胞体积：61（60 ~ 68）fl

平均单个红细胞大小：7.5（6.5 ~ 7.5）μm

红细胞脆性：最大抵抗 0.34% ~ 0.32%NaCl

最小抵抗 0.46% ~ 0.42%NaCl

红细胞沉降速度：1 ~ 3mm / h

红细胞比重：1.090

血小板：280（260～300）×10^9/L

凝血时间：7.5～10.2s

白细胞：9（6～13）×10^9/L

白细胞分类：中性粒细胞数量 4.1（2.5～6.0）×10^9/L 占 46%（35%～52%）

嗜酸性粒细胞数量 0.18（0～0.4）×10^9/L 占 2%（0.5%～3.5%）

嗜碱性粒细胞数量 0. 45（0.15～0.75）×10^9/L 占 5%（2%～7%）

淋巴细胞数量 3.5（2.0～5.6）×10^9/L 占百分比 39%（30%～52%）

单核细胞数量 0.725（0.3～1.3）×10^9/L 占 8%（4%～12%）

血液 pH：7.35（7.21～7.57）

血液黏稠度：4.0（3.5～4.5）mpa·s

全血比重：1.050

呼吸频率：51（38～60）t/min

潮气量：21.0（19.3～24.6）ml

每分通气量：1.07（0.80～1.41）L/min

排尿量：40～100ml/d

尿液 pH：8.0

尿液比重：1.010～1.015

排便量：14.2～56.7g/d

体温（直肠）：39.0℃（38.5℃～39.7℃）

二、狗

（一）生物学特征

狗属于哺乳纲，食肉目，犬科，已被驯化的家养动物。狗的品种约 70 余种，可分为军犬、警犬、牧羊犬、玩赏犬等。适于生理学实验的为一般的杂种狗。

狗的寿命一般为 10～20 年，性成熟期为 8～10 个月。第一次配种期在出生一年以后。一年内发情两次，多在春秋两季，每次发情时间持续 14～21 天。妊娠期为 58～63 天，哺乳期为 60 天。每胎产仔 2～8 只。

狗的年龄鉴定：狗的年龄主要依据牙齿的生长情况、磨损程度、外形、颜色等来综合鉴定。一般仔狗在出生后第 20～30 天开始长牙，第 10 个月牙齿已全部长出。随着年龄的增长，乳齿脱落而长出恒齿。门齿首先更换，到 5～6 个月时才开始更换犬齿。成年狗一般有 42 个牙齿；上颌 20 个（门齿 6 个，犬齿 2 个，假臼齿 8 个，臼齿 4 个），下颌 22 个（门齿 6 个，犬齿 2 个，假臼齿 8 个，臼齿 6 个）。幼年狗的牙齿洁白而无磨损，1～2 岁时下颌的前门齿逐渐被磨损，2～3 岁时前门齿的尖锐端被磨损而消失，上颌前门齿在 2～3 岁时才开始磨损。在 4～5 岁时，其尖锐端也被磨损消失，且牙齿发黄。到10～12 岁时，牙根全部磨损。

狗的性别鉴定：依据暴露于体表的生殖器官。如雄狗的睾丸与阴茎，雌狗的乳头及阴道。

(二) 主要用途

狗在生理学研究中被广泛应用，是研究各系统生理学的主要动物。狗具有发达的循环系统、神经系统以及基本上与人相似的消化系统。因此，在循环生理、消化生理和神经系统生理学的研究中更为常用。狗喜近人，易于驯养，经过训练后能较好地配合实验，很适于慢性实验，如条件反射、脑部安装电极、施行胃瘘、肠瘘、输尿管瘘术等。狗的耐受力较强，也适于各系统急性实验时应用。狗的心脏内蒲肯野氏纤维粗大易得，是研究心肌电生理的重要标本。所以狗在生理学实验中占有重要的地位。

(三) 主要生理学数据

血容量：占体重的 5.6% ~ 8.3%，即 56 ~ 83ml / kg 体重

心　率：120（100 ~ 130）b / min

心输出量：2.3 L / min 或 0.12L /（kg 体重·min）

血　压：不麻醉时收缩压 112（95 ~ 136）mmHg

舒张压 56（43 ~ 66）mmHg

戊巴比妥钠麻醉时收缩压 149（108 ~ 189）mmHg

舒张压 100（75 ~ 122）mmHg

循环时间：股静脉→颈动脉 7.0（6.0 ~ 8.0）s

整体循环 10.8（8.9 ~ 12.8）s

红细胞：6.3（4.5 ~ 8.0）$\times 10^{12}$ / L

血红蛋白：148（110 ~ 180）g / L

红细胞压积：45.5%（38% ~ 53%），即 45.5（38 ~ 53）ml / 100ml 血液

平均单个红细胞体积：66（59 ~ 68）fl

平均单个红细胞大小：7.0（6.2 ~ 8.0）μm

红细胞脆性：最大抵抗 0.36% ~ 0.35%NaCl

最小抵抗 0.46% ~ 0.43%NaCl

红细胞沉降速度：2.0mm / h

红细胞比重：1.090

血小板：218.6（183.8 ~ 253）$\times 10^9$ / L

凝血时间：6.5 ~ 9.0 s

白细胞：14.79（11.31 ~ 18.27）$\times 10^9$ / L

白细胞分类：中性粒细胞数量 8.2（6.0 ~ 12.5）$\times 10^9$ / L，占 68%（62% ~ 80%）

嗜酸性粒细胞数量 0.6（0.2 ~ 2.0）$\times 10^9$ / L，占 5.1%（2% ~ 14%）

嗜碱性粒细胞数量 0.085（0 ~ 0.3）$\times 10^9$ / L，占 0.7%

淋巴细胞数量 2.5（0.9 ~ 4.5）$\times 10^9$ / L，占 21%（10% ~ 28%）

单核细胞数量 0.65（0.3 ~ 1.5）$\times 10^9$ / L，占 5.2%（3% ~ 9%）

血液 pH：7.36（7.31 ~ 7.42）

血液黏稠度：4.6（3.8 ~ 5.5）mpa·s

全血比重：1.059

呼吸频率：18（11 ~ 37）t / min

潮气量：320（251 ~ 432）ml

每分通气量：5.21（3.3 ~ 7.4）L / min

尿液 pH：6.1

尿液比重：1.020 ~ 1.050

排尿量：65 ~ 400ml / d

体温：38.5℃（37.5℃ ~ 39.7℃）

三、猫

（一）生物学特征

猫属于哺乳纲，食肉目，猫科。

猫的寿命为 8 ~ 10 年，性成熟期为出生后的 10 ~ 12 个月。每年有春、秋季两次交配期。怀孕期为 63 天（60 ~ 68 天），哺乳期为 60 天。通常每胎产仔 3 ~ 6 只，新生仔猫不睁眼，到第 9 天猫眼才开始产生视力。

（二）主要用途

在生理学实验中猫与狗、兔一样，是常用的实验动物。猫具有较为发达的神经系统，其循环系统也相当发达，且与人类的很相似，所以在进行这些系统的生理实验时，常被选用。如去大脑僵直与姿势反射实验，刺激颈交感神经所引起的瞬膜和虹膜反应实验，血压的影响因素实验以及冠状窦血流量的测定实验等。此外，我国用猫进行针麻原理的研究，效果也较理想。

（三）主要生理学数据

血容量：占体重的 6.2%，即 62ml / kg 体重

心率：116（110 ~ 140）b / min

心输出量：0.33 L / min 或 0.11L /（kg 体重·min）

血压：收缩压（不麻醉）118（88 ~ 142）mmHg

舒张压（不麻醉）70（56 ~ 85）mmHg

循环时间：股静脉→颈动脉 6.0（3.0 ~ 9.5）s

红细胞：8（6.5 ~ 9.5）$\times 10^{12}$ / L

血红蛋白：112（70 ~ 155）g / L

红细胞压积：40%（28% ~ 52%），即 40（28 ~ 52）ml / 100ml 血液

平均单个红细胞体积：57（51 ~ 63）fl

平均单个红细胞大小：6.0（5.0 ~ 7.0）μm

红细胞脆性：最大抵抗 0.5%NaCl

最小抵抗 0.52%NaCl

红细胞沉降速度：4.0mm / h

血小板：250（100～500）×10^9 / L

凝血时间：7～20s

白细胞：16.0（9.0～24.0）×10^9 / L

白细胞分类：中性粒细胞数量 9.5（5.5～16.5）×10^9 / L，占 59.5%（44%～82%）

嗜酸性粒细胞数量 0.85（0.2～2.5）×10^9 / L，占 5.4%（2%～11%）

嗜碱性粒细胞数量 0.02（0～0.1）×10^9 / L，占 0.1%（0%～0.5%）

淋巴细胞数量 5.0（2～9）×10^9 / L，占 31%（15%～44%）

大单核细胞数量 0.65（0.05～1.4）×10^9 / L，占 4%（0.5%～7.0%）

血液 pH：7.35（7.24～7. 40）

血液黏稠度：4.5（4.0～5.0）mpa·s

全血比重：1.054

呼吸频率：26（20～30）t / min

潮气量：12.4ml

每分通气量：0.322 L / min

尿液 pH：7.5

尿液比重：1.020～1.040

排尿量：20～30ml / kg 体重

体温（直肠）：38.7℃（38.0℃～39.5℃）

四、大白鼠

（一）生物学特征

大白鼠属于哺乳纲，啮齿目，鼠科。我国实验用大白鼠系野生褐鼠的饲养变种。

大白鼠的寿命一般为 2～3 年。性成熟期为 2～3 个月，第一次配种期为 3.5～4 个月，交配期为 4～5 天。怀孕期为 30 天。一年内产仔次数 4～7 胎，每胎产仔为 5～9 只，哺乳期为 30 天。雌性大白鼠生育期为 1.5～2 年，雄性为 1～1.5 年。仔鼠初产时无毛，不睁眼，28～35 天后即可断奶。

年龄鉴定：可用两种方法判断年龄。

1. 从生理特征鉴定年龄

耳朵张开：2.5～3.5d

睁　　眼：14～17d

门齿长出：8～12d

第一对臼齿长出：19d　阴道张开：72d

第二对臼齿长出：21d　睾丸下降：40d

第三对臼齿长出：35d

2. 从体重鉴别年龄

18g：	20d	196g：	120d
40g：	40d	228g：	160d
80g：	60d	240g：	180d
130g：	80d	250g：	200d
165g：	100d	290g：	320d
216g：	140d		

性别鉴定：对大白鼠性别的鉴定主要是观察肛门与生殖器之间的距离。雄性大白鼠的距离较大，雌性的距离较小。此外，天热时雄鼠的睾丸常从腹腔降到阴囊内。雌鼠的阴部可见肛门、尿道口与阴道口 3 个明显的腔道孔，腹部有 12 对明显的乳头。

（二）主要用途

大白鼠为生理学实验的常用动物，广泛应用于内分泌与高级神经活动实验。大白鼠有功能完善的垂体——肾上腺系统，常用作应激反应及肾上腺、垂体、卵巢等内分泌实验。大白鼠的循环系统反应良好，常用它记录动脉血压，肢体血管灌流或离体心脏灌流。在解剖上缺少胆囊，可作胆管插管收集胆汁进行消化生理的研究。此外，在医学上大白鼠是营养学、肿瘤、细菌学及关节炎等研究的常用实验动物。

（三）主要生理学数据

血容量：占体重的 7.4%，即 74ml / kg 体重

心率：328（216 ~ 600）b / min

心输出量：0.047L / min

血压：收缩压 129（88 ~ 184）mmHg

舒张压 91（58 ~ 145）mmHg

红细胞：8.9（7.2 ~ 9.6）$\times 10^{12}$ / L

血红蛋白：148（120 ~ 175）g / L

红细胞压积：46%（39% ~ 53%），即 46（39 ~ 53）ml / 100ml 血液

平均单个红细胞体积：55（52 ~ 58）fl

平均单个红细胞大小：7.0（6.0 ~ 7.5）μm

红细胞沉降速度：3.0mm / h

红细胞比重：1.090

血小板：100 ~ 300 $\times 10^{9}$ / L

白细胞：14（5 ~ 25）$\times 10^{9}$ / L

白细胞分类；中性粒细胞数量 3.1（1.1 ~ 6.0）$\times 10^{9}$ / L，占 22%（9% ~ 34%）

嗜酸性粒细胞数量 0.3（0 ~ 0.7）$\times 10^{9}$ / L，占 2.2%（0% ~ 6%）

嗜碱性粒细胞数量 0.1（0 ~ 0.2）$\times 10^{9}$ / L，占 0.5%（0% ~ 1.5%）

淋巴细胞数量 10.2（7.0 ~ 16）$\times 10^{9}$ / L，占 73%（%65 ~ 84%）

大单核细胞数量 0.3（0～0.65）$\times 10^9$ / L，占 2.3%（0%～5%）

血液 pH：7.35（7.26～7.44）

血浆比重：1.029～1.034

呼吸频率：85.5（66～114）t / min

潮气量：0.86（0.60～1.25）ml

每分通气量：0.073（0.05～0.101）L / min

排尿量：10～15ml / d（50g 大鼠）

体温（直肠）：39℃（38.5℃～39.5℃）

五、小白鼠

（一）生物学特征

小白鼠属于哺乳纲，啮齿目，鼠科。我国实验用小白鼠系野生鼷鼠的变种。

小白鼠的寿命一般为 2 年左右。性成熟期：雌性为 35～55 天；雄性为 45～60 天。第一次配种期在生后 2～2.5 个月，交配期 4～5 天，怀孕期 20～25 天。小白鼠一年产仔 4～9 胎，每胎产仔 2～12 只不等。哺乳期 25～30 天。繁殖适龄期为 60～90 天，生育期约一年。

年龄鉴定

1. 根据生理特征鉴定年龄

耳壳脱出表皮：3d

脐带脱落：4d

能翻身：5d

能爬出窝外游走：8d

听觉发育，能听到声音：10d

全身被上白毛，门齿长出齿肉：9～11d

睁眼，能跑跳、抓东西：13～15d

能自行采食：20d

雄性睾丸下降：21d

雌性阴道张开：35d

上述一般发育程序是固定的，但时间长短视营养及健康状况而异。

2. 根据体重鉴定年龄

4g：10d	24g：60d
8g：20d	25g：70d
14g：30d	27g：80d
18g：40d	28g：90d
22g：50d	30g：100～120d。

性别鉴定：与大白鼠鉴定方法相同。

(二) 主要用途

小白鼠繁殖力强、周期短、产仔多、便于人工饲养，在医学实验，特别是在大样本的实验中应用最为广泛。如药物筛选、半数致死量的测定、药物的效价比较等。在生理学实验中，小白鼠也是常用实验动物，常用于神经系统高级机能的研究及内分泌和生殖生理实验中。

(三) 主要生理学数据

血容量：占体重的 8.3%，即 83ml / kg 体重

心率：600 (328 ~ 780) b / min

血压：收缩压 113 (95 ~ 125) mmHg

舒张压 81 (67 ~ 90) mmHg

红细胞：9.3 (7.7 ~ 12.5) $\times 10^{12}$ / L

血红蛋白：148 (100 ~ 190) g / L

红细胞压积：41.5%，即 41.5ml / 100ml 血液

平均单个红细胞体积：49 (48 ~ 51) fl

平均单个红细胞大小：6.0 μm

红细胞比重：1.090

血小板：157 ~ 260 $\times 10^9$ / L

凝血时间：24 ~ 40s

白细胞：8.0 (4.0 ~ 12.0) $\times 10^9$ / L

白细胞分类：中性粒细胞数量 2.0 (0.7 ~ 4.0) $\times 10^9$ / L，占 25.5% (12% ~ 44%)

嗜酸性粒细胞数量 0.15 (0 ~ 0.5) $\times 10^9$ / L，占 2% (0% ~ 5%)

嗜碱性粒细胞数量 0.05 (0 ~ 0.1) $\times 10^9$ / L，占 0.5% (0% ~ 1%)

淋巴细胞数量 5.5 (3 ~ 8.5) $\times 10^9$ / L，占 68% (54% ~ 85%)

大单核细胞数量 0.3 (0 ~ 1.3) $\times 10^9$ / L，占 4% (0% ~ 15%)

呼吸频率：163 (84 ~ 230) t / min

潮气量：0.15 (0.09 ~ 0.23) ml

每分通气量：0.024 (0.011 ~ 0.036) L / min

排尿量：1 ~ 3ml / d

体温（直肠）：38℃ (37℃ ~ 39℃)

六、豚　鼠

(一) 生物学特征

豚鼠属于哺乳纲，啮齿目，豚鼠科。又称天竺鼠、荷兰猪。原产于欧洲中部。豚鼠的寿命一般为 6 ~ 8 年。性成熟期：雌性为 4 ~ 5 个月；雄性 5 ~ 6 个月。第一次配种期在出生 6 个月后，交配期 4 ~ 5 天。怀孕期 60 ~ 68 天。一年内产仔 3 ~ 5 胎，每胎产仔

数 1～6 只。哺乳期 30 天，生育期，雄性为 2.5～3 年，雌性 3～4 年。

年龄鉴定：一般年幼豚鼠牙齿短而白，爪软而短，眼睛圆亮，行动活泼。而老年豚鼠则相反，牙齿和爪均较长，眼睛朦胧，行动迟缓。此外，也可根据体重粗略地判断年龄（表 2–24）。

表 2–24 豚鼠体重与年龄的关系

年 龄	体重（g）	
	雄性	雌性
初生	55	80
1 周	100	120
1 月	150	200
2 月	200	280
3 月	300	350
4 月	350	400
6 月	450	500
1 年	750	800

性别鉴定：鉴定依据与家兔的相近。方法是用一手抓住动物颈部，另一手扒开靠近生殖孔的皮毛，雄性豚鼠在圆孔中露出生殖器的突起，雌性动物则显示三角形间隙。另外，成年雌性豚鼠有 2 个乳头。

（二）主要用途

豚鼠性情温顺，繁殖力强，饲养管理要求低，故为生理学、微生物学、病理学、药理学以及生物化学实验的常用动物。如肾上腺机能的研究，出血性实验，血管通透性实验等。

（三）主要生理学数据

血容量：占体重的 6.4%，即 64ml / kg 体重

心率：280（260～400）b / min

血压：收缩压 77（28～140）mmHg

舒张压 47（16～90）mmHg

红细胞：5.6（4.5～7.0）$\times 10^{12}$ / L

血红蛋白：144（110～165）g / L

红细胞压积：42%，即 42（37～47）ml / 100ml 血液

平均单个红细胞体积：77（71～83）fl

平均单个红细胞大小：7.4（7.0～7.5）μm

红细胞脆性：最大抵抗 0.31% NaCl

最小抵抗 0.42% NaCl

红细胞沉降速度：1.5mm / h

红细胞比重：1.090

血小板：116×10^9 / L

白细胞：10.0×10^9 / L

白细胞分类：中性粒细胞数量 4.2（2.0 ~ 7.0） $\times 10^9$ / L，占 42%（22% ~ 50%）

嗜酸性粒细胞数量 0.4（0.2 ~ 1.3） $\times 10^9$ / L，占 4%（2% ~ 12%）

嗜碱性粒细胞数量 0.07（0 ~ 0.3） $\times 10^9$ / L，占 0.7%（0% ~ 2%）

淋巴细胞数量 4.9（3.0 ~ 9.0） $\times 10^9$ / L，占 49%（37% ~ 64%）

大单核细胞数量 0.43（0.25 ~ 2.0） $\times 10^9$ / L；占 4.3%（3% ~ 13%）

血液 pH：7.35（7.17 ~ 7.55）

全血比重：1.060

呼吸频率：90（69 ~ 104） t / min

潮气量：1.8 （1.0 ~ 3.9） ml

每分通气量：0.16（0.10 ~ 0.38） L / min

排尿量：15 ~ 75 ml / d

体温（直肠）：38.6℃（37.8℃ ~ 39.5℃）

七、家　鸽

（一）生物学特征

家鸽属于鸟纲，鸽形目，鸠鸽科。它是由野鸽（岩鸽）驯化而成的变种。

家鸽的寿命一般为 10 年左右，性成熟期约为 2 年。雌鸽每年产卵 4 ~ 5 次，每次约 2 枚。卵由卵巢排出后，经泄殖孔排出。产卵后雌雄交替抱孵。在 38 ~ 40℃的温度下，经 14 天卵即孵化，此时雏鸽破壳而出。雏鸽靠亲鸽嗉囊分泌的“鸽乳”哺育，约经 60 天即可自行啄食。

年龄鉴定：乳鸽眼圈色白，飞翔能力不强，大都有小黄羽，羽毛尚未长齐。中年鸽眼圈色黄，羽毛齐全。老年鸽眼圈色红。

性别鉴定：家鸽的性别可从外形加以判定。（1）雄鸽身体较粗大，颈部短而粗，蜡膜较大。雌鸽则相反。（2）雄鸽两耻骨间的距离一般为一指宽，而雌鸽一般为二指宽。（3）用手轻握鸽颈部观察，雄鸽的眼睛多凝视，有精神，瞬膜及眼睑开闭快速；而雌鸽眼睛无神，瞬膜及眼睑开闭缓慢。

（二）主要用途

家鸽也属较为常用的实验动物。在生理学实验中，由于鸽的听觉和视觉非常发达，常用来观察迷路与姿势反射的关系。当破坏一侧半规管后，其肌紧张的协调发生障碍，在静止和运动时姿势失去平衡。另外，家鸽大脑皮质并不发达，纹状体是中枢神经系统的高级部位，生理学实验中常用切除大脑皮质的鸽来观察大脑的基本机能。

（三）主要生理学数据

血容量：占体重的 10%，即 100ml / kg 体重

心　率：170（141 ~ 244）b / min

血　压：105 ~ 145mmHg

红细胞：3.2×10^{12} / L

血红蛋白：128g / L

红细胞压积：42.3%，即 42.3ml / 100ml 血液

平均单个红细胞体积：131.0fl

平均单个红细胞大小：6.9 ~ 13.2μm

血小板：5 ~ 6.4×10^{9} / L

凝血时间：23 ~ 34s

白细胞：1.4 ~ 3.4×10^{9} / L

白细胞分类：中性粒细胞数量占 26% ~ 41%

嗜酸性粒细胞数量占 1.5% ~ 6.8%

嗜碱性粒细胞数量占 2% ~ 10.5%

大淋巴细胞数量占 0 ~ 32.1%

小淋巴细胞数量占 27% ~ 58%

大单核细胞数量占 3.0%

呼吸频率：25 ~ 30t / min

潮气量：4.5 ~ 5.2ml

排便量：170g / d（含尿）

飞行速度：顺风 120km / d

逆风 20 ~ 36km / d

无风 60 ~ 70km / d

八、蟾蜍与青蛙

（一）生物学特征

蟾蜍与青蛙均属于两栖纲，无尾目。前者属蟾蜍科，后者属蛙科。蛙类品种甚多，是脊椎动物由水生向陆生过渡的中间类型。

1. 蟾蜍

蟾蜍身体较大，皮肤粗糙，表面有许多突起，眼后方有一对毒腺，所分泌的黏液为蟾酥。雌性背部突起上生有黑色小棘，雄性则无。白天隐居于石块、落叶下或洞穴内阴湿处，傍晚或夜间活动、觅食，以甲虫、蚊虫、蠕虫、多足类及软体动物为食。每年冬季潜伏在土壤中冬眠，春季出土。3 ~ 4 月间在水中产卵。卵结成带状，数目可达 6 千

余枚。卵子体外受精，受精后两周孵化。幼体形似小鱼，用鳃呼吸，有侧线，称蝌蚪。蝌蚪经 77 ~ 91 天变态发育为成体，转入陆地生活。蟾蜍的性成熟期为 4 年。

2. 青蛙

一般青蛙较小，皮肤光滑，背部有明显的侧褶，后肢有发达的蹼。雄蛙头部两侧各有一个鸣囊，是发声的共鸣器。前肢短，后肢长，适于跳跃。一般栖居于陆地，常活动于河边、水田、池塘的草丛中，以昆虫、蜘蛛、多足类等动物为食。青蛙 10 月以后于泥土中越冬，3 月中旬开始出现，4 ~ 6 月间产卵，受精后 3 天孵化，蝌蚪经 3 ~ 5 个月变态发育为成体，转入陆地生活。

性别鉴定：蟾蜍性别的鉴定主要靠前肢 2 ~ 4 趾侧部的黑疣，此为黑色的色素突起，雄性蟾蜍有此黑疣，雌体则无。此黑疣是在交配时，雄体用来拥抱雌体的。雄蛙生殖季节在前肢第 1 ~ 3 趾有类似的椭圆形抱雌疣。此外，雄蛙有鸣囊，可鸣叫，雌蛙则无。另外把动物提起时，前肢做环抱状者为雄性，前肢呈垂直状者为雌性。

（二）主要用途

蛙类虽然较为低等，但在生理学实验中应用非常广泛。其循环系统、神经系统以及肌肉均为生理学常用的实验材料。诸如离体心脏灌流、下肢血管灌流、微循环的观察、心电图，脊髓休克、脊髓反射、谢切诺夫抑制、反射弧的分析实验，以及坐骨神经——腓肠肌、坐骨神经 - 缝匠肌、腹直肌等均为生理学的重要实验用标本。

（三）主要生理学数据

蛙类虽为常用实验动物，但生理学数据并不完善。现以蟾蜍为例加以说明。

血容量：占体重 5%，即 50ml / kg 体重

心率：36 ~ 70b / min

血压：30 ~ 60 mmHg（颈动脉弓）

红细胞：4.87（4.0 ~ 6.0）$\times 10^{12}$ / L

血红蛋白：80g / L

红细胞脆性：0.13%NaCl

红细胞比重：1.090

血小板：3 ~ 5 $\times 10^{9}$ / L

凝血时间：5min

白细胞：2.4 $\times 10^{9}$ / L

血液比重：1.040

血浆比重：1.029 ~ 1.034

附录 2 常用生理溶液的配制

自 1886 年任氏溶液（Ringer solution）问世以后，许多生理学者以此为基础进行研

究、调整和改良，制备出各种动物的多种组织器官的生理溶液。为了较长时间地维持离体组织器官的正常生命活动，作为代替体液的生理溶液必须具备4个条件：（1）应含有该组织器官维持正常机能所需的各类盐离子，并具有适当的比例；（2）渗透压应与该动物组织液相等；（3）酸碱度应与该动物血浆的相同，并具有充分的缓冲能力；（4）应含有足够的 O_2 与营养物质。

在生理学实验中常用的生理溶液有生理盐水、任氏液、洛氏液（Locke）及台氏液（Tyrode）。其成分如表2–25。

表2–25 常用生理溶液成分表 *

成 分	任 氏 液 两栖类用	洛 氏 液 哺乳类用	台 氏 液 哺乳类用	生 理 盐 水 两栖类	 哺乳类
NaCl	6.5	9.0	8.0	6.5 ~ 7.0	9.0
KCl	0.14	0.42	0.2	—	—
$CaCl_2$	0.12	0.24	0.2	—	—
$NaHCO_3$	0.20	0.1 ~ 0.3	1.0	—	—
NaH_2PO_4	0.01	—	0.05	—	—
$MgCl_2$	—	—	0.1	—	—
葡萄糖	2.0	1.0 ~ 2.5	1.0	—	—
蒸馏水	均加至 1000 ml				

* 表内各药物均以 g 为单位。

生理溶液的配制方法：一般先将各成分分别配制成一定浓度的母液（表2–26）而后依表中所示容量混合。需要注意的是，$CaCl_2$ 应在其他母液混合并加入蒸馏水后再边搅拌边逐滴加入，以防钙盐沉淀生成。另外，葡萄糖应在用前临时加入，否则不宜久置。

表2–26 配制生理溶液所需的母液及其容量 *

成 分	母液浓度 / %	任氏液	洛氏液	台氏液
NaCl	20	32.5	45.0	40.0
KCl	10	1.4	4.2	2.0
$CaCl_2$	10	1.2	2.4	2.0
NaH_2PO_4	1	1.0	—	5.0
$MgCl_2$	5	—	—	2.0
$NaHCO_3$	5	4.0	2.0	20.0
葡萄糖		2.0	1.0 ~ 2.5	1.0
蒸馏水	—	均加至 1000ml		

* 表内各成分除葡萄糖以 g 为单位外，其他均以ml 为单位

参考文献

[1] 洪泰田. 人体生理学实验指导 [M]. 北京：高等教育出版社，1997.

[2] 乔德才，汤长发，邓树勋. 运动生理学实验 [M]. 北京：高等教育出版社，2006.

[3] 解景田，赵静. 生理学实验 [M]. 北京：高等教育出版社，2002.

[4] 齐家玉，夏云建，黄元汛. 运动人体科学实验 [M]. 武汉：华中师范大学出版社，2006.

[5] 邓树勋，王健，乔德才. 运动生理学 [M]. 北京：高等教育出版社，2005.

[6] 李洁，陈仁伟. 人体运动能力检测与评定 [M]. 北京：人民体育出版社，2005.

第三章　运动生物化学实验

实验一　氰化高铁法测定血红蛋白（基础实验）

【目的要求】

1. 掌握氰化高铁法测定血红蛋白含量的原理与方法。
2. 掌握血红蛋白指标在运动训练中的意义和评价方法。

【实验意义】

血红蛋白（hemoglobin，Hb 或 HGB）又称血色素，是血红细胞中重要含铁蛋白质，约占红细胞蛋白质总量的 90%。它的主要生理功能是运输氧和二氧化碳，并参与机体酸碱平衡的调节。因此，血红蛋白与身体机能有关，尤其与耐力运动员的运动能力关系密切。我国成年人 Hb 正常值范围：男性为 120～160g／L（12～16g／dl）；女性为 110～150g／L（11～15g／dl）。运动员安静时 Hb 正常值范围与一般人基本一致。国际卫生组织（WHO）判断成年人贫血的标准是：男性低于 130g／L（13g／dl）；女性低于 120g／L（12g／dl）。在训练期运动员的 Hb 受营养及运动负荷等因素的影响而有所变化，因此，训练期应经常（一般每周一次）测定 Hb，这对于了解运动员的营养和训练状态具有重要意义。

当运动员持续的激烈运动或运动员机能状态较差时，血红蛋白会下降，这种由运动引起的血红蛋白下降称运动性贫血。大运动量训练初期，血红蛋白会出现下降。阶段训练后，若血红蛋白回升，说明身体对运动量能够适应，机能状况良好，运动能力提高；若血红蛋白未回升或有继续下降趋势，说明机能状况差，对负荷不能适应，应及时调整运动量，加强营养，尤其是铁剂量的补充。

运动员在日常训练、赛前及比赛期间，进行周期性血红蛋白测定可评定运动员营养状况、身体机能状况及对运动负荷的适应情况；血红蛋白还可作为评定运动员高原训练时对缺氧适应性的指标。

【基本原理】

定量测定全血 Hb 的方法很多，为了统一测定方法，1966 年国际血液标准化委员会推荐氰化高铁血红蛋白（hemiglobineyanide，HiCN 或 CNMHb）测定法，作为 Hb 测定国际标准参考方法。

血红蛋白是一种色素蛋白，可以用比色法测定。血液中血红蛋白以各种形式存在，包括氧合血红蛋白（oxyhemoglobin, HbO_2）、碳氧血红蛋白（carboxyhemoglobin, COHb）、高铁血红蛋白（hemiglobin，Hi 或 MHb）或其他衍生物。

血液中，除了硫化血红蛋白（SHb）外，各种血红蛋白均可被高铁氰化钾氧化为高铁血红蛋白，后者与氰离子（CN^-）结合生成稳定的棕红色复合物——氰化高铁血红蛋白，在 540nm 波长处有一吸收波峰，通过比色可测出血红蛋白的含量。

【试剂和器材】

一、试 剂

1. HiCN 稀释试剂

称取高铁氰化钾［$K_3Fe(CN)_6$］0.2g、氰化钾（KCN）0.05g、磷酸二氢钾（KH_2PO_4）0.12g，用蒸馏水溶解并稀释至 1000 ml。此试剂应呈透明的淡黄色，pH 在 7.0 ~ 7.4 之间，以蒸馏水作空白，在 540nm 处比色，读数也是零。此液应置于有色试剂瓶中，塞紧后保存于冷暗处（但不宜冻结），至少可稳定 1 个月。

2. HiCN 标准溶液

此标准溶液由各地区的卫生检验中心或生物制品所统一供应给基层化验室应用。

二、器 材

试管和试管架、采血针、20μl 毛细管、吸量管（5ml）、721 分光光度计、碘酒、75%医用酒精、棉签。

【方法与步骤】

一、比色测定

取试管编号，按表 3–1 操作。

表 3–1 血红蛋白比色测定操作步骤

试剂及步骤 ＼ 试管编号	空白管	标准管	测定管
HiCN 稀释试剂（ml）	5.0	5.0	5.0
新鲜耳血或指血（ml）	—	—	0.02
HiCN 标准溶液（ml）	—	0.02	—
混匀，静置 5min 后，540nm 波长比色。空白管或蒸馏水调零			
记录各管 OD 值			

二、结果计算

1. 标准液计算法

$$血红蛋白\ g/dl=\frac{OD_{测}}{OD_{标}}\times C_{标}$$

其中 $OD_{测}$：测定管 OD 值

$OD_{标}$：标准管 OD 值

$C_{标}$：标准管浓度 Hbg / dl

2. 消光系数法

若无 HiCN 标准液时，也可利用毫摩尔消光系数求得 Hb 浓度，如下式

$$血红蛋白（g/dl）=\frac{OD_{HiCH}^{540}\times 16114}{11.0\times 1.0}\times\frac{251}{10000}$$

$$=OD_{HiCH}^{540}\times 36.8$$

OD_{HiCH}^{540}＝在 540nm 处测得测定管中 HiCN 的光密度值

16114＝Hb 相对分子质量的$\frac{1}{4}$

11.0＝$\frac{1}{4}$Hb 分子的 HiCN 在 540nm 的毫摩尔消光系数

1.0＝光径长度（cm）

251＝血样稀释倍数

10000＝从 mg / L 换算 g / dl

【附注】

1. 试剂含有氰化物，系剧毒药品，用于日常大量标本应注意废液处理。可用除毒液除毒：取硫酸亚铁（$FeSO_4\cdot 7H_2O$）两份加 NaOH 一份，在研钵中研细，配成 100g / L 的悬液。每 1000ml 废液加上述除毒液 5ml，放置 3h，不时搅拌，使剧毒的氰化钾成为无毒的亚铁氰化钾。

2. 不同的采血部位取样，其测试结果亦有不同。静脉血比毛细血管血的 Hb 测试结果低 10%～15%，耳血与指血的 Hb 值略有差别。因此，最好固定采血部位和取血时间（最好固定在清晨起床前）。

3. 分光光度法测定待测物质含量时，测定 OD 值后，用计算法求含量的公式如下：

$$C_{测}=OD_{测}/OD_{标}\times C_{标}\times V_{标}/V_{测}\times 稀释倍数$$

当测定样品用量和标准液用量相等时，$V_{标}=V_{测}$，则公式简化为：

$$C_{测}=OD_{测}/OD_{标}\times C_{标}\times 稀释倍数$$

【作业与思考题】

1. 氰化高铁血红蛋白法测定血红蛋白对试剂有什么要求？

2. 在运动训练中如何运用血红蛋白指标来评价运动员的机能状态？

实验二 血糖的测定（基础实验）

【目的要求】

1. 学习掌握超微量法测定血糖含量的原理和方法。

2. 学习离心机的使用方法。

3. 了解运动训练中血糖的变化规律。

【实验意义】

血液中的葡萄糖简称为血糖。血糖是中枢神经系统、红细胞及运动肌的重要能量来源。正常人空腹血糖浓度为4.4～6.6mmol/L（80～120mg/dl），低于3.8mmol/L（68.5 mg/dl）称为低血糖；高于7.2mmol/L（130mg/dl）称为高血糖；血糖浓度为8.8mmol/L（158.6mg/dl）称肾糖阈，高于此值时尿中也可测出糖。

运动员安静时的血糖与普通人正常值无差异，但随运动强度和持续时间会出现变化。短时间剧烈运动时，运动主要依靠肌糖原分解供能，血糖供能很少，血糖值变化不大；长时间运动时骨骼肌吸收利用血糖的过程加强，速度加快，血糖有下降现象，下降程度因人而异。可根据血糖的变化，及时补糖维持血糖水平，延迟血糖下降，有利于推迟运动性疲劳的发生。因此，血糖是评定运动员耐力素质和监控耐力训练的生化指标之一。

【基本原理】

本实验采用福林－马尔露（Folin-Malmors）超微量法测定血糖含量。

在热碱溶液中的葡萄糖可将铁氰化钾还原为亚铁氰化钾，后者再与硫酸高铁盐作用生成亚铁氰化铁（普鲁士蓝），与同样处理的葡萄糖标准液进行比色，即得出血糖含量。其反应如下：

$$K_3[Fe^{+3}(CN)_6] + \text{葡萄糖} \xrightarrow[\Delta]{\text{碱性}} K_4[Fe^{+2}(CN)_6]$$

$$3K_3[Fe^{+2}(CN)_6] + 2Fe_2(SO_4)_3 \longrightarrow \underset{\text{普鲁士蓝}}{Fe_4^{+3}[Fe^{+2}(CN)_6^{-1}]_3} + 6K_2SO_4$$

【试剂和器材】

一、试 剂

1. 碱性铁溶液：铁氰化钾0.8g，无水碳酸钠2.0g，加蒸馏水溶解并稀释至200ml，储于棕色瓶中。

2. 酸性硫酸高铁铵溶液：称取硫酸高铁铵 2.0g，溶于 50ml 蒸馏水中，加入 85%磷酸 20ml，然后用蒸馏水定容至 100ml。

3. 葡萄糖标准储存液（10mg / ml）：称取纯无水葡萄糖 1.00g，用 0.25%苯甲酸溶液溶解，倒入 100ml 容量瓶，最后用 0.25%苯甲酸溶液稀释至刻度，摇匀，放冰箱保存。

4. 葡萄糖标准应用液 I（0.02mg / ml）：准确吸取储存液 0.2ml 置于 100ml 容量瓶中，加入 0.25%苯甲酸溶液至刻度（用于标准管测定）。

5. 葡萄糖标准应用液 II（0.05mg / ml）：准确吸取储存液 0.5ml，置于 100ml 容量瓶中，用 0.25%苯甲酸溶液稀释至刻度（作标准曲线用）。

6. 0.25%苯甲酸溶液：称取苯甲酸 2.5g，加入煮沸的蒸馏水 1000ml，使成饱和溶液，冷却后，取上清液备用。

7. 0.03mol / LH_2SO_4。

8. 1%钨酸钠。

二、器 材

采血针、吸血管、台式离心机、试管及试管架、水浴锅、721 分光光度计，移液管。

【方法与步骤】

一、无蛋白血滤液制备

在离心管中加入 0.03mol / L 硫酸 0.5ml，采取毛细血管血 0.02ml 加入硫酸液中，混匀后加 1%钨酸钠溶液 0.48ml（即血液稀释 50 倍）。静置 10min，离心 5min（3000r / min），取上清液备用。

二、显色反应

取试管编号后，按表 3–2 操作。

表 3–2 血糖显色反应操作步骤

试剂及步骤 \ 试管编号	空白管	标准管	测定管
葡萄糖标准应用液 I（ml）	—	0.5	—
蒸馏水（ml）	0.5	—	—
无蛋白上清液（ml）	—	—	0.5
碱性铁溶液（ml）	1.0	1.0	1.0
沸水浴 5min，趁热加酸性硫酸高铁铵溶液			
酸性硫酸高铁铵溶液（ml）	1.0	1.0	1.0
摇匀，静置 1min 后加蒸馏水			
蒸馏水（ml）	4.5	4.5	4.5
摇匀后，670nm 波长比色，以空白管调零			
记录各管 OD 值			

三、结果计算

血糖浓度（mg / dl）$=C_{测} \times$ 血液稀释倍数

$$= \frac{OD_{测}}{OD_{标}} \times C_{标} \times \text{血液稀释倍数}$$

$$= \frac{OD_{测}}{OD_{标}} \times 0.02\ (mg / ml) \times \frac{1ml}{0.02ml} \times 100$$

血糖浓度（mmol / L）$= mg / dl \times \frac{10}{180.2}$

$$= mg / dl \times 0.0555$$

注：180.2 是葡萄糖相对分子质量；10：1L 等于 10dl

四、绘制标准曲线

标准曲线，即是一系列不同浓度（含量）标准溶液的光密度值对其相应的浓度（含量）作图所得的坐标曲线。标准曲线使测定工作简便，当需要测定大批样品或多次测定时制作标准曲线，可免去标准管对应每份样品的计算，只需测得各样品光密度数值，查标准曲线便可迅速得出该样品的浓度（或含量）。

取试管编号后，按表 3–3 操作，并绘制标准曲线。

以各标准管 OD 值为纵坐标，葡萄糖浓度（mg / dl）为横坐标，在坐标纸上绘制标准曲线。根据测定管的 OD 值在曲线上可查得测定管的血糖含量。

表 3–3　血糖测定绘制标准曲线操作步骤

试剂及步骤 \ 试管编号	0	1	2	3	4	5
葡萄糖标准应用液 II（ml）	0	0.1	0.2	0.3	0.4	0.5
蒸馏水(ml)	0.5	0.4	0.3	0.2	0.1	0
碱性铁溶液(ml)	1.0	1.0	1.0	1.0	1.0	1.0
沸水浴 5min，取出趁热加酸性硫酸高铁铵溶液						
酸性硫酸高铁铵溶液(ml)	1.0	1.0	1.0	1.0	1.0	1.0
摇匀，静置 1min						
蒸馏水(ml)	4.5	4.5	4.5	4.5	4.5	4.5
摇匀后，670nm 波长比色，以空白管调零						
相当于血糖浓度（mg / dl）	0	50	100	150	200	250
记录各管 OD 值						

【附注】

1. 标准曲线要通过原点，因为空白管 OD=0。

2. 标准曲线的斜率要适中，与横、纵轴成 45° 角为宜，这样误差小。

3. 保持测定制作标准曲线实验条件的一致性（分光光度计也要一样）。

4. 加硫酸高铁铵溶液后静置 1min，目的是利用余热进行反应。若在室温较低的情况下作标准曲线，应静置 10min 后再加 4.5ml 水，以保证充分显色。

5. 在使用离心机时，应首先用台秤称量配平离心管，转速应由低到高逐渐上升，以免造成离心机的损害。

【作业与思考题】

1. 用分光光度法测定物质含量时，采用计算法和标准曲线法各有什么特点？
2. 试分析运动员训练时血糖变化的特点和规律。

实验三 血乳酸的测定（基础实验）

【目的要求】

1. 掌握血乳酸的测定方法。
2. 掌握血乳酸指标在运动实践中的应用。

【实验意义】

乳酸是体内糖无氧酵解的最终产物。正常生理情况下，乳酸主要在红细胞、皮肤、骨骼肌、视网膜等组织中产生，然后透过细胞膜进入血液循环到达身体的其他组织被代谢消除，乳酸的生成与消除处于动态平衡。

正常人安静时血乳酸浓度保持在 1 ~ 2mmol / L，运动时血乳酸的变化与所动用的能量系统有关。以磷酸原系统供能为主的运动，血乳酸一般不超过 4mmol / L；以糖酵解系统供能为主的运动，血乳酸可达 15mmol / L 以上；而以有氧氧化系统供能为主的运动，血乳酸在 4mmol / L 左右。

训练时可通过测定血乳酸峰值的变化掌握运动强度以及运动员代谢能力的变化。运动后血乳酸浓度变化不仅可用于评定运动员训练水平及选材；还可根据运动后乳酸的消除速率评定运动员机能能力。

血乳酸测定时取样时间非常重要，安静值应在早晨起床前安静时采样；运动后血乳酸的测定应根据不同运动项目而定，一般运动强度较低的训练在运动后 20s 左右取样，中等强度的训练在运动后 1 ~ 6min 取样，大强度的训练在运动后 3 ~ 12min 取样。在实际测试时可多选几次采血时间（如 1、3、5、……min），间隔采样。

【基本原理】

将血液中蛋白质除去后，乳酸与浓硫酸共热生成乙醛，当铜离子存在时，乙醛与对羟基联苯作用生成紫红色化合物，其颜色深浅与乳酸浓度成正比，通过比色求其含量。

$$CH_3CH(OH)COOH \xrightarrow{H_2SO_4（浓）} CH_3CHO + HCOOH$$

乳酸　　　　　　乙醛　　甲酸

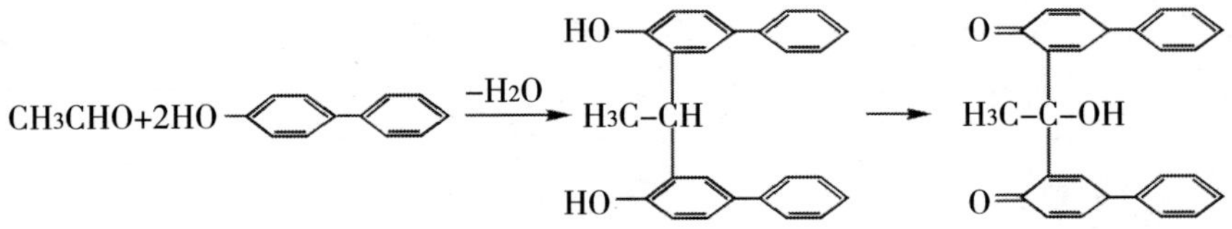

乙醛　　对羟基联苯　　　　　　　　　　紫红色化合物

【试剂和器材】

一、试　剂

1. 1%NaF（氟化钠）溶液。

2. 10%C（Cl）$_3$COOH（三氯乙酸）溶液。

3. 浓 H_2SO_4〔保证级（G. R），比重：1.838）〕。

4. 4%$CuSO_4$ 溶液。

5. 1.5%对羟基联苯试剂：将 1.5g 对羟基联苯溶于 10ml 的 5%NaOH 溶液中，待溶解后加水稀释至 100ml，储于棕色滴管试剂瓶中。此试剂可保存数月（如空白管读数过高表示试剂变质）。

6. 乳酸空白液：取 1%氟化钠溶液和 10%三氯乙酸溶液按 1∶3（体积比）混合即成。

7. 乳酸标准储存液（1mg / ml）：精确称取乳酸锂 106.5mg（或乳酸钙 171mg），溶于约 10ml 水中，加 H_2SO_4（浓）2 滴，移至 100ml 容量瓶，用蒸馏水稀释至刻度，混匀。置冰箱中可长期保存。

8. 乳酸标准应用液（0.01 mg / ml）：准确量取乳酸标准储存 1ml，移至 100ml 容量瓶，用蒸馏水稀释至刻度，混匀。此液临用时配制。

二、器　材

台式离心机、恒温水浴箱、水浴锅、离心管、试管、721 分光光度计、移液管、滴管、吸血管、采血针。

【方法与步骤】

一、运动方式和取血方式

受试者做 3min 原地高抬腿跑，在运动前、运动后 3min 分别取耳血或指血进行测定。

二、无蛋白血滤液的制备（即血液稀释 100 倍）

取 2 支离心管编号后，按表 3–4 操作。

表 3–4 无蛋白血滤液制备操作步骤

试剂及步骤 \ 试管编号	测定管 1（运动前安静状态）	测定管 2（运动后 3min）
1%氟化钠（ml）	0.48	0.48
新鲜血液（ml）	0.02	0.02
立即混匀		
10%三氯乙酸（ml）	1.5	1.5
混匀，离心（3000r / min）5min，将上清液分别倒入做好标记的 2 支试管中，备用		

三、显色反应

取 4 支试管编号后，按表 3–5 操作。

表 3–5 血乳酸显色反应操作步骤

试剂及步骤 \ 试管编号	空白管	测定管 1	测定管 2	标准管
乳酸空白液（ml）	0.5	—	—	—
乳酸标准应用液（ml）	—	—	—	0.5
无蛋白血滤液（ml）	—	0.5	0.5	—
$4\%CuSO_4$ 溶液（ml）	0.03	0.03	0.03	0.03
或（滴）	1	1	1	1
试管放入冰水中，在下一步加硫酸时速度要慢，且边加边摇				
浓硫酸（ml）	3.0	3.0	3.0	3.0
置沸水浴中 5min 后取出，冷水浴中冷却至 15℃以下				
对羟基联苯（滴）（ml）	0.05	0.05	0.05	0.05
或（滴）	2	2	2	2
混匀，37℃水浴保温 15min，每 5min 振摇一次 100℃沸水浴 90s，用冷水冷却至室温 560nm 波长比色，空白管调零				
记录各管OD 值				

四、结果计算

$$血乳酸浓度（mg/dl）= C_{测} \times 血液稀释倍数$$

$$= \frac{OD_{测}}{OD_{标}} \times C_{测} \times 血液稀释倍数$$

$$= \frac{OD_{测}}{OD_{标}} \times 0.01\ (mg/ml) \times \frac{2ml}{0.02ml} \times 100$$

血乳酸浓度（mmol / L）＝mg / dl ÷ 9

【附注】

1. 取血后立即加入氟化钠溶液，其目的是 F^- 离子能与烯醇化酶的激活剂 Mg^{2+} 离子结合成不溶性的 MgF_2，抑制该酶的活性，避免离体红细胞内进行糖酵解产生乳酸而影响测定结果。

2. 浓 H_2SO_4 要用 G.R 级试剂，以避免铁离子污染而引起显色误差。

3. 对羟基联苯在硫酸中超过 35℃很快分解，故在加入此试剂前应将试管充分冷却。对羟基联苯溶液与酸接触时即产生白色沉淀，故应滴加在液面上并立即摇匀，使沉淀物分散成小颗粒。

4. 在 15min 水浴时间内，应按时摇动试管使颗粒渐渐消散而充分反应。

5. 沸水浴 90s 的目的是使反应后多余的对羟基联苯分解消除，液体变透明。加热时间要准确。显色后颜色稳定，2h 内无变化，3h 约降低 5%。

6. 浓 H_2SO_4 为强酸，且未经稀释，故禁止将废液直接倒入下水道，以免对管道腐蚀，而应将废液倒入废液瓶，加 NaOH 中和后处理。

【作业与思考题】

1. 如何利用血乳酸指标评定运动员无氧、有氧代谢能力？

2. 测定血乳酸时应如何控制采血时间，为什么？

实验四 血尿素的测定（基础实验）

【目的要求】

1. 掌握血尿素的测定方法。

2. 掌握血尿素指标在运动实践中的应用。

【实验意义】

尿素是机体内蛋白质和氨基酸分解代谢的最终产物之一，在肝脏合成后释放进入血液，然后经血液循环至肾脏由尿液排出体外。正常人血尿素安静值为 3.2 ~ 7.0mmol / L，运动员的安静值与普通人一致。运动时肌肉中的能量平衡遭到破坏，蛋白质及氨基酸分解代谢加强，尿素生成增多使血中含量升高，其升高幅度与运动负荷量、负荷强度、运动员机体状态等因素有关。一般超过 30min 以上的运动会使血尿素含量有明显增加。血尿素是评定运动量、机体疲劳程度及运动训练后机能恢复状况的良好指标。在评定运动量时，一般在运动前及运动后 30 ~ 60min 取血，若血尿素≥8mmol / L（血尿素疲劳阈值），且较运动前升高 2mmol / L 以上，说明运动量过大机体不能适应，运动员已为疲劳状态。在评定机能恢复状况时应分别在训练前后及次日晨取血；评定一个训练周期情况时，应在周期初始、中间及结束时分别取晨血跟踪测试。

【基本原理】

在强酸条件下，血液中的尿素与二乙酰一肟（Diacetyl Monoxime）和硫氨脲（Thiosemiar-bazide）共热，生成粉红色的二嗪化合物，其颜色深浅在一定范围内与尿素含量成正比。与同样处理的尿素标准溶液比较，即可求得尿素含量。试剂中的硫氨脲可提高反应灵敏度、线性和显色的稳定性。其反应式如下：

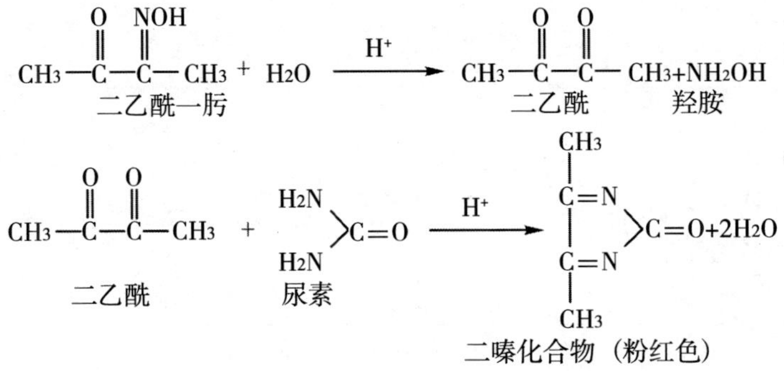

【试剂和器材】

一、试　剂

1. 1%NaF 溶液。

2. 10%三氯乙酸溶液。

3. 二乙酰一肟和硫氨脲溶液：称取二乙酰一肟 600mg，硫氨脲 30mg，加蒸馏水溶解并加至 100ml，置棕色瓶中保存。

4. 酸混合液：浓磷酸（85%～87%）3.5ml，浓 H_2SO_4 80ml，慢慢滴加于 800ml 水中，冷却后加水至 1000ml。

5. 空白液：1%NaF 液 1 份和 10%三氯乙酸液 3 份混合即成。

6. 尿素氮标准储备液（1mg / ml）：精确称取干燥分析纯（A.R）尿素 0.2143g，用 0.005mol / L H_2SO_4 在容量瓶定容至 100ml，冰箱保存。

7. 尿素氮标准应用液（0.01mg / ml）：取标准储备液 1ml，加 0.005mol / L H_2SO_4 稀释至 100ml。

二、器　材

采血针、吸血管、移液管、水浴箱、离心机、721 分光光度计。

【方法与步骤】

一、无蛋白血滤液制备

取受试者指尖或耳垂血 0.02ml，立即吹入含有 1%NaF 溶液 0.48ml 的离心管中，即刻混匀，再加入 10%三氯乙酸 1.5ml，充分摇匀，离心（3000r / min）5min，取上清液备用。

二、显色反应

取试管 3 支、标明空白管、标准管、测定管，按表 3-6 操作。

表 3-6　血尿素显色反应操作步骤

试剂及步骤 \ 试管编号	空白管	标准管	测定管
空白液（ml）	0.5	—	—
尿素氮标准应用液(ml)	—	0.5	
无蛋白血滤液上清液(ml)	—	—	0.5
二乙酰一肟和硫氨脲液(ml)	0.5	0.5	0.5
酸混合液(ml)	4.0	4.0	4.0
摇匀，沸水浴 10min，冷却至室温 500nm 波长比色，空白管调零			
记录各管 OD 值			

三、结果计算

$$血尿素氮（mg/dl）= C_{测} \times 血液稀释倍数$$

$$= \frac{OD_{测}}{OD_{标}} \times C_{标} \times 血液稀释倍数$$

$$= \frac{OD_{测}}{OD_{标}} \times 0.01（mg/ml）\times \frac{2ml}{0.02ml} \times 100$$

$$= \frac{OD_{测}}{OD_{标}} \times 100$$

$$血尿素（mmol/L）= 血尿素氮（mg/dl）\times 0.357$$

【附注】

1. 如血尿素浓度超过 40mg / dl（14.28mmol / L），应将血液标本用生理盐水稀释后重新测定，所得结果应乘以稀释倍数。

2. 沸水浴时间对显色影响较大，5min 显色不全，15min 显色虽较深，但放置会褪色，应严格控制好沸水浴时间。

3. 尿素标准液稳定性差，配好后宜放冰箱保存，可通过制作标准曲线克服不足。

【作业与思考题】

1. 试解释哪些因素影响正常生理状态下的血尿素浓度？
2. 如何通过测定血尿素浓度控制训练负荷？
3. 如何通过测定血尿素浓度评定运动员的身体机能？

实验五 血氨的测定（基础实验）

【目的要求】

1. 掌握测定血氨的方法。
2. 掌握血氨指标在运动实践中的应用。

【实验意义】

氨是蛋白质和氨基酸的氨基代谢产物，血氨水平可反映氨进入血液及从中消除的动态平衡。安静时，血氨水平较低为 20 ~ 113μmol / L（注：测试方法不同，正常值范围不同）。

正常安静时，运动员血氨处于正常范围，运动可引起体内氨的生成与消除之间的平衡被破坏，使血氨升高，表现为高氨血症。血氨水平受运动强度、训练效果、疲劳状况等因素影响，可用于评定运动强度、训练水平，也是反映机体疲劳的一个指标。血氨测定时一般在运动后即刻取血。

【基本原理】

$$NH_3+\alpha\text{-}酮戊二酸+NADH+H^+ \xrightarrow{GLDH} 谷氨酸+NAD^++H_2O$$

根据谷氨酸 340nm 处测定的吸光度值下降的速率，即可计算出样品中的 NH_3 含量。

【试剂和器材】

一、试　剂

测试试剂盒的试剂成分与浓度见表 3–7。

表 3–7　试剂盒的试剂成分与浓度

	成　分	实验浓度
试剂 I（RI）	干粉 NADH	0.2mmol / L
试剂 II（RII）	酶管 GLDH	755 μ / ml
试剂 III（RIII）	三乙醇胺	150mmol / L
缓冲液（pH8.6）	α– 酮戊二酸	15mmol / L
	ADPNa2	1.5mmol / L
试剂 IV（RIV）	标准液	100 μ g / dl

二、器　材

一次性针头、一次性针管、试管、移液管、水浴箱、721 分光光度计。

【方法与步骤】

1. 测试样本的采集：应取抗凝血作样本，抗凝剂为草酸钾或EDTA，建议采静脉血。样本不能溶血，2～4℃下保存可以稳定2h，-20℃保存可以稳定24h。

2. 取一定量的RIII（按瓶签要求）复溶RI，配成工作液，稳定10min后使用。该液室温可以稳定8h，2～8℃可以稳定2d。取0.5mlRIII复溶RII，配成酶液，稳定10min后使用，用后立即放入冰箱4～8℃可保存1周。

3. 试剂盒测试法测定血氨操作步骤见表3-8。

表3-8　血氨的测定

加入物 \ 试管编号	空白管	标准管	测定管
工作液（ml）	0.8	0.8	0.8
蒸馏水（ml）	0.2	—	—
标准液（ml）	—	0.2	—
样品（ml）	—	—	0.2
0.25%铁氰化钾（ml）	0.25	0.25	0.25
充分混匀后，30℃保温5min，以蒸馏水或空气调零			
酶液（μl）	4	4	4
充分混匀后，保温10s开始读数，每15s读一次，直至1min，分别计算每1 min对照管、标准管、测定管的吸光度变化值（波长340nm，1cm比色杯）			

4. 结果计算：

$$血氨（\mu g/dl）=\frac{OD_{测}-OD_{空白}}{OD_{标}-OD_{空白}}\times C_{标}$$

5. 正常值参考范围：普通人血氨范围19～90μg/dl（注：不同的方法有不同的参考范围）。

【附注】

1. 溶液变混浊或原始吸光度值<1.0，不能使用。

2. 如果血氨浓度＞700μg/dl，则将样品用生理盐水稀释后重测，结果乘以稀释倍数。

【作业与思考题】

如何通过测定血氨浓度评定运动员的身体机能？

实验六　血清蛋白的测定（基础实验）

【目的要求】

1. 掌握双缩脲法定量测定蛋白质含量的原理和方法。
2. 了解测定运动员血清蛋白含量的意义。

【实验意义】

血清总蛋白含量关系到血液与组织间水分的分布情况，在机体脱水情况下，血清总蛋白含量升高，而在机体发生水肿或营养不良时，血清总蛋白含量下降，所以测定血清蛋白含量对于了解运动员的脱水和营养状况具有重要意义。正常人血清总蛋白浓度为60～80g／L。

【基本原理】

蛋白质含有两个以上的肽键，因此有双缩脲反应。在碱性溶液中，蛋白质与 Cu^{2+} 形成紫红色络合物，其颜色的深浅与蛋白质的浓度成正比，而与蛋白质的分子量及氨基酸成分无关，因此被广泛应用于蛋白质含量测定。此方法适合于 0.5～5mg／ml 蛋白质溶液测定。

【试剂和器材】

一、试　剂

1. 标准酪蛋白溶液（5g／L）：准确称取 0.5g 酪蛋白粉末，用 0.05mol／L 氢氧化钠溶解，并稀释至 100ml。也可以用结晶的牛（或人）血清白蛋白、卵清蛋白配置标准液。

2. 双缩脲试剂：溶解 1.5g 硫酸铜（$CuSO_4 \cdot 5H_2O$）和 6g 酒石酸钾钠（$NaKC_4H_4O_6 \cdot 4H_2O$）于 500ml 水中，在搅拌下加入 10%氢氧化钠溶液 300ml，用水稀释至 1000ml，储存在内壁涂以石蜡的瓶中。此试剂可长期保存，以备使用。

3. 血清稀释液：人血清用蒸馏水稀释 10 倍，冰箱保存待用。

二、器　材

吸量管（1ml、2ml、5ml）、试管及试管架、721 分光光度计。

【方法与步骤】

一、绘制标准曲线及样品测定

取试管编号，按表 3-9 操作。

表 3-9 血清蛋白测定操作步骤

试管编号 / 试剂及步骤	空白管	标准管 1	标准管 2	标准管 3	标准管 4	标准管 5	测定管
标准酪蛋白溶液（ml）	0	0.4	0.8	1.2	1.6	2.0	—
稀释血清(ml)	—	—	—	—	—	—	1.0
蒸馏水(ml)	2.0	1.6	1.2	0.8	0.4	0	1.0
双缩脲试剂(ml)	4.0	4.0	4.0	4.0	4.0	4.0	4.0
混匀，室温（15 ~ 25℃）放置 30min，540nm 波长比色，空白管调零							
记录各管 OD							

二、结果计算

1. 标准曲线法：以光密度为纵坐标，酪蛋白的含量为横坐标绘制标准曲线。根据测定管的光密度，通过标准曲线查出样品血清蛋白含量。

2. 计算法：按上表操作后，选择一支与测定管光密度最接近的标准管（标准管 2），根据公式计算血清蛋白质含量。

$$血清蛋白质浓度（g / L）=\frac{OD_{测}}{OD_{标}}\times 5\times 0.8\times 10 / 1$$

$$=\frac{OD_{测}}{OD_{标}}\times 40 / 1$$

其中 5：标准酪蛋白溶液浓度（g / L），0.8：标准管 2 加入的标准酪蛋白溶液的量(ml)，10：人血清稀释的倍数，1：测定管加入血清的量。

【附注】

1. 血清蛋白浓度一般用 g / L 表示，因为各种蛋白质的分子量不同，不能用 mol / L 表示。

2. 含脂类极多的血清，呈色后混浊不清，可用乙醚 3ml 抽提后再进行比色。

【作业与思考题】

1. 血清蛋白的测定在体育运动实践中有何意义？

2. 大运动量训练及高原训练期间血清总蛋白含量会如何变化，为什么？

实验七 血清胆固醇的测定（基础实验）

【目的要求】

1. 掌握异丙醇提取高铁冰醋酸 – 硫酸显色法测定血清胆固醇的原理和方法。

2. 了解测定血清胆固醇的意义。

【实验意义】

血清胆固醇是血脂的主要成分，正常浓度范围 3.1 ~ 5.7mmol / L（120 ~ 220mg / dl）。血清胆固醇浓度增高见于动脉粥样硬化、肾病综合症、糖尿病等疾病；在贫血、感染和营养不良等情况下，胆固醇总量常见降低。目前，血清胆固醇测定是中老年体育锻炼效果的常用监控指标。

【基本原理】

血清加入异丙醇，胆固醇被提取，向异丙醇提取液中加入硫 – 铁显色剂，使胆固醇显紫红色，比色测定而求得含量。

【试剂和器材】

一、试 剂

1. 异丙醇（A. R）。

2. 三氯化铁储存液：称取三氯化铁（$FeCl_3 \cdot 6H_2O$，A. R）0.1g，溶于 100ml 冰醋酸中。

3. 显色剂：三氯化铁储存液与浓硫酸（A. R 或 G. R）按 1∶1（V / V）混合。

4. 胆固醇标准储备液（80mg / dl）：精确称取重结晶胆固醇（MW386.66）80mg，用异丙醇溶解并稀释至 100ml，放置冰箱保存。

5. 胆固醇标准应用液（8mg / dl）：吸取 80mg / dl 胆固醇标准储备液 10ml，加异丙醇至 100ml。

6. 氧化铝：层析用中性氧化铝，用水洗去不易下沉的细颗粒，吸滤干后，在 110℃烘箱中活化至少 3 小时，放置密闭容器内保存。

二、器 材

试管及试管架、离心机、吸量管（0.1ml、1ml、5.0ml）、水浴箱、漩涡式混匀器、带塞离心管、721 分光光度计。

【方法与步骤】

一、抽提液的制备

取血清 0.1mL 于一带塞试管中，向管底吹入异丙醇 2.4mL，冲散血清，使蛋白质沉淀很细，加氧化铝 0.4g，加塞混合后，放 60℃水浴中 1 ~ 2min，然后于漩涡式混合器上混合 15min 或手摇 2min，离心（3000r / min）10min，上清液为血清稀释 25 倍的抽提液，备用。

二、显色与测定

取试管编号后，按表 3–10 操作。

表 3–10 血清胆固醇测定操作步骤

试管编号 / 试剂及步骤	空白管	标准管	测定管
异丙醇（ml）	1.0	—	—
胆固醇标准应用液（ml）	—	1.0	—
稀释 25 倍抽提液（ml）	—	—	1.0
60℃水浴 1min，（试管不离开水浴加显色剂）			
显色剂（ml）	3.0	3.0	3.0
混匀，留在水浴中 15min。冷却，540nm 波长比色，空白管调零			
记录各管 OD 值			

三、结果计算

$$血清胆固醇浓度（mg/dl）=C_{测}\times 稀释倍数$$
$$=\frac{OD_{测}}{OD_{标}}\times C_{标}\times 稀释倍数$$
$$=\frac{OD_{测}}{OD_{标}}\times 8\times 25$$
$$=\frac{OD_{测}}{OD_{标}}\times 200$$

血清胆固醇浓度（mmol / L）＝mg / dl × 0.0259

【附注】

1. 本法系根据美国临床脂类研究中心（LRC）制定的半自动操作法修改而成，适应我国手工操作条件。
2. 本法加入异丙醇后，加氧化铝 0.4g，抽提液可同时测定甘油三酯（乙酰丙酮显色法）。
3. 本法精密度良好，回收率接近 100%，颜色稳定，线性范围达 10.36mmol / L。
4. 如单独测定胆固醇，氧化铝不加亦可。
5. 年龄、性别及测定方法不同，参考值不一致。

【作业与思考题】

1. 血清胆固醇测定在体育运动实践中有何意义？
2. 在运动训练中，哪些项目的运动员需要测定血清胆固醇？

实验八 血清（浆）甘油三酯的测定（基础实验）

【目的要求】

1. 掌握异丙醇提取乙酰丙酮显色法测定血清甘油三酯的原理和方法。
2. 了解测定血清甘油三酯的意义。

【实验意义】

血清甘油三酯是构成血脂的另一重要成分，正常浓度范围 0.56 ~ 1.7mmol / L（50 ~ 150mg / dl）。血清甘油三酯浓度有随年龄而上升的趋势，体重超过标准者往往浓度偏高。糖尿病、肾病综合症、脂肪肝等疾病也可出现甘油三酯浓度增高。甲状腺机能亢进、肾上腺皮质功能降低和肝功能严重低下者，浓度降低。目前，血清甘油三酯测定也是中老年体育锻炼效果的常用监控指标。

【基本原理】

甘油三酯经氢氧化钾皂化生成甘油，甘油被过碘酸氧化产生甲醛，然后在氨离子存在时，甲醛与乙酰丙酮缩合生成黄色的 3，5 二乙酰 –1，4 二氢二甲基吡啶，通过比色测定而求得含量。

【试剂和器材】

一、试 剂

1. 异丙醇（A.R）。
2. 0.89mol / L 氢氧化钾溶液。
3. 吸附剂：氧化铝（见胆固醇测定）与硅酸以 4 : 1（W / W）混合。
4. 氧化剂：称取过碘酸钠 650mg，溶于蒸馏水约 500ml 中，然后加入无水醋酸铵 77g，使溶解，再加冰醋酸 60ml，并用蒸馏水稀释至 1000ml。装入棕色瓶中，室温保存。
5. 显色剂：乙酰丙酮 0.75ml，用异丙醇稀释至 100ml，储存于棕色瓶内，室温放置可用半年。
6. 三油酸甘油酯标准储备液（200mg / dl）：精确称取三油酸甘油酯 0.2g，用异丙醇溶解并稀释至 100ml。紧塞，冰箱内保存。
7. 三油酸甘油酯标准应用液（8mg / dl）：吸取储备液 4ml，用异丙醇稀释至 100ml，混匀。紧塞，冰箱内保存。

二、器 材

试管及试管架、离心机、吸量管（0.1ml、1ml、0.5ml）、水浴箱、721 分光光度计。

【方法与步骤】

一、抽提液的制备

如同时测定胆固醇时可取血清 0.2ml，加异丙醇 4.8ml，操作与胆固醇测定相同。获血清稀释 25 倍的抽提液，备用。

二、显色与测定

取试管编号后，按表 3–11 操作。

表 3–11　甘油三酯测定操作步骤

试剂及步骤＼试管编号	空白管	标准管	测定管
抽提液（ml）	—	—	1.0
标准应用液（ml）	—	1.0	—
异丙醇（ml）	1.0	—	—
0.89mol / L 氢氧化钾溶液（ml）	0.1	0.1	0.1
混匀，放入 60℃水浴中皂化 15min			
氧化剂（ml）	0.5	0.5	0.5
显色剂（ml）	0.25	0.25	0.25
混匀，放入 60℃水浴中 20min，取出冷却，410nm 波长比色，空白管调零			
记录各管 OD 值			

三、结果计算

$$\text{血清甘油三酯浓度（mg / dl）} = C_{测} \times \text{稀释倍数}$$

$$= \frac{OD_{测}}{OD_{标}} \times C_{测} \times \text{稀释倍数}$$

$$= \frac{OD_{测}}{OD_{标}} \times 8 \times 25$$

$$= \frac{OD_{测}}{OD_{标}} \times 200$$

血清甘油三酯浓度（mmol / L）＝mg / dl × 0.011

【附注】

本法用异丙醇抽提和吸附剂吸附，处理后标本所剩磷酯含量甚微。其优点是可同时作胆固醇测定，操作与美国临床脂类研究中心（LRC）及疾病控制中心（CDC）所统一采用的方法大致相同。

【作业与思考题】

1. 血清（浆）甘油三酯测定在体育运动实践中有何意义？
2. 在运动训练中，哪些项目的运动员需要测定血清（浆）甘油三酯，为什么？

实验九 血清肌酸激酶活性的测定（基础实验）

【目的要求】

1. 学习掌握测定血清肌酸激酶的方法。
2. 掌握血清肌酸激酶指标在运动训练实践中的应用。

【实验意义】

肌酸激酶（Creatinephospho kinase，CK）广泛存在于骨骼肌、心肌和脑组织中，肝脏和红细胞中含量很低。骨骼肌含量最丰富，占全身总量的96%之多，故肌酸激酶在肌肉收缩中很重要，它催化下列反应：

$$CP+ADP \xrightleftharpoons[\text{pH9.6}]{\text{CK，pH7.2}} ATP+Cr$$

上述反应保证肌肉收缩时的能量供应和运动后磷酸肌酸的再合成。正常人血清中的CK主要由骨骼肌和心肌细胞透过细胞膜进入血液的结果，其活力很小。正常血浆CK浓度为每升100国际单位（U／L）以下，运动员为100～200U／L之间。

运动训练能使血清CK活性升高。一般认为运动时缺血、缺氧、代谢产物积累、供能相对不足等原因引起肌细胞膜通透性增加，或肌细胞膜受到机械损伤促使CK从细胞内释放增加，导致血清CK活性升高，其升高幅度与运动强度、运动时间以及运动类型等因素有关。一般认为，当运动强度大、撞击性强或运动员对运动训练不适应时，血清CK活性升高。训练后血清CK可升至200～1000U／L，甚至更高。血清CK活性一般在运动后4h升高，8～16h达峰值，24～48h逐渐恢复，若恢复速度减慢是运动员身体机能下降的一种表现。因此，目前血清CK活性的测定是反映运动员训练量及运动性疲劳最常用的生化指标之一。

【基本原理】

磷酸肌酸和二磷酸腺苷（ADP）在肌酸激酶（CK）催化下，生成肌酸和三磷酸腺苷（ATP）。肌酸与双乙酰及α-萘酚结合生成红色化合物。在一定范围内红色深浅与肌酸量成正比，与同样处理的肌酸标准液比较而求得血清中CK活性。Me^{2+}为激活剂，半胱氨酸供给巯基，氢氧化钡和硫酸锌沉淀蛋白并中止反应。

磷酸肌酸+ADP——→肌酸+ATP

肌酸+α-萘酚+双乙酰——→红色化合物

【试剂和器材】

一、试 剂

1. Tris-HCl 缓冲液（pH7.4）：称取三羟甲基氨基甲烷（Tris）2.42g，加蒸馏水 100ml，再加入 0.2mol / L 盐酸 88.8ml 及无水硫酸镁 0.34g，调节 pH 值至 7.4。此液在室温下可保存数月。

2. 0.012mol / L 磷酸肌酸溶液：称取磷酸肌酸钠（$C_4H_8N_3Na_2O_5P$）306.1mg，加蒸馏水至 100ml，保存于 -25℃或普通冰箱冰冻盒中，可用 1 个月左右。

3. 0.004mol / LADP 溶液：称取 ADP 钠盐 0.233g，加蒸馏水 100mg，保存于 -25℃或普通冰箱冰冻盒中，可用 1 个月左右。

4. 混合底物溶液：临用前，将上述 1、2 及 3 试剂液混合。在此混合底物液 9ml 中，加入盐酸半胱氨酸 31.5mg，调节 pH 值至 7.4。此试剂最好新鲜配制，置冰盒中保存可用 1 周。若空白管光密度太高，说明有游离肌酸产生，不能再用。

5. 5%硫酸锌溶液：准确称取硫酸锌（$ZnSO_4 \cdot 7H_2O$）5g，加蒸馏水溶解，并稀释至 100ml。

6. 6%氢氧化钡溶液：称取氢氧化钡〔$Ba(OH)_2 \cdot 8H_2O$〕6g，溶于 100ml 热蒸馏水中，煮沸数分钟，冷却后加蒸馏水至 100ml，过滤。

上述 5、6 两种溶液配好后，需进行滴定。即吸取 5%硫酸锌 5ml，放入 50ml 三角烧瓶中，加入酚酞指示剂 2 滴，用 6%氢氧化钡溶液滴定至出现粉红色 30s 不褪色为止。根据滴定结果，用蒸馏水稀释氢氧化钡溶液，使其与等量的硫酸锌溶液中和。

7. 1.7mmol / L 标准肌酸溶液：准确称取无水肌酸 22.3mg，置于 100 ml 容量瓶中，加蒸馏水使之溶解，并稀释至刻度，置冰箱中保存，可用数月。

8. 双乙酰溶液：先配成 1%水溶液，置棕色瓶中放冰箱保存，可用数月，临用时用蒸馏水稀释 20 倍。

9. 储存碱溶液：称取氢氧化钠 30g，无水碳酸钠（Na_2CO_3）64g，加蒸馏水使溶解，并稀释至 500ml，置塑料瓶保存。温度低时可析出沉淀，此时应放于 37℃水浴中待沉淀溶解后再使用。

10. α- 萘酚溶液：称取 α- 萘酚 400mg，用上述储存碱液 10ml 溶解。此液须新鲜配制，否则空白管吸光度增高。

二、器 材

试管及试管架、721 分光光度计、分析天平、采血用品（注射器、消毒液等）、水浴箱、离心机。

【方法与步骤】

一、显色反应

取离心试管编号，按表 3-12 操作。

表 3-12 CK 活性测定操作步骤

试管编号 / 试剂及步骤	空白管	标准管	测定管
血清(ml)	—	—	0.1
1.7mmol / L 肌酸标准液(ml)	—	0.1	—
蒸馏水(ml)	0.1	—	—
混合底物溶液 37℃预热 5min(ml)	0.75	0.75	0.75
混匀，37℃水浴 30min			
6%氢氧化钡溶液(ml)	0.5	0.5	0.5
5%硫酸锌溶液(ml)	0.5	0.5	0.5
蒸馏水(ml)	0.5	0.5	0.5
充分振摇混匀后，离心（2000r / min）10min，另取 3 支试管继续操作			
上清液(ml)	0.5	0.5	0.5
α- 萘酚溶液(ml)	1.0	1.0	1.0
双乙酰溶液(ml)	0.5	0.5	0.5
混匀，置 37℃水浴 15 ~ 20min			
蒸馏水(ml)	2.5	2.5	2.5
混匀，540nm 波长比色，空白管调零			
记录各管 OD 值			

二、结果计算

$$\text{CK（单位）}=\frac{OD_{测}}{OD_{标}}\times 标准管肌酸含量（\mu mol）\times\frac{1}{反应时间（h）}\times\frac{1}{血清用量（ml）}$$

$$=\frac{OD_{测}}{OD_{标}}\times 0.17\times\frac{1}{0.5}\times\frac{1}{0.1}$$

$$=\frac{OD_{测}}{OD_{标}}\times 3.4$$

【附注】

1. 红细胞中 CK 活力很低，故溶血标本对测定结果影响不大。

2. 混合底物的 pH 值要求准确。

3. 氢氧化钡和硫酸锌要滴定至恰好等量，否则离心后会出现混浊。特别是钡离子多时不能完全被硫酸根清除尽，使显色混浊而影响测定结果。

4. CK 活力单位定义：以 1ml 血清在 37℃与底物作用 1h，生成 1μmol 肌酸为 1 个 CK 活力单位。将此单位乘以 1000 / 60（或 16.7）可换算成国际单位（U / L）。正常参考值为 0.5 ~ 3.6 单位或 8 ~ 60U / L。

5. 酶的活力超过 200U / L 时，应将血清用 Tris-HCl 缓冲液稀释后再进行测定，结果乘以稀释倍数。

6. 因α-萘酚本身颜色不恒定，试剂空白每次深浅不同，故不能用标准曲线工作法。

【作业与思考题】

1. 血清CK测定在体育运动实践中有何意义？
2. 血清CK升高时，能否反映组织代谢能力强，为什么？

实验十 血清睾酮及血清皮质醇的测定（基础实验）

【目的要求】

1. 学习掌握应用放射免疫法测定血清睾酮的方法。
2. 掌握血清睾酮及皮质醇指标在运动训练实践中的应用。

【实验意义】

运动训练作为对机体的强烈刺激必将导致身体机能与内环境发生剧烈的应激反应，各内分泌腺体和细胞的激素分泌水平会出现相应的变化，各种激素在血液中的浓度也会有相应的改变。目前在运动训练中对体内激素变化最常用和最成熟的指标是血清睾酮（Testosterone，T）、血清皮质醇（Cortisol，C）、血清睾酮/皮质醇（T/C）比值、血液或尿液中的儿茶酚胺（Catecholamine）等。

睾酮是调节代谢的激素，主要功能是促进体内的合成代谢，提高力量、速度和耐力素质。皮质醇是促进体内分解代谢的激素，当运动后血清皮质醇仍然保持较高水平，就会导致机体分解代谢过于旺盛，不利于疲劳消除；如果长期保持较高浓度而恢复不到正常水平，就可能造成过度训练抑制机体的免疫机能。

在实际中，可以定期测试运动员安静状态下血清睾酮与皮质醇比值，用以监控运动员的基本状况。可在阶段性训练前测定晨起值，作为基础值，在阶段性训练中根据需要定期测定晨起值，与基础值进行比较，反映机体总的合成代谢与分解代谢的平衡状况。如果血清睾酮与皮质醇比值出现大幅度降低，这有可能是分解代谢大于合成代谢，不利于运动员疲劳消除，需要对运动员加强营养恢复手段，以免发展为过度训练。芬兰学者把血清睾酮与皮质醇比值作为机能评定的敏感指标，当血清睾酮与皮质醇比值超过30%或小于0.35，就可诊断为过度疲劳。有人将该标准运用于耐力运动员的训练监控中，效果较为理想。如果血清睾酮与皮质醇比值不变或升高，这表明机体的分解代谢没有超过合成代谢，运动员机能状况正常。

由于运动员血清睾酮、皮质醇水平受多种因素的影响，因此不能仅凭血清睾酮与皮质醇比值一个指标来评价运动能力。在实际中，常结合其他反应过度训练的指标来共同评价运动员的机能状况，如血尿素、血清肌酸激酶和血红蛋白等。有条件最好能根据不同专项，在测定血清睾酮与皮质醇比值的同时进行运动员做功能力的测试，全面反映运动员的机能状况。由于运动员血清睾酮、皮质醇水平存在个体差异性，在运用该指标评定运动员机能状况时，最好进行自身对照，建立运动员个人的正常值。

还有一种情况要注意，当运动员的血清睾酮、皮质醇同时出现下降时，根据两值下降幅度的不同，也会出现不同的结果。在这种情况下，即使血清睾酮与皮质醇比值升高，也需要注意运动员的机能状态是否正常，需要看血清睾酮的绝对值是否处于较高水平，如果太低则有可能意味着下丘脑垂体性腺轴和下丘脑垂体肾上腺都受到了抑制。这种情况也不利于运动员提高运动能力，因此，也要慎重对待。

【基本原理】

放射免疫（Radioimmunoassay, RIA）分析中应用放射性同位素标记物进行检测。其分析的基础是标记抗原（*Ag）和被测抗原，即非标记抗原（Ag）限量的特异性抗体（Ab）的竞争性抑制反应，是结合分析中的一类方法。由于标记抗原和非标记抗原的免疫活性完全相同，因此与特异性抗体具有相同的亲和能力。通常以下列方式表示：

*Ag （标记抗原）	+	Ab 特异抗体	→	*Ag–Ab （标记抗原抗体复合物）	+	*Ag （游离标记抗原）
Ag （非标记抗原）			→	Ag–Ab （非标记抗原抗体复合物）	+	Ag （非游离标记抗原）

在标记抗原和特异性抗体量恒定时，由于标记抗原抗体复合物的形成受非标记抗原（待测浓度的物质的含量制约，所以当样品中非标记抗原含量高时，非标记抗原对特异性抗体的竞争能力强，非标记抗原抗体复合物的形成量就多，实验结果所计量到的标记性抗原抗体复合物放射活性就低；相反，样品中非标记抗原含量低时，非标记抗原对特异性抗体的竞争能力弱，非标记抗原抗体复合物的形成就少，实验结果所计量到的标记性抗原抗体复合物放射活性就高。两者之间形成一定的逆相关函数关系。

【试剂和器材】

1. 试剂配制：使用包被—抗体—计数放射免疫试剂盒，其中包括总睾酮抗体包被试管、^{125}I 标记睾酮溶液和睾酮标准品，皮质醇抗体包被试管、^{125}I 皮质醇碘标记液及皮质醇标准品。

2. 测试样品的采集：上午 8 时前后抽取静脉血 2ml，受试者不必禁食。将全血室温下静置，待血液凝固后，以 3000r / min 离心 7 ~ 10min 后，取血清待测。

3. 器材：芬兰产 1470γ 计数器、恒温水浴箱等。

【方法与步骤】

一、血清睾醇的测定

1. 将总睾酮抗体包被试管、^{125}I 标记睾酮溶液及睾酮标准品置于室温状态，并充分混匀睾酮标准品、^{125}I 标记睾酮溶液（轻轻翻转）。

2. 分取标准液 A、B、C、D、E、F 各 50μl 于总睾酮抗体包被试管中，作双管标准曲线以保证测试数据的准确。

3. 取样品血清 50μl，直接滴入总睾酮抗体包被试管底部。

4. 将 1.0ml ^{125}I 标记睾酮溶液加入每个已加入了睾酮标准品或测试样品的试管中，在振荡器上振荡混匀 1min。

5. 将加入 ^{125}I 标记睾酮溶液的试管于 37℃水浴箱中，温育 3h。

6. 将温育后的溶液全部倒出，在吸水纸上叩击试管，将管内溶液尽力甩出。

7. 按标准管、样品管的顺序依次将试管放入测试架，在 γ 计数器上进行计数测定。

参考区间

单位换算：nmol / L（国际单位）×28.6＝ng / dl（常用单位）

运动员参考值范围：男运动员 270 ~ 1000ng / dl（或 9. 5 ~ 35.0nmol / L）

女运动员 10 ~ 100ng / dl（或 0.35 ~ 3.50nmol / L）

由于运动员在性别、年龄、个体、训练阶段和身体状态等方面的差异，其血清睾酮水平常常会有较大幅度的变化，因此用血清睾酮指标来评定运动员的机能状态时，最好采用单个运动员积累的个体数据进行系统监测，这样比较有效和可靠。

二、血清皮质醇的测定

1. 将包被试管、^{125}I 皮质醇碘标记液及标准品处于室温状态，并充分混匀标准品、碘标记液（轻轻翻转）。

2. 分取标准液 A、B、C、D、E、F 各 25ul 于包被试管中，作单管标准曲线。

3. 取样品血清 25μl，直接滴入包被试管底部。

4. 将 1.0ml ^{125}I 皮质醇标记液加入每个已加入了标准品或测试样品的试管中，在振荡器上振荡混匀 1min。

5. 将加好碘标记液的试管置于 37℃水浴箱中，温育 45min。

6. 将温育后的溶液全部倒出，在吸水纸上叩击试管，将管内溶液尽力甩出。

7. 按标准管、样品管的顺序依次将试管放入测试架，在 γ 计数器上进行计数测定。

参考区间

单位换算：μg / dl（常用单位）×27.59＝nmol / L（国际单位）

参考值范围（表 3–13）：

表 3–13　血清皮质醇常用参数表

零时	8 时	16 时
2 ~ 5μg / dl (55 ~ 140nmol / L)	6 ~ 26μg / dl (165 ~ 720nmol / L)	2 ~ 9μg / dl (55 ~ 250nmol / L)

【附注】

1. 采集 1ml 全血，避免溶血，静置析出或离心后得到澄清血清，血清量不少于 100μl。
2. 向总睾酮抗体包被试管中加入样品时，吸头不要触及管底部的药膜。
3. 温育时可用小盖子或塑料薄膜纸盖住试管，以防止蒸气形成的水滴掉入试管中。

【作业与思考题】

1. 血清睾酮和血清皮质醇的测定在体育运动实践中有何意义？
2. 在运动训练中如何应用血清睾酮／皮质醇比值这项指标？

实验十一 血、尿肌酐的测定（基础实验）

【目的要求】

1. 掌握血、尿肌酐浓度的测定方法和尿肌酐系数的计算。
2. 了解测定血、尿肌酐在运动实践中的意义。

【实验意义】

肌酐是肌酸和磷酸肌酸代谢的最终产物，在体内是一种废物。组织细胞产生的肌酐进入血液循环，通过肾脏由尿液排出体外。正常情况下，血清（或血浆）肌酐浓度男子为 0.9～1.5mg／dl，女子为 0.8～1.2mg／dl；尿肌酐浓度男子为 1.0～2.0g／24h（尿），女子为 0.8～1.8g／24h（尿）。体内肌酸主要存于骨骼肌。人体尿肌酐日排泄量稳定，因此常通过测定尿肌酐间接反映运动员肌肉发达程度和肌酸含量，但由于其排泄量受体重的影响，故常用尿肌酐系数表示。24h 每千克体重排出尿肌酐的毫克数称为尿肌酐系数，男性为 18～32 mg／(kg 体重·24h)，女性为 10～25（18～32）mg／(kg 体重·24h)。力量和速度项目的运动员肌肉发达，其尿肌酐系数可达 36～42。当训练引起尿肌酐系数增加时，反映肌肉的肌酸浓度或肌肉发达程度提高，反之则说明训练或营养措施不当。尿肌酐测试方法简便、无损伤，在速度、力量专项的科学选材与科学训练中具有广泛的应用价值。

【基本原理】

尿肌酐在碱性溶液中与苦味酸作用下生成橙红色的苦味酸肌酐复合物，与同样处理的标准液比色，可以测定尿中肌酐含量，其反应如下：

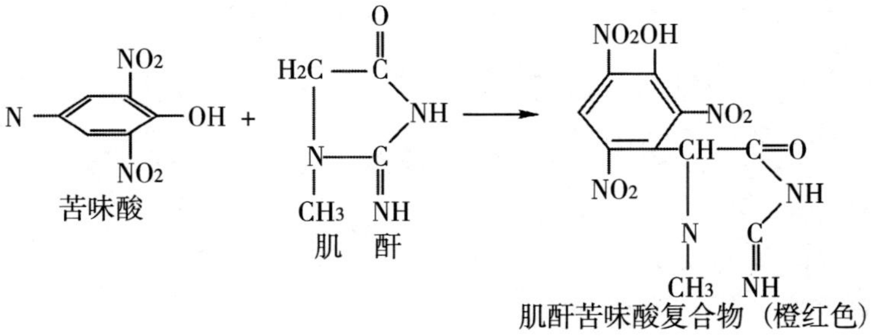

【试剂和器材】

一、试 剂

1. 0.04mol / L 苦味酸溶液：称取苦味酸（A.R）约 9.3g，溶于 80℃蒸馏水 500ml 中，冷却至室温，加蒸馏水至 1000ml，用 0.1mol / L 氢氧化钠滴定，以酚酞作指示剂。根据滴定结果，用蒸馏水稀释至 0.04mol / L，储存于棕色瓶内。

2. 0.75mol / L 氢氧化钠溶液：称取氢氧化钠（A.R）30g，加蒸馏水使其溶解，冷却后用蒸馏水稀释至 1000ml。

3. 35mol / L 钨酸溶液

（1）100ml 蒸馏水中加入 1g 聚乙烯醇，加热助溶（不要煮沸），冷却。

（2）300ml 蒸馏水中加 11.1g 钨酸钠，使其完全溶解。

（3）300ml 蒸馏水中慢慢加入 2.1ml 浓硫酸，冷却。

于 1L 容量瓶中，将（1）液加入（2）液中，再与（3）液混匀，然后加蒸馏水至刻度，置室温中保存，至少稳定一年。

4. 肌酐标准储存液（1mg / ml）：精确称取肌酐（A.R，WMll3.12）0.100g，以少量 0.1mol / L 盐酸溶解，并转移入 100ml 容量瓶内，再以 0.1mol / L 盐酸稀释至刻度。保存于 4℃冰箱，可长期保存。

5. 肌酐标准应用液（0.01mg / ml）：准确吸取肌酐储存标准液 1.0ml，加入 100ml 容量瓶内，以蒸馏水稀释至刻度，加氯仿数滴防腐。此液可在 4℃冰箱保存 1 周。

二、仪 器

试管及试管架、移液管、分析天平、烧杯、容量瓶、721 分光光度计。

【方法与步骤】

一、样品预处理

1. 稀释 10 倍无蛋白血滤液制备：于离心管中加入血清（或血浆）0.3ml，再加 35mol / L 钨酸溶液 2.7ml，充分混匀，3000r / min 离心 10min，取上清液备用。

2. 稀释 200 倍尿液制备：吸取尿液 0.1ml，加蒸馏水稀释至 20ml 备用。

二、显色反应

取试管编号后，按表 3–14 操作。

表 3–14　肌酐测定操作步骤

试剂及步骤 \ 试管编号	空白管	标准管	测定管
蒸馏水（ml）	4.0	2.0	2.0
0.01mg / ml 肌酐标准应用液（ml）	—	2.0	—
无蛋白血滤液或稀释尿液（ml）	—	—	2.0
0.04mol / L 苦味酸溶液（ml）	1.0	1.0	1.0
0.75mol / L 氢氧化钠溶液（ml）	1.0	1.0	1.0
混匀，静置 15min，520nm 波长比色，空白管调零			
记录各管 OD 值			

三、结果计算

血清（浆）肌酐浓度（mg / ml）$=C_{测}\times$ 稀释倍数

$$=\frac{OD_{测}}{OD_{标}}\times C_{标}\times 稀释倍数$$

$$=\frac{OD_{测}}{OD_{标}}\times 0.01\times 10$$

$$=\frac{OD_{测}}{OD_{标}}\times 0.1$$

尿肌酐浓度（mg / dl）$=\frac{OD_{测}}{OD_{标}}\times 0.01\times 200$

$$=\frac{OD_{测}}{OD_{标}}\times 2$$

$$尿肌酐系数=\frac{尿肌酐浓度（mg/ml）\times 24h\ 尿量（ml）}{体重（kg）}$$

【附注】

1. 肌酐及肌酸在溶液中可互变，其速度随溶液 pH 值不同而异。在中性溶液中需数天或数星期两者达到平衡。在酸性或碱性溶液中肌酸较快形成肌酐，因此尿液标本宜新鲜，如当天不能测定，可调节 pH 值至中性或冰冻保存。

2. 肌酐与碱性苦味酸显色反应随温度、时间、pH 值及苦味酸纯度而变化，苦味酸不纯可使空白管光密度升高。温度在 15 ~ 25℃之间显色较稳定，温度增高时空白管、标准管及测定管光密度均增高，但不成比例。

3. 肌酐与碱性苦味酸所显色泽要渐渐褪色，故宜在 0.5h 内读取结果。

【作业与思考题】

1. 尿肌酐系数在体育运动实际中有什么应用价值？

2. 日尿肌酐排泄量增加是否意味着尿肌酐系数增高，为什么？

实验十二 尿蛋白的测定（基础实验）

【目的要求】

1. 学习掌握尿蛋白的定量测定方法。

2. 掌握尿蛋白指标在运动训练中应用的方法和特点。

【实验意义】

蛋白质为高分子化合物，当血液流经肾脏时，血浆中的蛋白质在肾小球的滤过率很低，正常人每日尿中排出蛋白质总量在150mg以下，在40～80mg范围内。安静状态下，运动员的尿蛋白含量与正常人无差别。由于运动而使尿中蛋白含量增加的现象称为运动性尿蛋白。

运动后尿蛋白排泄量与运动量、运动员的身体机能状态、运动强度等有关，尤其与运动强度关系密切。运动性尿蛋白一般在运动后4小时即可恢复，常收集训练后、次日晨安静时的尿样进行测定，分别观察运动员身体负荷量和恢复情况。测定训练课后尿蛋白的排泄量（一般在运动后15min取尿样测定），可以反映运动量，特别是运动强度；测定训练后次日晨的尿蛋白，可以反映运动员身体恢复情况。因此通过尿蛋白的测定，可以为训练课的负荷调整，掌握运动员机能状态提供理论依据。

一、磺基水杨酸法定性试验

用作过筛试验较好。敏感性高，可测出2.5mg%以下的蛋白质、白蛋白、球蛋白，包括本周氏蛋白均可检测。本法如属阴性，即须再行其他试验。

【基本原理】

磺基水杨酸为生物碱试剂。在酸性条件下，磺基水杨酸的负离子与正电荷的蛋白质结合成不溶性的蛋白盐而显混浊。

【试剂】

3%磺基水杨酸溶液：称取磺基水杨酸（A·R）3.0g和无水硫酸钠7.0g，以蒸馏水溶解至100ml，必要时过滤备用。

【方法与步骤】

1. 在试管内加入尿约2ml，在尿面上滴加试剂3～5滴。

2. 如出现白色絮状物，即为有尿蛋白存在；衬以黑背景，少量时更为清楚。

3. 蛋白胨或尿酸盐所引起的混浊，加热后即可消失。蛋白质加热后混浊并不消失。凝溶蛋白质加热则混浊消失，但冷却后混浊又重出现。

二、磺基水杨酸比浊法（半定量法）

【基本原理】

此法系从磺基水杨酸法改良而来。在一定范围内蛋白质与磺基水杨酸结合产生的混浊度与其蛋白质的含量成正比。在相同条件下与标准蛋白液比较，可求得尿中蛋白质含量。

为在运动实践中普及应用，将玻璃研磨成细粉末，配制成系列浓度的混浊液，以代替标准蛋白比浊管。系列混浊液的浓度分别相当于 5、10、20、30mg / dl 蛋白……用管径相同的小试管封固，备用。

【试剂和器材】

一、试　剂

1. 3%磺基水杨酸溶液：称取磺基水杨酸（A.R）3g 和无水硫酸钠 7g，以蒸馏水溶解至 100ml，必要时过滤备用。
2. 不同浓度的标准系列混浊液：自制或购置。

二、器　材

小试管、试管架、吸量管等。

【方法与步骤】

取与标准比浊管口径一致的小试管，加入待测尿液 0.5ml，然后加入 3%磺基水杨酸试剂 1.5ml，混匀后与系列标准管比浊即可。

【注意事项】

1. 尿液应清晰和呈酸性，否则应离心后取上清液备用，或加数滴稀乙酸使呈酸性。
2. 尿中的酮体、尿酸可形成假阳性反应。
3. 尿中盐类结晶较多时也出现假阳性反应，但加热时混浊即可消失。

三、Folin- 酚法（定量法）

【基本原理】

Folin- 酚法测定蛋白质所用的试剂由两部分组成。试剂甲可与蛋白质中的肽键起显色反应，试剂乙（磷钨酸和磷钼酸混合物）在碱性条件下极不稳定，被酚类化合物还原而呈蓝色反应（钼蓝和钨蓝混合物）。由于蛋白质含有带酚基的酪氨酸，故有此呈色反应。因此，用 Folin- 酚法测定蛋白质含量灵敏度较高，大约比双缩脲法灵敏 100 倍。此法适合于测定 20 ~ 400μg / ml 的蛋白溶液。

【试剂和器材】

一、试　剂

1. 标准酪蛋白溶液（500μg／ml）：准确称量125mg酪蛋白粉末，用少量0.1mol／LNaOH溶液湿润溶解，加蒸馏水至250ml，配成500μg／ml的标准酪蛋白溶液，4℃冰箱保存。也可用牛血清蛋白代替酪蛋白以同样的方法配制。

2. Folin-酚试剂甲：由下列4种溶液组成。（1）4%碳酸钠溶液；（2）0.2mol／L氢氧化钠溶液；（3）1%硫酸铜溶液；（4）2%酒石酸钾钠溶液。使用前，将（1）与（2）等体积混合配成碳酸钠－氢氧化钠溶液，将（3）与（4）等体积混合配成硫酸铜－酒石酸钾钠溶液。然后，将（1）与（2）及（3）与（4）这两种混合液按50∶1的比例混合，即为Folin-酚试剂甲。该试剂只能用一天，应在临用前配制。

3. Folin-酚试剂乙：在2L容量的磨口回流装置内加入钨酸钠（$Na_2WO_4 \cdot 2H_2O$）100g，钼酸钠（$Na_2MoO_4 \cdot 2H_2O$）25g，蒸馏水700ml，85%磷酸50ml，浓盐酸100ml，充分混匀后，以小火回流10h。再加硫酸锂（$LiSO_4$）150g，蒸馏水50ml及数滴液体溴。然后开口煮沸15min（应在通风橱内进行），以驱除过量的溴。冷却后用蒸馏水定容至1000ml，过滤，滤液呈黄绿色。

用Folin-酚试剂乙滴定标准氢氧化钠溶液（1mol／L左右），以酚酞为指示剂，标定Folin-酚试剂乙的酸度。当溶液颜色由红色变为紫色、紫灰，再突然变为墨绿时，即为终点。该试剂酸度一般为2mol／L左右，此为储存液。使用前应适当稀释，使其成为浓度为1mol／L的酸，此为应用液。

Folin-酚试剂乙的储存液和应用液均应盛放在棕色瓶中。储于冰箱内，可长期保存。

4. 10%三氯乙酸溶液。

5. 5%三氯乙酸溶液。

二、器　材

试管及试管架、吸量管（5ml、1ml、0.5ml）、721分光光度计、恒温水浴箱。

【方法与步骤】

一、尿液预处理

取安静尿3.0ml（运动后尿可取1.5ml）置于5ml刻度离心管中，加入10%三氯乙酸1.5ml，以沉淀蛋白质。加塞混匀，离心（3000r／min）10～15min，倒去上清液，用5%三氯乙酸1ml洗涤沉淀一次（用混匀器混匀）；再次离心后，倒去上清液，用1mol／L氢氧化钠溶液2～3滴溶解沉淀，加蒸馏水定容至1.5ml（即将尿液浓缩2倍），即为待测液。

二、标准曲线绘制及样品测定

取试管编号，按表 3–15 操作。

表 3–15　定量测定尿蛋白操作步骤

试剂及步骤 \ 试管编号	0	1	2	3	4	5	6
标准酪蛋白溶液（ml）	0	0.2	0.4	0.6	0.8	1.0	—
待测液（ml）	—	—	—	—	—	—	1.0
蒸馏水（ml）	1.0	0.8	0.6	0.4	0.2	0	0
Folin– 酚试剂甲（ml）	0.5	0.5	0.5	0.5	0.5	0.5	0.5
混匀，室温放置 10min							
Folin– 酚试剂乙（ml）	0.5	0.5	0.5	0.5	0.5	0.5	0.5
立即摇匀，25℃保温（或室温放置）30min，500nm 波长比色，蒸馏水调零							
记录各管 OD 值							

以各标准管 OD 值为纵坐标，酪蛋白浓度（μg / ml）为横坐标，在坐标纸上绘制标准曲线。根据测定管的 OD 值在曲线上可查得测定管的尿蛋白含量。

三、结果计算

任意选做一只标准管（以 3 号管为例），通过公式计算尿蛋白含量：

安静尿蛋白浓度（μg / ml）$= C_{测} \times$ 稀释倍数

$$= \frac{OD_{测}}{OD_{标}} \times C_{标} \times 稀释倍数$$

$$= \frac{OD_{测}}{OD_{标}} \times 500 \times 0.6 \times \frac{1}{2}$$

$$= \frac{OD_{测}}{OD_{标}} \times 150$$

【附注】

1. 构成 Folin– 酚试剂甲的 4 种溶液单独存在时稳定，但其混合液不稳定，需用前配制。
2. 实验步骤应严格按顺序进行。
3. 作为标准用的酪蛋白应当用凯氏定氮法测定蛋白氮含量，以确定酪蛋白纯度。

【作业与思考题】

1. 测定安静和运动后尿蛋白时取尿量不同，二者在计算结果时有何不同？
2. 测定运动员尿蛋白排泄量有什么实际意义？它与临床尿蛋白有什么区别？
3. 尿蛋白排泄量受哪些因素的影响，应用尿蛋白评定不同受试者训练量时应注意什么？

实验十三 尿中葡萄糖的测定（基础实验）

【目的要求】

1. 学习测定尿糖的方法。
2. 掌握运动员测定尿糖的意义。

【实验意义】

正常人尿中葡萄糖含量极微，常规检查尿糖呈阴性反应。但在剧烈运动以后尿中常出现葡萄糖，呈阳性反应，称运动性糖尿。运动性糖尿产生的原因，可能是运动时肾上腺素分泌增加，血糖上升，当升高超过肾糖阈时（160mg / dl），尿中出现葡萄糖；也可能由于运动时肾脏缺血、缺氧，肾功能下降，影响肾小管对葡萄糖的重吸收而出现运动性糖尿。

运动员在赛前，由于情绪紧张而引起肾功能的改变，也可能出现糖尿，属情绪性糖尿。运动性糖尿与糖尿病患者不同，后者是由于胰岛素分泌不足或缺乏所致。

【基本原理】

葡萄糖在热醋酸溶液中与邻甲苯胺缩合产生蓝绿色化合物，颜色深浅与葡萄糖含量成正比，以比色法求其含量。

【试剂和器材】

一、试 剂

1. 邻甲苯胺的处理：邻甲苯胺显红棕色，则应重蒸馏，收集 199 ~ 201℃的馏出物，溜出液微带黄色。蒸馏时弃去首尾部分。蒸馏所得之邻甲苯胺中按每 500ml 加入 0.5g 盐酸羟胺，置 56℃水浴中加温，不断振摇使其溶解，置棕色瓶冰箱保存。

2. O-TB 试剂（邻甲苯胺显色剂）：在清洁的 1000ml 容量瓶中，加入硫脲 1.5g，加冰醋酸 400 ~ 500ml 使其溶解，溶解后加入 60ml 经上述处理的邻甲苯胺，再加饱和硼酸溶液 40ml，然后用冰醋酸加至 1000ml，摇匀储于棕色瓶中。

3. 饱和硼酸溶液：称取硼酸 6g，加蒸馏水至 100ml，置室温数日，取上清液应用。

4. 葡萄糖标准储备液（10mg / ml）：取无水纯葡萄糖（A.R）2 ~ 3g，置于洁净的烧杯内，在 40 ~ 50℃干燥箱中烘干至恒重，置于干燥器中保存。准确称取烘干的葡萄糖 1.000g，加 0.25%安息香酸溶液 50ml 溶解，倒入 100ml 容量瓶中，用 0.25%安息香酸溶液稀释至刻度，置冰箱中保存。

5. 葡萄糖标准应用液（1mg / ml）：准确吸取葡萄糖储存标准液 1.0ml，加入 100ml 容量瓶内，以 0.25%安息香酸稀释至刻度。

6. 0.25%安息香酸溶液：称取安息香酸 2.5g，加蒸馏水使其溶解后倒入 1000ml 容量瓶中，用蒸馏水稀释至刻度。

二、器　材

试管及试管架、水浴锅、烧杯、721 分光光度计、吸量管。

【方法与步骤】

一、样品收集

取新鲜尿液备用。

二、显色反应

取试管编号，按表 3–16 进行操作。

表 3–16　尿中葡萄糖测定操作步骤

试剂及步骤＼试管编号	测定管	标准管
待测尿液（ml）	0.1	—
葡萄糖标准应用液（ml）	—	0.1
O–TB 试剂（ml）	5.0	5.0
各管置沸水浴中 5min，取出置自来水中冷却 3min 630nm 波长比色，蒸馏水调零		
记录各管 OD 值		

尿葡萄浓度（mg / dl）$=C_{测}\times$稀释倍数

$$=\frac{OD_{测}}{OD_{标}}\times C_{标}\times 稀释倍数$$

$$=\frac{OD_{测}}{OD_{标}}\times 1\ (mg/ml)\ \times 100$$

$$=\frac{OD_{测}}{OD_{标}}\times 100$$

其中：100 为 1dl=100ml。

实验十四　尿胆素原的测定（基础实验）

【目的要求】

1. 学习掌握尿胆素原定量测定方法和原理。
2. 掌握运动实践中测定尿胆素原的意义。

【实验意义】

尿胆素原是体内血红蛋白分解代谢产物。正常人成熟红细胞的平均寿命为 120 天左右。衰老的红细胞主要在肝、脾、骨髓细胞破坏，释放出来的血红蛋白分解成珠蛋白和血红素。血红素经血液循环至肝脏进一步代谢依次生成胆绿素、胆红素、胆素原（血红素→胆绿素→胆红素→胆素原）。胆素原随粪便（粪胆素原）和尿液（尿胆素原）排出体外。正常成人每日从尿中排出的尿胆素原有 0.5 ~ 4mg。大运动量训练时血红蛋白破坏增多，其代谢产物尿胆素原排泄也增加。当运动员有疲劳感时，常见尿胆素原排泄增多。

【基本原理】

尿胆素原在酸性溶液中与欧立区（Ehrlich）试剂中的对——二甲氨基苯甲醛（P–dimethylaminobenzaldehyed）作用，生成红色化合物，与人工标准液比色求其含量。如尿液中含有胆红素将影响结果，应在测试前除去。

【试剂和器材】

一、试　剂

1. 欧立区试剂：称取对——二甲氨基苯甲醛 2g，溶于 80ml 蒸馏水中，缓慢加入浓盐酸 20ml，混匀储于棕色瓶中保存。

2. 100g / L 氯化钙溶液。

3. 4%氯化金（GoldChloiide）溶液。

4. 10%溴化钠溶液。

5. 标准液 I（100ml 相当尿胆素原 8.2mg）：取 10%溴化钠溶液 2ml，加 4%氯化金溶液 2ml，加蒸馏水 26ml，混匀。

6. 标准液 II（100ml 相当于尿胆素原 2.4mg）：取标准液 I 溶液 10ml，加蒸馏水 10ml，混匀。

7. 标准液 III（100ml 相当于尿胆素原 0.9mg）：取标准液 II 溶液 10ml，加热蒸馏水 10ml，混匀。

二、器　材

试管及试管架、吸量管、721 分光光度计。

【方法与步骤】

一、除去胆红素

取 100g / L 氯化钙溶液 1 份与尿液 4 份混合，离心沉淀，取上清液备用。

二、显色与测定

取试管编号，按表 3–17 进行操作。

表 3–17 尿中尿胆素原测定操作步骤

试剂及步骤 \ 试管编号	测定管	标准管 I	标准管 II	标准管 III
待测尿液(ml)	2	—	—	—
标准液 I(ml)	—	2	—	—
标准液 II(ml)	—	—	2	—
标准液 III(ml)	—	—	—	2
欧立区试剂(ml)	0.2	0.2	0.2	0.2
混匀，室温放置 10min，520nm 波长比色，蒸馏水调零				
记录各管 OD 值				

三、结果计算

与最接近色度的标准液比色进行计算。

尿胆素原（mg / dl）$=C_{测}\times$稀释倍数

$$=\frac{OD_{测}}{OD_{标}}\times C_{标}\times 稀释倍数$$

即：尿胆素原（mg / dl）$=\frac{OD_{测}}{OD_{标1}}\times 8.2$

或尿胆素原（mg / dl）$=\frac{OD_{测}}{OD_{标2}}\times 2.4$

或尿胆素原（mg / dl）$=\frac{OD_{测}}{OD_{标3}}\times 0.9$

【附注】

1. 尿液标本必须新鲜，久置后尿胆素原氧化为尿胆素，呈假阴性反应。如欲测定 24h 尿液中尿胆素原，可将尿液收集于棕色瓶中，每 100ml 尿液加无水碳酸钠 5g，并加纯石油醚或甲苯 10ml 防腐。

2. 用尿胆素原评定运动员身体机能时，应充分考虑运动项目特点对尿胆素原排泄量的影响。如游泳运动员训练时，其排汗量远远低于球类等项目，应寻找各项目的特点。

【作业与思考题】

用尿胆素原评定运动员身体机能时应注意什么？

参考文献

[1] 张爱芳. 生物化学与运动生物化学习题集 [M]. 北京：北京体育大学出版社，2006.

[2] 许豪文，冯炜权，王元勋. 运动生物化学 [M]. 北京：高等教育出版社，1998.

[3] 张蕴琨，丁树哲. 运动生物化学实验 [M]. 北京：高等教育出版社，2006.

第四章　体育保健学实验

实验一　人体一日需热量的计算（综合型实验）

【目的要求】

通过实验使学生学会并初步掌握运用活动观察计算法测算人体所需热量的基本方法，以及评定其消耗热量等级的技能。

【基本原理】

应用直接或间接测热法所取得的人体各项活动热能消耗的数据，计算实际活动的热能消耗。详细观察记录人体一天（24h）中各项活动的内容和时间（以 min 计），然后归类相加，查表找出每项活动单位时间的热量消耗率，与该项活动的时间相乘，即得出该项活动的热能消耗量。将全天各项活动的热量消耗量相加，即得出人体一天活动的热量消耗量。将膳食模式看做平衡膳食，则食物特殊动力作用所消耗的热能以基础代谢的10%代替。活动的热量消耗量加上食物特殊动力作用所消耗的热能，就是人体一天的需热量。

【实验器材】

人体各项活动热能所耗数据表格资料（附表 4–1、4–2）、计算工具。

【方法与步骤】

1. 记录人体一天（24h，折合 1440min）内，身体各项活动内容的名称及所占用的时间（以 min 为单位计）。

2. 合并相同活动内容的时间（min），并将活动名称和时间逐项登记在实验报告的相应栏目内。

3. 核算一日活动时间是否满 24h，即 1440min。

4. 依表查找各项活动、动作的单位热能消耗值（kJ / kg·min），登记在实验报告的相应栏目内，对于检查不到的活动项目，可查找与其近似项目的热能消耗率，以取代该项目。

5. 逐项计算各活动项目所消耗的热量，并在合并相同活动后，总计一日内消耗的热量（kJ / kg·d）。

6. 合计每天每公斤体重活动的耗热量 D（kJ / kg·d）。

7. 计算身体各项活动的耗热总和 E（kJ / d）。

$$E = D \times 体重（kg）$$

8. 求受试者基础代谢（F）

$$F = 基础代谢率 \times 体表面积（m^2）\times 24$$

（1）体表面积计算按我国赵松山 1984 年提出的相对适合中国人的体表面积计算公式：

$$体表面积（m^2）= 0.00659 \times 身高（cm）+ 0.0126 \times 体重（kg）- 0.1603$$

（2）正常人基础代谢率均值如表 4–1。

表 4–1　我国人正常的基础代谢率平均值　单位：kJ/(h·m²)

年龄（岁）	11~15	16~17	18~19	20~30	31~40	41~50	51 以上
男性	195.5	193.4	166.2	157.8	158.7	154.0	149.0
女性	172.5	181.7	154.0	146.5	141.7	142.4	138.6

9. 计算受试者食物特殊动力作用耗热量 H（kJ）。

$$H = F \times 10\%$$

10. 受试者身体一日需热量 S（kJ / d）。

$$S = E + H$$

11. 评定

参考下列有关评定的资料：

（1）各类大学生活动耗热量。

（2）不同项目运动员的热能消耗量。

（3）营养学会制定的体力劳动热量供给量。

【注意事项】

1. 记录一昼夜活动内容应记满 24h（1440min）。

2. 日期应选取周内有专项训练的时间段。

3. 计算中应将一昼夜内相同活动内容的时间合并计算。

4. 记录中对表中查不到的活动项目，选择近似活动项目参考值。

5. 影响计算结果准确性的非计算性问题，如查表中看错行或串行，其活动的耗热量与活动项目不对应；抄录数据时计错数字中小数点的位置，都会造成计算结果有较大出入。

附表 4–1　各种活动与运动的能量消耗

动作名称	kJ / (kg·min)	动作名称	kJ / (kg·min)
睡　眠	0.0657	散步	0.1703
卧床休息	0.0900	上下楼	0.3209
坐着休息	0.0933	乘车（坐）	0.1414
站立等候	0.1100	乘车（站）	0.4197
穿脱衣服	0.1891	骑自行车 8.5km / h	0.2427
洗脸刷牙	0.1222	骑自行车 10km / h	0.2929
大小便	0.1130	骑自行车 15km / h	0.4184
洗澡	0.1276	骑自行车 20km / h	0.5983
吃饭	0.1368	听课	0.1142
铺床	0.2121	自习、阅读	0.1360
洗衣	0.2427	讨论	0.1184
提水	0.4247	写字	0.1368
做饭	0.1828	看电影	0.1100
擦地板	4.1840	整理书信	0.2038
大扫除	0.3862	打扑克、下棋	0.1184
织毛衣	0.1155	唱歌	0.2552
理发	0.1665	吹口琴	0.2038
谈话（坐）	0.1184	广播操	0.3205
每分钟步行 110 步	0.2816	打康乐球	0.2038
上下山坡	0.3209	打电话	0.1276
挑水	0.4761	开会	0.0933
扫地	0.1674	剪指甲	0.1067

注：数据依国内资料综合整理。

附表 4–2 各种运动的热能消耗率

项目	kJ / (kg·min)	项 目	kJ / (kg·min)	项 目	kJ / (kg·min)
准备活动		**游泳**		挺举 70kg	4.3878
上肢	0.3264	每分钟 10m	0.2092	挺举 80kg	4.4903
下肢	0.4276	每分钟 20m	0.2962	挺举 90kg	5.6216
拉力练习	0.7849	每分钟 50m	0.7113	挺举 100kg	6.0053
背肌练习	0.6627	**骑马**		挺举 110kg	5.8241
腹肌练习	0.6941	在练马场练习	0.2833	少林拳（男）	0.8008
腿负重 3.5kg	0.1996	在跑马场疾驰	0.5368	少林拳（女）	1.0447
缓慢行走		**摩托车**		**快跑**	
在平坦路上行走	0.3891	平地驾驶	0.2071	60m	2.7196
7km / h		越野跑	0.5694	100m	3.1380
慢跑	0.8770	越野上下坡	0.5611	短距离	0.4623
跳绳	1.0987	推车上坡	0.4774	中距离	0.6531
武术		沙地推车	0.8301	长距离	0.5791
杨式太极（男）	0.4192	修理工作	0.2615	**赛跑**	
杨式太极（女）	0.2975	**无线电**		每分钟 200m	0.7322
吴式太极（男）	0.3406	快速收发报	0.1322	每分钟 400m	0.6987
吴式太极（女）	0.3092	原地测向	0.2192	1h8km	0.5669
太极剑（男）	0.4996	途中测向	0.4301	1h12km	0.7519
滑雪		负重跑步	0.8548	1h15km	0.7845
中等速度	0.7322	**体操**		剑术(长剑)	0.6485
1h8km	0.6100	拉韧带练习	0.2201	**滑冰**	
1h9km	0.6289	倒立	0.5594	每分钟 200m	0.5439
1h12km	0.8368	跳马（女）	6.4141	每分钟 325m	0.8858
1h15km	1.1121	**举重**		**划船**	
登山每小时 2km		推举	2.5711	每分钟 50m	0.1799
坡度 50°	0.4477	高抓 50kg	3.5915	每分钟 80m	0.3640
坡度 70°	1.0125	高抓 60kg	5.3233	**摩托车**	
骑自行车		高抓 70kg	7.4647	越野跳跃	0.7627
每小时 20km	0.5971	高翻 60kg	4.8664	**投掷**	
逆风每小时 10km	0.6414	高翻 70kg	6.3124	铅球	4.4892
球类		高翻 80kg	7.0731	铁饼	4.4040
足球	0.4753	窄拉 125kg	3.3288	标枪	7.4885
篮球（男子）	1.0828	后下 135kg	1.4929	投掷练习	0.5790
篮球（女子）	0.9268	前下 115kg	2.7715	**健身运动**	
排球（男子）	0.8234	抓举 50kg	3.1146	哑铃	0.9347
排球（女子）	0.9228	抓举 60kg	5.4664	腹肌练习	0.6456
乒乓球	0.285	抓举 70kg	5.9178	平均	0.7791
羽毛球	0.5163	抓举 80kg	6.9768		

注：数据依国内外资料整理。

【作业与思考题】

1. 书写试验报告。
2. 结合实验，思考如何评定热能平衡?

实验二 30s20 次蹲起试验（验证型实验）

【目的要求】

通过本实验使学生掌握 30s20 次蹲起试验的测定和评价方法，理解运动试验指标的评定意义。

【基本原理】

人体在安静状态时的心率、血压、呼吸等生理指标是较稳定的，各项指标一般在正常范围之内，这就难以反映机体心肺功能的潜力。而定量负荷试验时，机体需要动员各器官的潜力以保证内环境的稳定，在这种情况下就容易表现出身体各器官的功能水平。

【实验器材】

听诊器、血压计、秒表等。

【方法与步骤】

一、测安静时的心率和血压

受试者静坐 15min 后，连续测 3 次 10s 心率，取其连续两次相同的值换算为 1 分钟心率，再测血压。测过血压后不要将袖带解下以备继续测量血压时用。

二、30s20 次蹲起

受试者站立，两足分开与肩同宽，双臂自然下垂，做蹲起动作。下蹲时足跟不能离地，全蹲时两上肢前平举，起立后两臂下垂。如此反复 20 次，在 30s 内完成。

三、测恢复期的心率和血压

当最后一个蹲起结束时，要使受试者迅速坐下，测恢复期第 1、2、3 分钟的心率和血压，每分钟的前 10 秒测心率，后 50 秒测血压并记录。

四、评　定

根据心率的变化进行评定。

$$\text{运动后心率上升的百分比} = \frac{\text{运动后心率} - \text{安静心率}}{\text{安静心率}} \times 100$$

1. 机能良好

运动后心率上升不多，血压中度升高，3 分钟内心率、血压基本恢复到安静水平。

2. 技能较差

运动后心率比安静时上升达 70%以上，血压上升不明显或明显上升，3 分钟内心率、血压均未能恢复到安静水平。

【注意事项】

1. 该试验负荷较小，适用于初参加体育锻炼者和青少年。
2. 做蹲起时动作要规范，速度要均匀。
3. 运动完成后应立即坐下或站立不动，否则会影响心率及血压。
4. 手测心率时，要及时准确。

【作业与思考题】

1. 书写试验报告。
2. 试应用实验方法对青少年进行机能评定。

实验三 15s 原地快跑试验（验证型实验）

【目的要求】

通过本实验使学生掌握 15s 原地快跑试验的测试和评价方法。

【基本原理】

定量负荷试验时，机体需要动员各器官的潜力，以保证内环境的稳定，在这种情况下较容易表现出身体各器官的功能水平。受试者完成定量负荷运动，测定运动前后的心率及恢复情况来判定心血管功能状况。

【实验器材】

听诊器、血压计、秒表等。

【方法与步骤】

一、测安静时的心率和血压

受试者静坐 15min 后，连续测 3 次 10s 心率，取其连续两次相同的值换算为 1 分钟心率，再测血压。测过血压后不要将袖带解下以备继续测量血压时用。

二、15s 原地快跑

受试者以 100m 赛跑的速度和强度原地跑 15s。

三、测恢复期的心率和血压

当跑完 15s 后立即测恢复期第 1、2、3、4 分钟的心率和血压，每分钟的前 10 秒测心率，后 50 秒测血压并记录。

四、评　定

测试有 5 种反应类型，如图 4-1 所示。

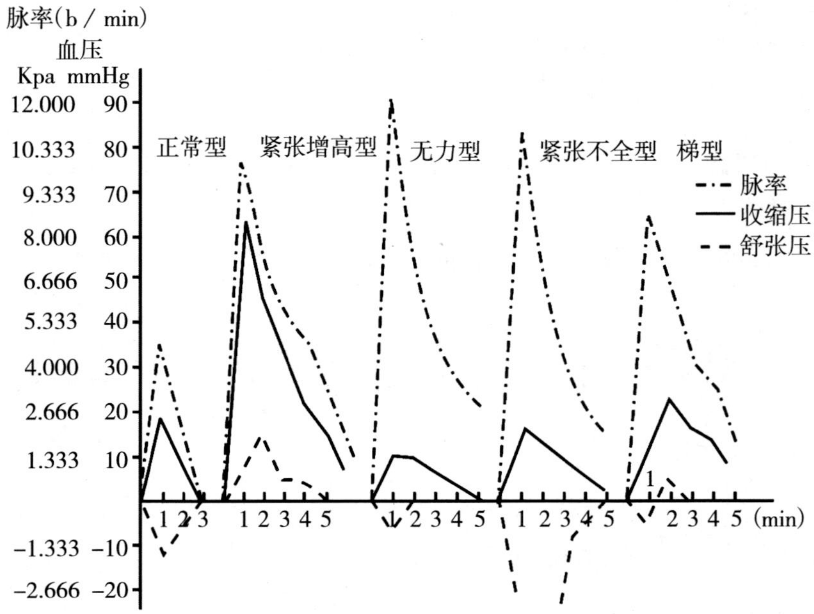

图 4-1　5 种反应类型

每种反应类型说明参照课本“心血管系统检查”中联合机能负荷试验。

【注意事项】

1. 要多次定期重复测试，如仅以 1 ～ 2 次测试结果进行评定，容易造成判断错误。

2. 有些技巧力量性项目的运动员身体状况运动成绩可能与实验结果不符，要作具体分析，反复测试。

3. 有些运动员对速度负荷适应不良，可出现梯形反应，对这种情况应加强医务监督。

4. 如使用电子血压计，应定期校正，否则影响测试结果。

【作业与思考题】

1. 书写试验报告。

2. 比较不同试验对象之间的反应类型并结合实际进行评价。

实验四 杜列诺夫联合机能试验（综合型实验）

【目的要求】

通过本实验使学生掌握杜列诺夫联合机能试验的测试方法和技术，初步掌握评定心血管机能能力的方法。

【基本原理】

杜列诺夫联合机能试验是由 3 个不同时间、不同强度的一次机能负荷试验组成。该实验连续给受试者 3 次定量负荷：（1）30s20 次蹲起，其负荷量对于运动员来说可视为准备活动阶段；（2）速度性部分（15s 原地快跑）可测定机体迅速加强血液循环的能力；（3）耐力性部分（3min 高抬腿跑）可测定机体循环系统机能保持较高水平的能力。该试验负荷较大，能对机体提出不同要求，所以能有效反映心血管系统的机能。

【实验器材】

听诊器、血压计或袖带式电子血压计、秒表。

【方法与步骤】

一、测安静时的心率和血压

受试者静坐 15min 后，连续测 3 次 10s 心率，取其中两次连续相同的值，再测血压。测过血压后不要将袖带解下以备继续测量血压时用。

二、30s20 次蹲起

受试者站立，两足分开与肩同宽，双臂自然下垂，做蹲起动作。下蹲时足跟不能离地，全蹲时两上肢前平举，起立后两臂下垂。如此反复 20 次，在 30s 内完成。

当最后一个蹲起结束时，要使受试者迅速下坐，测恢复期第 1、2、3min 的心率和血压，每分钟的前 10s 测心率，后 50s 测血压，记录数据，完成测试后立即开始下一个试验。

三、15s 原地快跑

受试者以 100m 赛跑的速度和强度原地跑 15s。

当跑完 15s 后立即测恢复期第 1、2、3、4min 的心率和血压，测试方法同前，记录、数据、完成测试后立即开始下一个试验。

四、3min（女子和少儿运动员 2min）原地高抬腿慢跑

要求高抬腿，步频每分钟 180 次，完成后立即测恢复期第 1、2、3、4、5 分钟的心

率和血压，方法同前，并记录。

五、评　定

参照图 4–1 的 5 种反应类型评定心血管机能水平。

【注意事项】

1. 该试验负荷较大，对机体能提出不同要求，适用于身体强壮者。

2. 本试验各部分之间应密切连接，严格限定时间，即完成 30 秒 20 次蹲起后，立即测恢复期第 1、2、3 分钟的心率和血压；紧接着做 15s 原地快跑，测恢复期第 1、2、3、4 分钟的心率和血压；再接着做 3 分钟（或 2 分钟）原地高抬腿跑，测恢复期第 1、2、3、4、5 分钟的心率和血压。

3. 如果评定类型反应不明显时，应以主要反应类型进行分析和评定。

【作业与思考题】

1. 书写试验报告。

2. 试对联合机能试验的 5 种反应进行医学分析。

实验五　哈佛台阶试验（验证型实验）

【目的要求】

通过试验使学生掌握哈佛台阶试验的测试和评价方法，并能在以后工作中正确应用。

【基本原理】

哈佛台阶试验是一种用于测定心功能的简便易行的定量运动试验方法。一般情况下，心率随运动负荷的增加而逐渐增加。当停止运动后，心率恢复到安静水平需要一段时间。恢复时间的长短与身体机能有很大关系，机能良好则运动后心率恢复得快，哈佛指数就大。

【实验器材】

台阶（50cm 及 42cm）、秒表、听诊器、节拍器等。

【方法与步骤】

一、受试者上下台阶

受试者以每分钟 30 次的频率上下一定高度的台阶（男子 50cm，女子 42cm），持续运动 5 分钟。如果中途有连续 20 秒不能跟上节奏，责令其停止，并记录运动时间。然后测运动后第 2、3、4 分钟前 30 秒的心率。

二、计算指数的两种方法

完全形式哈佛台阶指数：

$$哈佛指数 = \frac{t \times 100}{(f_1 + f_2 + f_3) \times 2}$$

简单哈佛台阶指数：

$$哈佛指数 = \frac{t \times 100}{f_1 \times 5.5}$$

其中 t 为上下台阶时间（中途停止运动者以实际登台阶时间计）；f_1、f_2、f_3 分别为恢复期第 2～4 分钟前 30 秒心率。

三、评　定

评定指数越大表示机能越好。相关评定标准见表 4–2。

表 4–2　哈佛台阶试验心血管机能评定

哈佛指数	评价等级
<55	差
55~64	中下
65~79	中上
80~90	良
>90	优

【注意事项】

1. 凡心脏功能不良者，不宜进行试验。
2. 测试当天不宜进行剧烈活动。
3. 正式测试前，可让受试者练习几次登台阶以适应节奏。
4. 一上一下为登台阶 1 次。
5. 登台阶时身体和两膝关节要充分伸直，双脚可轮流上台阶。但不许跳跃，下台阶不可用足尖站立。运动完成后让受试者坐在邻近的椅子上。

【作业与思考题】

1. 书写试验报告。
2. 试对哈佛台阶试验与改良的试验方法进行比较分析。

实验六 PWC_{170} 试验（综合型实验）

【目的要求】

通过试验使学生掌握台阶法测试 PWC_{170} 值的计算方法及结果评定。

【基本原理】

PWC_{170} 表示心率达到 170b / min 时受试者身体做功的能力，是一种定量负荷试验，定量运动试验采取两次负荷。测试依据在一定范围内心率和人体做功能力呈直线相关（心率在 120b / min~180b / min），因此 PWC_{170} 试验可反映人体做功能力及耐力水平。

【实验器材】

功率自行车或台阶（30cm 和 40cm 高）、体重计、秒表、节拍器或心率遥测仪（POLAR 表及带）等。

【方法与步骤】

一、台阶试验法

测受试者体重，并静坐休息 15 分钟。

二、第一次负荷

受试者以每分钟 20 次的频率，上下 40cm 高的台阶（女生用 30cm 高台阶）共运动 5 分钟，运动后即刻测 10 秒的心率，然后再换算成 1 分钟心率。

三、第二次负荷

完成第一次负荷后休息 3 分钟，进行第二次负荷运动，频率为每分钟 30 次，台阶高度不变，运动 5 分钟，运动后即刻测 10 秒的心率，再换算成 1 分钟心率。

四、计算 PWC_{170}

1. 计算两次定量负荷的功率

$$男子：N_1 = P \times 11，N_2 = P \times 16$$

$$女子：N_1 = P \times 8，N_2 = P \times 12$$

其中 N_1、N_2 分别为第一、第二次负荷做的功，P 为受试者的体重。

2. 计算 PWC_{170}

$$PWC_{170} = N_1 + (N_2 - N_1) \times \frac{170 - f_1}{f_2 - f_1}$$

(3) 推算最大吸氧量

运动员：

$$\dot{V}O_{2max}=2.2PWC_{170}+1070$$

普通人：

$$\dot{V}O_{2max}=1.7PWC_{170}+1240$$

五、评 定

一般地说，PWC_{170} 机能测试值越大，表示身体包括心脏的做功能力越强。

【注意事项】

1. PWC_{170} 机能试验适用于运动员和健康青年人。

2.试验前要了解受试者的健康状况，尤其要了解有无心血管疾病，身体状况不良者不宜进行试验。

3. 试验前两天受试者应充分休息，测试当天不进行其他运动。

4. 测试前不可进食过饱，餐后 1h 方可开始试验，测试前 1h 内禁止吸烟。

5. 受试者上下台阶动作要正确规范。

6. 第一次负荷的心率必须超过 110b / min，否则影响测试的准确性。

【作业与思考题】

1. 书写试验报告。

2. 使用功率自行车测试，如何安排两次负荷？

实验七 体育课生理负荷量测定（设计型实验）

【目的要求】

认识、了解生理负荷量测定结果是体育教学和运动训练中医务监督的重要科学依据。通过本试验使学生熟悉体育课医务监督的方法、手段及评价标准，并能在以后工作中应用，更好地提高教学效果。

【基本原理】

记录被测对象安静时、准备活动结束时、基本部分结束时、整理活动结束时和课后 10 分钟的脉率，然后绘制体育课的脉率变化曲线图，根据曲线图的变化，算出体育课的平均生理负荷量，代入生理负荷量指数公式，算出生理负荷量指数进行评定。

【实验器材】

遥测心率仪、秒表、计算器、直尺、坐标纸。

【方法与步骤】

一、现场测定

对学生体育课中的心率变化进行现场实测，这里介绍遥测心率法。事前要熟悉仪器，能够熟练操作保证实测时的可靠性。

具体步骤如下：

1. 从上课学生中选取具有代表性的测试对象，人数依据仪器设备的情况而定。
2. 将心率发射器佩戴在受试学生身上，打开接收器并调整好频率。
3. 在测定受试者安静时心率后，开始按教案上课。
4. 通常每 3min 或一个连续动作内容后测定一次心率并做好记录，课后 10min 测最后一次心率。

二、生理负荷量测定整理

对测定一节体育课生理负荷量的心率记录资料进行计算整理。

具体步骤如下：

1. 将各个时刻测得的心率数据绘制在坐标纸上（以时间为横坐标，对应的心率为纵坐标），如图 4–2。
2. 将曲线上的各点与横坐标做一垂直线，将整个曲线划分为 15 个部分（以一节课 45min，每 3min 或一个连续动作内容后测一次心率计，图 4–2）。

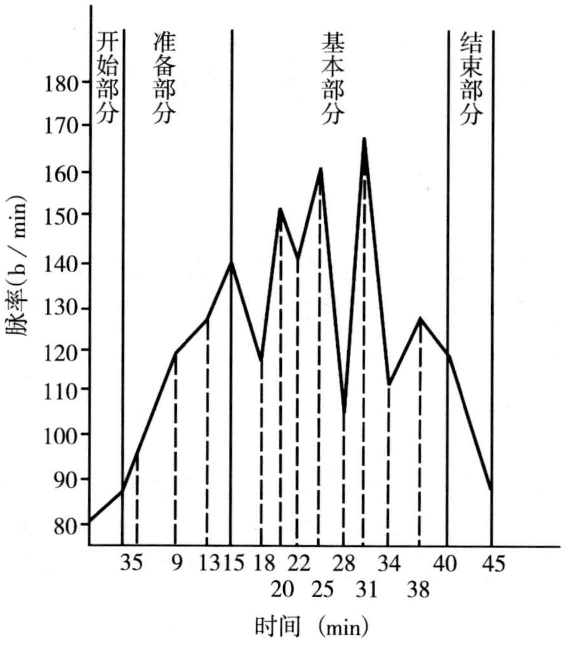

图 4–2　生理负荷量曲线

3. 用下列公式计算各个部分的生理负荷量：

$$\sum Xn = N \times t + 1/2d \times t$$

$\sum Xn$ 表示该部分生理负荷量，N 为该部分的最低脉搏，d 为该部分的最高脉率与最低脉率之差，t 为该部分持续时间（min）。

4. 计算整个课的平均生理负荷量（M）

$$M = \frac{\sum x_1 + \sum x_2 + \sum x_3 + ... + \sum x_{15}}{t}$$

t 为上课时间，通常为 45 分钟。

5. 计算体育课生理负荷量指数：

$$生理负荷量指数 = \frac{M}{课前安静时脉率}$$

6. 测课后恢复期第 2min、4min、6min、8min、10min 时心率。

三、评　价

应从以下几方面进行评价：

1. 课的平均生理负荷量。
2. 生理负荷量指数。
3. 生理负荷量等级的百分 K 值。
4. 脉搏频率修正曲线高峰位置、曲线型、曲线升降斜度与人体生理机能活动变化的关系。若曲线从开始部分逐渐升高并在基本部分达到高峰，然后在逐渐下降，课后 10 分钟应恢复到安静时水平，说明课程的总负荷量及各个部分的负荷量较为合适。

【注意事项】

1. 对试验对象应讲解清楚，取得良好配合，以免使其心情紧张。
2. 测量安静时的脉率要尽可能避免其他因素的干扰，否则会影响生理负荷量指数。
3. 用遥测心率仪器定脉时，要求测试人员事先熟悉仪器的性能，并注意测试对象的活动范围，不能超出仪器最大接收距离。
4. 根据本实验步骤的特点，在现场测试时建议测试对象不必过多，1~2 名即可，计算及评价时再请每位参加实验的学生参与。
5. 如无遥测心率仪，也可采用手测脉率法，测试部位在手腕桡动脉处，采用此方法时，最好事先计划好每次测试时间，一般在完成一个动作或一段教学内容后进行，45 分钟的课至少要测定 10 次。
6. 计算相应区域面积，即表示生理负荷量，要求计算准确。

【作业与思考题】

1. 书写试验报告。

2. 试述体育课的医学观察。

实验八 急救止血方法（设计型实验）

【目的要求】

通过实验使学生熟悉人体主要浅表动脉的体表位置并能准确定位，掌握正确的指压止血法和止血带止血法，能应对体育运动中的突发出血事件。

【基本原理】

运动损伤或其他意外引起的出血可能造成严重后果，甚至危及生命，所以应及时有效地止血。通过压迫向出血部位供血的浅表动脉，可起到临时止血、抢救生命的作用。

【实验器材】

普通卷轴绷带、止血带。

【方法与步骤】

一、间接指压止血法

要求：

1. 熟悉止血点准确的解剖位置。

2. 压迫止血的手形姿势要正确，操作要熟练、迅速。

3. 了解止血范围。

4. 了解施用压力和时间。

（一）颞浅动脉指压法

1. 压迫点：在出血同侧耳屏前上方一横指可触摸到颞浅动脉搏动处。

2. 止血范围：同侧额部和颞部出血。

3. 操作：一手扶着伤员头顶部并将其固定，另一手拇指指腹在压迫点摸到搏动后，压迫该动脉于颞骨上（图 4–3）。

（二）颌外动脉指压法

1. 压迫点：在下颌角前 1.5cm 可触摸到颌外动脉搏动处，任何一侧出血，应压迫双侧颌外动脉的搏动处。

2. 止血范围：同侧眼及面部出血。

3. 操作：用拇指和中指指腹在两侧压迫点将颌外动脉压迫于下颌骨上（图 4–4）。

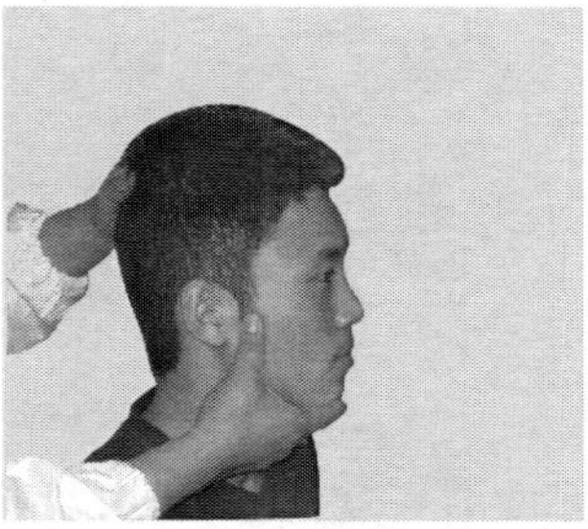

图 4-3 颞浅动脉指压法

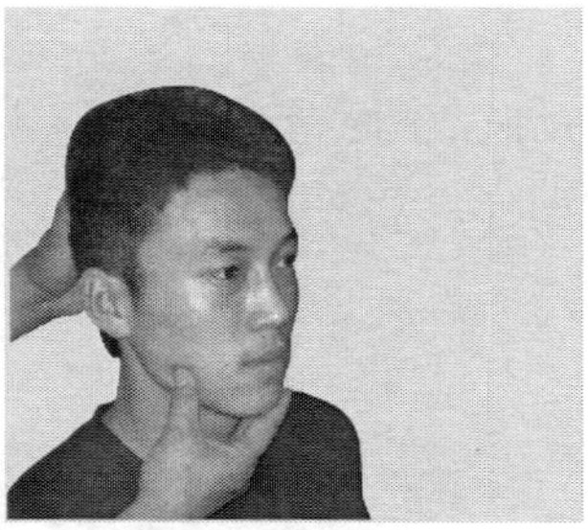

图 4-4 颌外动脉指压法

（三）锁骨下动脉指压法

1. 压迫点：出血同侧锁骨上缘中点后下方，即锁骨上窝内可触摸到锁骨下动脉搏动处。

2. 止血范围：同侧肩部和上臂出血。

3. 操作：令伤员头转向健侧，用拇指指腹在压迫点压迫该动脉于第一肋骨上（图 4–5）。

（四）肱动脉指压法

1. 压迫点：出血同侧肱二头肌内缘中点可触摸到肱动脉搏动处。

2. 止血范围：同侧前臂和手。

3. 操作：将伤臂略微外展外旋，用拇指（或用食指、中指、环指 3 指）指腹在压迫点压迫该动脉于肱骨上（图 4–6）。

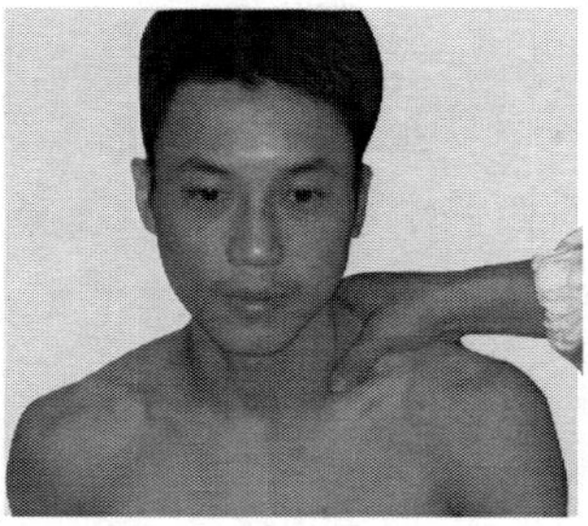

图 4-5 锁骨下动脉指压法

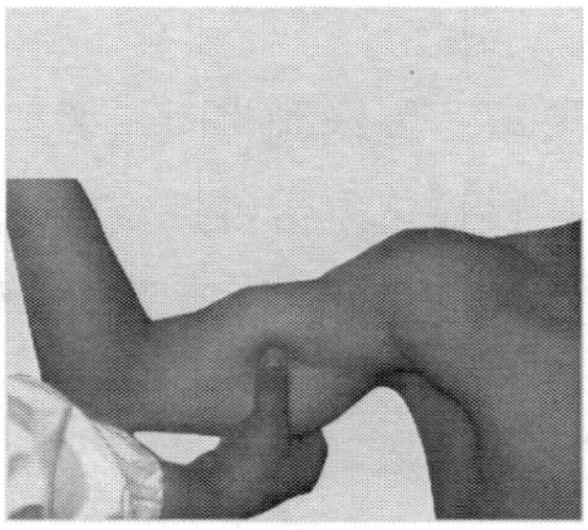

图 4-6 肱动脉指压法

（五）股动脉指压法

1. 压迫点：出血同侧腹股沟中点偏下方可触摸到股动脉搏动处。

2. 止血范围：大腿和小腿。

3. 操作：伤员仰卧，伤肢大腿略微外展外旋，用双拇指重叠在压迫点压迫该动脉于股骨上（图 4–7）。

（六）胫前、胫后动脉指压法

1. 压迫点：出血同侧胫骨远端前方及内踝后方可触摸到胫前动脉及胫后动脉搏

动处。

2. 止血范围：足部。

3. 操作：将伤足置于凳上，用拇指和食指指腹在压迫点压迫该两动脉于胫骨上（图 4–8）。

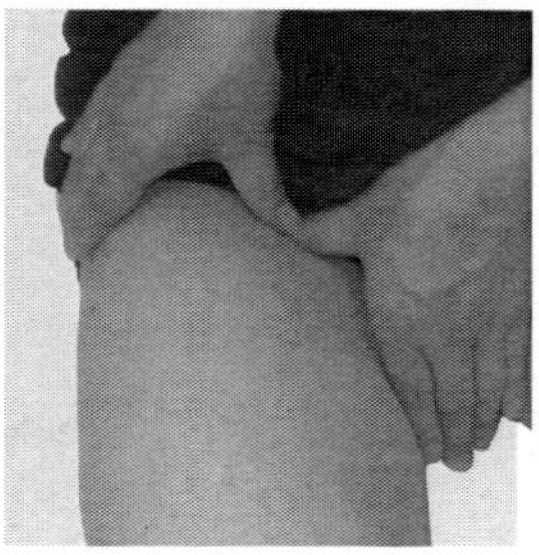

图 4–7　股动脉指压法

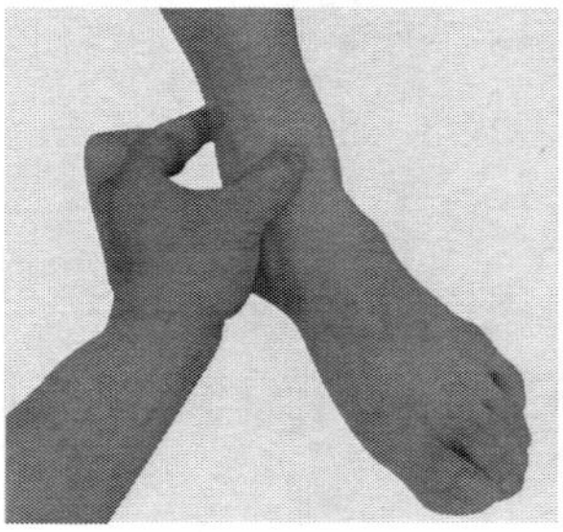

图 4–8　胫前、胫后动脉指压法

二、加压包扎止血法

1. 要求：包扎松紧适宜，既要止住出血，又无疼痛感。

2. 材料：无菌敷料、绷带。

3. 操作：用无菌敷料数层覆盖于创伤面上，用绷带缠绕加压包扎，压住血管达到止血。

三、止血带止血法

1. 要求：缠绕绷带时松紧要适度，不能损伤组织，不要引起肢体坏死。

2. 材料：止血带可选 60cm 长橡皮管或橡皮带；其他如毛巾、宽布带、衣服片带等均可，但不宜用绳索。带下衬垫物可选纱布、绷带、毛巾、布片或衣服的袖管、裤管等均可。

3. 操作：

（1）先抬高伤肢，减少肢体远端积血。

（2）选位：缠绕止血带位置尽量靠近出血部位的近心端。

（3）垫物：缠绕止血带处先衬垫绷带或纱布 4～5 层（或其他衣服、布层等），以免捆扎时损伤皮肤、血管和神经。

（4）上止血带：止血带是橡胶材料时应先拉紧，橡皮管（或带）在衬垫纱布上紧紧缠绕肢体数周，然后打结，缠绕勿太紧或太松，一般压力不应少于 200mmHg 才可止住出血。以摸不到伤肢远端血管搏动和目测动脉血不再流出及看到肢端应以苍白色为度；如果肢端呈紫红色，显示止血带压力不够，应松开带子重新加压缠绕。

（5）必须标明上止血带的日期和时间，如 × 年 × 月 × 日 × 时 × 分上止血带，以便按时放松止血带。

【注意事项】

1. 上臂中 1 / 3 处不得缠绕止血带，以免损伤神经引起上肢麻痹。

2. 上止血带必须有标签（布条或木牌），标明带子缠绕的年、月、日、时间，并且要系在伤员身上明显之处。

3. 要嘱咐运送伤员的人，必须按时放松止血带，缚扎时间不宜过长，以免肢体坏死。要求上肢每 0.5 ~ 1 小时，下肢 1 ~ 1.5 小时放松一次，每次放松 1 ~ 2 分钟，在松开止血带时应该压住伤口，以防失血过多。

实验九 急救包扎方法（设计型实验）

【目的要求】

通过实验使学生掌握绷带、三角巾包扎的基本要领及技术，能应对体育运动中的突发事件。

【基本原理】

伤口包扎在急救中应用广泛，可起到保护创面、固定敷料、支持伤肢、防止感染和止血、止痛的作用，有利于伤口早期愈合。

【实验器材】

普通卷轴绷带、三角巾、医用橡皮膏、剪刀等。

【方法与步骤】

一、绷带包扎法

要求：1. 松紧要适宜；2. 动作要轻快、迅速、柔和；3. 包扎缚结勿打在创口或骨面上。

（一）环形包扎法

1. 适用解剖形态：粗细均匀形。

2. 适用解剖位：额、手腕、小腿下部等。

3. 适用于其他包扎法的开始或结束。

4. 操作：先张开绷带卷一头，把带头斜置于伤肢上并用左手拇指压住，将卷带绕肢体包扎一圈后把带头一个小角反折，再继续绕圈包扎，第二圈盖住第一圈并压住小角，包扎 3 ~ 4 圈即可（图 4–9）。

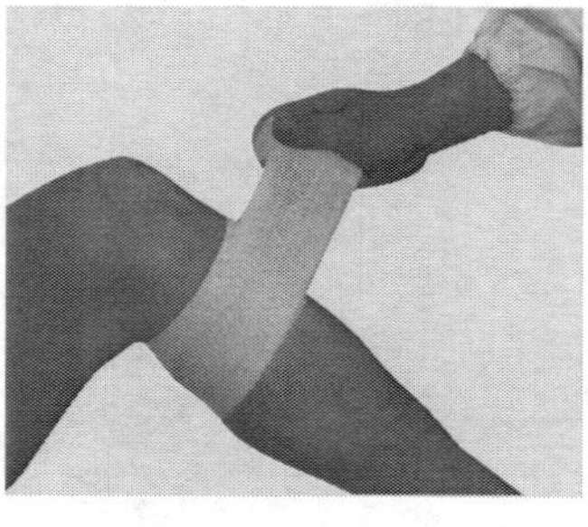

图 4–9 环形包扎法

（二）螺旋形包扎法

1. 适用解剖形态：肢体粗细相差不多。

2. 适用解剖部位：上臂、大腿下部、手指等。

3. 操作：先以环形包扎 2～3 圈，再将绷带向上斜行缠绕，后圈盖前圈，每圈盖住前一圈 1／2～1／3（图 4–10）。

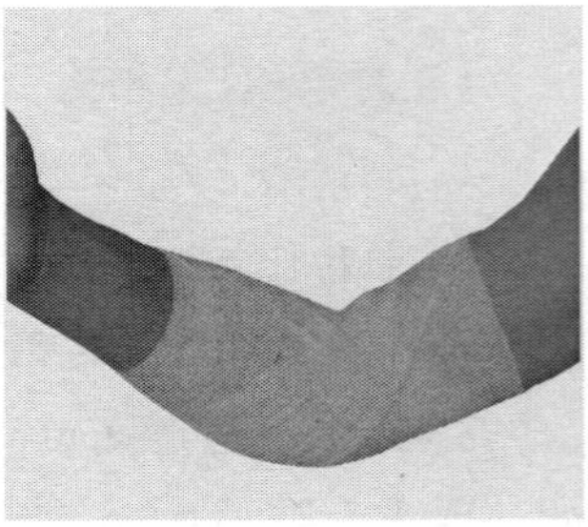

图 4–10　螺旋形包扎法

（三）反折螺旋形包扎法

1. 适用解剖形态：粗细相差较大。

2. 适用解剖部位：前臂、大腿和小腿等。

3. 操作：先以环形包扎 2～3 圈，再以螺旋形包扎向上缠绕 1～2 圈，即用左手拇指压住绷带将其上缘向下反折并向后绕圈。每圈压住前一圈的 1／2～1／3，每圈反折一次，反折处要避开创口或骨突（图 4–11）。

图 4–11　反折螺旋形包扎法

（四）“8”字形包扎法

1. 适用解剖形态：有明显折、屈角度。

2. 适用解剖部位：肘、膝关节屈曲 90° 位，踝关节生理功能位。

3. 操作：由于包扎起点位置不同，可分以下两种方式。

（1）中点起绕式：紧贴关节处先做环形包扎法，然后将绷带斜形缠绕，一圈在关节上方，一圈在关节下方，两圈在关节凹面相交，反复进行，两端包扎处逐渐离开关节，每圈压住前一圈的 1／2～1／3，最后在关节的上方或下方做环形包扎结束（图 4–12）。

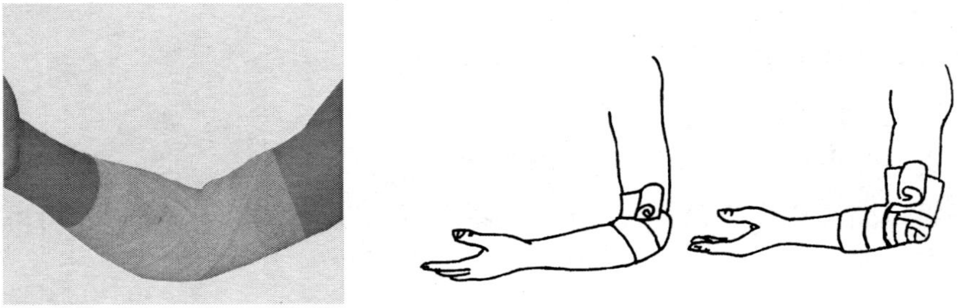

图 4–12　“8”字形包扎法中点起绕式

(2) 一端起绕式：从关节下方约 10cm 处做环形包扎法开始，然后将绷带由下而上和由上而下来回做“8”字形缠绕，使相交处逐渐靠拢关节，最后以环行包扎结束(图 4–13)。

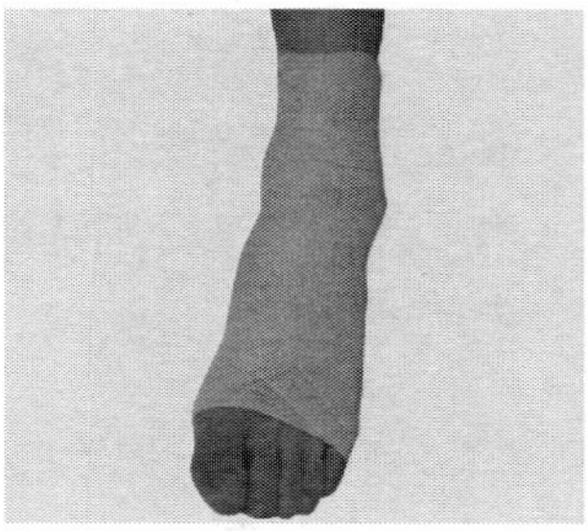

图 4–13　“8”字形包扎法
一端起绕式

二、三角巾包扎法

要求：1. 折叠整齐，松紧适宜。

2. 外形平整，无松垮奄拉。

3. 动作要轻、准、熟。

材料：大三角巾（两腰为 92cm，底边长 130cm，顶角到底边的高为 65cm 的等腰三角形），小三角巾（面积约为大三角巾的一半）。

(一) 手及腕部包扎法

下述两种方法，均用小三角巾包扎。

1. 全包式：平铺小三角巾于桌面上，顶角向前，将手平放在三角巾中部，指尖指向顶角，底边正好置于腕部下；将顶角向上反折回于手背上，再将三角巾两底角向上反折在手背交叉围绕一圈后在腕背部做结（图 4–14)。

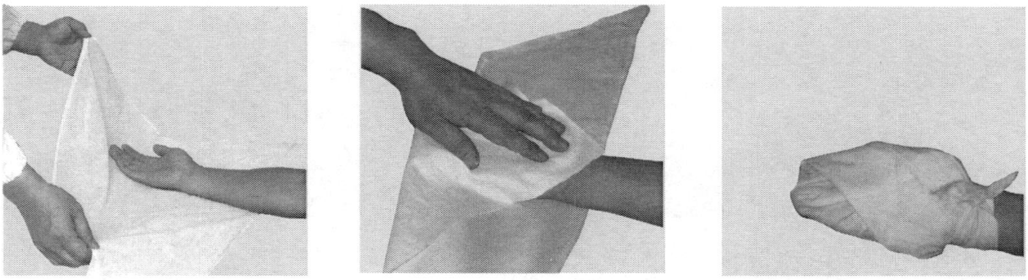

图 4–14　手及腕包扎法全包式

2. 露指式：平铺三角巾于桌面上，底边向前，将手掌平放于三角巾中部，底边对齐食、中指掌指关节掌面横纹，将两侧底角向上反折于手背，交叉绕至掌面绕住顶角在腕部打半结，再绕至腕背面做结。最后反折顶角塞入腕掌半结内（图 4–15)。

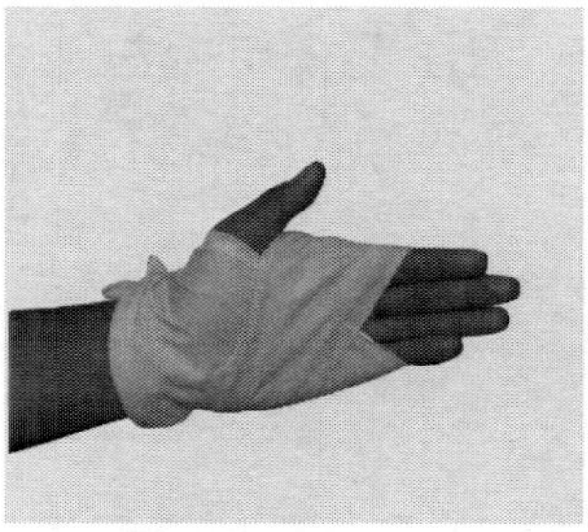

图 4–15　手及腕包扎法露指式

(二) 肘部包扎法

取小三角巾平铺桌面上，底角向前顶角向后，令伤员肘关节取屈曲位，肘尖置于三角巾中部，将顶角放置于上臂下端背面，提起两底角，将底边包绕前臂上端背面，两底角于前臂掌面交叉绕至上臂下端背面做结，最后将顶角反折塞入结内（图4–16)。

(三) 肩部包扎法

取大三角巾将底边与顶角折成两折三层的宽带，宽带中部置于伤侧腋下，反折起两端在肩上包覆交叉分别绕贴过胸背部，至对侧腋下做结（图 4–17）。用松软物品垫在腋下以免所缚之结压迫组织。

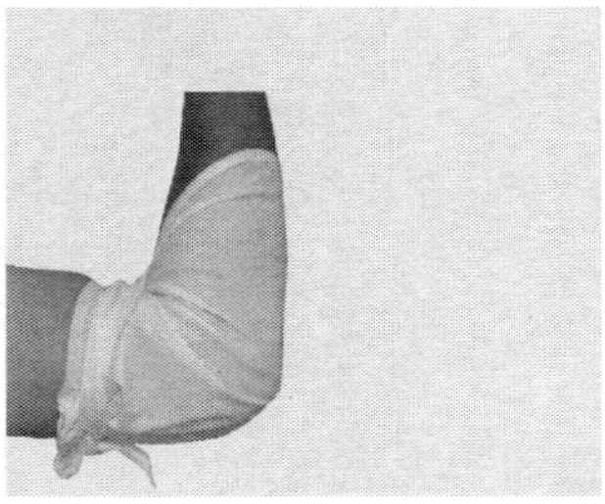

图 4–16 肘部包扎法

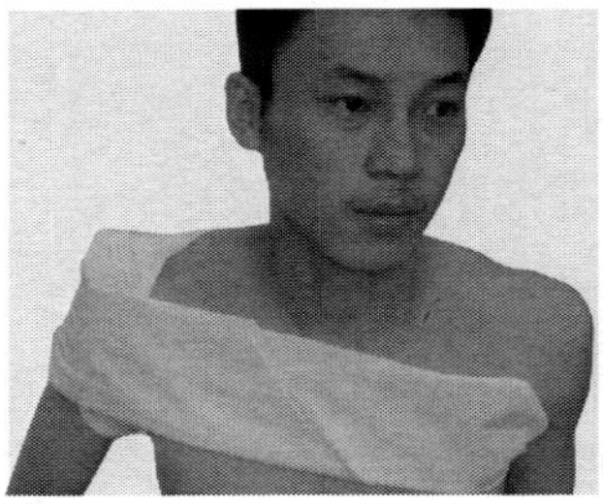

图 4–17 肩部包扎法

(四) 头部包扎法

取大三角巾将底边卷折 2~3 层成两横指宽的带，置于前额眉毛上缘，顶角垂置于颅枕后。将两底角分别经左、右两耳上方包绕至枕后交叉，做半结压住顶角，再绕至前额打结，最后把顶角拉平塞入半结内（图 4–18）。

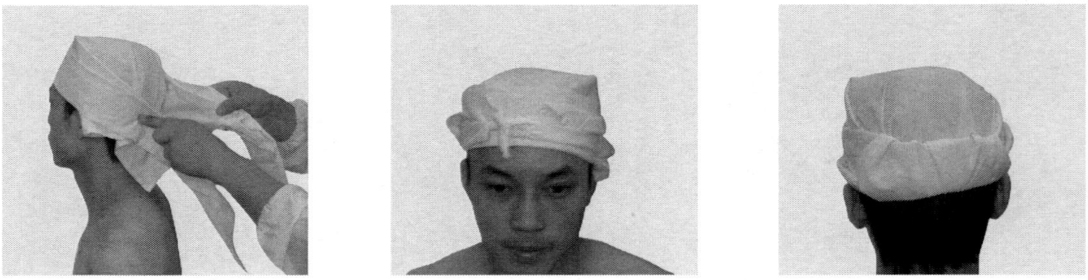

图 4–18 头部包扎法

(五) 足部包扎法

方法与手及腕部包扎法的（1）式相同（图 4–19）。

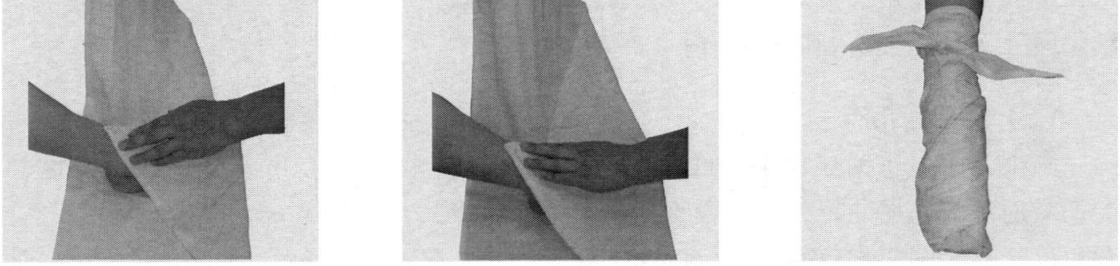

图 4–19 足部包扎法

三、悬臂带包扎法

要求：1. 操作轻捷，缚结稳固。

2. 悬挂折叠外表整齐。

材料：大三角巾。

（一）大悬臂带法

适用于除肱骨和锁骨骨折以外的各种上肢损伤。取大三角巾将顶角置于伤肢肘后，拉一底角置于健侧偏上，伤臂屈曲 90° 置于三角巾中部，再把下方底角翻上兜住前臂拉至颈后与上方底角缚结，最后把肘后顶角折向肘前，用别针固定（图 4–20）。

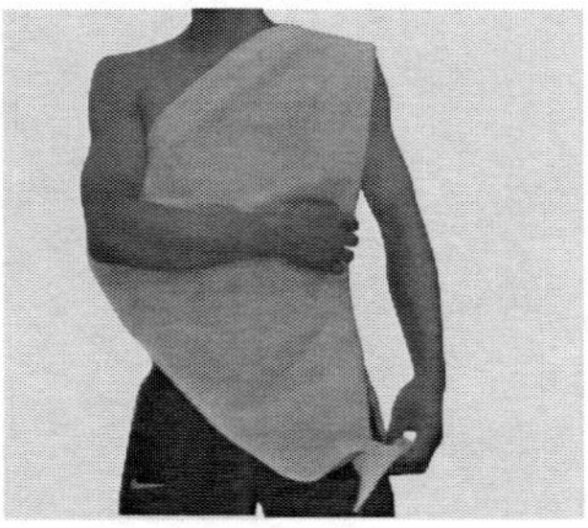

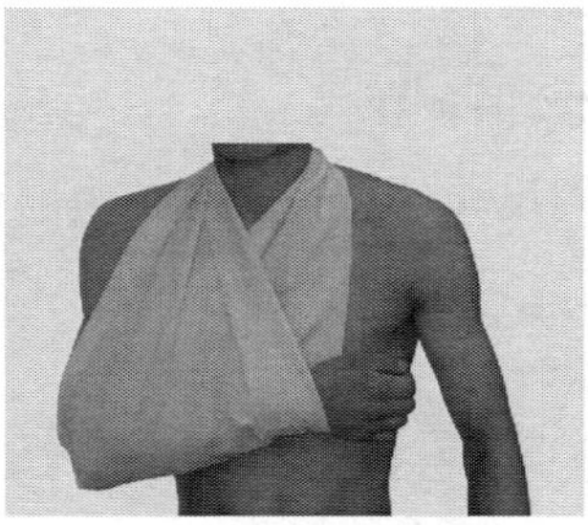

图 4–20 大悬臂带法

（二）小悬臂带法

适用于肱骨和锁骨骨折。取大三角巾折叠成四横指宽带，也可用宽布带代替，将宽带中部置于伤肢前臂的下 1 / 3 处，宽带两端在颈后做结（图 4–21）。

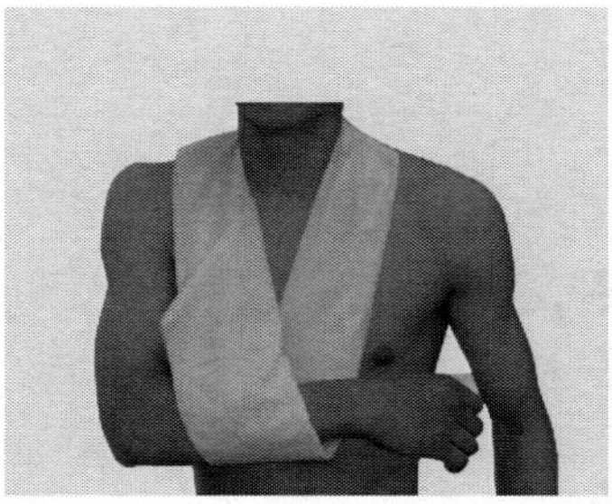

图 4–21 小悬臂带法

【注意事项】

1. 包扎时应使伤员处于松适体位，包扎过程中尽量不要改变伤员位置。

2. 包扎时动作要熟练，快且牢靠，松紧适中。

3. 绷带包扎要从伤部远端开始，包扎结束时可用胶布或打结固定螺旋形包扎，包扎四肢时应使指端外露，以便观察血液循环情况。

4. 打结避开伤口和不宜压迫的部位。

实验十 骨折及关节脱位的临时固定（设计型实验）

【目的要求】

通过实验使学生掌握并熟练操作人体主要部位常见骨折的临时固定方法和搬运。

【基本原理】

严重骨折或合并其他损伤可能会引发休克，预防休克的方法在于早期就地实施临时固定。利用夹板固定骨折处上下两个关节，可使伤肢处于较稳定的位置，以减轻疼痛，便于伤员运送。

【实验器材】

不同尺寸的夹板、三角巾、棉花、担架等。

【方法与步骤】

一、骨折的临时固定

要求：

1. 有出血和休克，先止血抗休克，救命在先。
2. 固定前和固定中切勿无故移动伤员或伤肢。
3. 临时固定不应做整复。
4. 夹板长度要合理，要用软布包裹，固定时宜用软布、软物衬垫。
5. 固定松紧要适宜、牢靠。
6. 操作要轻巧、熟练。

（一）锁骨骨折

1. 材料：大三角巾 4 条、棉（团）垫两个或绷带。

2. 操作：取大三角巾 3 条折叠成宽带，在双侧腋下各放置棉垫一个，两条宽带分别绕过伤员两肩前面，于其背后打结形成两个肩环，再取一条三角巾宽带在背后穿过两环做成一圈环，拉紧打结，用小悬臂带将伤肢挂起（图 4–22）。

另“8”字形固定法：用绷带以“8”字形绕两肩，腋窝处垫以棉垫，拉紧绷带，在肩部打结，令伤员两肩胛骨稍向后缩，用小悬臂带将伤肢挂起（图 4–23）。

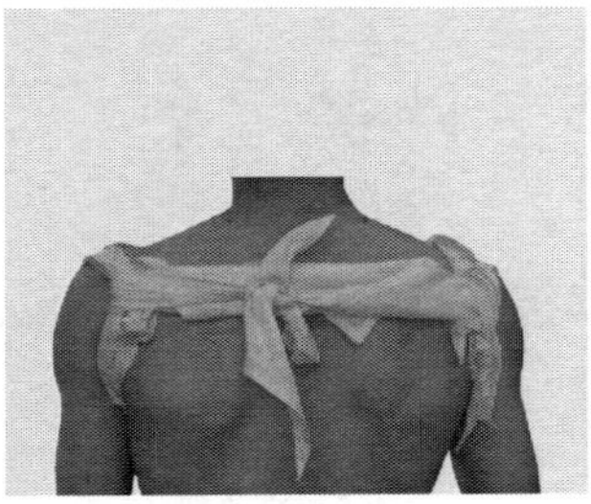

图 4–22　锁骨骨折固定法

图 4–23　锁骨骨折“8”字形固定法

（二）肱骨干骨折

1. 材料：夹板两块、绷带 4 条、大三角巾 1 条。

2. 操作：取长短宽窄适宜有布包垫的夹板两块，分别放置于伤臂内外侧，用两条绷带将骨折处的上下部绑扎妥当，伤肢屈肘 90° 再用小悬臂带将前臂挂在胸前。最后用两条绷带把上臂固定于胸前（图 4–24）。

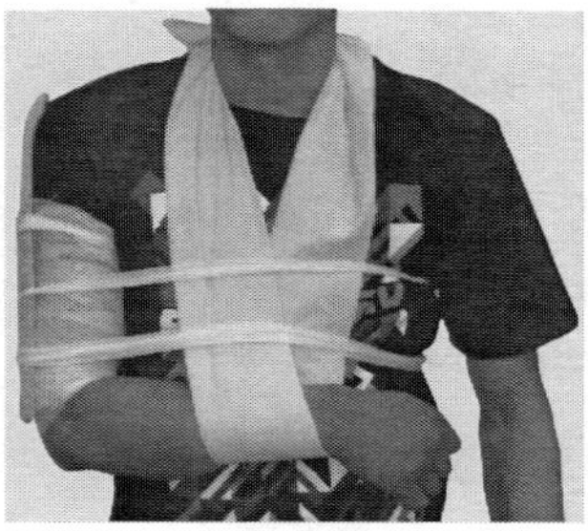

图 4–24 肱骨干骨折固定法

（三）前臂骨折

1. 材料：夹板两块、绷带两条、大三角巾 1 条。

2. 操作：取包有布垫形状适宜的夹板两块，分别放置在前臂的背侧和掌侧，用两条带绑扎固定，伤肢屈肘 90° ，前臂取中立位。最后用大悬臂带挂在胸前（图4–25）。

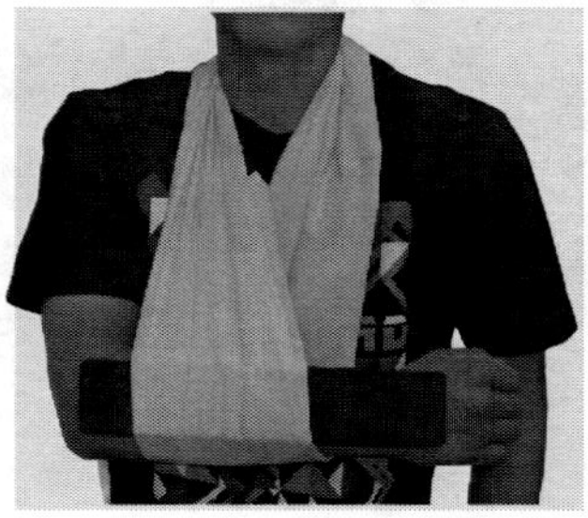

图 4–25 前臂骨折固定法

（四）手腕骨折

1. 材料：纱布棉花团（或绷带卷）1 个，夹板 1 块，绷带 1 条，大三角巾 1 条。

2. 操作：令患者伤手握纱布棉花团或绷带卷。再用一块夹板置于前臂和手的掌侧面下，用绷带包扎掌背及前臂，最后用悬臂带将前臂挂在胸前（图 4–26）。

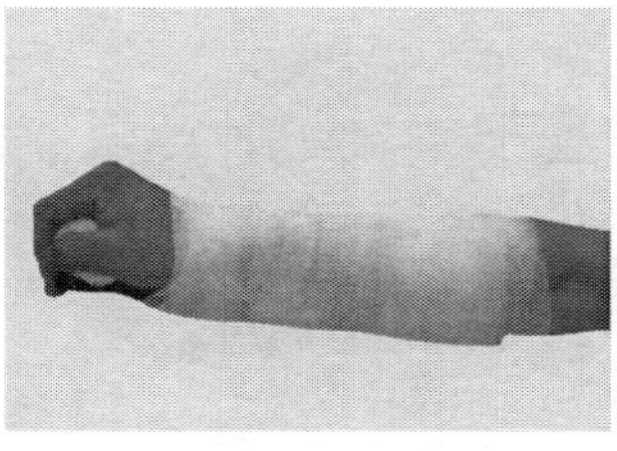

图 4–26 手腕骨折固定法

（五）手指骨折

1. 材料：压舌板 1 条，胶布条少许。

2. 操作：将压舌板一条置于伤指掌侧面上，用胶布固定骨折处的上下部（图4-27）。

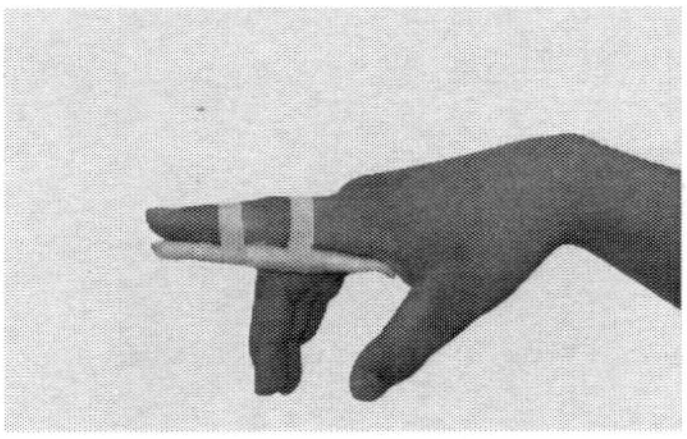

图 4-27 手指骨折固定法

（六）股骨骨折

1. 材料：夹板两块，大三角巾 5～8 条。

2. 操作：取长夹板两块，置于伤肢内、外侧；外侧夹板长度自腋下至足部，内侧夹板长度自腹股沟至足部，夹持妥当后用三角巾叠成的宽带 5～8 条绑扎固定夹板。在外侧打结（图 4-28）。

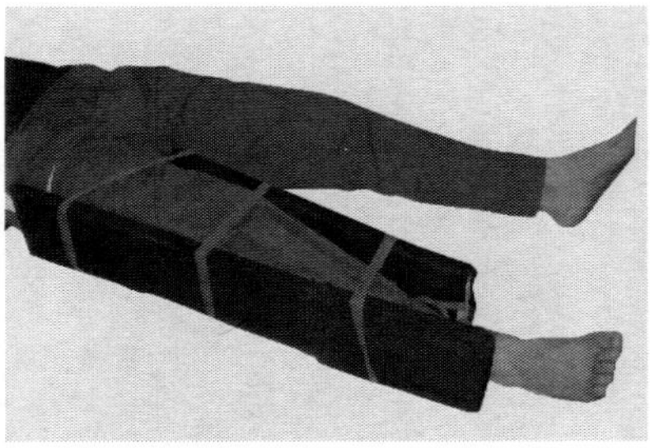

图 4-28 股骨骨折固定法

（七）小腿骨骨折

1. 材料：夹板两块，大三角巾 5 条。

2. 操作：取夹板两块，分别置于小腿内、外侧。外侧板长自大腿中部至足部，内侧板长自腹股沟至足部。最后用三角巾折叠成的宽带 4~5 条分别置于膝上、膝下和踝部绑扎夹板，并在外侧打结固定（图 4-29）。

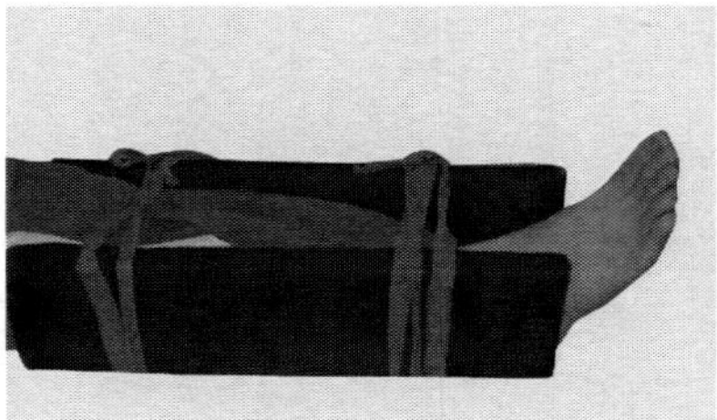

图 4-29 小腿骨折固定法

（八）踝足部骨折

1. 材料：直角夹板一块，大三角巾 3 条，软布垫两块。

2. 操作：脱去伤肢鞋，取一直角形夹板置于小腿后面，用软布垫两块分别垫在踝部和小腿下部，用三角巾折成宽带分别在膝下、踝上及脚掌处绑扎固定（图 4–30）。

图 4–30　踝足部骨折固定法

（九）腰椎骨折

1. 材料：软、硬担架各一副，宽带 4 条。

2. 操作：

（1）尽量不变动伤员原来体位避免骨折处移动，严禁伤员起坐或起立。

（2）取硬板担架（或门板）置于伤员身侧。

（3）由 4 人抬伤员上担架，抬时 3 人并肩站在伤员一侧，每人蹲下一腿，跪下一腿，3 双手分别插在伤员的颈、肩、腰、臀、腿及足各部下面，一人喊口令，统一行动抬起伤员身躯，对侧第 4 人帮抬腰、臀部，并负责把担架放在伤员下面。全体轻轻放下伤员，以仰卧位就位。如腰部悬空时，应在腰下垫一小枕头或衣服卷，用宽带固定在担架上（图 4–31）。

若用软担架时，伤员取俯卧位放于担架上，稍垫高胸部，伸直脊椎，防止屈曲(图 4–32)。

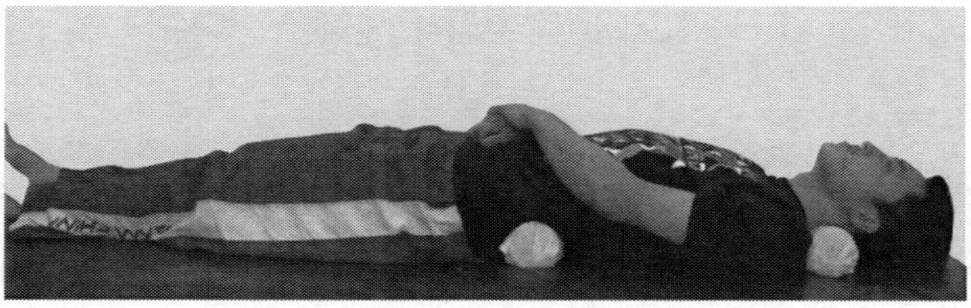

图 4–31　胸腰椎骨折仰卧式

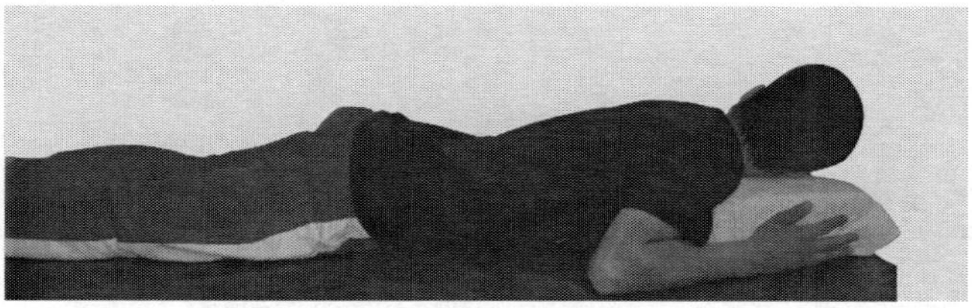

图 4–32　胸腰椎骨折俯卧式

注意：严禁一人拖肩，一人抬腿或一人背送伤员。

（十）颈椎骨折

1. 材料：硬板担架一个，衣服卷（或沙袋）两个，小垫一个。

2. 操作：由3人搬运，两人在伤员一侧托住伤员肩、腰、臀、腿，另一人专管头部的牵拉固定，使头与身体成直线位置，不屈、不伸、不转动，将伤员仰卧在硬板担架上。

伤员仰卧，在头枕部垫一薄枕，使头部成正中位，头部不要前屈或后仰，再在头的两侧各垫枕衣服卷，最后用一条带子通过伤员额部固定头部，限制头部前后左右晃动（图4–33）。

图4–33　颈椎骨折固定法

四、关节脱位的临时固定

要求：弄清是何种脱位；是急救不是整复；操作要轻捷。

（一）肩关节脱位

1. 材料：大三角巾两条，软垫卷一个。

2. 操作：取大三角巾两条，两次对折成宽带，一条用以悬挂伤侧前臂，悬臂带斜跨胸背部于健肩上缚结，另一条绕过伤侧上臂于健侧腋下缚结，腋下垫以软垫卷。

（二）肘关节脱位

1. 材料：铁丝夹板一块（或普通夹板），大三角巾两条，绷带一条。

2. 操作：取铁丝夹板弯曲成患者伤肢肘关节所处的角度。置于肘后用绷带缠绕绑扎，再用悬臂带挂起前臂。

如无铁丝夹板，也可用普通夹板代替，或直接用前述三角巾悬挂固定法将患肢固定于躯干上。

【注意事项】

1. 发现骨折后应就地及时进行固定，尽量避免移动断端而加重损伤。
2. 固定用的夹板长短、宽窄要适当，应能将骨折处上下两个关节部位都固定。
3. 夹板要用绷带或软布包缠后再用，夹板的两端、骨突部和空隙处用棉花或软布垫好，以防局部压迫性损伤。

4. 绑缚夹板的宽带应先绑在近骨折处的上下端，然后分别绑上下关节，结打在肢体的外侧。

5. 四肢骨折固定时要露出肢、趾端，以便观察肢体的血液循环情况。

【作业与思考题】

1. 书写试验报告，主要论述急救心得。
2. 试述现场急救的初步诊断方法。
3. 试述骨折与软组织损伤的鉴别诊断。

实验十一　心肺复苏术（设计型实验）

【目的要求】

通过本实验使学生了解和掌握心肺复苏术，并能熟练进行单人操作或双人配合操作。

【基本原理】

在某些意外情况下，人体发生心跳、呼吸突然终止后会造成血液循环的停止。由于脑细胞对缺氧十分敏感，一般在血液循环停止后 4~6 分钟大脑即发生严重损害，甚至不能恢复，所以必须争分夺秒地进行心肺复苏术。通过人工呼吸和胸外心脏按压使呼吸血液循环得以恢复挽救生命。

人工呼吸是利用人工或机械的方法进行的一种被动呼吸。口对口人工呼吸是由抢救者深吸一口气，然后吹入患者的口腔，经由呼吸道到肺部，这时吹入患者口腔的气体，因为内含未经过气体交换而呼出的气体，含氧气为 18%，这种氧气浓度可以维持患者最低限度的需氧量，直至自主呼吸重新开始恢复。

胸外心脏按压指有节律而有效地按压胸骨。人体心脏位于胸腔内，胸骨后偏左的地方。当向下按压胸骨时，胸腔内压力增大，促进血液流动，同时压挤心脏，向外泵血，起到“胸泵”的作用。停止下压胸骨，双手上抬时，胸廓自然弹起，胸腔内压力减小，静脉血回流心脏，使心脏充盈血液。这样反复进行按压上抬，使得心脏被动地运动，起到人工心跳的作用。

现场心肺复苏术主要为徒手操作，在许多场合下这是唯一实用的有效方法。

【实验器材】

心肺复苏模拟人、无菌纱布、酒精棉球、镊子等。

【方法与步骤】

一、熟悉心肺复苏模拟人模型

在教师的指导下，认真阅读心肺复苏模拟人的使用说明书，熟悉并明确使用方法。

二、心肺复苏术

（一）保持呼吸道畅通

凡疑有呼吸或（和）心跳停止时，轻摇患者并简单提问，若无反应，立即按压人中、谷合 5 秒，若患者仍无反应，可认为患者神志已丧失。应呼救帮助并立即将患者放置成复苏体位，即患者仰卧，头、颈、躯干平直无扭曲，双手放在躯干两侧。

患者心跳、呼吸停止后，全身肌肉松弛，口腔内的舌肌和会厌也会松弛后坠从而阻塞呼吸道。采取头后仰、托起下颌，可使舌根部向上抬起，使呼吸道畅通，这样就可以用口向患者口内顺利吹气。抢救者一手置于患者前额使头部后仰，另一手的食指与中指置于下颌近下颌角处，抬起下颌（图 4–34）。

（二）人工呼吸

在畅通呼吸道后要立即判断患者有无呼吸，抢救者将脸贴近患者的口鼻，感受有无气息进出，同时眼睛侧视患者胸部，观察其有无起伏，若都无反应则说明患者没有呼吸，要立即进行口对口人工呼吸。

在保持患者呼吸道畅通和口部张开的位置下进行人工呼吸。操作时用按于患者前额一手的拇指与食指捏住患者的鼻孔。然后抢救者深吸一口气后，用双唇包封住患者的口外部对准患者的口部，用中等力量吹气。眼睛余光观察患者胸部是否起伏（图4–35）。

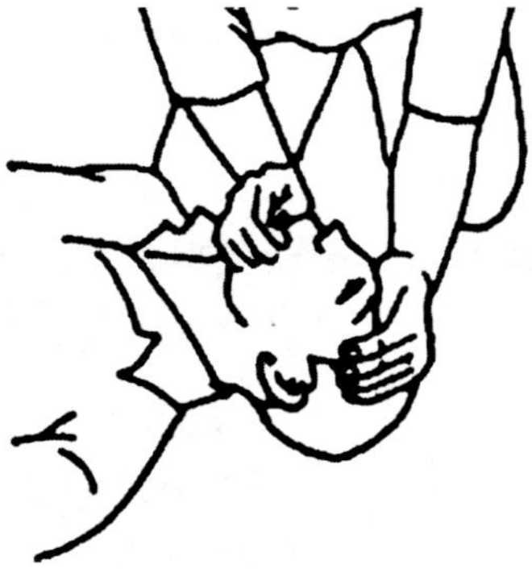

图 4–34　仰头举颌法

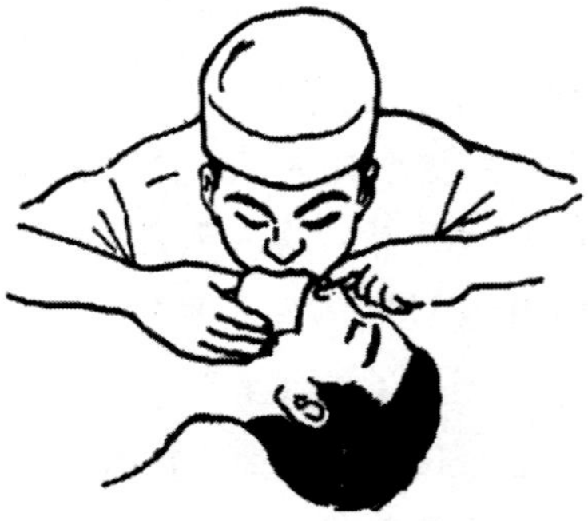

图 4–35　口对口人工呼吸法

一次吹气完毕后立即与患者口部脱离，放松捏鼻的手指，以便患者从鼻孔出气，轻轻抬起头部。目视患者胸部，同时吸入新鲜空气，准备下一次人工呼吸。成人每分钟10 ~ 12 次，儿童每分钟 10 ~ 20 次，成人每次吹入的气量为 500 ~ 600ml，直至患者恢复自主呼吸为止。

（三）胸外心脏按压

当患者神志消失，无自主呼吸及大动脉无搏动（触诊颈动脉），即可诊断呼吸心跳停止。复苏时建立有效的人工循环对患者的预后有显著影响。

心脏按压时，患者应仰卧在硬板床上，在保持呼吸道通畅的位置下，先进行两次人工呼吸，然后抢救者应快速找到按压的部位：首先以食指、中指并拢沿患者肋弓处向中间滑移，自两侧肋弓交点处寻找胸骨下切迹（剑突处），以此作为定位标志（图4–36）；然后将食指和中指的两指横放在胸骨下切迹上方，食指上方的胸骨下半部为挤压点。再将定位手取下，将一手掌重叠放在另一手背上，两手的手指翘起不接触患者的胸壁。

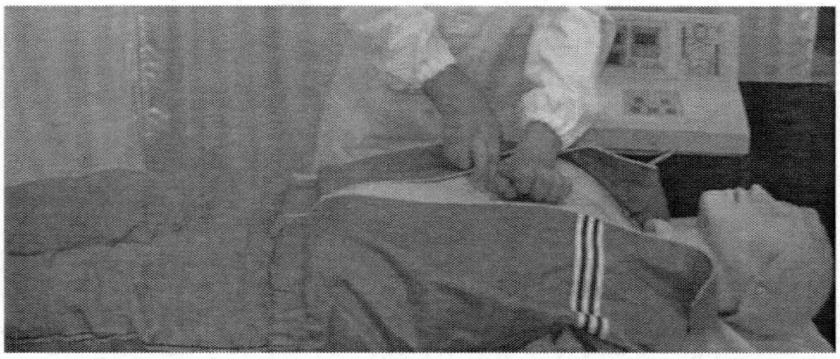

图 4–36 胸外心脏按压的定位

抢救者双臂应伸直，双肩在患者胸骨上方正中，两肩、臂、肘垂直向下按压，按压的频率为每分钟 80 ~ 100 次，对于成年人的按压深度为 4 ~ 5cm。

单人操作心肺复苏术：遵循上述步骤先进行两次人工呼吸，然后进行 30 次胸外心脏按压，即吹气和按压的比例是 2 ∶ 30，如此反复进行，直到专业医务人员赶到。

双人操作心肺复苏术：遵循上述步骤，一人进行口对口人工呼吸，另一人进行胸外心脏按压。此法要求两人必须协调配合，按压与吹气的比例，成人为 30 ∶ 2，儿童为15 ∶ 2（图 4–37）。

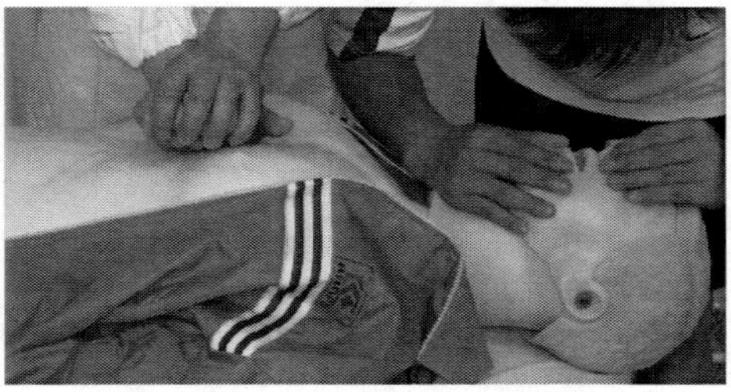

图 4–37 双人心肺复苏术

在真实操作中，如能摸到颈动脉或股动脉搏动，口唇、甲床的颜色较按压前红润或者呼吸逐渐恢复，瞳孔缩小，则为按压有效，应操作至自主心跳出现为止。

【注意事项】

1. 施行人工呼吸前应松开患者领口、裤带、胸腹部衣服，迅速清除口腔内的分泌物、呕吐物或其他异物。

2. 吹气不宜过大，时间不宜过长，以免发生急性胃扩张。同时观察患者气道是否畅通，胸腔是否被吹起。

3. 胸外心脏按压用力应平稳、有规律地进行，不能间断，也不能忽快忽慢，禁止做猛烈的冲压，按压时手指不要压在胸膛上，否则易引起肋骨或软肋骨骨折。老年人更易发生肋骨骨折，应倍加小心。

4. 按压时用力应垂直向下，不要左右摆动，双手掌要重叠放置，不可交叉放置，按压以后放松时定位的手掌根部不可离开胸骨定位点。

5. 树立救死扶伤的人道主义观念，爱护模具。

【作业与思考题】

1. 书写试验报告。
2. 如何判定真死与假死?
3. 心肺复苏的任务和步骤中的 ABC 分别指什么?

实验十二 运动损伤的常用治疗方法（演示型实验）

【目的要求】

通过实验使学生掌握一些常用损伤的治疗方法。

【基本原理】

根据中医辨证施治的原则，对不同伤情采取不同的药物、不同的调治方法可取得较好的效果。封闭疗法可使药物直接在损伤组织处产生消炎、镇痛的作用。理疗是利用物理因子作用达到预防和治疗疾病的方法。针灸及拔火罐利用中医理论，行气活血、疏通经络、扶正祛邪、平衡阴阳。

【实验器材】

常用中草药及西药消毒剂、白酒、蜂蜜、食用醋、纱布、胶布、棉花、小绵签、镊子、剪刀、弯盘冰块、毛巾、冷喷射装置、弹力绷带、热水袋、红外线辐射器(TDP)、各类火罐、酒精灯、棉球、针具及人体经络模具。

【实验内容】

一、药物疗法

(一) 实验要求

了解治疗运动损伤常用的中西药物的性能、用途和制剂，学会其主要用法。

(二) 实习内容

1. 常用七类中草药的性能与用途

(1) 活血化瘀类药物：红花、乳香、没药、当归、丹参、血竭、元胡、桃仁等。具有消肿、止痛作用，适用于急性、慢性损伤。

(2) 理气类药物：黄芪、陈皮、青皮、木香、麝香、沉香、厚朴、枳壳等。具有行气通经、消肿镇痛作用。适用于各种损伤。

(3) 接骨续筋类药物：龙骨、虎骨、续断、杜仲、骨碎补、自然铜、接骨木、牛膝等。具有接骨续筋作用，用于骨折、脱位和韧带断裂。

(4) 清热类药物：大黄、黄柏、生地黄、丹皮、羚羊角、栀子、金银花、犀角等。具有清热凉血作用，用于伤后形成的血肿，瘀血凝滞。

(5) 祛风寒湿类药物：羌活、独活、细辛、防风、麻黄、五加皮、枸杞、茯苓、秦艽等。具有祛风、散寒、除湿、止痛等作用，用于骨折与关节损伤而兼有风寒湿者。

(6) 镇静安神类药物：远志、朱砂、琥珀、磁石等。具有宁心安神作用，用于头部损伤和多发性骨折，或严重损伤。

(7) 补养类药物：人参、党参、西洋参、阿胶、熟地、何首乌、白术、龟板、大枣、麦冬等。具有补血养阴、补气助阳等作用，用于严重损伤的恢复期。

2. 中草药制剂及常用的成药

中草药在治疗运动损伤上有各种内服和外敷方剂。内服方剂包括丸剂、散剂、汤剂和酒剂；外用方剂有外敷药、外搽药、膏药和熏洗剂。常用方剂如下：

(1) 新伤药（郑怀贤方）

组成：黄柏 50g 元胡 20g 血本通 20g 木香 15g 白芷 15g 羌活 15g 独活15g 血竭 5g

作用：退烧，消肿，止痛。

主治：新伤 1～2 日内局部疼痛、微肿微热，活动不能着力。

用法：取适量药粉，加水或蜂蜜调成糊状，摊在油纸上，外敷伤部，每日更换一次。

(2) 活血生新散

组成：官桂 15g 生川乌 9g 生草乌 9g 生南星 9g 乳香 9g 没药 9g 木香 9g 木通 9g 续断 9g 土鳖 12g 红花 12g 刘寄奴 12g

作用：活血化瘀，祛寒，消肿，生新。

主治：急性软组织损伤中期。

用法：取适量药粉，加水及少量酒精和凡士林调成糊状，煮沸后冷却至 50℃左右。趁热敷于局部（注意切勿烫伤）。每两天更换一次。

(3) 海桐皮熏洗剂

组成：海桐皮 30g 透骨草 9g 当归 9g 红花 9g 苏木 9g 威灵仙 9g 五加皮 9g 羌活 9g 独活 9g 白芷 9g 川椒 9g

作用：舒筋活络，活血祛瘀，祛风湿。

主治：急性软组织损伤的后期或慢性损伤。

用法：将上药煎水，趁热将药水倒入盆内，先熏后洗，每天 1～2 次，每次约 30 分钟，每剂药可用 1～2 天。注意切勿烫伤。

(4) 舒活酒（郑怀贤方）

组成：樟脑、生地、薄荷、三七、冰片、薄荷脑等浸酒（冬天可加红花和血竭），两周后可用。

作用：舒筋，活血，止痛，去烧，可透达深部组织。

主治：骨折、脱臼整复后；肌肉、肌腱捩伤，肌肉疲劳和萎缩。

用法：涂擦局部，并可配合按摩。

禁忌：忌内服，皮肤破损及发疹者禁用。

(5) 中成药

① 云南白药

作用：止血，活血。

主治：开放性软组织损伤、血管损伤、内脏损伤。

用法：局部外用或口服。

② 骨折挫伤散

作用：活血化瘀，接骨续筋。

主治：骨折、脱臼整复后、韧带损伤。

用法：口服，亦可外用。

③ 接骨七厘散

作用：活血祛瘀，接骨续筋。

主治：骨折，关节、韧带损伤。

用法：局部外敷或口服。

④ 跌打丸

作用：舒筋活络，活血化瘀。

主治：急、慢性软组织损伤。

用法：口服。

⑤ 伤湿膏

主治：闭合性软组织损伤、风湿痛、肌肉劳损、肋骨骨折。

用法：局部外用。

⑥ 麝香虎骨膏

主治：急、慢性闭合性软组织损伤，风湿痛，风湿性关节炎，肌肉劳损。

用法：局部外用。

3. 常用西药的性能和用途

(1) 2%浓度汞溴红溶液

性能：红色溶液，具有杀菌作用。

用途：用于皮肤、黏膜消毒及皮肤擦伤。

(2) 1%龙胆紫溶液

性能：紫色溶液，对革兰氏阳性细菌有杀菌作用。

用途：皮肤创伤消毒。

(3) 5%～10%磺胺软膏

性能：具有较强的抑制细菌生长繁殖作用。

用途：用于关节附近的皮肤擦伤。

(4) 青霉素软膏

性能：除革兰氏阴性细菌外，青霉素软膏对大部分细菌均有抗菌作用。

用途：用于关节附近的皮肤擦伤。

(5) 生理氯化钠溶液

性能：0.9%浓度的氯化钠溶液无刺激性，能维持体内的渗透压。

用途：用于清洗局部伤口。

(6) 普鲁卡因

性能：对神经系统有抑制作用。

用途：0.5%～2%浓度的普鲁卡因可用于运动损伤的局部封闭疗法，做浸润麻醉剂。

(7) 醋酸氢化可的松及强的松龙

性能：具有消炎及抗变态反应的作用。

用途：与1%～2%普鲁卡因的混合液做局部封闭，治疗肌肉拉伤、腱鞘炎和滑囊炎。

(8) 透明质酸酶

性能：具有消肿和减少瘢痕形成作用。

用途：与1%普鲁卡因的混合液做局部注射，治疗关节韧带损伤。

(9) 消痛灵

性能：有较强的消炎镇痛、解热作用。

用途：治疗关节、肌肉、肌腱的慢性变性疾病、风湿性关节炎、类风湿性关节炎、骨关节炎。

剂量与用法：口服，成人每次200～250mg，每日2～3次。儿童以每日10mg／kg计算，分次饭后服用。

(10) 草乌甲素

性能：具有镇痛、解热作用。

用途：适用于腰及四肢关节扭伤、风湿及类风湿性关节炎。

剂量与用法：肌肉注射，每次0.3ml，每天1～2次。

(11) 新乌宁痛片

性能：具有镇痛抗炎作用。

用途：适用于腰及关节扭伤、挫伤、肩周炎、颈椎病、风湿性关节炎、类风湿性关节炎、小手术后止痛。

剂量与用法：口服，成人每次1片，每日1～2次，两次用药应间隔6小时以上。肌肉注射，每次1支，每日1～2次，注射用水稀释成2ml后肌注。口服和肌肉注射均连续用药10天为一疗程，两个疗程应间隔3～5天。

(12) 冷气雾剂

成分：冬青油及氟氯甲烷。

性能：具有速冷、镇痛、消肿作用。

用途：适用于急性闭合性软组织损伤（现场急救）以及轻度骨折或脱臼的手法整复。

用法：使用时先摇匀，然后握住喷雾器，距离皮肤5～10cm处喷雾2～3秒钟。重复第二次时，必须间隔半分钟，需要时一天不得超过3次。

注意事项：①喷颌面部时，必须注意保护好眼、鼻、口，避免吸入。②皮肤破损者勿用。③使用时切勿靠近明火、易燃、易爆品。④喷射时间不宜过长。

（三）实习方法

1. 通过实物展示，认识常用中、西药品的性能和作用（根据具体条件，可选择数种有代表性的药品进行展示）。

2. 由教师（或医生）做中草药外敷操作方法及冷气雾剂喷雾操作技术的示范。

（四）器材和用品

常用中、西药品实物（装瓶备用），75%酒精200～300ml（调药用），蜂蜜50～100g（调药用），弯盘和药勺各1～2个，油纸适量，绷带、脱脂棉及胶布适量。

二、局部封闭疗法

（一）实验要求

了解局部封闭疗法的应用药物及注射方法，掌握局部封闭治疗后训练安排的注意事项。

（二）内容和方法

观看教师（或医生）做局部封闭疗法操作技术的示范。具体方法如下。

1. 药物与剂量

(1) 治疗肌肉拉伤时，可用激素（醋酸氢化可的松或强的松龙）0.5～1.0ml，1%～2%普鲁卡因3～4ml。

(2) 治疗腱鞘炎和滑囊炎时，可用激素（醋酸氢化可的松或强的松龙）2.5ml，1%～2%普鲁卡因1.0～1.5ml。每周注射2～3次。

2. 注射方法

注射前应仔细摸清压痛点，并做好标记，然后用碘酒和酒精消毒局部皮肤及救护者左拇指。救护者用左拇指按住压痛点，连同皮肤向后或向侧方移动，使针沿着左拇指尖端相当于压痛点处刺入（如属腱鞘炎，应只刺入腱鞘，严禁刺伤肌腱），当患者感到伤痛时再将药注入。在针头未拔出之前，再按压痛点，检查注射是否准确，如仍有疼痛，可使针头转换方向再将余药注入。最后用无菌纱布和胶布固定。

3. 注意事项

(1) 局部封闭后3天内，注意保持局部清洁，勿使敷料脱落，以免感染。

(2) 局部封闭治疗后24小时内，伤部应避免做剧烈运动。

（三）器材和用品

1. 诊疗床1张。

2. 常规消毒用品和器械。

75%酒精适量，碘酒适量，镊子2把，无菌注射器（或一次性无菌注射器5ml）及针头1～2个，无菌敷料、胶布适量。

药物：1%～2%普鲁卡因2～4支（每支2ml），强的松龙1支（每支2ml）。

三、物理疗法

（一）实验要求

了解物理疗法在治疗运动损伤中的应用，初步掌握冷热疗法、红外线光疗法及超声波电疗法的操作技术与方法。

（二）内容和方法

1. 冷疗法

冷疗法是在皮肤或黏膜上应用寒冷刺激治疗伤病的方法。冷疗具有镇痛、消肿、消炎、降温等作用。

(1) 设备用品

常用的冷疗设备和用品：冰块、冰水、毛巾、冰袋、冷喷射装置、制冷剂（氯乙烷或氟氯甲烷）、浴盆、海绵、弹力绷带等。

(2) 冷疗方式和操作技术

① 冰袋冷敷法：用特制冰袋（内装冰块）或用一塑料袋装入碎冰块，置于伤部15～20分钟。

② 冰毛巾裹敷法：将一毛巾在混合冰水（1∶1）中浸湿拧干，放置在伤部。开始每隔1分钟更换一次，以后每隔2分钟更换一次，总冷敷时间为20分钟。

③ 冷气雾法：利用喷射装置将制冷剂（氯乙烷或氟氯甲烷）喷射于伤部及其周围。每次喷射5秒钟，间隔1分钟，一次治疗喷射2～3次。

④ 局部冰水浴：先把一寸厚的海绵放在伤部，外裹弹力绷带，然后将裹有弹力绷带的伤肢浸入混合冰水中15～20分钟使局部降温。

(3) 注意事项

① 冷疗时要防止组织发生冻伤及神经麻痹。冰敷时间严禁超过30分钟。且以不超过20分钟为宜。

② 颌面部应用冷气雾法时，应注意保护眼、耳、鼻及口部。

(4) 适应症

① 急性闭合性软组织损伤的早期。

② 高热、中暑。

2. 热疗法

(1) 热敷

① 方法

a. 使用热水袋或热毛巾在伤病处热敷。

b. 可把炒热的盐或沙子装入布袋内做热敷。

c. 用热敷灵（又名寒痛灵）贴敷患处。

d. 药物热敷，将中草药煎煮后包敷。

② 适应症

热敷适应于慢性劳损性损伤，以及软组织损伤晚期。

(2) 热水浴

应用 38～40℃的水进行浴疗，称为热水浴。它是一种常用的热疗方法，具有解痉、镇痛、发汗及促进炎症吸收等作用。

① 热水浴分类和方法

a. 局部热水浴：可分为手浴、足浴及坐浴 3 种。水温由 40℃逐渐增高至 45℃。

b. 全身热水浴：可用普通浴盆或浴池，水温保持 38～40℃，每次浴疗时间 10～15 分钟，每日或隔日一次。全身热水浴疗时，患者头部应放置冷敷布。

② 适应症

热水浴适应于风湿性关节炎、类风湿性关节炎、慢性劳损性伤病以及消除疲劳。

3. 红外线疗法

(1) 仪器设备

红外线灯、红外线辐射器（TDP）。

(2) 操作方法

① 红外线灯照射操作常规

a. 充分裸露需要照射的部位。

b. 给伤者戴上黑色墨镜或将眼睛遮盖住。如果照射头部，应用浸水的纱布盖在眼睛上面。

c. 红外线灯与照射部位应该垂直，灯距以仪器说明书的规定为标准，使伤病者有舒适的温热感，如出现烧灼感时，使灯稍微远离一些。

d. 每次照射时间为 15～20 分钟，每日 1～2 次，连续 10～15 次为一疗程。如需重复治疗，应停照 1～2 周后再开始。

② TDP 辐射器治疗操作常规

a. 伤病者采取舒适的体位，充分暴露治疗部位。

b. 接通电源（指示灯亮），预热 5 分钟，然后将 TDP 辐射器对准治疗部位或穴位。

c. 辐射器距离治疗部位 30cm 左右，以有舒适的温热感为宜。

d. 每次辐射时间为 20～30 分钟，每日 1～2 次，10～15 次为一疗程。

(3) 注意事项

① 注意照射部位皮肤的变化，一旦皮肤呈暗红色即为烫伤的先兆，必须及时处理，或延长照射距离，或者暂时停止治疗。

② 机器要接好地线。

(4) 适应症

适应于亚急性和慢性运动损伤，迟延愈合的伤口，创伤性关节炎、肩围炎、腰肌劳损、风湿性关节炎等。

4. 超短波疗法

(1) 仪器设备

① 超短波治疗机：国产的超短波治疗机按输出功率可分为两种规格，一种是立地式大功率（200～400W）治疗机，适用于大部位、深层组织的治疗。另一种是手提式小

功率（25～80W）治疗机，适用于小部位、浅层组织的治疗。

② 电极：一般分为两种，一种是板状电极，内部是金属网或金属片，外包橡胶、毛毯或绒布等物，形状有长方形、正方形或长条形，通常多采用长方形。一般分大、中、小三套。另一种是圆形电极，制作法同板状电极。

(2) 治疗方法

① 手部小关节治疗方法：用小号长方电极或中号圆电极于手背和手掌对置，间隙1cm。通电至无热或微热量。每次15～20分钟，每日1次，10～15次为一疗程。

② 肩部治疗法：选用中号长方电极或大号圆电极，在肩部前后对置，间隙2cm，通电至感觉出微热量。每次15～20分钟，每日1次，10～15次为一疗程。

③ 髋关节治疗方法：选用中号长方电极在髋部前后对置，间隙2～3cm。双髋治疗时，电极置髋外侧，或两侧分别治疗，通电至感觉出微热量。每次20分钟，每日1次，10～15次为一疗程。

④ 踝关节治疗方法：选用中号电极置于踝关节内外侧。间隙1～4cm。双侧治疗时两踝靠拢，在两内踝之间放1～2cm厚的毡垫，两电极分别置于两踝外部，通电至感觉到微热量。每次15～20分钟，每日1次，8～15次为一疗程。

⑤ 骨骼治疗方法：根据病变大小选用适当电极，置骨骼病变的两侧。间隙1～3cm。通电至感觉出微热量或无热量。每次8～15分钟，每日1次，10～15次为一疗程。

⑥ 脊柱治疗方法：选用中号长方电极并置于颈和腰骶部，间隙2cm，通电至感觉出微热量。每次15～20分钟，每日1次，10～15次为一疗程。

⑦ 骶髂关节治疗方法：选用中号长方电极，在腹部和骶髂部对置，间隙前3cm，后1.5cm，通电至感觉出微热量。每次15～20分钟，每日1次，10～15次为一疗程。

(3) 操作常规

① 患者取舒适体位，治疗部位无需暴露，可将所着衣服的厚度计算在间隙内。摘去随身携带的手表和金属物。

② 选用适当电极，并按需要确定垫物的厚度（电极间隙）。

③ 电极的放置方法

a. 单极法：一极放置在治疗部位，另一极置于无关的空间。

b. 双极法：分为对置法和并置法，根据治疗部位进行选择（参见治疗方法）。

④ 开机步骤：检查机器各旋钮是否在零位，接通电源；将旋钮拨至“预热”位置，待灯丝加热以后，再旋到“治疗”位置，调节调谐旋钮，达到谐振状态后开始计时，治疗时间视病种和病情而定。

⑤ 治疗完毕将各旋钮回至“零位”，切断电源，取下电极。

(4) 注意事项

① 切勿过热，避免烫伤。

② 头部治疗时，剂量不宜过大。

③ 出血或有出血倾向时，禁忌治疗。

(三) 实习方法

通过治疗示范、相互试用及自我感受，达到学会和初步掌握常见运动损伤治疗方法和操作技术。

四、灸　法

(一) 实验要求

通过实习，学会艾灸方法，初步掌握其适用范围。

(二) 内容和方法

1. 灸法3种配穴处方的规律

可通过放映幻灯或录像片学习取穴方法。

(1) 局部取穴：即在病变局部取穴，局部取穴适用于周身体表各部的局部病症及内脏器官的病患，如腰痛取肾俞。

(2) 邻近取穴：即在病症局部附近取穴。

(3) 远道取穴：凡病症呈现在某经循行所及的脏腑、躯干或头面时，可取同经在四肢肘膝以下的腧穴，如牙痛取合谷穴。

2. 艾灸术操作方法示范

(1) 艾柱灸方法：将艾柱放在应灸的穴位上点燃顶端。当燃到快要接近皮肤而患者感到有灼热时，用镊子把它夹开再放一个，灸法如前。每烧一个艾柱叫做一壮（图4–38）。

(2) 艾卷灸方法：点燃艾卷的一端置于应灸的穴位上去灸。艾卷与皮肤的距离是以患者感到穴位局部或隔离部分的组织内有一种温热感觉为度，如感到灼热，即放高一点。一般灸3～5分钟，以皮肤出现红润为宜（图4–39）。

图4–38　艾柱灸示意

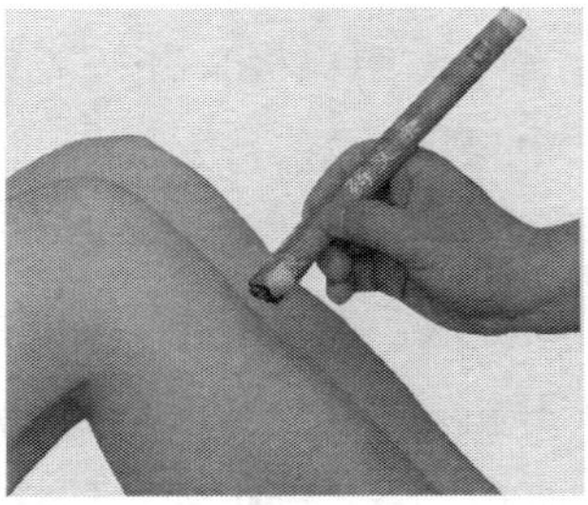

图4–39　艾卷灸操作示意

(3) 注意事项：在施灸时艾柱避免翻滚，艾卷避免落下火星。对局部知觉迟钝或知觉消失者，不能以患者呼烫为标准，以免发生烫伤。

3. 适应症

风湿性关节炎（非活动期），慢性劳损性疾病，如腰肌劳损。

(三) 设备条件

录像、幻灯片、人体经络及穴位分布挂图或模型 4 ~ 6 个，艾柱、艾卷适量、火柴、防治烫伤的药品，如 1%磺胺嘧啶银溶液或百多邦等，消毒纱布及橡皮膏适量、小枕头(或枕垫)。

五、拔火罐疗法

(一) 实验要求

了解火罐的种类、性能及适应症，学会拔火罐的方法。

(二) 实习内容

1. 火罐的种类及性能

常用的火罐有两种：一种是陶瓷火罐，它的吸力较大，价格便宜，但易破碎。另一种是玻璃火罐，它吸着后可以从外面看到皮肤的变化，易于掌握拔罐处的局部反应程度。

2. 拔火罐的方法

拔火罐的方法很多，一般常用的有如下 3 种。

(1) 投火法：将酒精棉球或纸片燃着后投入罐内，迅速将罐罩在应拔的部位上。这种方法用于侧面横拔，否则棉球落下容易烧伤患部。

(2) 闪火法：用镊子夹着燃着的酒精棉球在罐内停留片刻，立即将棉球抽出，迅速地将火罐罩在应拔的部位上，即可吸住。

(3) 贴棉法：用 1cm 见方的棉花一块置于 95%酒精内浸湿（酒精不宜太多）。贴在罐内壁上中段，用火柴点着，罩在选定部位。这种方法不受体位的限制。

3. 拔火罐的程序

(1) 准备工作：施术前准备好火罐、镊子、棉球、95%酒精、火柴、凡士林、消炎膏、纱布和胶布等必需用品和器材。

(2) 操作程序

① 检查体位是否适当，对应拔部位有无妨碍。

② 根据部位大小选用适宜的火罐。

③ 拔罐时间为 10 ~ 20 分钟。如患者感到灼痛或过紧，稍起火罐放进少量空气，或酌情提早起罐。

④ 起罐时用一手指轻按住罐旁的皮肤，使空气透进罐内，罐即落下。

⑤ 拔罐后皮肤如有损伤，或起泡可涂上 1%龙胆紫药水或消炎药膏，盖以纱布用胶布固定，防止感染。

(3) 注意事项

① 患者体位要舒适，根据部位选用大小不同口径的火罐，注意选择肌肉较丰满，没有毛发和骨骼凹凸的部位，以防火罐脱落。

② 拔罐时火力要足，罐口靠近拔罐的部位，操作要迅速轻巧，做到稳、准、快，

才能将火罐拔紧，否则影响疗效。

③ 皮肤有溃疡、水肿及大血管的部位，不宜拔罐；高热抽搐者、孕妇的腹部和腰骶部也不宜拔罐。

④ 有自发性出血和损伤后出血不止的患者，不宜使用拔罐法。

⑤ 用火罐时注意勿灼伤或烫伤皮肤。若烫伤或留罐时间太长而皮肤起水泡时，小水泡无须处理，水泡较大时用消毒针将水放出，涂以龙胆紫药水后，覆盖敷料，以防感染。

4. 适应症

拔罐具有温通经络，行气活血，祛湿逐寒，散瘀消肿止痛的作用，常用于痹证（如腰腿痛、肩背痛），胃肠道疾患（如胃痛、腹痛），肺部疾患（如咳嗽、哮喘）。

（三）方法步骤

通过实物展示（各类火罐）、三种拔罐方法的治疗示教、学员之间相互试用及自我感受。

（四）设备条件

诊疗床、各类火罐（如陶瓷、玻璃火罐），点燃用品（如火柴、酒精棉等），镊子（大号），1%龙胆紫药水及消炎膏，无菌敷料、胶布，人体经络及穴位分布挂图或模型。

六、支持保护带疗法

（一）实验要求

了解支持保护带的作用，学会其使用方法。

（二）内容和方法

1. 多媒体教学

通过播放录像或幻灯片等，了解支持保护带的作用。支持保护带具有以下作用：

(1) 保护关节稳定，避免受伤韧带或其他组织松弛。

(2) 限制肌肉、肌腱超常范围的活动，防止已伤的组织再受伤。

2. 教师示范

观看教师做支持保护带使用方法的操作示范，然后让学生进行分组练习。可根据具体条件选择几种最常用的使用方法，如掌指（指间）关节、膝关节、踝关节支持保护带固定法予以操作演示。

3. 支持保护带的种类及使用方法

(1) 腕部支持带（图 4-40），适于腕关节及尺桡关节扭伤，腕部伤创性腱鞘炎恢复期。采用膏药和绷带制成，具有治疗、固定及限制关节活动等作用。

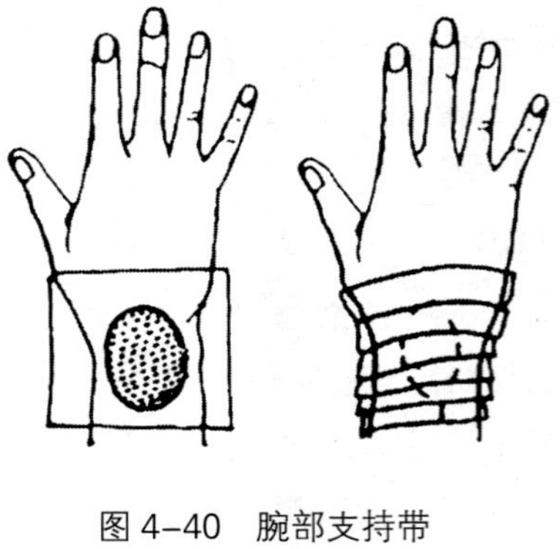

图 4-40　腕部支持带

(2) 掌指（或指间）关节支持带（图 4-41～43），将健指与伤指捆在一起。

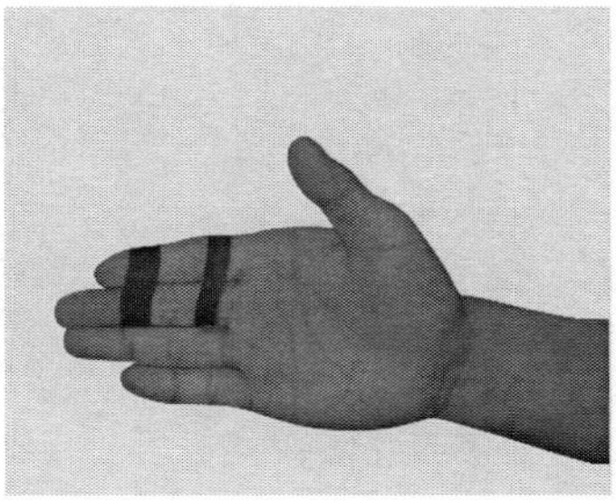

图 4-41　指间关节扭伤粘布支持带

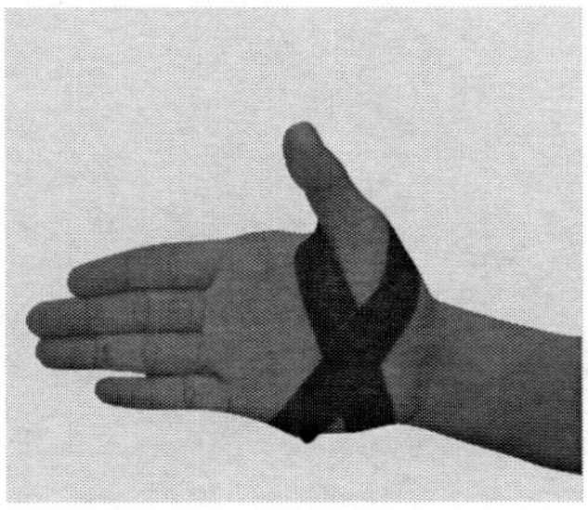

图 4-42　第一掌指关节扭伤粘布支持带

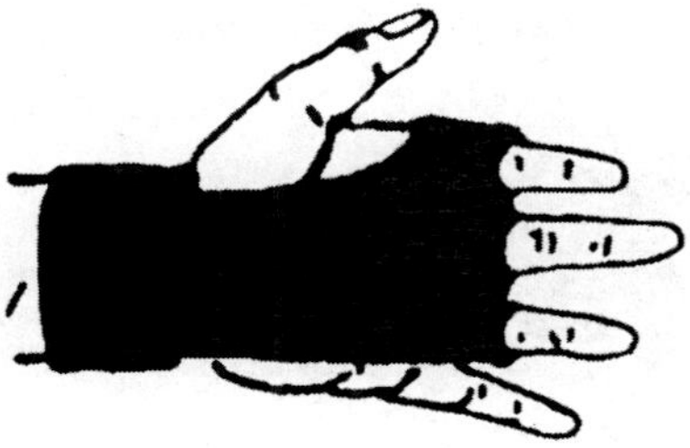

图 4-43　蚓状肌损伤支持带

(3) 股部支持带（图 4-44）。

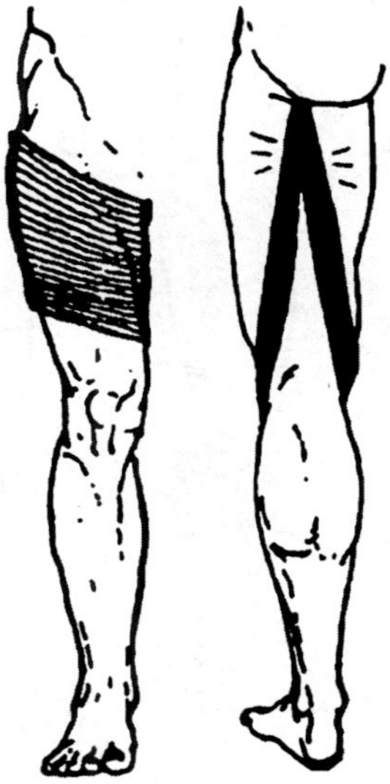

图 4-44　大腿肌肉拉伤的弹力护腿

(4) 膝部支持带（图 4–45、图 4–46）

图 4–45　膝关节前交叉韧带粘布支持带固定法

图 4–46　膝关节侧副韧带损伤粘布支持带固定法

(5) 小腿部支持带，采用粘布带将膝关节固定于伸直位，适用于胫骨结节骨软骨炎（图 4–47）。适于胫骨外伤性骨膜炎，先将海绵或棉花圈置于伤部，以粘布固定后再用弹力护腿或绷带固定，用于比赛（图 4–48）。跟腱粘布支持带，适于跟腱捩伤和腱围炎，将踝固定于微背伸位约 80°，使跟腱得到保护与休息（图 4–49）

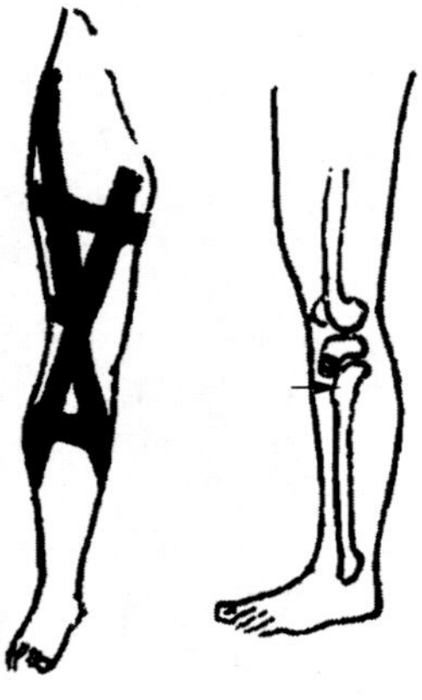

图 4–47　胫骨粗隆骨软骨炎支持带

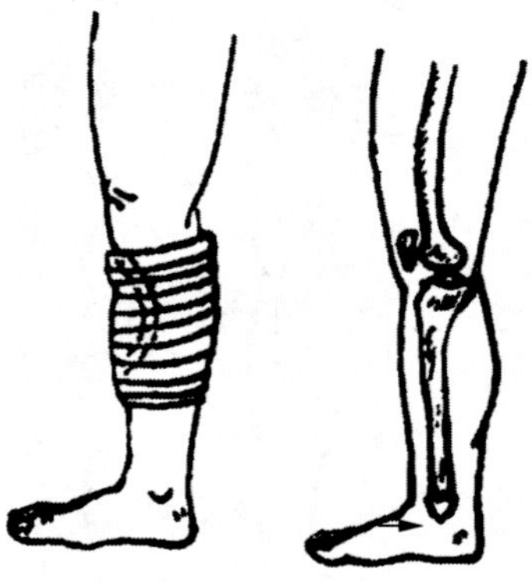

图 4–48　弹力绷带

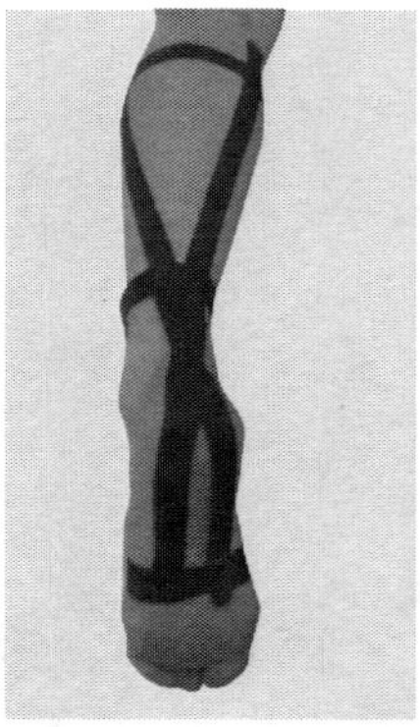

图 4–49　跟腱粘布支持带

(6) 踝部支持带固定法，以弹力绷带或粘布带固定，踝部借以防止并限制踝关节的异常屈伸及内外翻活动，适用于踝韧带损伤、创伤性关节炎及腱鞘炎（图 4–50）。踝关节外侧韧带损伤，用粘膏将足踝部固定于外翻位，再以绷带固定（图 4–51）。

图 4–50　踝部支持带

图 4–51　踝关节外侧支持带

(7) 足部支持带固定法，跖腱膜拉伤支持保护法，先用粘布带，然后再用绷带包裹（图 4–52）。第一跖趾关节扭伤粘布带固定法（图 4–53）。跟骨挫伤、跟下滑囊炎海绵垫支持保护法，海绵垫的缺口相当于损伤部大小（图 4–54）。

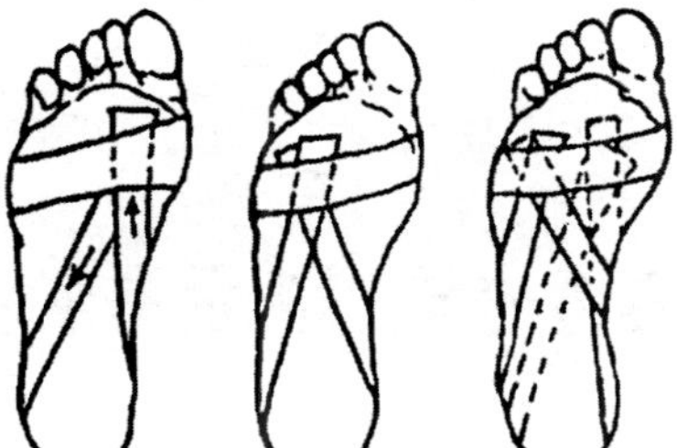

图 4–52　跖腱膜支持带

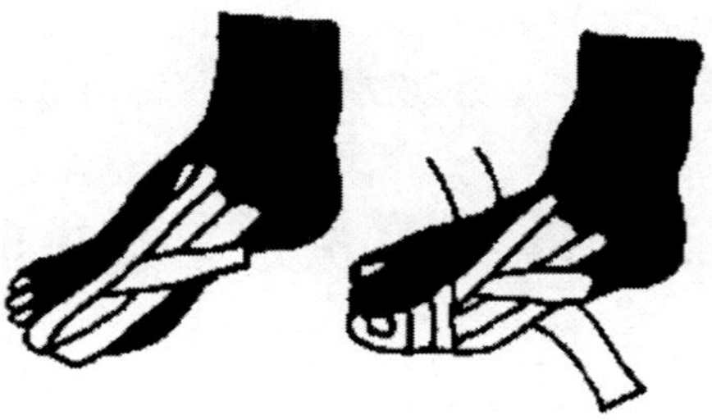

图 4–53　第一跖趾关节支持带

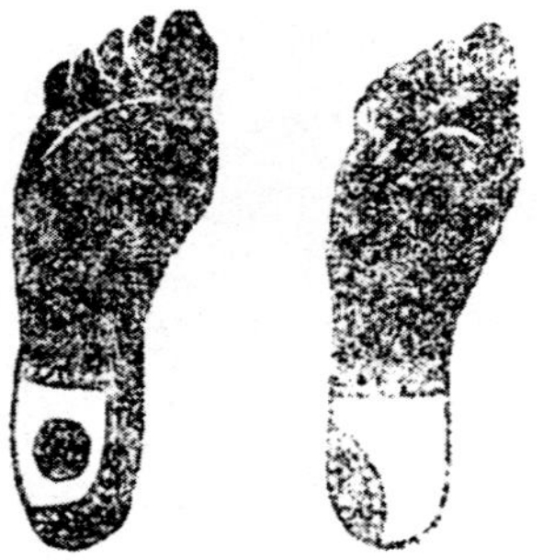

图 4–54 海绵垫支持保护法

(8) 脊柱支持保护带，软皮腰围，适用于腰肌劳损、脊柱棘突骨膜炎及腰椎间盘脱出症（图 4–55）。

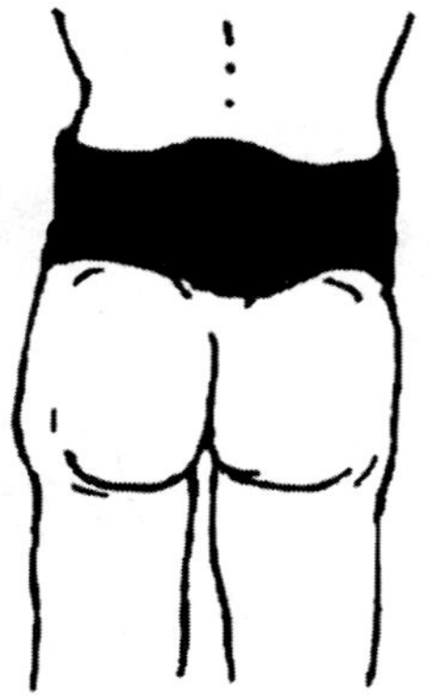

图 4–55 软皮腰围

4. 注意事项

(1) 教师先向学生示范操作。

(2) 两人一组，相互动手操作。

(3) 除去紧贴皮肤的粘布时动作要轻柔，以免引起疼痛。

【作业与思考题】

1. 书写试验报告。

2. 熟练掌握运动创伤的各种常用治疗方法并组织实习。

实验十三 常见运动损伤的诊断及检查方法（演示型实验）

【目的要求】

通过本实验使学生了解常见运动损伤的症状、诊断要点，熟悉其体征，初步掌握各种损伤体征的检查方法。

【基本原理】

运动损伤的检查方法与骨科检查方法的原则大致相同，运动损伤的检查一般包括以下 5 个部分。

1. 望诊

观察患者姿势、步态、局部征象，有无淤血肿胀、畸形并与健侧相比较。

2. 触诊

触摸患者皮肤温度、肌肉张力、软组织韧度，还应注意有无压痛。

3. 检查自动、被动和抗阻运动

检查用以发现关节本身、关节周围和关节邻近组织伤病情况，神经系统的障碍，肌肉、肌腱和筋膜的病变以及关节内的疾患。

4. 测量长度、围度、角度、力量、畸形角度

测量用以比较肢体肌肉，骨骼生长及伤病状况。比较方法一是用已知标准比较；二是同健侧进行比较。

5. 听诊

听诊可了解关节发出的各种不正常声音，如弹响、摩擦音、吱喳音等。

【实验器材】

诊断床、皮尺、量角器、读片灯，解剖学及运动创伤学挂图、模型、投影片、幻灯片、录像带等。

电化教学设备：如投影仪、幻灯机、放像机。

【方法与步骤】

一、内　容

常见运动损伤包括：肩袖损伤、腕舟骨骨折，掌指（指间）关节扭伤、膝关节内侧副韧带损伤、髌骨劳损、股四头肌挫伤、大腿后群屈肌拉伤、踝关节韧带损伤及急性腰扭伤 9 种。

根据条件，可选择其中 5～6 种运动损伤进行实习。

（一）肩袖损伤

肩袖系由冈上肌（司外展上臂）、冈下肌和小圆肌（司外旋上臂）及肩胛下肌（司内旋上臂）4 块肌肉组成。肩袖损伤系指肩袖肌腱和肩峰下滑囊的创伤性炎症。其损伤机制是由于肩关节的反复旋转或超常范围的转肩活动引起肩袖肌腱，尤其是冈上肌腱与肩峰下滑囊受到肩峰、喙肩韧带与肱骨大结节的不断挤压、摩擦，久而久之可导致肌腱损伤，也可是一次肌腱急性损伤。

1. 诊断要点

(1) 损伤史，多有超常范围的转肩史或一次急性扭伤史。

(2) 肩痛或做某一特殊动作时疼痛。

(3) 肱骨大结节部压痛。

(4) 肩外展“疼痛弧”阳性。

(5) 急性损伤时肩外展活动受限，慢性损伤者可有冈上肌和三角肌萎缩。

(6) 晚期摄 X 线片，有时可见肱骨大结节部有骨质硬化囊性变或肌腱骨化。

2. 检查方法

伤者取坐位，裸露两肩对比检查。

(1) 形态检查：急性损伤时，肱骨大结节部或肩峰下方常有轻度肿胀，慢性者可见冈上肌和三角肌废用性萎缩。

(2) 痛点检查：压痛点常局限于肱骨大结节部或肩峰与大结节之间（图 4–56）。

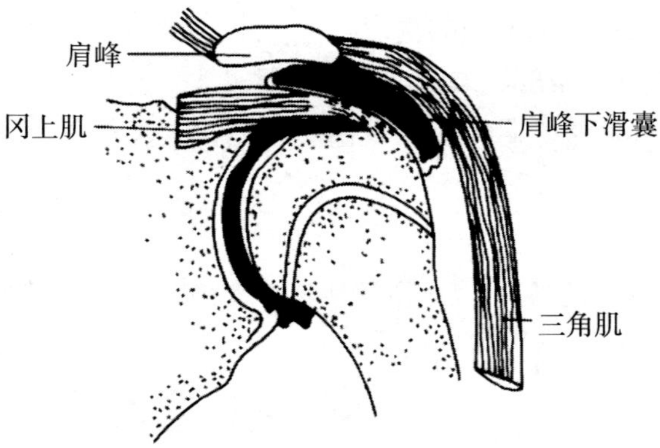

图 4–56 肩峰下滑囊及周围组织

(3)“疼痛弧”检查：当肩关节主动或被动使上肢外展 60～120° 出现疼痛，小于 60° 和大于 120° 疼痛反而减轻或消失，肱骨放下时同样于该角度区出现疼痛，此即谓“疼痛弧”试验阳性（图 4–57）。这是由于肩袖或肩峰下滑囊与肩峰和喙肩韧带相互摩擦的结果。

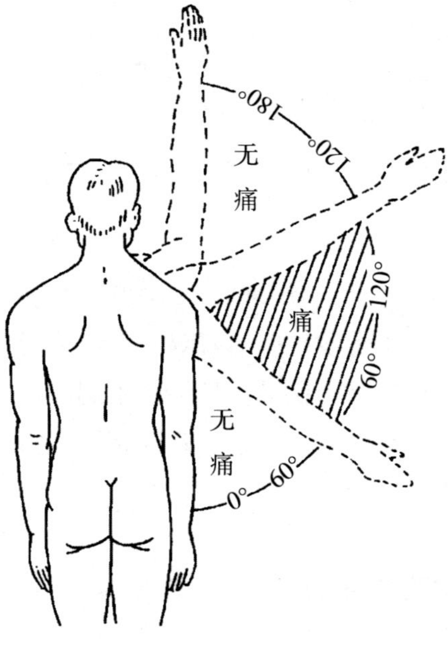

图 4–57 肩外展疼痛弧的图解

(4) 肩部响声检查：检查者将一手平放于患者的肩峰与大结节部，在其肩外展运动中可扪及响音。这是由于肩袖损伤时多合并三角肌下滑囊炎。滑囊内粘连或囊壁肥厚，活动时由于囊壁的摩擦或抬肩时囊壁“打皱”，突然与肩峰撞磨而出现响音（图4–58）。

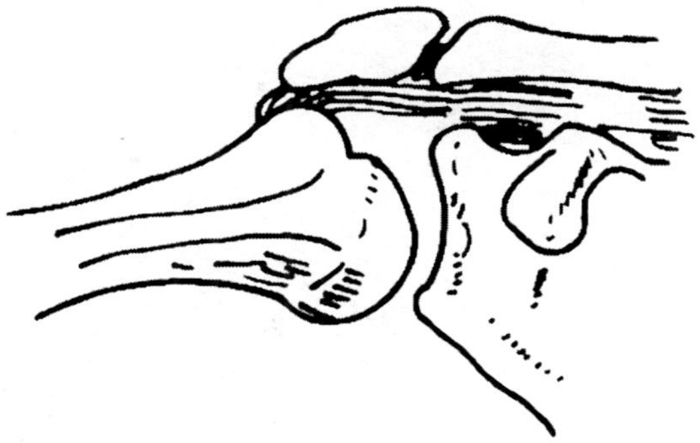

图 4–58 肩袖损伤时出现响音的机制

(二) 腕舟骨骨折

腕舟骨骨折常由传达暴力所致，运动员向前倒地，以手掌猛烈极度背伸、桡侧偏撑地，地面的冲击力由舟骨结节向上传导，舟骨被桡骨的桡腕关节面锐利的背侧缘撞击、劈裂而发生骨折（图 4–59）。骨折多无移位，临床上常由于舟骨表面大部分被关节软骨覆盖，因此血运较差，造成骨折迟缓愈合或不愈合，甚至发生缺血性坏死。这种损伤的症状很像关节扭伤，因此常被忽略，以致使很多运动员发生永久性的病废，丧失或影响运动能力。为了避免误诊，必须熟悉舟骨的位置及表面解剖。

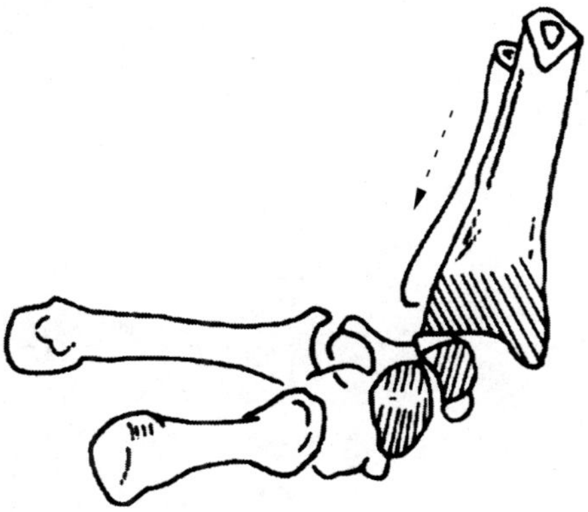

图 4–59 腕背伸时，舟骨被桡骨关节面背侧缘截断

1. 局部解剖

腕舟状骨位于腕部的桡侧，是鼻烟窝的底部，腕部尺侧偏时，可使舟骨从桡骨茎突下方滑出，触诊时可以摸到。

鼻烟窝是拇长伸肌腱与拇短伸肌腱在腕部所形成的一个凹陷（图 4–60）。

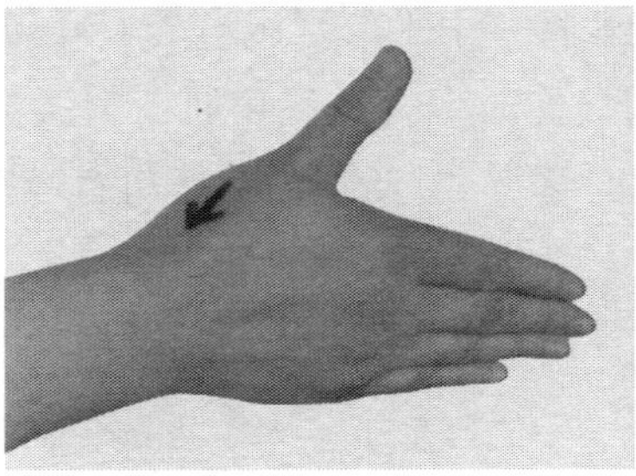

图 4–60　鼻烟窝

2. 诊断要点

（1）有腕突然过伸位支撑或直接受撞击史，摔倒手触地或被球击。

（2）鼻烟窝压痛。

（3）腕关节背伸活动受限。

（4）X 线检查：早期骨折线常显示不出，1 ~ 2 周后，由于骨折处骨质吸收，骨折线方显现出来。因此，不能单凭初期 X 线检查而轻易否定骨折存在。临床检查怀疑骨折时，应按骨折处理，2 周后再摄腕部正、斜位 X 线片，以明确诊断。

3. 检查方法

（1）形态的检查：腕舟骨骨折不像其他部位骨折有明显肿胀，因此易被误诊为腕扭伤。如仔细检查，鼻烟窝可能变浅或肿起。

（2）疼痛检查

① 鼻烟窝压痛检查法：检查者用右手握住患者的手，把左拇指尖放在鼻烟窝内，然后将患者手向尺侧倾斜，这样更容易触及舟骨。若鼻烟窝有明显压痛和轻度肿胀，很可能是舟骨骨折。但在正常情况下，因鼻烟窝内有桡神经分支经过（图 4–61），施加重压时，亦可引起疼痛。所以检查时，除使拇指处于掌侧外展位从而使桡神经移开外，并须与健侧对比（图 4–62）。

图 4–61　桡神经在腕部的走行示意

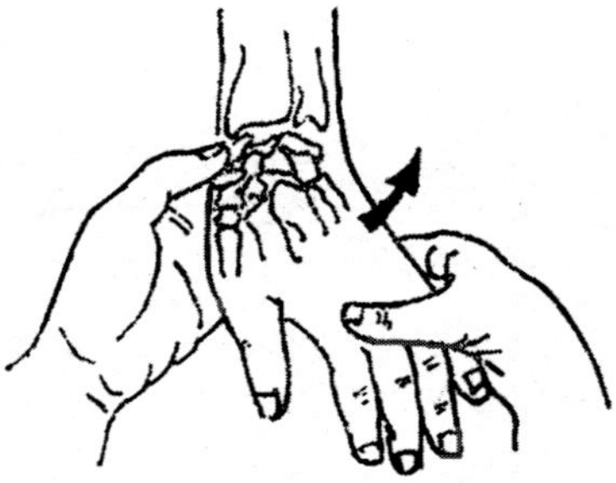

图 4–62　鼻烟窝施压处，尺侧偏时可摸清舟状骨

② 轴心压痛检查法：检查者握住患者手指，纵向向腕部推顶，如推拇、食指时，腕桡侧痛者为舟骨骨折。

（3）功能检查：腕关节在被动桡偏时，常因疼痛而活动受限。如早期漏诊，随着病情的发展关节背伸活动障碍越加明显，此点往往是陈旧性舟骨骨折最重要的诊断指征。利用合掌法（图 4–63）容易查出轻微的变化。

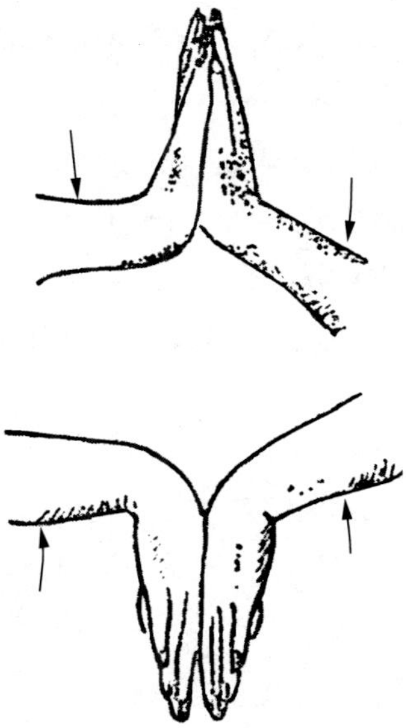

图 4–63　检查腕关节背伸运动的合掌法

(4) X 线检查：应采用斜位投照法，如早期无异常改变，疑有骨折时须在 2 周后再进行检查确诊。

(三) 掌指（指间）关节扭伤脱位

掌指关节除拇指掌指关节外，均为球窝关节；指间关节均属滑车关节，关节囊的背侧较松弛，关节两侧有侧副韧带加固。因此屈的运动大于其他运动的幅度，侧向运动受限。

掌指（指间）关节扭伤脱位，多因暴力直接作用于患部，使其关节过伸所致，或由直接侧方暴力所引起。此类损伤多见于篮、排球运动，常因手指受到球的撞击，发生掌指关节扭伤以至关节脱位。

1. 诊断要点

(1) 损伤史，掌指（或指间）关节扭伤在篮、排球运动员中较为多见。常有被球撞击史，或因接球技术动作的错误而发生掌指（或指间）关节过伸的扭、挫伤史。

(2) 局部疼痛剧烈。

(3) 关节周围肿胀明显。

(4) 关节活动障碍或有侧向运动。

(5) 侧弯畸形或背屈畸形。

(6) X 线片有时可见撕脱骨片。

2. 检查方法

在检查手部的形态和功能时，双侧对比是确定任何微细变化最有效的方法。

（1）形态检查：急性损伤时关节周围有明显的肿胀，若一侧韧带撕裂则出现轻度侧弯畸形。如合并关节脱位时伤指向背侧屈折畸形（图 4–64）。

（2）疼痛检查：关节一侧副韧带有明显压痛，如合并关节囊撕裂时关节前后和侧方均有压痛。拇指掌指关节扭伤时压痛点在掌指关节的内侧面。

（3）特殊试验

① 掌指关节侧扳分离试验：患腕处于旋前位，手掌心向下。检查者左手握住掌指关节近侧端，另一手将患手掌指关节屈曲 90°（此位置侧副韧带是紧张的）。同时做向内侧（或外侧）的侧扳手指（指间关节伸直），如果外侧（或内侧）疼痛即为该侧副韧带损伤。如同时有松动感（开口感）则为韧带断裂（图 4–65）。

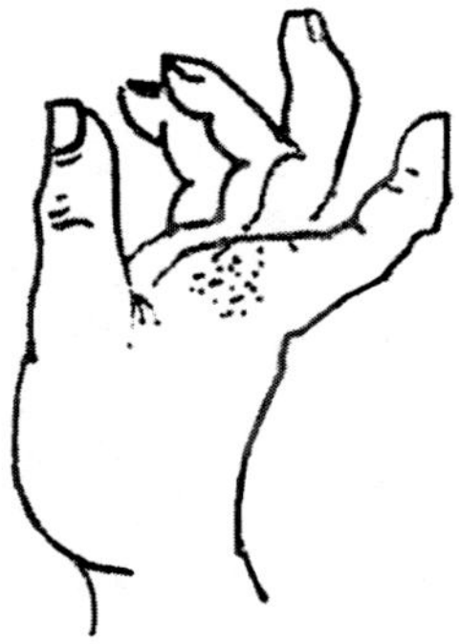

图 4–64　掌指关节脱位后呈屈折畸形

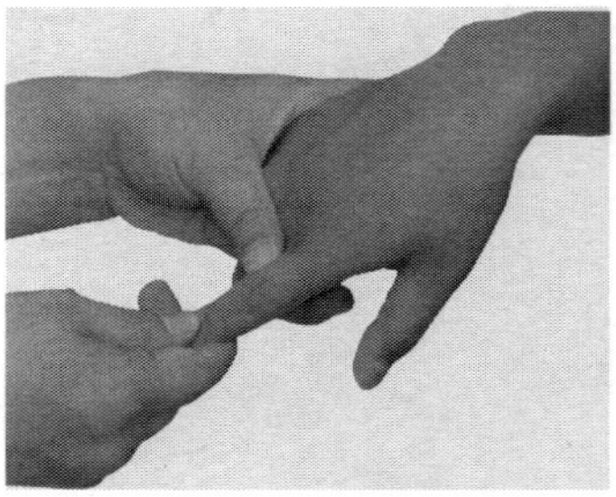

图 4–65　掌指关节侧扳分离试验

② 指间关节侧扳分离试验：患指掌指关节和指间关节伸直（指间关节直伸时侧副韧带是紧张的）。检查者一手握住指间关节的近侧端，另一手食指抵住指间关节内侧(或外侧)，其拇指置于指间关节的远端，并向外侧（或内侧）扳动，如果内侧（或外侧）疼痛即为该侧副韧带损伤，若有松动（开口感）则为韧带断裂（图 4–66）。

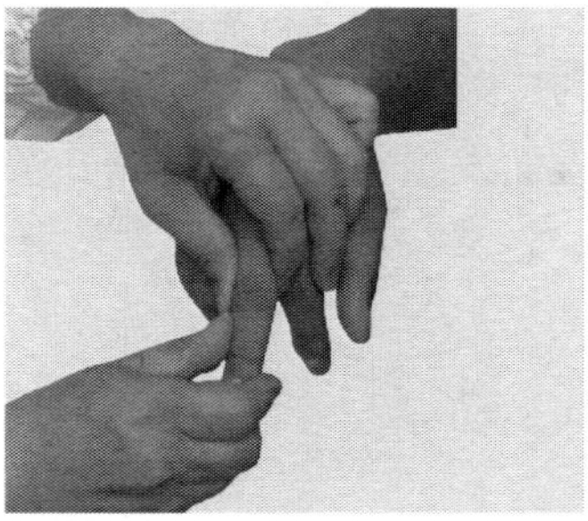

图 4–66　指间关节侧扳分离试验

(4) 功能检查：检查手指屈伸时（掌指关节及近位与远位指间关节），嘱患者先紧握拳，然后再伸直手指。在掌指（或指间）关节扭挫伤时关节的屈伸活动明显受限，如伴关节脱位则运动困难。

(四) 膝关节内侧副韧带损伤

1. 膝关节解剖概要

膝关节由股骨下端关节面、胫骨上端关节面及髌骨关节面构成。膝关节的主要功能是伸和屈。在伸膝时伴胫骨轻度外旋；屈膝时伴胫骨轻度内旋。

膝关节的韧带主要有4条，即前后十字韧带（关节内韧带）及内外侧副韧带（关节外韧带）。膝关节内侧副韧带分深、浅两层。浅层起自股骨内上髁及内收结节处，止于胫骨；深层起于关节隙上下（图4–67）。该韧带是关节囊的组成部分。并与内侧半月板紧密相连，故多同时受伤。膝内侧副韧带的作用是防止小腿外展和外旋不稳。

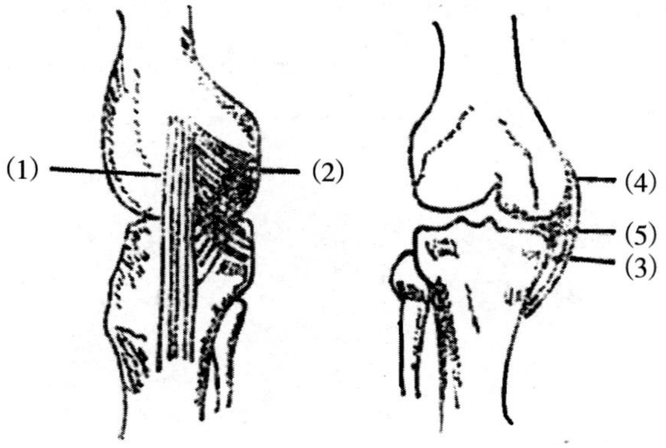

图4–67 膝关节内侧副韧带

(1) 纵行纤维 (2) 斜行纤维 (3)(4) 内侧副韧带分深、浅两层 (5) 内侧半月板

当膝关节在130～150° 半屈曲位时，小腿突然外展、外旋，或足与小腿固定，大腿猛烈内收、内旋，都可使内侧副韧带损伤。

2. 诊断要点

(1) 有明确膝外翻受伤史，即小腿突然外展、外旋或大腿突然内收、内旋（足及小腿固定）损伤史。

(2) 受伤时膝内侧常突然剧痛。

(3) 局部压痛。

(4) 膝关节固定于轻度屈曲位置，被动伸直时有抵抗痛或拒绝任何活动。

(5) 侧扳试验呈阳性。

3. 检查方法

检查时脱去长裤，躺在床上，使肌肉放松，易于检查。

(1) 形态检查：正常人膝关节外形的个体差异很大。因此检查时必须强调双侧对比检查。

正常男子的髌骨可看出明显轮廓，髌骨周围有凹陷。如果病侧此凹陷变浅或消失，即为肿胀。而对轻微的肿胀不做对比是不易发现的。女子和小儿的髌骨，其周围凹陷多数不很明显，需对比健侧的外形才能查出变化。

膝关节内侧副韧带损伤时，膝关节往往保持在轻度屈曲状态。在内侧副韧带损伤局部无明显变化或有轻度肿胀。如合并半月板损伤或十字韧带损伤时，将发生关节内肿胀（积液或积血）。

（2）压痛点检查：膝关节内侧副韧带损伤时，压痛点多在股骨内髁结节，或在胫骨内侧上端。如合并半月板损伤时，则压痛点在内侧关节间隙。

（3）特殊试验

① 侧扳试验：侧扳试验是检查侧副韧带损伤的特异性方法。检查时患膝伸直，检查者一手抵住膝关节外侧，并向对侧用力推住，另一手握住踝关节上方向外侧扳动小腿。如果内侧疼痛即为该韧带损伤，如同时有松动感（即开口感），则为该韧带断裂。由于内侧副韧带是扇形的，有纵束和斜束两部分（参见图 4–67）。膝伸直位侧扳试验主要是反映纵束病变，而屈膝（约 30°）位侧扳试验是检查斜束有无损伤。因此，检查时需要在两种体位下进行以免漏诊（图 4–68）。

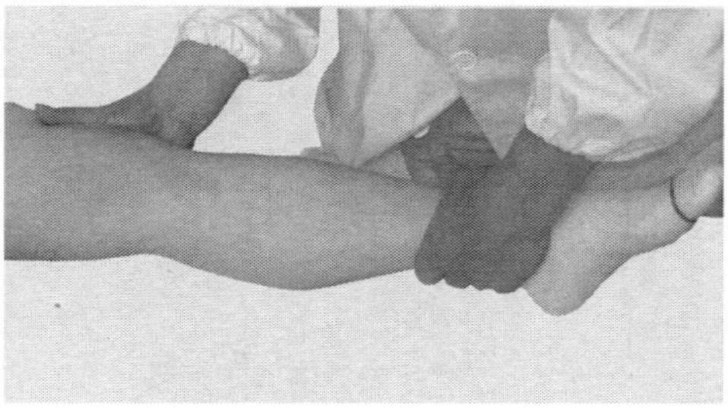

图 4–68　侧扳试验

② 麦氏试验：患者仰卧位，先使膝关节最大屈曲。检查者一手固定膝关节，另一手握患者足部；尽力使小腿外展外旋，然后将膝关节由极度屈曲缓缓伸直。如果内侧有响声（听到或手感到）和疼痛，则表明内侧半月板有破裂。按上述原理做反向的动作，外侧痛响，则证明外侧半月板损伤（图 4–69）。

图 4–69　麦氏试验

③ 抽屉试验：为检查十字韧带损伤的特异性方法。患者仰卧床上，患膝屈曲。检查者用大腿抵住患者的足背，双手握住胫骨上端用力前后推拉。如果胫骨上端有向前移动，则证明前十字韧带松弛；反之，有向后过多的移动，则表明后十字韧带断裂(图4–70)。

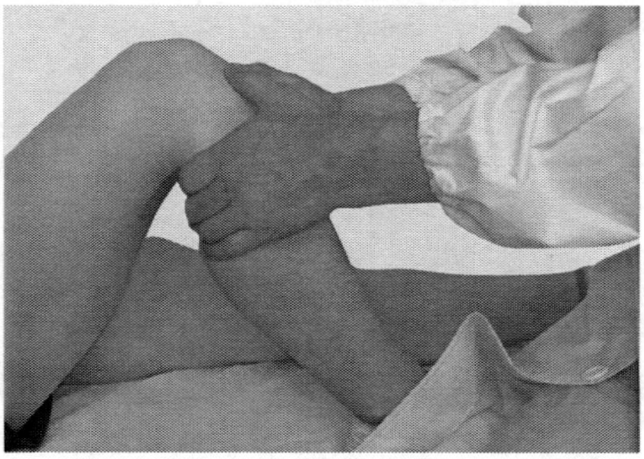

图 4–70　抽屉试验

(五) 髌骨软骨病

此伤病又称为髌骨软骨软化病。本病多由膝关节于半屈曲位过度拉伸、扭转活动，使髌骨关节软骨面受到经常的摩擦、挤压、捻错、冲撞等机械刺激，长期负荷超出了软骨所能承受的生理限度，以致影响局部组织新陈代谢的正常进行，致使关节软骨发生退化性变化，造成本伤病的发生。

1. 髌骨的生理功能

(1) 保护股骨关节面。

(2) 传递和加强股四头肌的力量。

(3) 保护膝关节在半屈位置的稳定性，防止异常的内收、外展以及前后错动。

(4) 增加膝关节的回转能力。

2. 诊断要点

(1) 损伤史：一般都有典型的局部劳损史，即膝关节于半蹲位反复屈伸、扭转等运动史，或一次膝关节扭撞伤史。

(2) 膝痛或膝软（上下楼时明显）。

(3) 膝半蹲痛和过伸痛。

(4) 髌骨及其周围压痛。

(5) 伸膝抗阻试验呈阳性。

(6) 单足半蹲试验呈阳性。

(7) 晚期 X 线照像有助于诊断。

3. 检查方法

(1) 髌骨压痛检查：患膝伸直，检查者一手托起膝部（或在膝后垫一枕垫，以防止膝过伸痛出现假阳性)，用另一手掌沿垂直方向前后左右错动和按压髌骨，如髌骨下疼痛即为阳性，表示髌骨软骨面有损伤（图 4–71)。

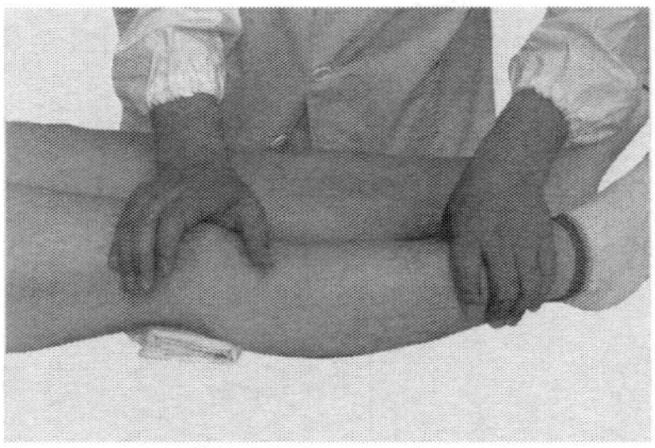

图 4–71　髌骨压痛检查法

(2) 髌骨边缘指压痛检查：检查者一手将髌骨向前和侧方推起，另一手指触压髌骨的边缘，如有疼痛即为阳性（图 4–72）。

(3) 单足半蹲试验：让患者用患肢支撑蹲起，如出现膝痛或膝软即为阳性（图 4–73）。髌腱腱围炎、半月板损伤、伸膝筋膜炎和假性髌骨软骨病时也呈阳性。因此，必须指明疼痛的位置，以便鉴别。

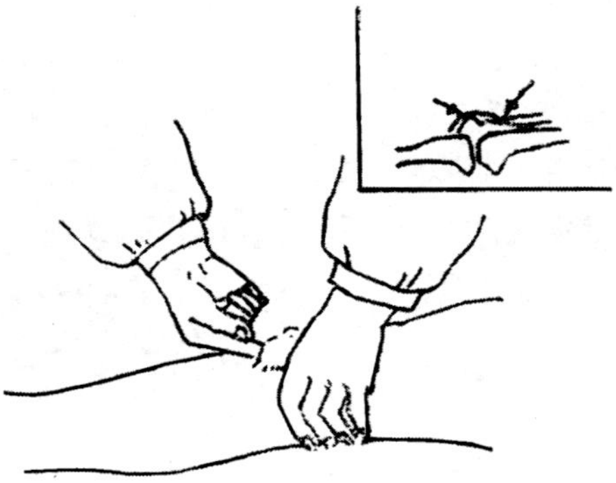

图 4–72　髌缘指压痛检查法

图 4–73　单足半蹲试验

(4) 伸膝抗阻试验：检查者将一前臂放在患膝后方，另一手握住小腿踝上部并给一定阻力，让患者膝关节由屈曲位逐渐伸直。如在 100° ~ 150° 出现疼痛或膝软，则为髌骨软骨病（图 4–74）。若在 0° 左右出现疼痛，多为髌腱伤病。

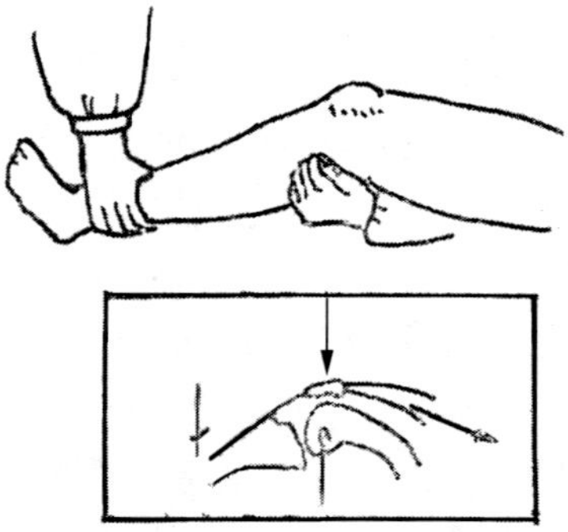

图 4–74　伸膝抗阻试验

（六）股四头肌挫伤

1. 局部解剖与生理

股四头肌由股直肌、股内侧肌、股外侧肌及股中肌组成。各有其起点，向下经髌骨延长为髌韧带，止于胫骨粗隆。股四头肌是维持人体直立、行走、跑和跳的主要肌肉，其功能是伸膝屈髋。由于各头的起点不同，其伸膝作用略有不同。股直肌伸膝 35~ 90° ，股外侧肌伸膝 90~ 165° ，股内侧肌伸膝 165~ 180° 。

股四头肌位于大腿前面，外周又缺乏保护，在对抗运动中，容易被撞击而致挫伤。伤后常有广泛性的出血、肿胀。如若处理不及时、不正确，常可继发为骨化性肌炎。

2. 诊断要点

(1) 急性损伤史。

(2) 跛行。

(3) 局部疼痛、肿胀。

(4) 肌腱断裂时，可触及断端的凹陷。

(5) 膝关节活动障碍。

3. 检查方法

(1) 形态检查：早期股四头肌局部肿胀或关节肿胀（关节积血）；晚期膝关节屈曲时，在髌骨上端可见或可触及凹陷，或腱挛缩组织的瘢痕硬结。

(2) 疼痛检查：局部压痛。如出现肌下血肿时，触摸可有硬韧感或肿块。股四头肌收缩时，出现疼痛或不敢用力收缩。

(3) 功能检查：股四头肌挫伤时，膝关节屈曲受限。如果完全断裂，则出现伸膝障碍（图 4–75、图 4–76）。

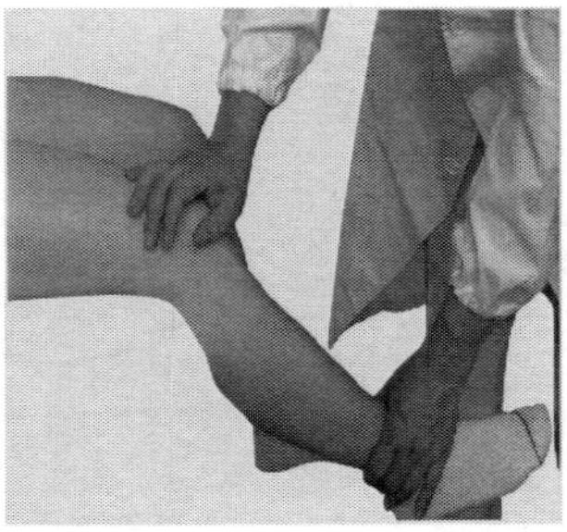

图 4–75　股内、外侧肌损伤检查法

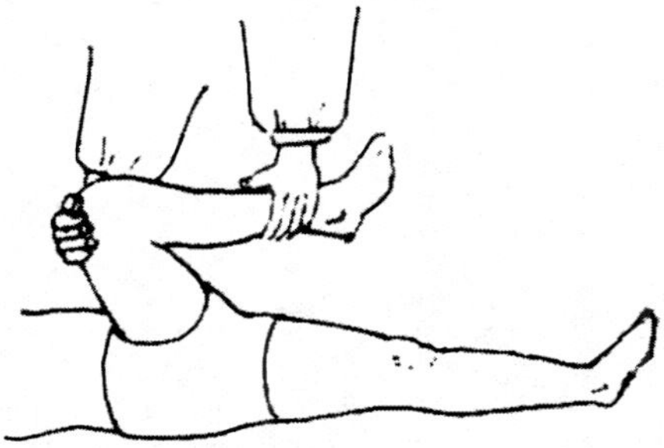

图 4–76　股直肌损伤检查法

（七）大腿后部屈肌（腘绳肌）拉伤

1. 局部解剖及生理

腘绳肌系指大腿后面的半膜肌、半腱肌及股二头肌群而言。除股二头肌的短头起于股骨外侧，其他皆起自坐骨结节。下行后股二头肌止于腓骨小头，半腱肌止于胫骨内髁的前内侧面，半膜肌止于内髁后面。

腘绳肌的功能：

(1) 屈膝。

(2) 伸膝（半蹲位身体重心在前方时）。

(3) 伸髋（膝关节伸直位时）。

(4) 使胫骨内、外旋（膝屈曲位时）。

2. 诊断要点

(1) 受伤史，大多数有明显受伤史，如压腿、劈叉、跨栏摆腿、跳跃时伸膝屈髋落地、短跑屈膝向前摆腿等动作，都是肌肉处于牵张状态再受牵拉而致伤。部分人有劳损史。

(2) 大腿后面疼痛。

(3) 可闻或感到断裂声响。

(4) 局部肿胀。

(5) 肌肉收缩畸形，如凹陷或双峰畸形。

(6) 局部压痛。

(7) 屈膝抗阻痛。

3. 检查方法

患者俯卧位，检查者首先观察股后部有无皮下瘀血、肿胀及畸形，随后用一手寻找压痛点，测摸腘窝外侧的股二头肌和内侧的半腱肌和半膜肌的张力，凹陷或双驼峰畸形。如果抗阻力屈膝时肌张力减弱，并伴疼痛或出现凹陷即为该肌拉伤或部分断裂；如果肌张力消失，或出现双驼峰畸形，则表明该肌腱（或肌腹）完全断裂（图4–77、图4–78）。

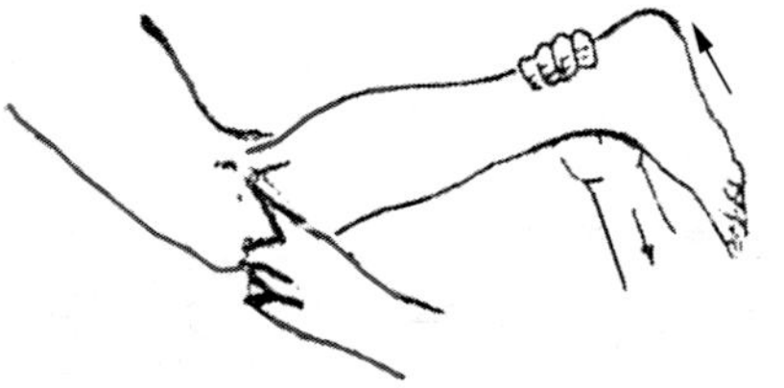

图 4–77　股二头肌损伤的检查方法

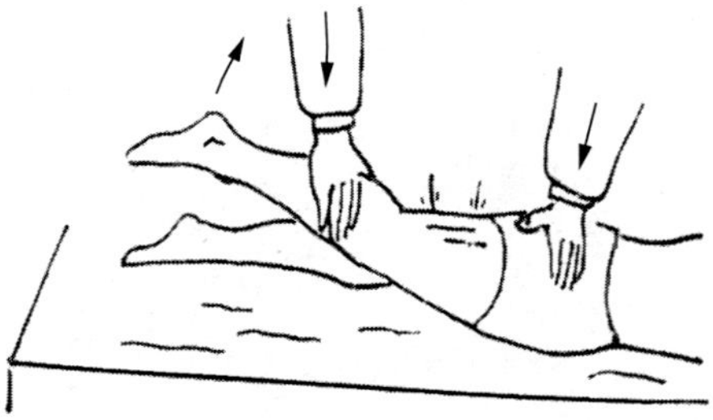

4–78　腘绳肌背伸抗阻检查痛点为伤处

(八) 踝关节韧带扭伤

1. 局部解剖及生理

踝关节，又称胫距关节或距上关节，由胫、腓骨的下端与距骨滑车构成。踝关节的功能主要是伸与屈。3 个关节（跟距、距舟及跟骰关节）司足的内翻与外翻。

踝外侧韧带有 3 条，即距腓前韧带、跟腓韧带及距腓后韧带（图 4–79），其功能是防止距骨的异常活动及足跟外翻。

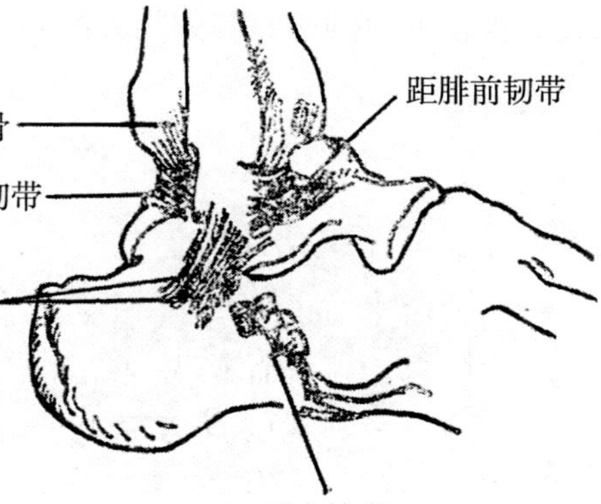

图 4–79 踝关节外侧韧带

踝关节韧带扭伤很常见，尤以外侧副韧带最为多见。在球类、田径、滑雪、体操、跳伞等项目中发生率高。

2. 诊断要点

(1) 有明确的足突然内翻位受伤史。

(2) 踝部外侧疼痛。

(3) 局部压痛。

(4) 踝外侧皮下瘀血。

(5) 踝关节被动内翻痛。

(6) 韧带断裂时踝关节抽屉试验阳性。

(7) 跛行。

(8) X 线检查有助于排除骨折。

3. 检查方法

(1) 形态检查：脱去袜子卷起长裤筒到膝部，对比观察两足外形。踝关节扭伤时，外踝下方出现血肿或皮肤瘀斑，踝关节外侧可有不同程度肿胀。

(2) 压痛点检查：足踝部软组织较薄，往往压痛点就是病灶的位置。根据压痛点的位置，再以解剖知识估计疼痛存在于某一韧带或骨骼。距腓前韧带损伤时，压病点位于外踝前方的凹陷区；跟腓韧带损伤时，压病点在外踝的下方；距腓后韧带损伤时，压病点在外踝的后方。

(3) 内翻痛检查：伤者取坐位，检查者用一手握住踝上部，用另一手握住前足外侧并做内翻，如踝外侧痛，而做踝外翻时无痛，则表明踝外侧韧带损伤（图 4–80）。

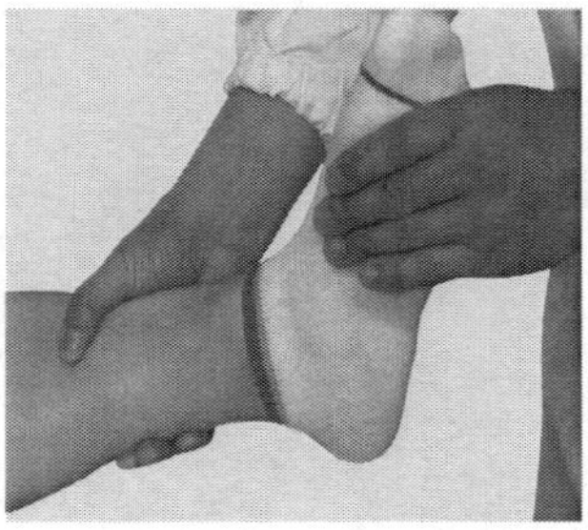

图 4–80 踝关节强迫内翻检查法

(4) 踝抽屉试验：检查者一手握住小腿，一手握足跟，在踝稍跖屈位，使距骨向前或向后错动。两踝对比，如活动范围患侧较健侧大即属阳性。说明踝关节外侧韧带完全断裂（图 4–81）。

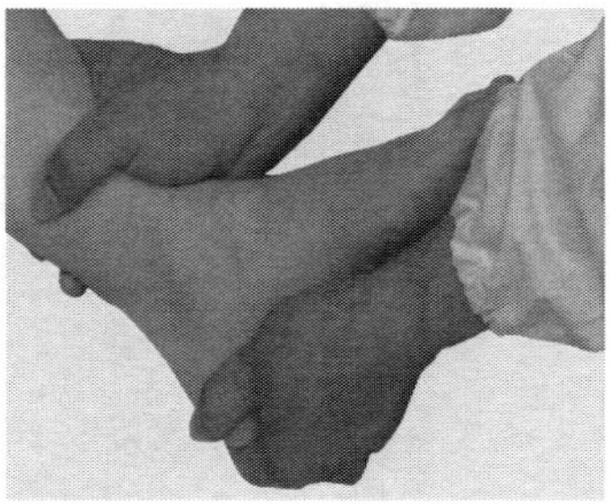

图 4–81　踝抽屉试验

(九) 急性腰扭伤

人体在负重活动或体位变换时使腰部肌肉、韧带、筋膜等受到牵扯、扭转，或肌肉突然收缩使少数纤维拉断，或椎间小关节出现微小错位，称为急性腰扭伤。急性腰扭伤包括腰肌拉伤、韧带捩伤及椎间关节扭伤等。其中约 90%发生在腰骶部及骶髂关节。

1. 诊断要点

(1) 急性损伤史。

(2) 损伤后腰部立即出现疼痛，症状可渐重，经 2～3 周后，疼痛部位逐渐局限，部分患者因腰骶部神经的分布关系，疼痛可放射到臀部腹股沟或股后部。

(3) 局部压痛。

(4) 腰部发僵、发硬、发胀，屈伸、侧弯、旋转等动作均受限。

(5) X 线检查，腰部无明显异常改变，可排除骨折和其他病变。

急性腰扭伤的诊断与鉴别要点见表 4–3。

表 4–3　急性腰扭伤的诊断与鉴别要点

损伤	受伤动作、机制	腰痛	压痛点	运动	特殊检查法
腰肌拉伤	提拉重物	较剧烈	腰肌	前屈加重，后伸减轻	局封后疼痛立即消失
棘间韧带损伤	脊柱过伸（作桥、提腰）	局部疼痛	棘突间	不能弯腰	局封后疼痛立即消失
椎间关节扭伤	提拉重物转腰	疼痛位置较深	小关节局部	各项活动均不能	推拿可奏效
小关节滑膜嵌顿	腰部突然活动	剧痛	小关节局部	突然不能活动，后伸尤重	推拿可缓解
骶髂关节扭伤	弯腰、扭转	局部疼痛，患肢不能持重	骶髂关节局部	立位前屈受限，坐位弯腰痛轻	盖氏征阳性

2. 检查方法

检查时要裸露上自肩胛，下至髂后上棘的部位。检查的步骤一般按立位、坐位和卧位的顺序进行。

（1）立位检查：首先应注意伤者进来时的面容、表情、步态和姿势。急性腰扭伤时，患者常斜肩扶臀，面容痛楚，走路不便。然后检查背部，比较脊柱两侧肌肉是否对称，有无肌肉痉挛，有无生理前凸和侧凸。急性腰扭伤时，伤侧肌肉痉挛，并可伴有脊柱侧凸。让伤者双膝伸直，向前、后弯腰。正常情况下，前屈时腰部顺如弯弓。如有腰部变平或发僵或不能弯腰，说明有伤病。

（2）坐位检查：伤者坐在凳子上，由检查者协助做前屈、后伸及旋转等运动。如疼痛减轻，则伤在骶髂关节；如果疼痛与立位时相同，则伤在腰骶关节以上。

（3）特殊试验

① 背伸抗阻试验：伤者取俯卧位，检查者按压其背部和臀部，让伤者克服阻力做背伸动作（图 4–82）。如有背部或腰部肌肉拉伤时，伤处疼痛。

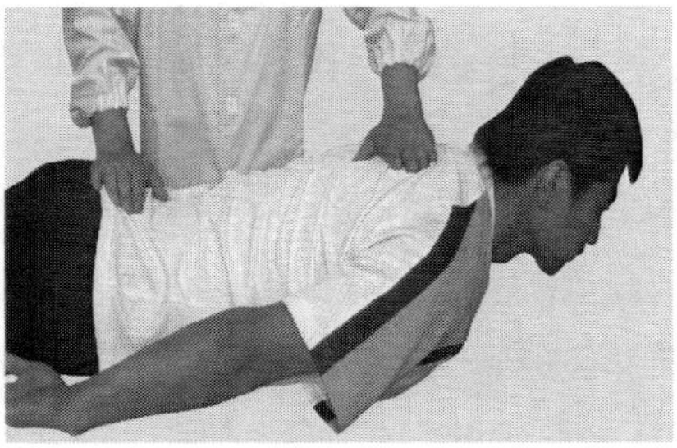

图 4–82　背伸抗阻试验

② 盖氏试验：伤者仰卧诊疗床上，健侧臀部置于床边，健肢屈膝屈髋，检查者用一手按住膝部以固定骨盆，另一手把患肢移至床外并使之过度后伸（图 4–83），如出现疼痛，即属阳性。

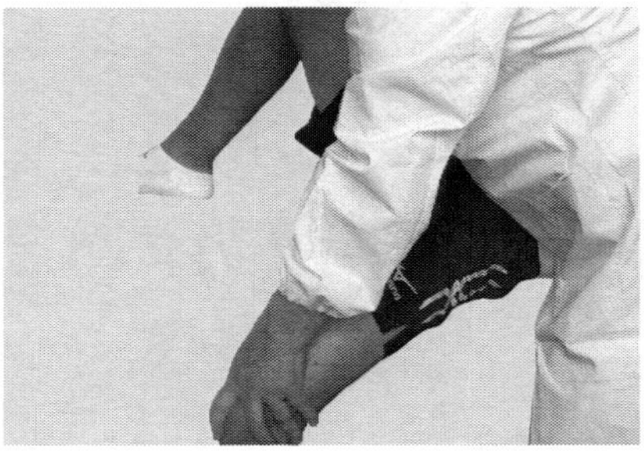

图 4–83　盖氏试验

二、实习方法

实习方法可按下列步骤进行：

1. 在学生中选择具有阳性体征者作为实习对象，或在健康学生身体上做模拟检查。

2. 在教师（或医生）指导下，由学生询问损伤史。

3. 首先观看教师（或医生）做伤部体格检查示教，然后指定 1～2 名学生进行实际检查，体会和熟悉阳性体征及其检查方法，其他学生注意见习。

4. 分组相互检查，正确掌握体格检查方法。

5. 在教师（或医生）指导下，学生阅读有关 X 线照片及其他检查报告。

6. 综合上述体格检查结果，结合有关教具（如人体骨骼模型、解剖挂图、脏器模型、幻灯或录像片等）和资料进行分析。首先由一名学生提出印象诊断，最后由教师总结。

【注意事项】

1. 实习过程中要培养严肃认真，一丝不苟，科学严谨的工作作风，要按照实验指导要求检查体位、姿势、平稳，不可动作粗暴。要与“患者”进行必要的语言交流，体会“患者”的感觉与身体反应。注意发扬“救死扶伤”的革命人道主义精神，培养良好的职业道德。

2. 检查时应保持室内温暖。患者接受检查时应充分裸露伤部，必要时可以穿短裤，以便全面仔细观察，不遗漏有临床意义的任一表征。如观察身体的姿势，躯干与四肢的发育对称性以及身体某部位的畸形等。全面诊察后，再检查某部位时，其他部位应及时以被单或衣服覆盖，但需与其相比较的部位或肢体则仍必须暴露，以留作检查对照。

3. 检查过程中，除应注意患侧与健侧相比较外，还应先检查健肢或症状较轻的肢体，以免由于首先检查患肢，引起患者痛苦而影响继续下一步的检查，致使检查中断，从而得不到正确的诊断。

【作业与思考题】

1. 书写试验报告。

2. 应用实验中的检查方法，对学生运动训练中发生的损伤进行初步诊断，并思考治疗及康复的措施。

实验十四 按摩的基本方法（综合型实验）

【目的要求】

正确掌握按摩的基本方法，体会手法的功力，即持久、有力、均匀、柔和、深透。

【基本原理】

按摩主要是凭借操作者的双手（或身体的其他部位或器械）采用专门的手法，在中西医理论的指导下作用于人体体表的一定部位或穴位上，通过机械刺激及神经体液的调节，提高各器官系统的功能，以达到调节人体功能，防治伤病为目的的一种物理疗法。

【实验器材】

挂图、幻灯、录像、沙袋、握力器、按摩床。

【方法与步骤】

一、推　法

用指或掌等部分着力于被按摩的部位上，进行单方向的直线推动为推法。轻推法具有镇静止痛，缓和不适感等作用，用于按摩的开始与结束时，以及插用其他手法之间。重推法具有疏通经络，活血散瘀，缓解痉挛，加速静脉血和淋巴回流等作用，可用于按摩的不同阶段。

（一）操作方法

1. 用指或掌等部位着力于被按摩的部位上（图 4–84）。

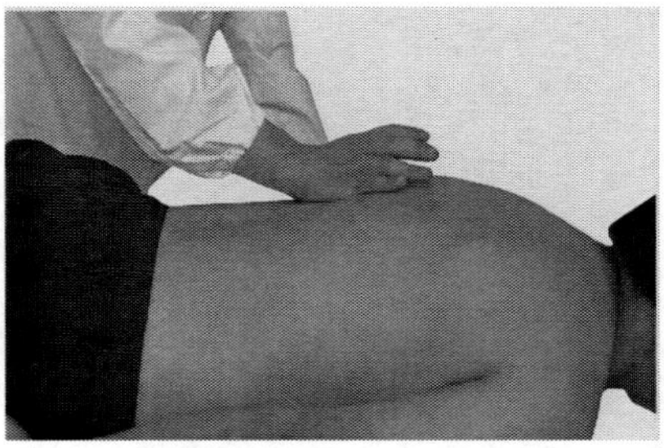

图 4–84　推法

2. 根据推法用力的大小，可分为轻推法和重推法。选定力度后进行单方向的直线推动。一般为 3 ~ 5 次。

（二）动作要领

1. 轻推时用的压力较轻，重推时用的压力较重。做全掌重推法时，四指并拢，拇指分开，要求掌根着力，虎口稍抬起，必要时可用另一手掌重叠按压于手背上，双手同时向下加压，沿着淋巴流动的方向向前推动。

2. 指、掌着力部分要紧贴皮肤，用力要稳，推动的速度要缓和而均匀，但不要硬用压力，以免损伤皮肤。

二、擦　法

用手的不同部位着力，紧贴在皮肤上做来回直线的摩动为擦法。此法具有温经通络，行气活血，镇静止痛，以及提高皮肤温度，增强关节韧带的柔韧性等作用。轻擦法多用于按摩开始和结束时，以减轻疼痛或不适感。重擦法多用于其他手法之间。

（一）操作方法

1. 用手掌、大鱼际、小鱼际或掌根部位着力于皮肤上（图 4–85）。

2. 根据力量大小选择轻重手法做来回直线的擦动。

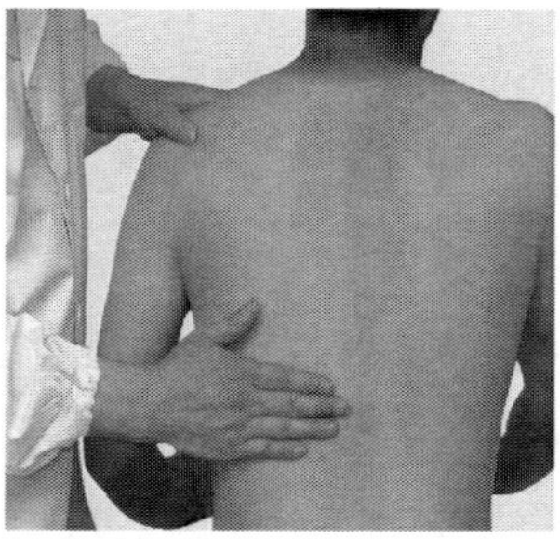

图 4–85 擦法

（二）动作要领

1. 操作时腕关节要伸直，使前臂与手接近相平，以肩关节为支点，带动手掌做前后或左右直线往返擦动，不可歪斜。

2. 按摩者手掌向下的压力要均匀适中，在擦动时不使皮肤折叠为宜。

3. 擦法的速度一般较快，往返擦动的距离一般较长，动作要均匀而连贯，但不宜久擦，以局部皮肤充血潮红为度，防止擦损皮肤。

三、揉 法

用手的不同部位，着力于一定的部位上做圆形或螺旋形的揉动，以带动该处的皮下组织随手指或掌的移动而运动的手法为揉法。此法具有加速血液循环，改善局部组织的新陈代谢，活血散瘀，缓解痉挛，软化瘢痕，缓和强手法刺激和减轻疼痛的作用。全掌或掌根揉，多用腰背部和肌肉肥厚部位。拇指揉多用于关节、肌腱部。拇、中指端揉是穴位按摩常用的手法。

（一）操作方法

1. 用手掌、掌根、大鱼际、小鱼际、拇指或四指指腹部分着力于皮肤上（图4–86）。

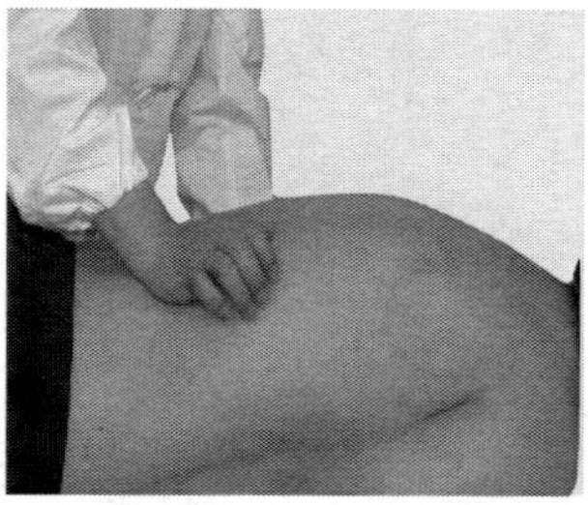

图 4–86 揉法

2. 做圆形或螺旋形的揉动，以带动该处的皮下组织随手指或掌的揉动而运动。

（二）动作要领

揉动时手指或掌要贴在皮肤上，不要在皮肤上移动，手腕要放松，以腕关节连同前臂做小幅度的回旋活动，不要过分牵扯周围皮肤。

四、揉捏法

拇指外展其余四指并拢手成钳形将全掌及各指紧贴于皮肤上做环行旋转的揉捏动作，边揉边捏边做螺旋形的向心推进的手法为揉捏法。此法具有促进局部组织的血液循环和新陈代谢，增加肌力和防止肌肉萎缩，缓解肌肉痉挛，消除肌肉疲劳和活血散瘀止痛等作用。多用于四肢、臀部等肌肉肥厚处，常与揉法交替作用。

（一）操作方法

1. 拇指外展其余四指并拢，手成钳形将全掌及各指紧贴于皮肤上（图 4–87）。

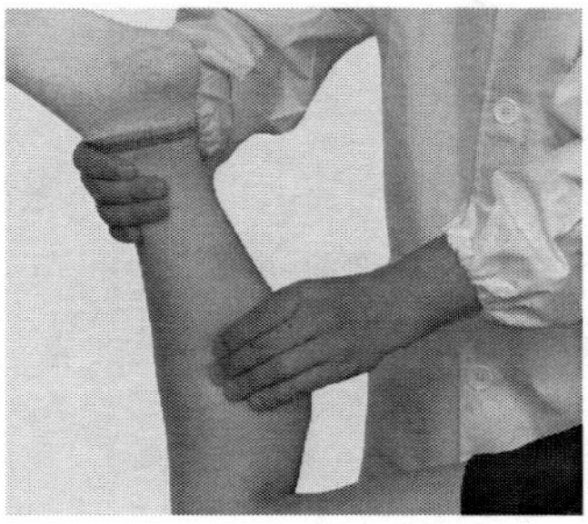

图 4–87　揉捏法

2. 做环行旋转的揉捏动作，边揉边捏边做螺旋形向心方向推进。

3. 操作时全掌要紧贴皮肤，以拇指指腹和大鱼际构成钳形着力的一面，与四指指腹和小鱼际构成的着力点的一面。捏紧时前臂略做旋后，使拇指罗纹面由外向后旋转，随着手的放松，拇指罗纹面继续向内旋转，做完圆形揉捏的一周，接着全掌向前滑动约一拇指宽的距离。如此周而复始边捏边揉边做螺旋向前推进。

（二）动作要领

1. 揉捏时要求全掌着力均匀，必须有意识地减少食指与拇指尖习惯性的对掌用力，以加强拇指与其他三指的掌根对掌用力。

2. 要求腕部柔和放松。

五、搓　法

用双手夹住被按摩的部位，相对用力、方向相反地做来回快速的搓动的方法为搓法。此法具有疏经通络，调和气血，松弛组织，缓解痉挛，加速疲劳消除，提高肌肉工作能力等作用，常在每次按摩的后阶段使用。

（一）操作方法

1. 双手成抱物形着力于肢体部位，夹住被按摩的部位（图 4–88）。

2. 相对用力、方向相反，做来回快速的搓动，同时做上下往返移动。

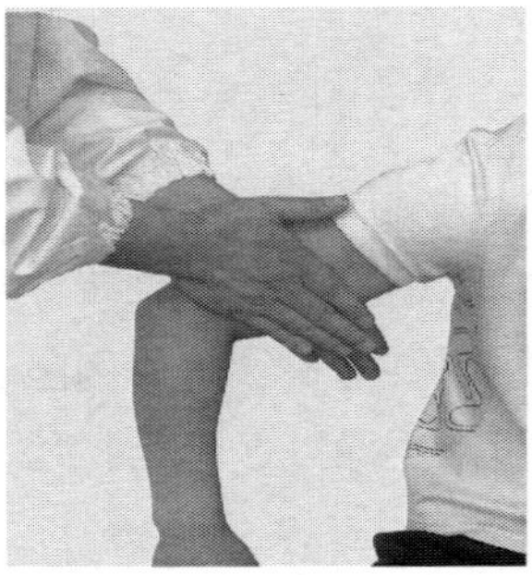

图 4–88　搓法

（二）动作要领

1. 操作时两手用力要对称，动作柔和而均匀，搓动要快，移动要慢。

2. 运动前，若采用压力大，频率快而持续时间短的搓动，能提高肌肉的工作能力。运动后，若采用压力小，频率缓慢而持续时间长的搓动，能加速消除肌肉的疲劳。

六、按　法

用指、掌、肘或肢体的其他部分着力，由轻到重地逐渐用力按压在被按摩的部位或穴位上，停留一段时间，再由重到轻地缓缓放松的手法为按法。此法具有疏经活络，放松肌肉，消除疲劳，活血止痛，整形复位等作用。拇指按法使用于经络穴位，临床上常与拇指按法相结合，组成“按揉”复合手法，以提高按摩效应及缓解用力按压后的不适感。掌按法多用于腰背部，肩部及四肢肌肉僵硬或发紧也用于关节处，如腕关节、踝关节等。用指端、肘尖、足跟等点按穴位，是穴位按摩常用的方法。

（一）操作方法

1. 用指、掌、肘或肢体其他部分着力于皮肤上。

2. 由轻到重地逐渐用力按压在被按摩的部位或穴位上，停留一段时间，再由重到轻地缓缓放松。

3. 按法以指按法和掌按法两种最为常用，拇指或食、中、无名指而着力，按压体表某一部位或穴位，称指按法。用单掌或双掌掌面或掌根或双掌重叠按压体表某一部位，称掌按法（图 4–89）。

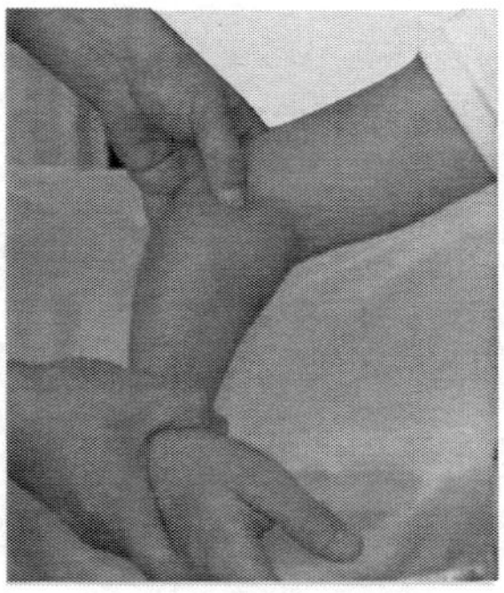

指按法

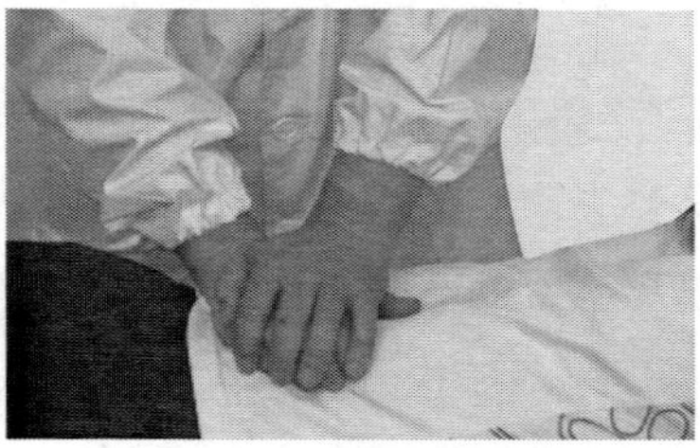

掌按法

图 4–89 按法

（二）动作要领

1. 按压着力部位要紧贴体表不可移动，操作时用力方向要与体表垂直，由轻到重，稳而持续，使力达组织深部。

2. 拇指按穴位要准确，用力以患者有酸、胀、热、麻等感觉为度。

七、摩 法

用食指、中指、无名指指面或手掌面着力附着于被按摩的部位上，以腕部连同前臂做缓和而有节奏的环形抚摩活动的手法为摩法。此法具有和中理气，消积导滞，调节肠胃蠕动，活血散瘀和镇静、解痉、止痛等作用。刺激轻揉温和合适，常用于按摩的开始，以减轻疼痛或不适，常配合揉法、推法、按法等手法，治疗脘腹胀痛，消化不良，痛经等病症。

（一）操作方法

1. 用食指、中指及无名指指面或手掌面着力附着于被按摩的部位（图 4–90）。

2. 肘关节要微屈，腕关节要放松，指关节自然伸直，轻轻放在体表上，腕部要连同前臂在皮肤上做缓和协调的环形移动。

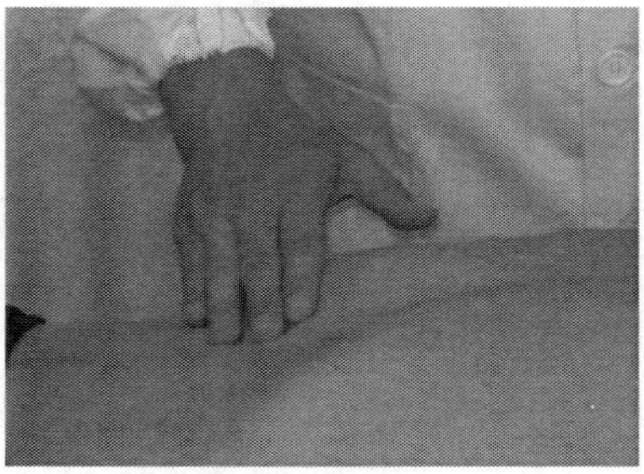

指摩法

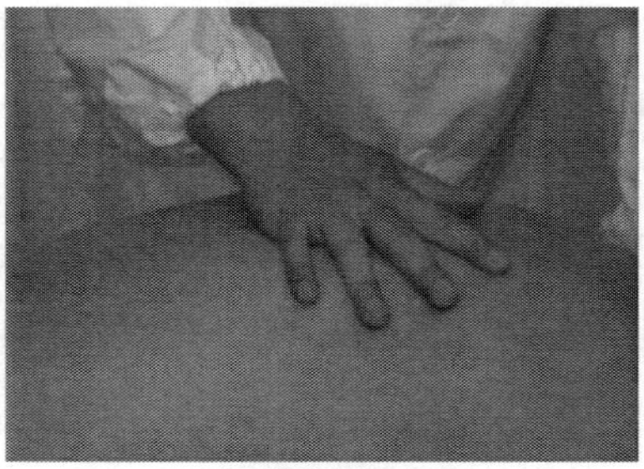

掌摩法

图 4–90 摩法

（二）动作要领

1. 可沿顺时针或逆时针方向均匀往返地连贯操作。

2. 每分钟频率约为 120 次。

3. 用力不可太重。

八、拍击法

用手掌或手的尺侧缘等拍击体表的手法为拍击法，常用的有拍打法、叩击法、切击法，3 种手法均有促进血液循环，舒畅肌筋消除疲劳和提高神经肌肉兴奋性的作用，多用于肩背腰臀及四肢等肌肉肥厚处。缓缓地拍打或叩击，常用于运动后加强消除疲劳。用力较大，频率较快，持续时间短的切击，常用于运动前提高神经肌肉兴奋性。单指或多指的叩击是穴位按摩常用的手法。

（一）操作方法

1. 拍打时，两手半握拳或五指并拢拇指伸直，其余四指的掌指关节屈曲成空心掌，掌心向下。叩击时，两手握空拳，尺侧缘向下，也可用五个手指或三个手指或一个手指指端叩打在一定的部位上。切击时，两手的手指伸直，五指并拢，尺侧缘向下（图 4–91）。

2. 两手有节奏地进行上下交替拍打。

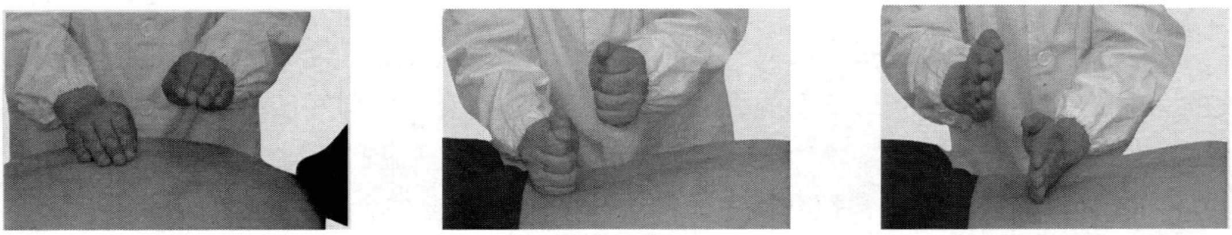

拍打法　　叩击法　　切击法

图 4–91　拍击法

（二）动作要领

1. 拍打时肩、肘、腕要放松以手腕发力，着力轻巧而有弹性，动作要协调灵活，频率要均匀。

2. 叩击或切击时以肘为支点进行发力。叩击时肩、肘、腕要放松，切击时肩、肘、腕较为紧张，力达组织深部。动作要协调、连续、灵活。

九、抖　法

抖法分肢体抖动法和肌肉抖动法两种，肢体抖动法，用双手或单手握住肢体远端，微用力做连续小幅度的上下快速抖动。肌肉抖动法，用手轻轻抓住肌肉进行短时间的左右快速抖动。此法具有疏经通络，放松肌肉，滑利关节的作用，多用于肌肉肥厚处和四肢关节，常用于消除运动性疲劳，是一种按摩结束阶段的手法。

（一）操作方法

1. 运用肢体抖动法时用双或单手握住肢体两端，微用力做连续小幅度的快速抖动（上肢可做上下左右的抖动，下肢一般可做上下抖动，图 4–92）。

2. 运用肌肉抖法时手轻轻抓住肌肉，进行短时间的左右快速抖动（图 4–93）。

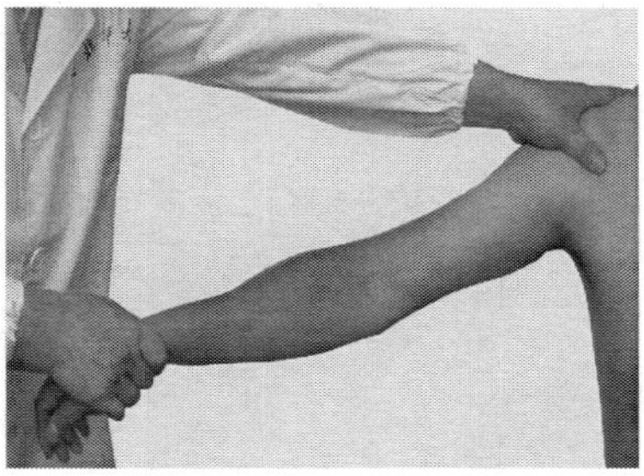

图 4–92 肢体抖动

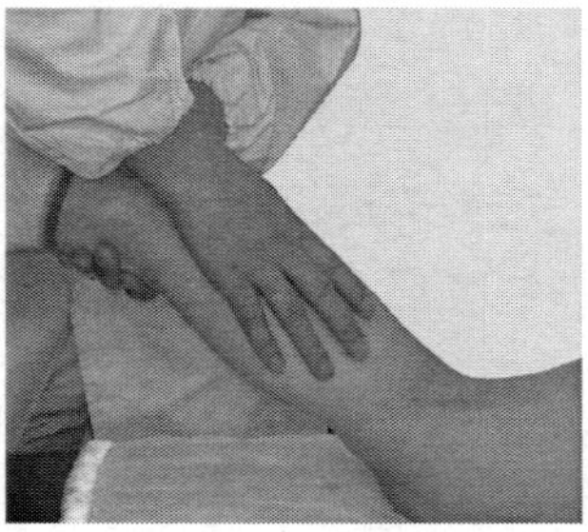

图 4–93 肌肉抖动

（二）动作要领

动作要连续均匀，频率由快到慢，再由慢到快，抖动的幅度要小，频率一般较快，用力不要过大。

十、运拉法

用一手握住被按摩者关节远端肢体，另一手握住关节近端肢体，在关节的生理活动范围内做被动性的关节活动幅度练习为运拉法。此法具有滑利关节，舒筋活血，防止或松解关节粘连，改善关节运动功能和纠正小关节处的微细解剖位置改变等作用。适用于四肢关节及颈腰部。常在按摩的后阶段使用，能增进关节的活动幅度和消除关节屈伸不利等疲劳酸痛。

（一）操作方法

1. 按摩者一手握住关节远端肢体，另一手握住关节近端肢体。

2. 在关节的生理活动范围内做被动性的运动。

3. 常用的有肩、肘、腕、髋、膝、踝等关节的运拉法。

(1) 肩关节运拉法：按摩者一手握住腕部或托住肘部，另一手按在肩部上方，然后使肩关节做外展、内收、旋内、旋外及环转运动（图 4–94）。

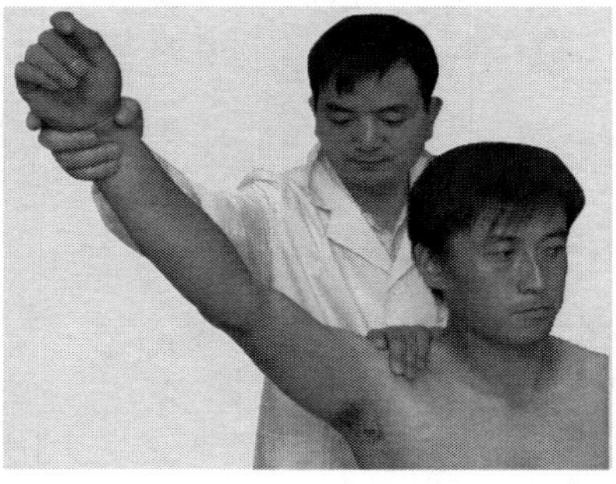

图 4–94 肩关节运拉法

(2) 肘关节运拉法：按摩者一手握住前臂远端，另一手轻轻托住肘后，然后使肘关节屈伸或旋转运动。

(3) 腕关节运拉法：按摩者一手握住腕关节上方，另一手握住手掌，然后使腕关节做屈伸、内收、外展及旋转运动。

(4) 髋关节运拉法：被按摩者取仰卧位，髋、膝屈曲，按摩者一手握住小腿下部，另一手握住膝部上方，然后做髋关节的屈伸、外展、内收和环转运动（图 4-95）。

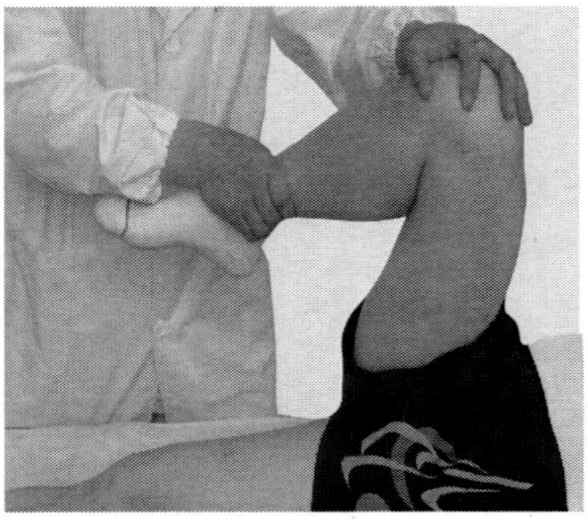

图 4-95　髋关节运拉法

(5) 膝关节运拉法：被按摩者取仰卧坐，髋、膝屈曲，按摩者一手握住踝部，另一手按于膝关节上，然后使膝关节做屈伸与旋内、旋外等运动。

(6) 踝关节运拉法：被按摩者取坐位或仰卧位，按摩者一手握住小腿下部或托住足跟部，另一手握住前足掌，然后做踝关节的屈伸、内收、外展及旋转运动。

（二）动作要领

1. 运拉时动作要缓和，用力要稳，动作活动要在生理活动范围内做到由小到大。
2. 做环转运动时可沿着顺时针或逆时针方向进行。

十一、拿　法

用单手或双手的拇指与食指或拇指与其他四指指面着力，相对用力在一定的穴位或部位上进行有节律的提拿揉捏为拿法。此法具有疏通经络，解表发汗，镇静止痛，开窍提神，缓解痉挛等作用，主要用于颈项、肩部及四肢部，临床上常拿风池、肩井等穴位及颈项两面、两侧部位治疗外感头痛，也用于运动过程中振奋精神，此为穴位按摩的常用手法。

（一）操作方法

1. 用单手或双手的拇指与食指及中指，或拇指与其他四指指面着力（图 4-96）。
2. 做相对用力，在一定的穴位或部位上进行有节律的提拿。

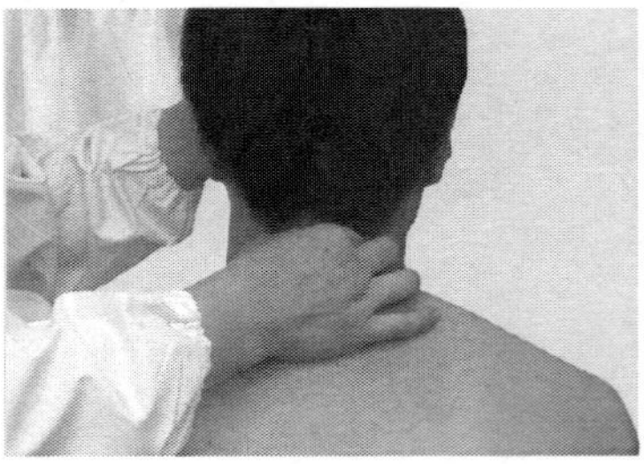

图 4-96　拿法

（二）动作要领

1. 操作时肩臂要放松，腕要灵活，以腕关节和掌指关节活动为主，用指面相对用力提拿。

2. 用力要由轻到重，再由重到轻。

3. 拿法刺激强度较大，拿捏持续时间宜短，次数宜少，拿后应配合使用轻揉法，以缓解强刺激引起的不适。

十二、㨰 法

用手背小指侧部分或小指、无名指、中指的掌指关节突起部分着力，附着于一定部位上，通过腕关节伸屈和前臂旋转的复合运动，持续不断地作用于被按摩的部位上即为㨰法。此法具有活血散瘀，消肿止痛，缓解肌肉痉挛，增强肌肉的活动能力和韧带的柔韧性，具有促进血液循环及消除肌肉疲劳等作用。本法压力较大，接触面较广适用于肩背部、腰骶部及四肢部等肌肉较肥厚处，常用于治疗运动损伤及消除肌肉疲劳。

（一）操作方法

1. 用手指背侧小指、无名指、中指的掌指关节突起部分着力于皮肤上。

2. 通过腕关节伸屈和前臂旋转的复合运动，持续不断地作用于被按摩的部位上（图 4–97）。

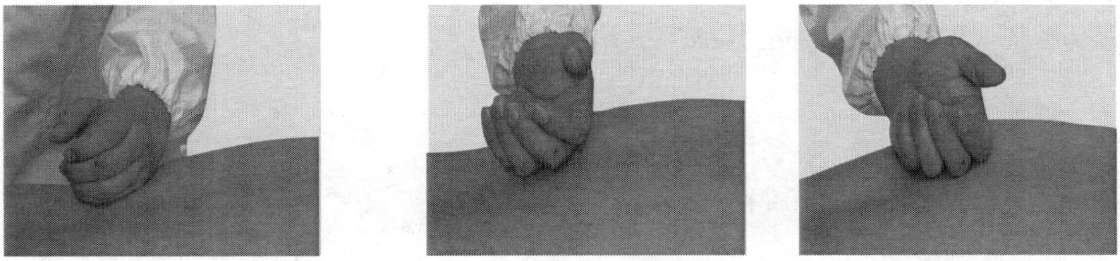

㨰法吸定部位和接触部位　　屈腕和前臂旋后　　伸腕和前臂旋前

图 4–97　㨰法

（二）动作要领

1. 肩臂和手腕要放松，肘关节微屈约 120°，即腕关节屈曲，前臂旋后时向外㨰动约 80°，腕关节伸展，前臂旋前时向内㨰动约 40°。

2. 着力要均匀，动作要协调而有节律，一般㨰动的频率每分钟约 140 次。

十三、刮 法

拇指屈曲，用指端（也可用硬币、匙等代替）在病变部位单方向匀速刮动的手法为刮法。此法具有松解粘连，消散瘀结，改善病变部位的营养代谢和促进受伤组织的修复，常用于治疗髌骨张腱末端病。

（一）操作方法

1. 拇指屈曲，用指端（也可用硬币、匙等代替）着力于病变部位上。

2. 向拇指端屈侧做单方向的匀速刮动（图 4–98）。

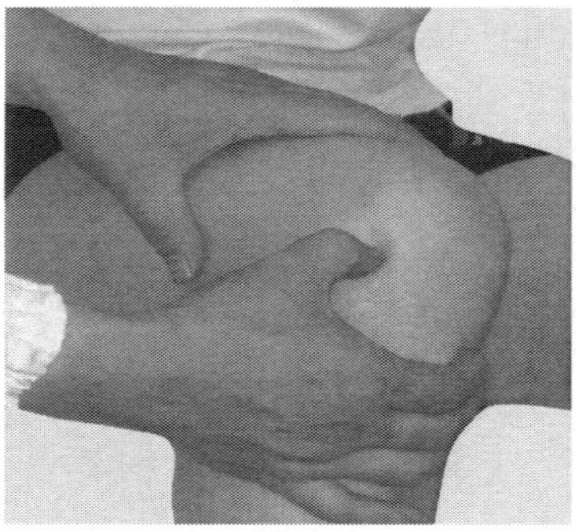

图 4–98 刮法

（二）动作要领

1. 刮动时用力均匀。
2. 刮时可蘸些水，切勿损伤皮肤。

十四、掐 法

用拇指指端着力，切取一定的部位或穴位，用持续或间断的力垂直向下按压的手法为掐法。此法具有消肿、防止粘连及开窍醒脑，提神解痉行气通络的作用。适用于消除局部肿胀，常用于急救，是穴位按摩常用的手法。

（一）操作方法

1. 用拇指指端着力，切取一定的部位或穴位上。
2. 用持续或间断的力垂直向下按压（图 4–99）。

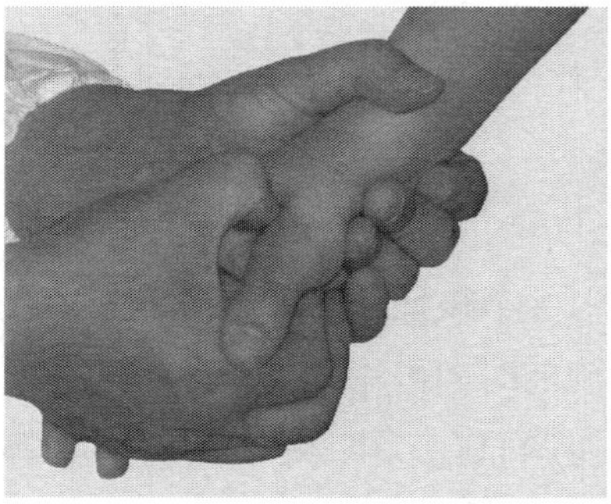

图 4–99 掐法

（二）动作要领

1. 用于局部消肿时，必须从肿胀部位的远端开始，以轻巧而密集的手法向下切压皮肤，依次向近端移动，移动的速度宜缓慢，用力不可过大。

2. 用于点掐穴位时，要手握空拳，拇指伸直，紧贴食指桡侧缘，拇指指端（以指代针）着力于穴位上，用力逐渐加重，以引起“得气”为度，掐后轻揉局部以缓解不适感。

3. 用于急救时，手法宜重，快，但要防止指甲刺破皮肤。

十五、弹筋法（提弹法）

用拇指与食指、中指或拇指与其他四指相对将肌肉或肌腱捏紧，然后用力提起迅速放开的方法为弹筋法。此法具有舒筋活络，畅通气血，解痉止痛，对局部神经有强刺激作用。一般用于治疗肌肉酸痛和肌肉痉挛等。

（一）操作方法

1. 用拇指与食、中两指或拇指与其余四指指腹将肌肉或肌腱拿住（图 4–100）。
2. 像木工弹墨线一样，拿住肌肉速提、速放。

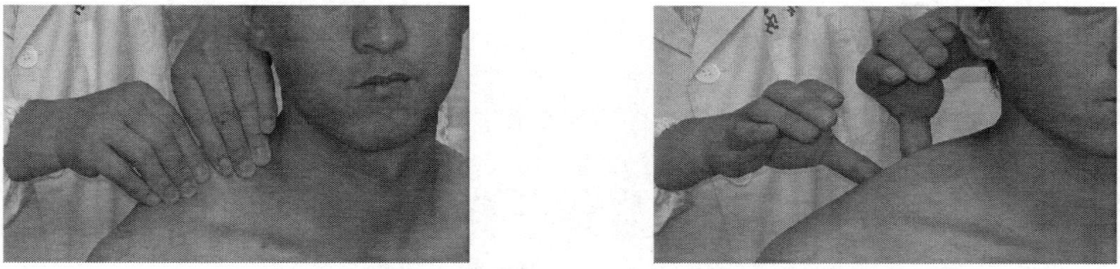

图 4–100　弹筋法

（二）动作要领

1. 用指腹着力，切勿用指端用力内掐。
2. 用力要由轻到重，刚中有柔，每处每次可提弹 1 ~ 3 次，然后使用轻揉法缓解因提弹而引起的不适感。

十六、拨　法

拨法是用双手的拇指指端掐压于一定部位，适当用力做与韧带或肌纤维垂直方向的来回拨动。此法具有分离粘连，消散结聚，解痉止痛等作用，常用于治疗肌肉肌腱和韧带的慢性损伤，拨和揉结合，拨与揉是穴位按摩常用的手法。

（一）操作方法

1. 用双手拇指或单拇指的指端掐压于一定部位上（图 4–101）。
2. 适当用力做与韧带或肌肉纤维垂直方向的来回拨动。

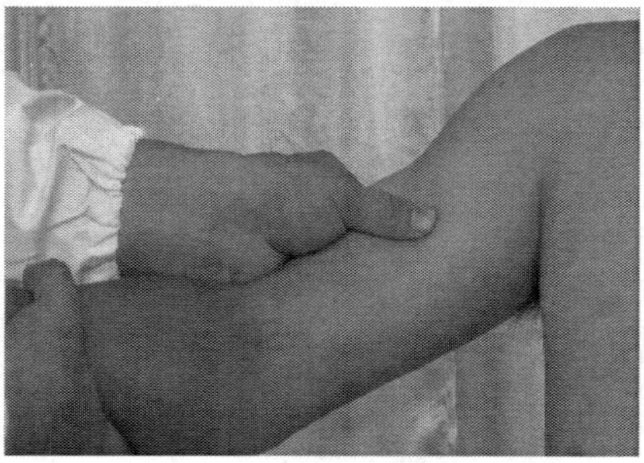

图 4–101　拨法

（二）动作要领

操作时拇指端要深按于韧带或肌肉、肌腱的一侧，然后做与韧带和肌纤维成垂直方向的拨动，好像弹拨琴弦一样。也可沿筋肉的一端依次向另一端移动弹拨，使局部有酸胀感并能耐受为度。

十七、理筋法（顺筋法）

用拇指指腹压迫伤部，顺着肌纤维、韧带或神经走向的方向缓慢移动，以顺理其筋的手法为理筋法。此法具有调和气血，顺筋归位的作用。多用于治疗急性闭合性软组织损伤。

（一）操作方法

1. 用拇指指腹压迫伤部。

2. 顺着肌纤维、韧带或神经行走的方向缓慢移动，以顺理其筋（图 4–102）。

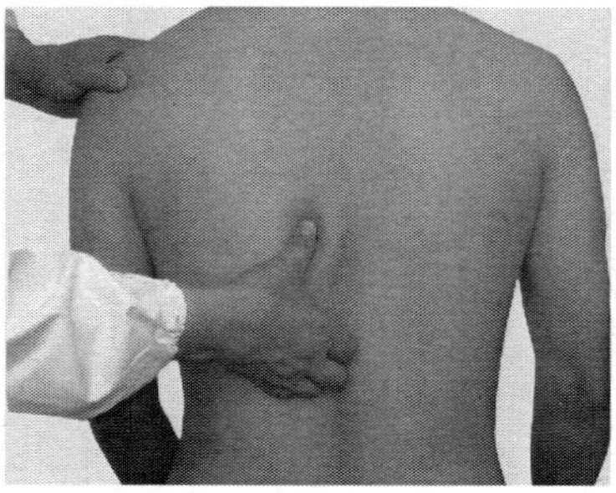

图 4–102　理筋法

（二）动作要领

1. 操作时伤部尽量放松，用一手拇指指腹固定伤部的健侧端，另一手拇指指腹沿着韧带、肌纤维和神经行走的方向沿患侧顺理，也可以从伤部的上端向下端顺理，反复数遍。

2. 用力必须均匀持续，指腹移动必须缓慢。

【注意事项】

1. 按摩操作时要清洁手，指甲要剪短，手指不带饰物。

2. 按摩者和被按摩者体位与姿势，既要使被按摩者的肌肉得到充分的放松并感到舒适，又要便于按摩者的操作。

3. 身体各部位按摩及手法应有先后顺序，用力要符合先轻后重，再由重到轻的要求。

4. 治疗时按摩者应全神贯注专心操作，保持平静呼吸，切忌面对患者张口出气，或与旁人交谈戏闹。

5. 要随时观察被按摩者的反应，询问其感觉，以便及时调整手法强度。

6. 在学习和掌握基本手法的同时，为提高按摩的质量和效果应进行手法基本功的练习，即身法自然放松，不要弯腰。用力顺序，发力在腿，用力在腰，促动肩臂、腕部放松，力在指端。手法持久、有力、均匀、柔和、深透。

【作业与思考题】

1. 书写试验报告，主要论述对手法的心得体会。
2. 练习手指力量。
3. 同学之间多做练习，并相互体会手法要领。

实验十五 穴位按摩（验证型实验）

【目的要求】

通过本试验使学生掌握取穴方法，熟悉常用穴位。

【基本原理】

在人的一定穴位或经络上运用点、按、掐等手法，使穴位受到的刺激通过经络的传递到达脏腑及相应的部位，达到防治疾病的目的。

【实验器材】

穴位挂图、人体经络模型、按摩床。

【方法与步骤】

一、取穴方法

穴位在人体上都有一定的位置，疗效的好坏与取穴是否准确关系非常密切，如何正确取穴需掌握专门的技巧。

（一）方法

1. 骨度折量法：又叫“分寸折量法”。它是将人体无论高矮胖瘦各部分分为若干等分，折量取穴的方法。每一等份作为 1 寸，如前臂为 12 寸，即每个人肘横纹至腕横纹之间划分为 12 等份，每等份为 1 寸。

2. 指量法：又称“指寸法”。它是以患者的手指宽度为标准进行取穴的方法。

（二）步骤

1. 骨度折量法，看图记忆每一部位规定的寸度。
2. 指量法，看图记忆各指所代表的寸度。

二、常用穴位

人体上分布的穴位已知约有 800 多个，其中 360 多个分布在 14 条经脉上，称“经穴”；历代发展的新穴，叫“奇穴”；在疾病过程中出现的压痛点，也可作针灸穴位，因它无固定的位置，又无一定的名称，所以叫做“阿是穴”。

（一）头部常用穴

头面穴位主要以解剖标志取穴法为主（表 4–3）。

表 4–3　头部常用经穴

穴位名称	位置	主治
百会	头顶正中线与两耳尖连线的交点	头痛　头晕　昏迷
印堂	两眉内侧端连线的中点	头痛　失眠　鼻疾
人中	人中沟上 1/3 与下 2/3 的交界处	昏迷　急性腰扭伤
四白	正视，瞳孔直下 1 寸，眶下孔凹陷中	眼疾　口眼歪斜
承泣	眶下缘上方，瞳孔直下 0.7 寸	近视眼　角膜炎
颊车	咀嚼时咬肌隆起最高点	牙疼　面疾
迎香	鼻翼旁开 0.5 寸	鼻部疾患　感冒
下关	颧弓与下颌切迹之间的凹陷中	耳部疾患
太阳	眉梢与外眼角中间向后移一横指的凹陷处	眼疾　偏头痛
风池	胸锁乳突肌与斜方肌之间凹陷处，平耳垂	头痛　颈痛　耳鸣

（二）躯干部常用穴

躯干穴主要以骨度折量法取穴为主并结合指量法取穴（表 4–4）。

表 4–4　躯干部常用经穴

穴位名称	位置	主治
大椎	第七颈椎与第一胸椎棘突之间	发热　颈痛　中暑
天宗	肩胛冈下缘正中与肩胛骨下角连线的上 1/3 处	肩背酸痛　落枕
肾俞	第 2、3 腰椎棘突间旁开 1.5 寸	腰痛　肾病
命门	第 2 腰椎棘突下凹陷中	腰痛　盆腔疾患
大肠俞	第 4、5 腰椎棘突间旁开 1.5 寸	腰痛　肠炎
天突	胸骨上切迹凹陷处	咳嗽　哮喘　呕吐
膻中	前正中线，平第 4 肋间隙处	胸痛　肋间神经痛
中脘	脐上 4 寸	胃痛　呕吐　腹胀
气海	脐下 1.5 寸	神经衰弱　腹部疾患

（三）上肢常用穴

上肢穴主要以解剖标志、指量法取穴为主（表 4–5）。

表 4–5　上肢常用穴位

穴位名称	位置	主治
肩髃	上臂外展平举时，肩前呈现凹陷处	肩臂痛　上肢功能障碍
肩贞	腋后皱襞端上 1 寸	肩周炎　肩臂酸痛
曲池	屈肘，肘横纹尽头与肱骨外上踝连线的中点	肩臂疼　发热　腹痛

（续表）

扭伤	屈肘，掌心向内，曲池与腕背横纹中点连线的上 1/4 处	急性腰扭伤
外关	腕背侧横纹上 2 寸，尺、桡骨之间	腕臂疼 落枕 头痛
内关	腕掌侧横纹上 2 寸，掌长肌腱与桡侧腕屈肌腱之间	昏迷 上腹痛 胸痛
列缺	在桡骨茎突的上方，腕横纹上 1.5 寸	头疼 颈疼 腕部损伤
合谷	第一、二掌骨之间，靠近第二掌骨体的中点	牙疼 上肢疼 头痛
后溪	握拳，第五掌骨头后，掌横纹尽头处	落枕 急性腰扭伤 肩臂痛
十宣	10 个指头尖端，距指甲 0.1 寸	昏迷 中暑

（四）下肢常用穴

下肢穴主要以解剖标志、指量法取穴为主（表 4–6）。

表 4–6 下肢常用穴位

穴位名称	位置	主治
环跳	股骨大转子与骶管裂孔连线的外 1/3 与内 2/3 交界处	腰痛 髋痛 神经痛
风市	大腿外侧中间，膝上 7 寸	腰腿痛 坐骨神经痛
委中	腘窝正中，腘窝横纹中央	腰背痛 下肢萎痹 泄泻
膝眼	屈膝，髌韧带两侧的凹陷	膝痛
足三里	外膝眼下 3 寸，胫骨外侧一横指处	腹痛 膝痛 有强壮作用
承山	腓肠肌肌腹下方人字纹处正中	腓肠肌痉挛 腰痛 便秘
悬钟	外踝尖上 3 寸，腓骨后缘	踝扭伤 落枕
昆仑	外踝与跟腱之间的凹陷中	腰痛 踝痛 头痛 跟痛症
太溪	内踝与跟腱之间凹陷中	踝关节肿痛 足跟痛 腰背痛
涌泉	脚底凹陷中，在脚底正中线上前 1/3 与后 1/3 交界处	中暑 昏迷 足底肌痉挛

三、练习方法

1. 两个人一组或一个人自练均可。
2. 根据穴位查清位置所在，参看书中图示，选择取穴方法，找好参照点。
3. 根据选定的取穴方法，找准穴位，并在穴位上用笔画一标记。
4. 用适度的力量点按取好的穴位，视其有否酸、麻、胀等得气感。
5. 用取好穴位的标志点，请实习教师指导。

【注意事项】

1. 点穴练习时要精力集中，认真严肃做到力到意到。
2. 点穴时要发力在腿，用力在腰，促动肩臂，力灌指端。
3. 操作前要先摆好患者的体位，点穴时用力要贯彻由轻到重，再由重到轻的原则。

【作业与思考题】

1. 书写试验报告。

2. 熟悉人体各部位的常用穴位，并能准确定位。

实验十六 运动按摩（设计型实验）

【目的要求】

通过试验使学生能正确掌握运动按摩的各种成套手法，并能达到实践中初步应用。

【基本原理】

利用按摩的手法不同变化及按摩时间、面积、强度、频率的调整，以求达到人体在运动或比赛的前、中、后身体处于适宜的状态，预防疾病，消除疲劳。

【实验器材】

教材、挂图、录像片、按摩床、床单、枕头。

【方法与步骤】

一、运动前按摩

（一）兴奋性按摩

针对赛前处于抑制状态的人，可利用按摩手法调节到适宜的兴奋状态。

1. 操作方法

(1) 被按摩者取坐位，术者立于身旁。

(2) 用双手拇指指腹由下向上揉推攒竹、丝竹空、太阳穴，接着点揉风池、大椎、内关、足三里穴。

(3) 用双手在受试者肩部两侧斜方肌处快速揉捏。

(4) 拍击头、颈、肩部。

(5) 迅速抖动上肢。

2. 动作要领

(1) 手法要干净利索，要力量重、速度快、时间短，按摩面积小。

(2) 按摩时间一般在准备活动之后，比赛之前 5 ~ 8 分钟。

(3) 操作时间一般 3 ~ 5 分钟。

（二）抑制性按摩

针对赛前使处于过度兴奋或过度紧张状态的人，运用按摩手法调整到相对抑制状态。

1. 操作方法

(1) 被按摩者取仰卧位或取坐位。

(2) 头部从前到后做轻推、摩法 5 ~ 8 次。

(3) 轻点揉印堂、太阳、百会、风池穴，各穴做 10 ~ 20 次。

(4) 用十指指端从前额向后梳头约 10 次。

(5) 对将要运动的大群肌沿向心方向进行揉捏。

2. 动作要领

(1) 手法要轻柔和缓，要力量轻、速度慢、时间长，按摩面积大。

(2) 按摩时间，一般在赛前 10 ~ 20 分钟。

(3) 操作时间，一般为 15 ~ 20 分钟。

二、运动中按摩

利用运动中的间歇进行按摩，迅速消除肌肉的僵硬、疲劳和紧张状态。

（一）操作方法

1. 项目不同运用的手法和部位也不同，但需按摩的肌肉要充分放松。

2. 跑跳项目的运动员揉捏和抖动下肢的肌肉、擦抹踝关节及膝关节，拍打肩关节。投掷项目的运动员用揉捏、搓和抖动等手法对上肢肢体进行按摩，擦抹和揉捏肩胛部和腰背部，篮球暂停休息时可在上肢做搓、抖等手法。

（二）动作要领

1. 重点做运动负荷较大的肌群。

2. 操作时间一般 1 ~ 3 分钟。

三、运动后按摩

运动后按摩可帮助运动员迅速消除由于运动或比赛所产生的疲劳。

（一）操作方法

具体方法与全身按摩相同。

（二）动作要领

1. 照顾重点，顾及全身。

2. 按摩时间可安排在比赛、训练后，晚饭 1 小时后或睡前 1 小时。

3. 操作时间一般 20 ~ 45 分钟。

【作业与思考题】

1. 书写试验报告，主要论述运动不同时机的手法要领。

2. 论述运动按摩在运动实践中的应用。

实验十七 肩周炎的医疗体操（设计型实验）

【目的要求】

通过试验使学生了解并初步掌握肩周炎康复的医疗体操，以及编操的基本原则。

【基本原理】

肩周炎是肩部常见的软组织疾病，有严重的肩部疼痛和关节活动功能受限症状，多见于中老年人。医疗体操的作用在早期主要是改善局部血液循环，促进炎症吸收，防止软组织粘连，关节挛缩，预防肩关节活动受限。后期配合按摩和理疗、中药等综合治疗，主要是松解粘连，发展肩带部肌肉力量，增加和恢复肩关节活动范围。

编操的原则、作用：急性期体操应采用放松性的主动运动，以预防关节功能障碍和缓解疼痛。慢性期则应以主、被动功能锻炼为主，以消除关节功能障碍。体操动作应由简至繁，由易至难，使患者易于掌握，并使患肩逐步适应，避免剧痛的反应。

【实验器材】

体操棍、滑轮练习器、肋木、实心球、医疗体操挂图、投影片、幻灯片、录像带、电化教学设备（投影仪、幻灯机、放像机）。

【方法与步骤】

一、持棍运动

第一节　持棍上举（2～4个8拍）

预备姿势：两手持棍（稍宽于肩），分腿直立。

动作：1拍两手持棍，两手上举；2拍还原；3～4拍与1～2拍动作相同。

第二节　肩侧屈棍后置运动（2～4个8拍）

预备姿势：两手持棍（稍宽于肩），分腿直立。

动作：1～2拍两臂经上举屈肘置棍于肩后；3～4拍还原成预备姿势。

第三节　持棍侧举（2～4个8拍）

预备姿势：两手持棍两端（掌心相对），分腿直立。

动作：1～2拍一臂伸直经侧上举，另一臂稍屈持棍向上推，先做健侧臂然后做患侧臂；3～4拍还原；5～8拍与1～4拍动作相同，但方向相反。

第四节　持棍后举（1～2个8拍）

预备姿势：两手于体后持棍，分腿站立。

动作：1拍两臂尽量后举；2拍还原；3～4拍与1～2拍动作相同。

第五节　持棍体后上拉（2～4个8拍）

预备姿势：健侧手在上，虎口向下握棍，患侧手在下，于体后虎口向上握棍。

动作：1～2 拍健侧臂逐渐伸直，用手持棍向上拉患侧手；3～4 拍还原。

二、滑轮动作

第一节　持环上举

预备姿势：两手握环，健侧臂上举，患侧臂下垂，分腿直立。

动作：1 拍患侧臂上举，健侧臂下压；2 拍还原成预备姿势。两拍为一次，做 15～30 次。

第二节　持环侧上举

预备姿势：两手握环，健侧臂侧上举，患侧臂下垂，分腿直立。

动作：1 拍健侧臂下压，同时患侧臂侧上举；2 拍还原。两拍为一次，做15～30 次。

第三节　持环体后上拉

预备姿势：健侧臂上举握环，患侧臂稍屈体后握环。

动作：1 拍健侧臂下压，同时患侧臂尽量弯曲上举；2 拍还原。两拍为一次，做 15～30 次。

第四节　肩固定侧上举

预备姿势：两手握环，健侧臂侧上举，患臂下垂，患肩用带固定。

动作：1 拍健侧臂下压，同时患侧臂侧上举；2 拍还原。两拍为一次，做15～30 次。

三、肋木运动

第一节　单臂上举

预备姿势：面向肋木直立。

动作：患侧臂上举，依次摸肋木，尽量向上伸，然后还原成预备姿势。做 8～16 次。

第二节　双手握木悬垂

预备姿势：面向肋木直立。

动作：两手握木，两脚悬空，挂于肋木上。然后逐渐增加悬垂时间。初练时脚可不悬空，只屈双膝做握木悬垂。做 2~3 次。

第三节　挺身拉肩运动

预备姿势：背向肋木站立，两手握肋木。

动作：1 拍两臂伸直，重心前移，挺胸出，背弓，向前拉肩，体后屈；2 拍还原；做 3～5 次。

第四节　背后握木下蹲运动

预备姿势：背向肋木站立，两手握肋木。

动作：1 拍两手握住肋木，屈膝下蹲；2 拍还原。做 3～5 次。

第五节　侧举握肋木下蹲运动

预备姿势：背向肋木站立，两手握住肋木。

动作：两臂侧举，屈膝下蹲，蹲到蹲不下为止。做 3～5 次。

四、持球臂绕环运动

预备姿势：两脚分开，前后站立，患侧手持实心球。

动作：1 拍由前向后抡球做臂绕环运动；做 15～30 次；2 拍与 1 拍动作相同，但方向相反。绕环次数可因人而异。

【注意事项】

1. 锻炼要循序渐进，逐渐加大运动负荷，切勿操之过急，避免剧痛反应。锻炼中允许有轻微的疼痛，勿因此而停止锻炼。

2. 每日锻炼 1～2 次，必须认真坚持。

3. 如有可能，锻炼前最好做蜡疗、红外线等治疗，可增大肩关节运动范围，减少疼痛。

4. 有些患者病情稳定后疼痛会逐渐减轻，肩胛、胸壁“关节”代偿活动也会增加。患者可能因表面上的病情好转而对治疗有所放松，应及时向患者解释清楚，指出疼痛缓解功能未必能恢复，只有功能真正恢复，才可能达到治疗目标，才能最后战胜疾病。

【作业与思考题】

1. 书写试验报告。

2. 思考肩周炎的体疗康复措施还有哪些？

实验十八 脊柱侧弯的医疗体操（设计型实验）

【目的要求】

通过实验使学生了解并初步掌握脊柱侧弯矫正的医疗体操以及编操原则。

【基本原理】

脊椎侧弯多因长期不良身体姿势而引起，因其病程、病理不同，可分为三度。一度侧弯是由于肌无力或疲劳所致，在主动或被动牵引时，畸形可以消失。二度侧弯时，韧带、肌肉已有痉挛，医疗体操可拉长凹侧缩短的肌肉、韧带；加强凸侧已被拉长的肌肉的力量，使侧弯逐渐得以矫正。三度侧弯时，伴有骨及软骨的形态学改变，医疗体操效果不明显。

编操原则、作用：医疗体操应使凹侧肌肉、韧带得到牵引，凸侧肌肉得到收缩，动作中形成的脊柱侧弯的方向与原侧弯方向相反。医疗体操中采用了体操棍和牵引带用以加强校正作用，全面锻炼腰背肌和肩胛肌肉力量，可使脊柱上下侧弯得以矫正。

【实验器材】

体操垫、体操棍、牵引布带、单杠或肋木。

【方法与步骤】

一、垫上运动（以左侧弯为例）

第一节 仰头挺胸

预备姿势：直体仰卧，两手握拳，两臂弯曲，置于身体两侧。

动作：1拍，下肢固定不动，两肘撑床，尽量挺胸，头后屈；2拍，还原成预备姿势，共做20次左右。

第二节 屈腿挺腰

预备姿势：屈膝分腿仰卧（与肩同宽），两手握拳，两臂弯曲，置于身体两侧。

动作：1拍，身体尽量挺起（尽量挺胸腹），稍停；2拍，还原成预备姿势。可做20次。

第三节 俯卧撑体后屈

预备姿势：俯卧，两臂弯曲分开，两手扶于两肩外侧（稍大于肩宽）。

动作：1拍，上体后屈，尽量抬起，两臂相应伸直（主要靠上体上抬力量完成动作）；2拍，还原。共做20次。

第四节 举臂体后屈

预备姿势：直体俯卧，左臂上举。

动作：1拍，左臂上举，右臂后举，尽量抬上体，体后屈（下肢固定不动）；2拍，还原成预备动作姿势。共做20~30次。

第五节 船形运动

预备姿势：直体俯卧。

动作：1拍，两腿后举，同时上体尽量抬起；2拍，两臂后举。还原成预备姿势。共做5~10次。

第六节 贴胸俯卧撑

预备姿势：臀部后坐，手撑于床上（两手撑于肩前方）。

动作：1拍，屈臂，同时上体贴床前移，然后再两臂推直成上体后屈的俯撑；2拍，臀部后坐，还原成预备姿势。共做10~20次。

第七节 侧卧举臂

预备姿势：两腿微屈，右侧卧，右臂上举（手心向外），胸间垫一枕头。

动作：1拍，左臂经侧上举；2拍，还原成预备姿势；3~4拍与1~2拍动作相同。做1~2个8拍。

第八节 后伸腿举臂

预备姿势：臀部后坐 ，跪撑于床上（两手撑于肩前方）。

动作：1 拍，左臂上举，同时右腿向右伸直；2 拍，还原成预备姿势；3～4 拍与1～2 拍动作相同。做 1～2 个 8 拍。

第九节　跪撑举腿

预备姿势：跪撑。

动作：1 拍，臂上举，同时右腿后举；2 拍，还原成预备姿势；3～4 拍与 1～2 拍动作相同。共做 10～20 次。

第十节　跪单腿体侧屈

预备姿势：右腿侧伸，左腿屈膝跪立，右手叉腰。

动作：1 拍，左臂上举，同时上体右侧屈；2 拍，还原成预备姿势；3～4 拍与 1～2 拍动作相同。做 1～2 个 8 拍。

第十一节　跪双腿侧屈

预备姿势：屈膝分腿跪立。

动作：1 拍，上体右侧屈，同时左臂上举，右臂伸直撑地；2 拍，还原成预备姿势；3～4 拍与 1～2 拍动作相同。做 1～2 个 8 拍。

第十二节　挺胸后坐

预备姿势：屈双膝跪立。

动作：1 拍，臀部尽量下坐（坐在脚上），同时挺胸两臂弯曲，两手扶头后，两肘后引里挟；2 拍，还原成预备姿势；3～4 拍与 1～2 拍动作相同。共做 1～2 个 8 拍。

二、徒手直立运动

第一节　臂后举挺胸

预备姿势：两手体后相握，直立。

动作：1 拍，两臂后举，抬头，挺胸，同时提踵；2 拍，还原来预备姿势；3～4 拍与 1～2 拍动作相同。共做 2～4 个 8 拍。

第二节　交叉握臂上举

预备姿势：两手体前交叉相握，直立。

动作：1 拍，两臂上举，体后屈，同时右腿后举跐地；2 拍，还原成预备姿势；3～4 拍与 1～2 拍动作相同。共做 2～4 个 8 拍。

第三节　体侧屈运动

预备姿势：分腿直立。

动作：1 拍，左臂上举，同时上体右后侧屈，右臂右后侧下举；2 拍，还原成预备姿势；3～4 拍与 1～2 拍动作相同。共做 2～4 个 8 拍。

三、持棍运动

第一节　棍后置抬头挺胸

预备姿势：两手持棍（握棍两端），分腿直立。

动作：1 拍，两臂经前，上至肩侧屈，同时抬头挺胸，棍置于肩后；2 拍，还原成预备姿势；3～4 拍与 1～2 拍动作相同。共做 2～4 个 8 拍。

第二节　持棍下蹲

预备姿势：两手持棍（握棍两端），分腿直立。

动作：1 拍，两臂经前，上至肩侧屈（棍至于肩后），同时分腿屈膝全蹲；2 拍，还原成预备姿势；3～4 拍与 1～2 拍动作相同。共做 2～4 个 8 拍。

第三节　持棍后举挺胸

预备姿势：两手于体后握棍，分腿直立。

动作：1 拍，两臂后举，同时抬头挺胸；2 拍，还原成预备姿势；3～4 拍与 1～2 拍动作相同。共做 2～4 个 8 拍。

四、器械牵引运动

第一节　带固定体侧屈

预备姿势：脊柱如右凸时用布固定在凸出最大之处。

动作：1 拍，左臂上举，同时向右做体侧屈；2 拍，还原成预备姿势；3～4 拍与 1～2 拍动作相同。共做 2～4 个 8 拍。

第二节　悬吊牵引运动

由人相助，跳起，两手握住单杠、肋木或门框，悬垂于空中一定时间，尽量悬垂时间长些，也可以重复做 8～12 次。

【注意事项】

1. 脊柱侧弯医疗体操是矫形运动，因此动作的正确性具有重要意义，否则起不到矫形作用。
2. 在进行矫形运动时常易憋气，因此在运动之间应当配合呼吸运动。
3. 脊柱侧弯是一种慢性进行性疾病，因此只有耐心地坚持锻炼，才会有效。
4. 矫形运动必须同时矫正日常生活中坐、站、走路的不良姿势，才能巩固疗效。

【作业与思考题】

1. 书写试验报告。
2. 思考脊柱侧弯的编操原则是什么？

实验十九　糖尿病患者的运动处方（设计型实验）

【目的要求】

运动疗法作为药物治疗、饮食治疗和长期代谢控制的辅助治疗，可以预防微血管并发症，改善机体对血糖的控制，保持体重，并减少脑血管疾病的风险。

【基本原理】

运动是糖尿病的治疗方法之一，许多研究已证实运动对人体及血糖控制具有相当的效果。糖尿病患者中90%为非胰岛素依赖型，这种类型多发于中老年人，与遗传、肥胖、营养过度、体力活动过少及精神紧张有关。运动对这些患者的血糖控制、改善心血管状况等有一定好处。实践表明，运动可增加体内肌肉的血液循环和局部微血管的扩张，提高肌细胞对葡萄糖的摄取和利用，使体内血糖浓度逐渐下降，改善糖耐量。运动可改善胰岛素与受体的结合，减轻胰岛素的排斥反应。此外，运动还可减少引起糖尿病的因素如肥胖、高血脂、动脉硬化等，从而改善心肺功能，延缓血管并发症的进程，对调整植物神经系统的功能具有显著效果。

【方法与步骤】

运动处方内容。

一、运动形式

运动形式的选择取决于个人体能与健康状态，同时必须考虑个人主观性、兴趣及资源利用的方便性，尽量生活化、个性化与多人化，以增加可行性与趣味性，这样才能持久地有规律地进行。可以考虑散步、跑步、骑自行车、做保健操、太极拳、游泳、划船及球类等活动，其中步行最安全简便又易于坚持，有人认为是首选的形式。除了有氧耐力运动外，我国传统保健方法如太极拳、气功等也可采用。

二、运动强度

1. 轻度及中度2型糖尿病患者可按50%$\dot{V}O_{2max}$～60%$\dot{V}O_{2max}$强度或最高心率的60%～70%的强度进行锻炼，时间应持续30分钟至2小时，以达到消耗血糖的目的。

2. 对于有合并症者或老年人最好做运动耐力实验，评价其心肺功能制定运动处方，以便根据个体情况采用适当的运动形式、强度、运动量和时间。

三、锻炼时间

从事主要锻炼内容的持续时间不少于30分钟。

四、锻炼频率

为了达到控制血糖的目的，每周至少运动3～5次。

【注意事项】

1. 掌握适应症。
2. 向患有并发症的患者实施运动处方时需注意并发症的风险。
3. 每次运动前都要有10分钟准备活动。
4. 注意运动疗法和饮食控制及药物治疗相结合，待血糖和尿糖基本稳定后，再开始运动疗法。

5. 避免空腹和注射药物 60 ~ 90 分钟后运动，以免发生低血糖。

6. 避免在腿部注射胰岛素。

【作业与思考题】

1. 请以运动处方格式书写试验报告。

2. 糖尿病患者的运动适应症及禁忌症有哪些?

实验二十　高血压患者的运动处方（设计型实验）

【目的要求】

应用运动处方的形式为高血压患者制定体疗方案，以达到降低血压的目的。

【实验原理】

运动可以使迷走神经张力增加和血浆去甲状腺素水平降低，另外运动也能引起外周血管阻力下降，血管扩张，以致血压下降。

高血压患者应该进行正确、科学、规范的运动疗法，特别应注意运动强度、持续时间及频度、运动的形式。运动降压必须具备的条件：运动强度至少为最大强度的60%；每次运动时间超过 30 分钟；每周运动 3 次以上。

【方法与步骤】

运动处方内容。

一、运动项目

有氧运动辅以锻炼肌力运动（形式以低阻力而多重复性的运动）。根据目前的研究对于高血压患者建议进行有氧训练，如步行、慢跑、踏车、游泳、跳舞、太极拳、降压体操、武术等。患者可以选择自己感兴趣的项目按照运动处方进行训练。但对于力量训练和等长运动，由于运动过程中存在憋气和屏息动作，加重了心血管系统的负荷，所以目前仍有争议。近年来研究表明，在一定范围内中、小强度的抗阻运动可产生良好的降压作用，且不引起血压过分升高。另有研究发现，对于左心功能良好的患者，力量训练和等长收缩运动是一种低危险性的运动方式，但对于左心功能明显下降的患者，仍应避免此类力量性的运动，以免左心功能进一步下降使病情恶化。另外，放松训练也是常用的一种训练方式，患者可以选择易于放松、入静和引气血下行的功法，如松静功、放松功、站桩功等进行练习，练习时要注意调身、调息、调心三者的有机结合。

二、运动强度

有研究指出，低强度运动比高强度运动更能有效地降低血压。确定运动强度的最简单的方法是用靶心率（THR）表示，高血压患者的靶心率（b / min）=170（180）– 年龄（岁），170 使用于年龄偏大或有明确心脏病史，体质弱且过去无任何规律运动习惯者，反之则用 180。也可以首先确定最高心率，即 220 – 年龄，然后计算有氧运动最佳心率范围，即有氧心率＝最高心率 ×（60% ~ 80%）。一般认为，对于 I 期高血压患者，运动时的心率控制在 102 ~ 125b / min 运动后心率增加不超过运动前的 50%为宜。而对于II、III 期高血压患者，运动后心率不应超过运动前的 30%，应以缓慢运动为宜。

三、运动时间

从事主要锻炼内容的持续时间不少于 30 分钟。

四、运动频率

一周锻炼最少 3 天，若要降低体重，一周则须增加运动次数至 5 天。

【注意事项】

1. 特别注意对于有并发症、丧失代偿功能等情况，最好不要做耗氧量大的运动，只适合做一些运动量小、安全性大、特异性强的运动，若静止时收缩压高于 200mmHg 或舒张压低于 115mmHg，则不应进行运动。
2. 每次室外锻炼时，切忌做鼓劲憋气、快速旋转、剧烈用力和深度低头等动作。
3. 运动训练的降压效果具有可逆性，如果停止锻炼训练效果可以在 2 周内完全消失。因此锻炼必须持之以恒，只有坚持长期锻炼才能达到满意的降压效果。
4. 锻炼时间建议在上午 8 ~ 10 时或下午 4 ~ 6 时。
5. 在运动中如出现心脏不适、气短、心率超过 130b / min 的情况，要立即停止运动。
6. 不要轻易放弃药物治疗，很多情况下，运动治疗是原发性高血压治疗的辅助方法，应结合运动及药物疗法。
7. 冬季锻炼应注意御寒保暖，增加室内预备活动时间。

【作业与思考题】

1. 请以运动处方格式书写试验报告。
2. 高血压患者运动疗法的适应症及禁忌症有哪些？

参考文献

[1] 姚鸿恩. 体育保健学 [M]. 第 4 版. 北京：高等教育出版社，2006.
[2] 姚鸿恩. 体育保健学实验指导 [M]. 北京：高等教育出版社，1997.
[3] 李洪滋. 体育保健学实习指导 [M]. 武汉：华中师范大学出版社，1992.
[4] 曲绵域，于长隆. 实用运动医学 [M]. 第 4 版. 北京：北京大学出版社，2003.

[5] 郑怀贤. 伤科诊疗 [M]. 北京：人民体育出版社，1975.
[6] 梁岷，解勇. 伤科推拿学 [M]. 成都：四川科学技术出版社，2001.
[7] 俞大方. 推拿学 [M]. 上海：上海科技出版社，1988.
[8] 许济群，王锦之. 方剂学 [M]. 上海：上海科学技术出版社，1985.
[9] 体育保健学编写组. 体育保健学 [M]. 北京：高等教育出版社，1987.
[10] 刘纪清，李国兰. 实用运动处方 [M]. 哈尔滨：黑龙江科学技术出版社，1993.
[11] 姚鸿恩，郑隆榆，黄叔怀. 体育保健学 [M]. 北京：高等教育出版社，2001.

第五章　体育测量与评价实验

实验一　人体长度指标的测量与评价（验证型实验）

【目的要求】

通过实验使学生掌握选取测量点的方法，能够独立、准确地进行人体各类长度指标的测量。

【基本原理】

利用带游标的直钢尺测量两测量点之间的距离。

【测量器材】

身高坐高器、指距尺或带滑板的钢尺、直角规或带游标的钢尺。

【方法与步骤】

一、身高（指人体自然站立时脚底至头顶的距离）

（一）测试方法

受试者脱鞋以自然姿势站立在身高坐高计底板上（两臂自然下垂，足跟靠拢，足尖分开 30～40°），足跟、骶骨和两肩胛骨与立柱相接触，保持耳、眼成水平位（图 5-1、图 5-2）。测试者将水平压板轻轻下滑至头顶点，两眼与压板成水平位读数并记录。测量误差不得超过 0.5cm。

图 5-1　身高测量示意

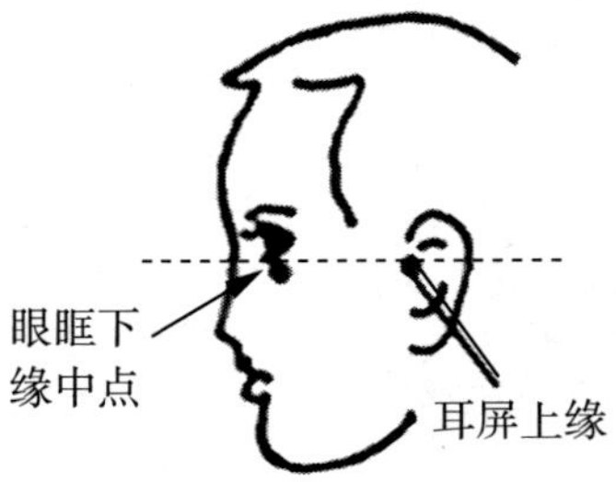

图 5-2　身高测量头部姿势

（二）注意事项

1. 受试者两眼必须平视，否则测得的身高指标将低于其实际身高。

2. 测试者在读取数据时必须做到两眼与压板在同一水平面上读数，以免造成读数偏低（两眼高于压板）或偏高（两眼低于压板）。

二、坐高（指人处于坐位姿势时头顶至座板平面之间的垂直距离）

（一）测试方法

受试者坐在身高坐高计座板上，躯干与头部自然正直，保持耳、眼成水平位，骶骨及肩胛间紧贴立柱；双腿并拢，大腿与地面平行并与小腿成 90°，上肢自然下垂。测试者将水平压板轻轻下滑至头顶点，两眼与压板成水平位，读取数据并记录。测量误差不得超过 0.5cm。

（二）注意事项

1. 受试者两眼必须平视，否则测得的坐高指标将低于其实际坐高。

2. 测试者在读取数据时必须做到两眼与压板在同一水平面上读数，以免造成读数偏低（两眼高于压板）或偏高（两眼低于压板）。

三、中指间距（指两上肢向左右水平伸展时两侧中指尖点之间的直线距离）

（一）测试方法

将直尺与地面平行并固定在墙上，高度以与受试者胸齐平为宜。受试者面对墙站立，两臂侧平举，手掌、臂、胸紧贴于墙面，两臂尽量向两侧伸展。测试者记录两中指尖点之间的距离。测量误差不得超过 0.5cm。

（二）注意事项

1. 直尺必须与地面保持平行，否则测量的数据不准确。

2. 受试者两臂一定要尽力向两侧伸展，不能屈肘。

四、上肢长（指两臂自然下垂时肩峰点至中指尖点之间的直线距离）

（一）测试方法

测量时将直角规或带有游标的直钢尺固定端轻靠在测量的一点，然后移动活动尺到另一测量点，测量两点间的距离（图 5–3）。

1. 上臂长，指手臂自然下垂时，肩峰点至桡骨点之间的直线距离。

2. 前臂长，指手臂自然下垂时，桡骨点至桡骨茎突点之间的直线距离。

3. 手长，指桡骨茎突点与尺骨茎突点在掌侧面连线中点（此点相当于腕关节远端腕横纹中点）至中指尖

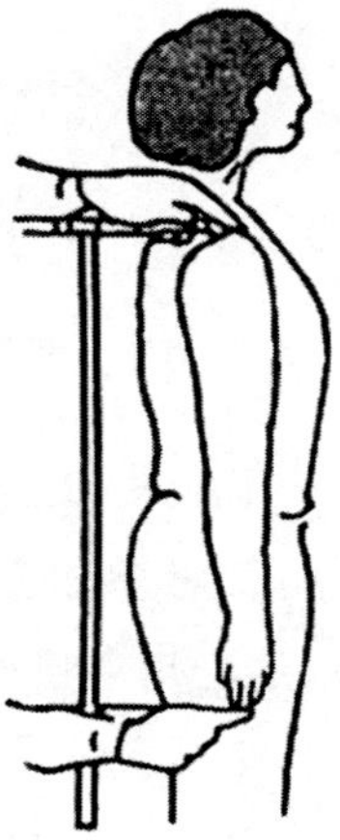

图 5–3　上肢长测量示意

点之间的直线距离。

4. 手足间距，指直立状态下手臂向上伸直，中指指尖点至地面的垂直距离。

（二）注意事项

测量点的选取要准确。特别是肩峰点的选取一定要准确，否则影响测量的准确性。

五、下肢长

1. 下肢长 B，指股骨大转子点至地面的垂直距离，学名大转子高。
2. 下肢长 H，指髂嵴点至地面的垂直距离，学名髂嵴高。
3. 下肢长 C，指臀纹线至地面的垂直距离，学名臀纹线高。
4. 下肢长 A，指髂前上棘点至地面的垂直距离，学名髂前上棘高。
5. 小腿长，指胫骨点至内踝点之间的垂直距离，即胫骨的长度。
6. 小腿长 + 足高，又名小腿长 A，指胫骨点至足底之间的垂直距离。
7. 足长，指足跟点到趾尖间的直线距离。
8. 跟腱长，指小腿腓肠肌内侧肌腹下缘至足跟点的垂直距离。

测量时令受试者两脚自然分开，面向墙壁站立，尽力提踵，使小腿肌肉充分收缩，测试者在受试者小腿腓肠肌内侧肌腹下缘画一标志，然后令受试者还原成自然站立姿势，再在足跟点画一标志，测量两点间的垂直距离。

【结果分析与评价】

本门课程的目标不仅仅是使学生学会各种指标的测量方法，提高动手能力，更重要的是要学会通过测量所获取的数据进行深层次的分析和挖掘，为我所用，对人体的形态进行判断和评价，为运动训练和教学服务。因此，人体长度指标的评价就显得更加重要。下面介绍一些评价方法。

在对人体长度指标进行评价时，可以使用绝对指标，也可以使用相对指标进行评价。有些时候相对指标更能帮助我们解决问题。如在挑选体操运动员的时候，我们希望挑选下肢较长的运动员，从美学上来说这样的身材是比较好的。现在有两名女子体操运动员，她们的身高及下肢长 B 数据如下：

	身高（cm）	下肢长 B（cm）
甲	165	80
乙	158	78

如果从下肢长 B 的绝对数据来看，似乎甲运动员的身材比例要稍好于乙运动员。但是如果用相对指标进行评价，结果可能就不同了。如用身高 / 下肢长 B（或下肢长 B / 身高）这一指数进行判断。下肢长 B 指标主要反映人体的下肢长度，所以下肢长 B 的值越大，则身高 / 下肢长 B 的值越小，反之则越大。可见，身高 / 下肢长 B 越小，说明运动员的下肢长度在身体中所占的比例越大，运动员的体形看起来就漂亮。甲、乙

两运动员的身高／下肢长 B 指数分别为 2.06 和 2.03，由此可见，乙运动员的身材比例要好于甲运动员。因此在对测得结果进行应用时，要根据需要选择到底用绝对数，还是用相对数的评价方法，不可机械化。

下面介绍几种常用的相对指标。

1. 跟腱长／小腿长：此指标反映跟腱在小腿长中所占的比例。比值越大，说明被试的跟腱越长。

2. 指间距／身高：此指标反映上肢相对于身体的长度。值越大，说明被试的上肢越长。如武术项目中的散打运动员、游泳运动员、田径项目中的投掷运动员的此项指标数值较大，这种身材的优势有利于运动员能力的发挥。

3. 小腿长／下肢长：此指标反映小腿在下肢长中所占的比例。值越大，说明小腿越长。

4. 坐高／身高：反映坐高在身高中所占的比例。值越大，说明上身越长。

【作业与思考题】

1. 根据自己所从事的项目特点，说出在挑选运动员时应注重哪些长度类指标。

2. 请说明在你所挑选的指标里，是用测量结果的绝对值进行评价好，还是用相对指标好？

3. 如果选择相对指标，能否根据实际需要设计几种你所需的相对指标，并说明相对指标的值越大越好，还是越小越好？

实验二 人体宽度指标的测量与评价（验证型实验）

【目的要求】

通过实验使学生掌握选取测量点的方法，能够独立、准确地进行人体各类宽度指标的测量。

【基本原理】

测量两测量点之间的距离。

【测量器材】

测径规（弯脚规或直脚规）。

【方法与步骤】

（一）肩宽（指两上肢自然下垂时左右肩峰点之间的直线距离）

1. 测试方法

测量肩宽时，测试者位于受试者后面，将测径规（弯脚规或直脚规）的两脚圆端轻轻靠在两肩峰点上，测量两点之间的直线距离。测量误差不能超过 0.2cm（图 5–4）。

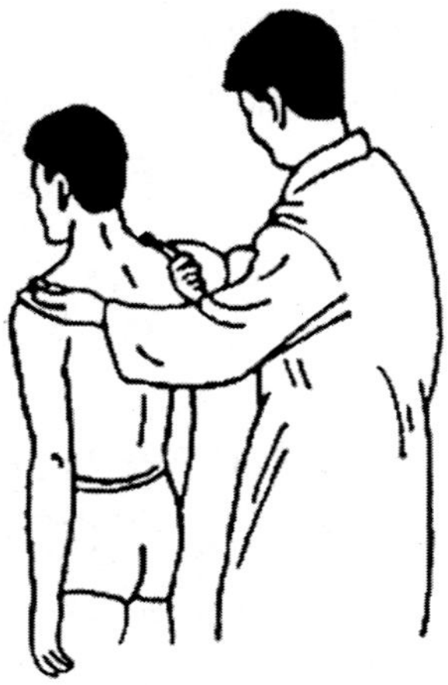

图 5-4　肩宽测量示意

（二）注意事项

1. 受试者上体应保持自然姿态，不可耸肩、含胸或挺胸。

2. 肩峰点的正确选择是获取准确数据的前提条件，因此在进行测试之前测量者应认真学习相关内容，找准两肩峰点。

二、胸宽（指通过胸中点胸部两侧肋骨间最向外突出点之间的水平直线距离，即胸廓横径）

（一）测试方法

受试者自然站立，两臂外展 60° 左右。测试者站在受试者的前面，将测径规的两端置于腋窝腋中线与第四或乳头水平线交点的位置，在受试者平和的呼气末读取数据。

（二）注意事项

1. 受试者在测试过程中不得低头含胸；

2. 测径规两端要保持在同一个水平面上。

三、胸厚（指胸中点至胸椎棘突之间的水平距离，即胸廓前后径）

（一）测试方法

受试者自然站立，两臂自然下垂。测试者站在受试者的侧面，将测径规的一端置于胸骨与第四胸肋关节水平处，另一端水平置于后背正中线的对应棘突上，测量前后两点间的距离。

（二）注意事项

测径规前后两端要保持在同一个水平面上。

四、盆骨宽（指左右髂嵴点之间的直线距离）

受试者自然站立，两足分开与肩同宽，两肩放松。测试者站在受试者前面，用食指摸到髂嵴点（骨盆最宽处），用测径规测量两点之间的距离。

五、手宽（指桡侧掌骨点至尺侧掌骨点之间的直线距离）

测试者站在受试者对面，令受试者将手平放在桌面上，测量第二掌骨小头到第五掌骨小头之间的距离。

六、足宽（指内外侧趾骨点之间的直线距离）

受试者全脚掌放在平面上，测试者测量第一跖骨小头至第五跖骨小头之间的距离。

【结果分析与评价】

宽度指标可以进行绝对数比较，也可以进行相对数比较。绝对数比较虽然能够得出比较两者间的差异，但是由于比较两者间的条件不一定相同或一致，因此，虽然有差异却不能很好地说明问题。而相对数就考虑了比较两者间的差异，因此，比较效果要好于绝对数间的比较。相对数可以根据研究的需要自己进行设定。如，通过肩宽／胸宽这一指标可以了解受试者的肩宽与胸宽的比例，通过肩宽／身高，了解受试者的身体发育水平，比值大，说明身体发育水平较好。

【作业与思考题】

1. 请全班同学对同一受试者进行同一指标的测量。要求测试者不受别人测试结果的影响，认真选取测量点并读数。

2. 指定一名学生将全班的测试结果记录下来。思考为什么测试结果会有差异，这种差异能避免吗？如果这种差异不能避免，那么在实际测量中如何减小这种差异？

实验三　人体围度指标的测量与评价（验证型实验）

【目的要求】

通过实验使学生掌握选取测量点的方法，能够独立、准确地进行人体各类围度指标的测量。

【基本原理】

测量时按照各围度测量要求，选择测量参照点，将皮尺水平绕行一周后进行读数，要求皮尺松紧适度。测量躯干围度时，应在呼吸末进行。

【测量器材】

皮尺。

【方法与步骤】

一、胸　围

（一）测试方法

女性受试者穿单薄内衣，男性受试者赤裸上身。自然站立，两足分开与肩同宽，双肩放松，两臂自然下垂。测试者站在受试者的前面，将皮尺上缘齐平背部肩胛下角下缘，经两侧腋下水平绕至胸前，男性及未发育的女性，皮尺下缘置于乳头上缘；已发育的女性，皮尺在乳头上方与第四肋骨齐平（图 5-5），测量受试者平静呼吸时的胸围。

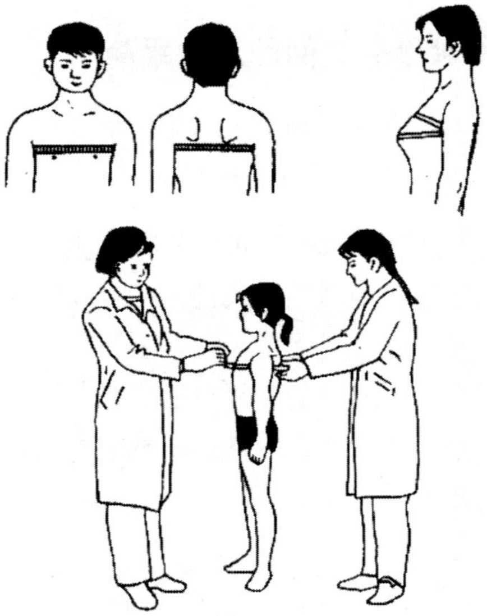

图 5-5　胸围测量示意

(二) 注意事项

皮尺的位置必须严格按照测试方法中所要求的位置，并与地面保持水平（已发育的女性除外）。另外，皮尺应松紧适度，以对皮肤未产生明显压迫感为宜。

二、腰　围

(一) 测试方法

受试者自然站立，两肩放松。测试者面对受试者将皮尺经脐上 0.5 ~ 1cm 处（肥胖者可在腰部最粗处），水平绕一周，测量其围度。

(二) 注意事项

1. 测试时皮尺的松紧度应适宜，不要过紧或过松。
2. 测量时男子只能穿短裤，女子穿短裤、背心或短袖衫。

三、臀　围

臀围能反映人的体型特点，保持臀围和腰围的适当比例，对成年人体质和健康及其寿命有着重要的意义。

(一) 测试方法

受试者着短裤，自然站立，两肩放松。双臂交叉抱在胸前或两臂侧下举。测试者面对受试者，沿臀大肌最粗处将皮尺水平绕至前方一周并读数。

（二）注意事项

与胸围相同。

四、上臂紧张围及放松围

上臂紧张围与放松围差值的大小，可以反映上臂肌群的发达程度。

（一）测试方法

测量紧张围时，受试者赤臂，上臂前斜下举，然后握拳并用力屈肘，测试者将皮尺沿受试者肱二头肌最隆起处绕行一周并读数；测量放松围时，手臂自然下垂，皮尺位置不变，皮尺绕行一周并读数（图 5-6、图 5-7）。

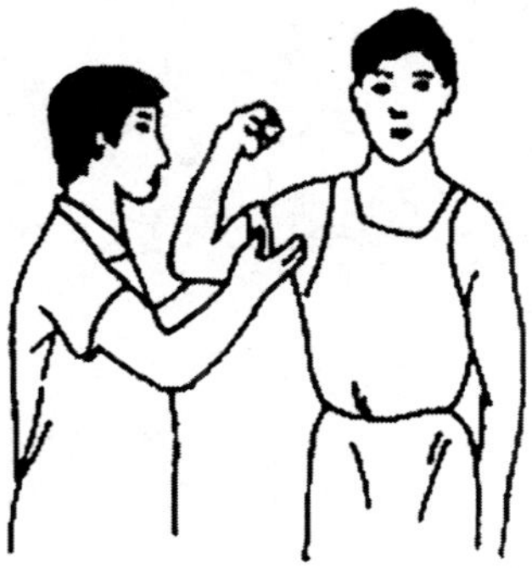

图 5-6　上臂紧张围测量示意

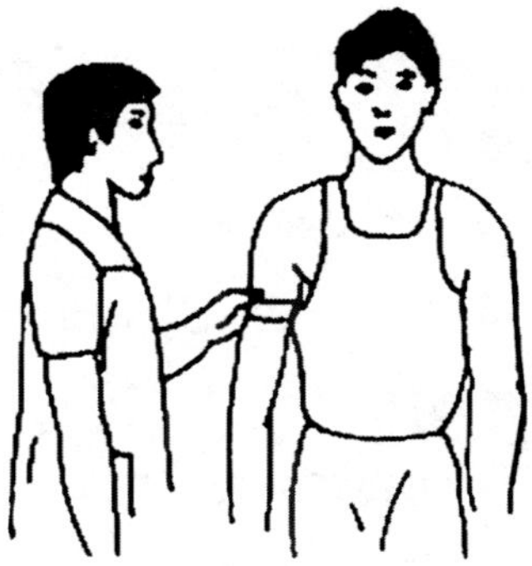

图 5-7　上臂放松围测量示意

（二）注意事项

皮尺绕上臂一周时，注意皮尺应与上臂成垂直状态。

五、大腿围（指臀纹线最低点水平绕行一周的围长）

（一）测试方法

受试者两足分开与肩同宽，重心在两腿之间。测试者站在受试者的侧面，将皮尺置于臀纹处，水平绕一周，然后读数。

（二）注意事项

受试者的身体重心必须在两腿之间。

以下几项指标的测量比较简单，此处不详述。

六、膝围（指经髌骨中点水平绕行一周的围长）

七、小腿围（指腓肠肌最粗处水平绕行一周的围长）

八、踝围(指胫骨内踝上方小腿最细处水平绕行一周的围长)

【结果分析与评价】

围度类指标同长度类、宽度类指标一样，可以进行绝对数间或相对数间的比较。一般情况下，相对数比较更能说明问题。如，给出两名运动员的大腿围指标，你可能很难就这两个指标的大小准确地判断出两名运动员的体格状况。但是，如果给出两名运动员的身高，用大腿围／身高，你可能就比较容易作出比较准确的判断了。

【作业与思考题】

围度指标越大越好，这句话是否正确，请举例说明。

实验四 皮纹测定（验证型实验）

【目的要求】

通过对皮肤纹式的测定了解皮纹与竞技能力间的关系，为运动员选材提供一定的理论依据。

【基本原理】

皮纹具有遗传性、稳定性和特异性。遗传性是指皮纹是由遗传决定的；稳定性是指人在成年后皮纹基本不会发生变化，即皮纹的类型结构、细节特征的总体分布和脊线的数目等方面终身不变；特异性是指由于皮纹脊线的走向不同，构成人体皮纹的个性特征。

【实验器材】

红色印泥、纱布包扎的棉花球、16 开白纸、铅笔、直尺、量角器、放大镜。

【方法与步骤】

1. 将 16 开白纸放在平坦的桌面上。

2. 用纱布包扎的棉花球将印泥均匀地印在受试者的手指末节上，将此手指放在白纸上，从手指的尺侧滚到桡侧（不可重复滚动），然后直接提起。从小指到拇指依次按印在白纸上。

3. 用纱布包扎的棉花球将印泥均匀地印在受试者的手掌上，手臂贴在纸边缘处，手掌和手指自然形态，按下全掌印纹（测试人可用力在受试者的腕关节、掌心和掌跟处重压几下，以帮助显纹）。

【注意事项】

1. 印纹时不可移动和重印。印纹完毕后，应果断将测试部位撤离白纸，以免印记不清晰，影响测试效果。

2. 印泥应均匀地涂抹在测试部位，不可太多（印泥涂抹得太多反而会造成印记含糊不清），太少则可能造成印记不明显。

【结果分析与评价】

一、指 纹

指纹可分为弓形纹、箕形纹和斗形纹等（图 5–8）。

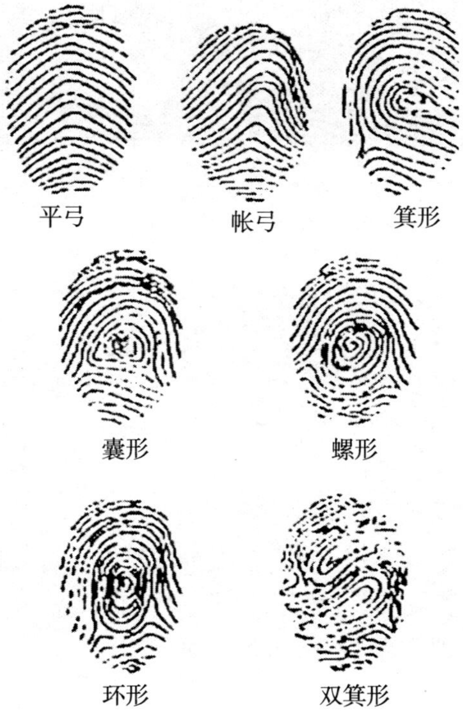

图 5–8 常见指纹

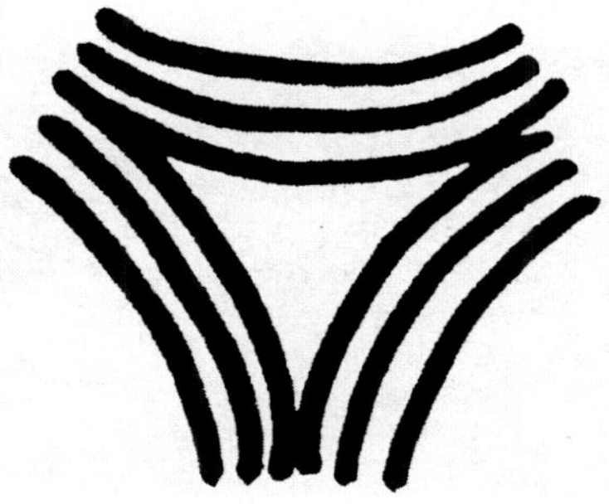

图 5–9 三叉点

1. 弓形纹：皮纹嵴线从一侧滑向另一侧形成弓形，没有三叉点（三叉点指三条走向不同的纹线汇成的点，图 5–9），指脊数为 0，根据其弯曲程度，又分为平弓和帐弓。

2. 箕形纹：纹线发自一侧，斜向弯曲形成一个半圆后再转回本侧，箕形纹的一侧有一个三叉点。箕形纹按开口的方向又可分为尺箕（正箕）和桡箕（反箕）。

3. 斗形纹：纹线的中心呈环形、螺形和双箕形等，两侧各有一个三叉点。斗形纹又可分为环形、螺形、囊形和双箕形等。

除以上三类指纹外，还有极少数人的手指或部分手指没有指纹。

总指嵴数（又称指纹积数）是指纹分析中常用的参数，是十个手指的嵴纹线数加起来的总和。每个手指嵴纹线的计算方法是：从三叉点的中心点到箕形或斗形的中心点画一条直线，对直线所穿过的纹线进行计数。箕形纹有一个纹线数，斗形纹有两个纹线数，取较多的一个进行计算，弓形纹没有三叉点，所以纹线数为零（图 5-10）。普通人群嵴数均值男性为 145 条，女性为 127 条。总指嵴数越多说明柔韧素质越好。

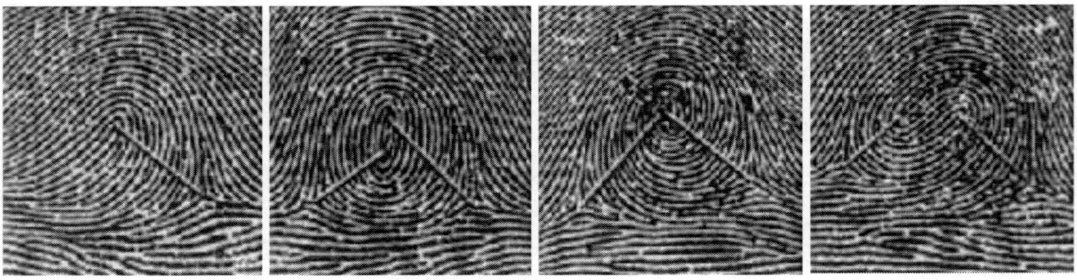

尺箕形　环形　螺形　双箕形

图 5-10　指嵴数计算方法（以右手为例）

二、掌　纹

掌纹中的主要观察部位有：掌部三区、指三叉、a-b 嵴线数、atd 角和掌褶。

1. 掌部三区：即大、小鱼际区和指间区（图 5-11）。（1）大鱼际区皮纹应顺着大鱼际方向与第三屈肌线基本呈平行状。有变异皮纹时，可出现非真实花纹，表现为弓形和退化纹。也可出现真实花纹，表现为各种箕形和斗形。（2）小鱼际区皮纹嵴线顺着小鱼际方向与第二屈肌线基本呈平行状。有变异皮纹时，可出现非真实花纹，表现外侧部为弓形纹。也可出现真实花纹，表现为箕形、斗形和斗箕复合形。（3）指间区在二、三、四、五指的基部，分别称为Ⅰ区、Ⅱ区、Ⅲ区和Ⅳ区。

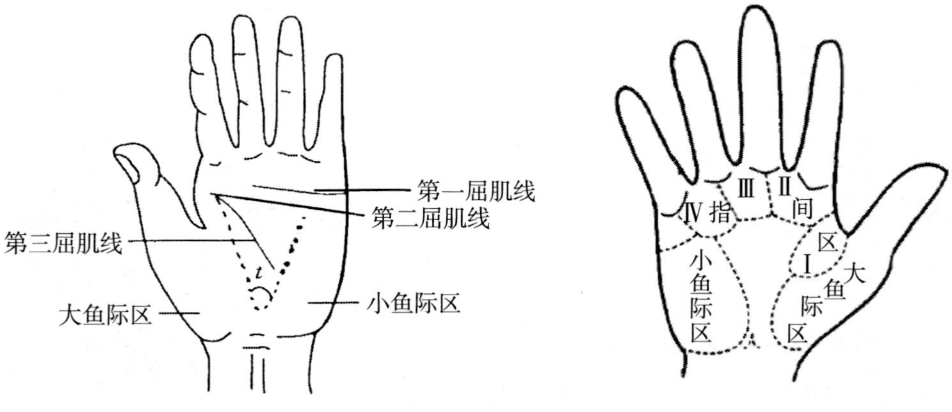

图 5-11　掌部三区

2. 指三叉：除大拇指外，各个指根部均可见三条走向不同的纹线汇成的三叉点，称为指三叉（图 5-12），分别用 a，b，c，d，来表示食、中、无名指和小指根部的三叉点。

3. a-b 嵴线数：在指三叉 a 和 b 之间连一直线，直线穿过的嵴线数称为 a-b 嵴线数。

4. 掌三叉和 atd 角（图 5-12）：位于手掌基部腕横纹以上 1 ~ 2cm 处，有一个三叉点，称之为掌三叉，用 t 表示。测量掌三叉时，用指三叉 a 与掌三叉 t 和指三叉 d 的夹角，即 atd 角的大小表示。常人约为 41°，过大或过小，都为不正常。三叉点的位置变化对确定某些染色体异常病有意义。如先天愚型儿的三叉点 t 向掌心移位，atd 角平均值可达 70°。atd 角的大小与智商的关系较为密切，研究表明，atd 角越小，智商越高。

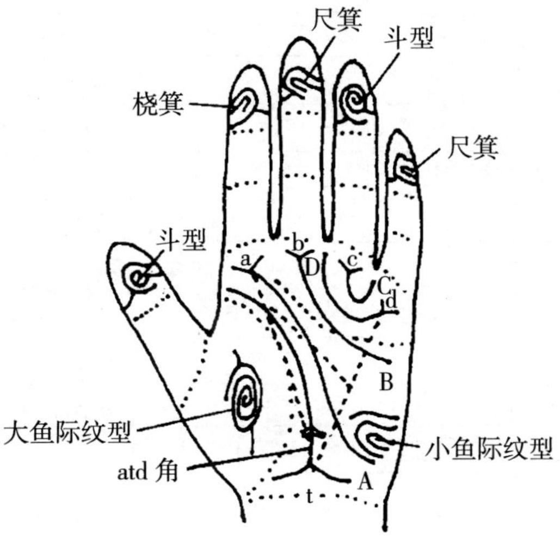

图 5-12　指叉点及掌三叉位置示意

5. 掌褶（又称掌屈肌线）：是指分布在手掌掌面较粗大明显的沟纹。80%以上的人主要有三条掌屈肌线（参见图 5-11）。

第一屈肌线：又称远端横褶纹，起于小指根下方内侧缘，止于食指和中指下方，短的只达中指根下。

第二屈肌线：又称近端横褶纹，起于食指根下方外侧缘，止于掌内侧部下或中 1/3 区域，短的止于掌心。

第三屈肌线：又称大鱼际横屈纹，起于拇、食指间的外侧缘，止于掌三叉 t 处，短的只达掌心。正常人的掌纹呈“爪”字形或“川”字形，少数人呈过渡Ⅰ型、过渡Ⅱ型、中贯型和通贯型（图 5-13）。

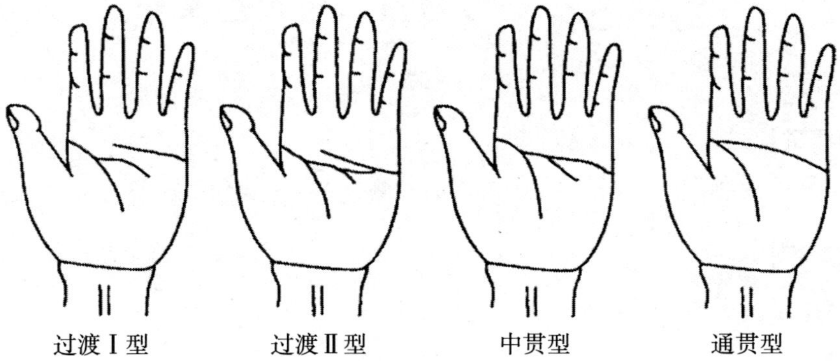

图 5-13　几种掌纹

运动员皮纹综合评分标准参见表 5-1。

表 5-1　运动员皮纹综合评分标准表（百分制）

序号	指标	分值（分）	评分标准（分）											
1	atd 角(°)	20	左右各	10	9	8	7	6	5	4	3	2	1	0
			男	33 以下	34 ~ 35	36 ~ 37	38	39	40	41	42	43	44 ~ 45	46 以上
			女	35 以下	36 ~ 37	38	39	40	41	42	43 ~ 44	45 ~ 46	47 ~ 48	49 以上
2	双箕斗（个）	20	20			15			10			0		
			3 个或 3 个以上			2 个			1 个			无		
3	弓形纹	10	10			6			3			0		
			无			1 ~ 2 个			3 ~ 4 个			5 个或 5 个以上		
4	屈肌线	20	20	12		8			4		0			
			不短	短一条		短两条			短三条		短四条			
5	大鱼际	10	10	8		6			4		2		0	
			无变异	1 非真实		双非真实			1 真实		1 真 1 非		双真实	
6	通贯	10	10			5					0			
			无			单手					双手			
7	小鱼际	5	5	4		3			2		1		0	
			无变异	1 非真实		双非真实			1 真实		1 真 1 非		双真实	
8	指三叉	5	5	4		3			2		1		0	
			不缺	一手缺 c		双手缺 c			一手缺其他		一手缺 c 和其他		双手缺其他	

注：出现四、五指桡箕，则减 10 分； 80 分以上为优秀，79 分 ~ 61 分为良好，60 分为及格。

【作业与思考题】

1. 阐述弓形纹、箕形纹和斗形纹三大类指纹的异同。
2. 请结合专项阐述皮纹测定与运动员选材之间有何关系？

实验五　足弓测量（验证型实验）

【目的要求】

通过对足弓的测量，了解几种常见的足弓测量及其评价方法。

【基本原理】

实验依据足弓的解剖特点。

【实验器材】

8 开白纸、铅笔、直尺、10%亚铁氰化钾溶液、10%氯化铁溶液、方盘、海绵、足弓足长测量计、镁粉、小黑板。

【方法与步骤】

一、粉印法

1. 赤足踩在镁粉上。
2. 将沾满镁粉的足踩在小黑板上，留下白色足印。
3. 在白色足印内侧沿做一切线；再在内侧沿最凹处与切线做垂直线并延长至足印外沿，三个交点由内向外分别为 A，B，C（图 5–14）。

二、纸印法

1. 用 10%亚铁氰化钾溶液浸湿 8 开白纸，并晾干备用。
2. 用 10%氯化铁溶液浸湿方盘里的海绵备用。
3. 赤足踩在准备好的海绵上，接着踩在备用的 8 开白纸上，立即显示出深蓝色足印；在足印上做切线 1，2，3 将足印分成 A，B，C，D 四个区。在足印内沿做切线 1；在中趾尖至跟点做连线 2；平分切线 1 与 2 的夹角做角平分线 3（图 5–15）。

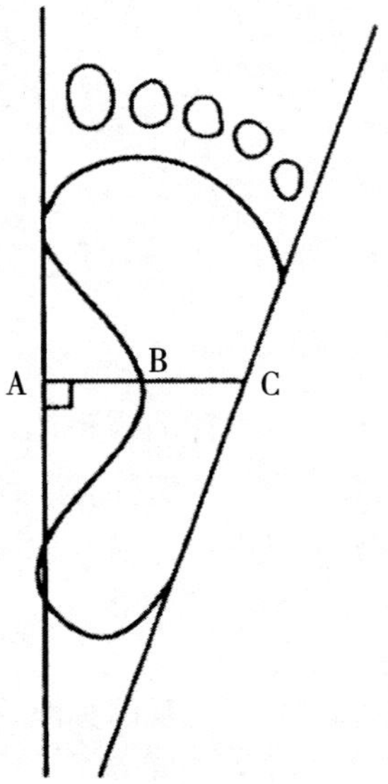

图 5–14 足弓粉印法示意

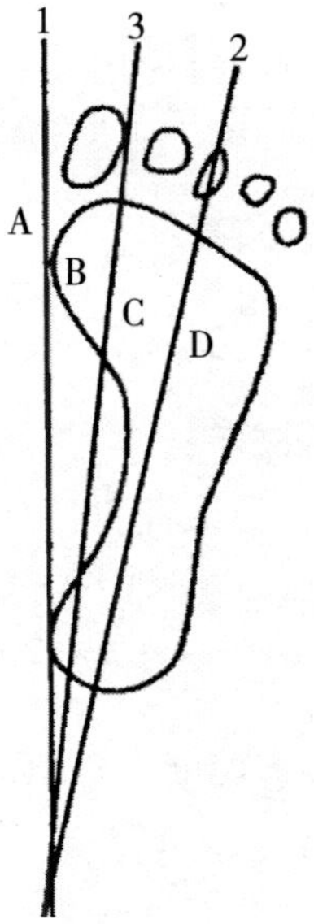

图 5–15 足弓纸印法示意

【注意事项】

1. 实验前将 8 开白纸在 10%亚铁氰化钾溶液中浸湿并晾干，尽量使纸张平整。
2. 划线要认真、准确。

【结果分析和评价】

一、粉印法

用比例进行评价。评价标准如下。正常足：AB∶BC＝2∶1；轻度扁平足：AB∶BC＝

1∶1；重度扁平足：AB∶BC＝1∶2。

二、纸印法

正常足，足弓内沿在 D 区；轻度扁平足，足弓内沿在 C 区；中度扁平足，足弓内沿在 B 区；重度扁平足，足弓内沿在 A 区。

【作业与思考题】

1. 你认为足弓与运动能力有关吗，扁平足的人适合做运动员吗？
2. 如何评价足弓是否正常？

实验六 力量素质指标的测量与评价（综合型实验）

【目的要求】

通过实验使学生掌握人体力量的测量方法。

【实验器材】

指针式握力计或电子握力计、电子背力计或背拉力计、垫子、秒表、纵跳测量板（标有刻度、固定于墙上）、皮尺、白粉末或电子摸高计。

【方法与步骤】

一、握　力

（一）测试方法

测试前，受试者用有力手臂持握力计外柄，另一只手转动握距调整轮调到适宜的握距，准备测试。测试时受试者身体直立，两脚自然分开，与肩同宽，两臂斜下举，掌心向内，用最大力握紧内外握柄，读取数据。测量 2 次，取最好成绩。

（二）注意事项

1. 测试时，禁止摆臂、下蹲或将握力计接触身体，即严禁身体其他部位帮助手臂用力。
2. 受试者不能确定有力手时，左右手各测 2 次，记录最大值。
3. 每次测试前，握力计须回到“0”。

二、背　力

（一）测试方法

受试者两脚分开约 15cm，直立在背力计的底盘上，两臂和两手伸直下垂。测试人员调背力拉力计拉链的长度，将背力计握柄的高度调至恰使受试者上体前倾 30° 的位置。测试时，受试者两臂伸直，掌心向内紧持握柄，两腿伸直，上体绷直抬头，尽全力上拉背力计，读取数据。测量 2 次，取最好成绩。

（二）注意事项

1. 测试前，受试者应做好准备活动，以免受伤。

2. 测试时，受试者不能屈肘、屈膝或上体后倒。

3. 应以中等速度牵拉，不能过慢或用力过猛。

4. 每次测试前，背力计须回到“0”。

三、1 分钟仰卧起坐

（一）测试方法

测试前，受试者在垫子上屈膝仰卧，大小腿成 90° 角，两手手指交叉置于头后。另一同伴握住受试者两侧踝关节处并将双足固定于地面。当受试者听到“开始”口令后，双手抱头，收腹使躯干完成坐起动作，双肘关节触及或超过双膝，然后还原至开始姿势，此为完成 1 次。测试人员在发出“开始”口令的同时，开表计时，并记录受试者在 1 分钟内完成仰卧起坐的次数（允许中间停顿休息）。以“次”为单位记录成绩。

（二）注意事项

1. 测试时，受试者如果借用手臂撑起或臀部上挺再下压的力量完成仰卧起坐，或仰卧时两肩胛部未触及地面，或双肘未触及双膝，该次仰卧起坐不计次数。

2. 测量过程中测试者要随时向受试者报告已完成的次数。

3. 受试者的双脚必须与身体放在一个平面上，即受试者的双脚应放在垫子上。

四、原地纵跳摸高

（一）测试方法

受试者用右手中指指尖沾少许白粉末。身体直立，身体右侧靠墙右臂上举，手伸直，用中指指尖点一个指印。然后令受试者在离墙 20cm 处，用力向上起跳摸高。测 3 次，量取静止时的指印至最高点间的距离。

（二）注意事项

1. 在测试时，起跳和落地均用双足，不得跨步、垫步，可做预摆动作。

2. 在原地伸臂点指印时，臂要充分伸直，体侧要轻贴墙壁。

【结果分析与评价】

1.《中国学生体质健康检测网络 2002 年检测报告》的统计资料显示，7 ~ 22 岁男子的握力相当于自身体重的 42% ~ 70%；女子相当于自身体重的 40% ~ 51%。测试发现，如测量方法正确，受试者 2 次测试都尽全力，那么第 1 次的测量值均大于第 2 次。测试的数值越大，说明受试者的手臂越有力量。

2. 背力测量值越大，说明受试者的背部肌肉力量越大。

3. 1 分钟仰卧起坐的次数越多，说明受试者腹肌力量越强。

4. 原地纵跳摸高数值越大，说明受试者的下肢爆发力越好。

【作业与思考题】

1. 请说出直接测量原地纵跳高度与原地纵跳高度减去手足高（即地面至中指指尖点间的距离）两种测量方法的区别。

2. 上述两种方法，哪一种能较好地反映受试者的下肢爆发力？

实验七 柔韧素质指标的测量与评价（综合型实验）

【目的要求】

柔韧性对于技能主导类难美项群的运动员是必不可少的基本身体素质，对于技能主导类项目群有些项目的运动员来说，也是非常重要的身体素质。通过实验使学生掌握柔韧素质的测量方法。

【基本原理】

依据环节间的夹角大小或两点间的距离大小进行测量。

【实验器材】

垫子、量角规、测径规、直木棍、皮尺。

【方法与步骤】

一、坐位体前屈

（一）测试方法

受试者坐在垫子上，两腿伸直，足跟并拢。两臂上举，上体尽量前屈，然后用量角规测量髂嵴点与大转子点的连线和大转子点与外踝点的连线间的夹角。测 2 次，取最好成绩。

（二）注意事项

1. 测试前，受试者应做好准备活动，以防测试时软组织拉伤。

2. 受试者测试过程中膝关节不能弯曲。

二、后屈体造桥

（一）测试方法

方法一

1. 测量受试者的脐高（地面至脐点间的距离）。

2. 令受试者仰卧于地，两手分开与肩同宽，双手在颈部两侧反撑，屈膝，两脚分开与肩同宽。手脚同时用力，缓慢撑起身体，头后仰，手脚尽量靠近，肘关节和膝关节伸直，使身体呈弓形（桥状）。

3. 当受试者将身体撑起至最高点时，迅速测量地面至背弓内侧最高点的距离。测 2 次，取最好成绩。

方法二

令受试者身体呈桥状，手脚尽量靠近，肘关节和膝关节伸直。测量受试者中指指尖点至足跟点的距离。测 2 次，取最好成绩。

（二）注意事项

测量前受试者要做好准备活动。

三、转　肩

（一）测试方法

首先测量受试者的肩宽（两肩峰点之间的距离）。然后令受试者直立，两手正握木棍，两臂同时上抬，逐渐绕至体后。两臂后绕时，若感觉所握的距离太窄，右手可向木棍的外侧滑动直至刚好使两臂绕到体后的位置，然后再由体后绕至体前。测 2 次，用皮尺测量两手虎口间的距离，并取最好成绩，距离越短越好。

（二）注意事项

要求两臂保持在同一水平面上，直臂，身体不能扭动，不能提踵。

四、前后劈叉

（一）测试方法

令受试者两腿呈前后分腿站立姿势，然后两腿下滑，成前后劈叉，两腿膝关节不得弯曲。测试者用量角规测量两腿间的夹角，即前腿大转子点与膝关节点连线和后腿大转子点与膝关节点连线间的夹角。测量 2 次，取最好成绩。

（二）注意事项

受试者成叉后，两腿必须伸直。

五、左右劈叉

（一）测试方法

受试者两腿呈左右分腿站立姿势，然后两腿向左右下滑，测试者在其身后，测试者用量角规测量两腿间的夹角，即左腿大转子点与膝关节点连线和右腿大转子点与膝关节点连线间的夹角。测量 2 次，取最好成绩。

（二）注意事项

两腿必须在同一直线上，且不能弯曲。

【结果分析与评价】

1. 坐位体前屈测量值越小，即两连线间的夹角越小，说明受试者躯干和下肢各关节以及下肢肌群和韧带伸展性和弹性越好。

2. 利用方法一进行后屈体造桥测量时，后屈体造桥的成绩＝脐高－桥高。后屈体造桥的成绩越小（桥高越接近脐高成绩越好），说明受试者脊柱伸展的能力越好；利用方法二进行后屈体造桥测量，测量值越小，即中指指尖与足跟点的距离越短，说明受试者脊柱伸展的能力就越好。

3. 转肩，用测得的两手间的握距值减去肩宽，差值越小则说明肩部的柔韧性越好。

4. 前后劈叉，夹角越大，说明受试者两腿前后伸展的能力越强。

5. 左右劈叉，夹角越大，说明受试者两腿左右伸展的能力越强。

【作业与思考题】

1. 如何设计实验使测试结果能够真实地反映运动员的两腿柔韧性。

2. 请问柔韧性对于体能类项目来说，是否重要?

实验八 灵敏素质指标的测量与评价（综合型实验）

【目的要求】

灵敏性是运动员必备的身体素质，专项不同，其对灵敏性的要求也不同。通过实验使学生掌握测量灵敏素质的方法。

【实验器材】

秒表、5 个标杆、口哨，在平坦的场地上画 3 条平行线（12 ~ 29 岁间距：1.2m；4 ~ 11 岁间距：1.0m）。

【方法与步骤】

一、十字变向跑

（一）测试方法

受试者站立在起跑线后，听到哨声后快速跑向 E，经 E 杆后依次绕过 B、C、D 杆（图 5-16）。每绕一次都必须经过 E 杆，绕杆时均按顺时针方向向右侧变向。最后一次经 E 杆后，向终点冲刺。以秒为单位记录成绩，精确至 0.1s。测 2 次，取最好成绩。

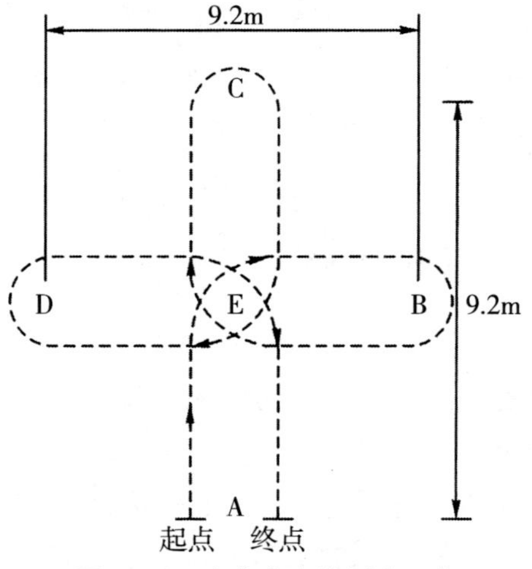

图 5-16　十字变向跑测验示意

(二) 注意事项

1. 受试者测试时只能穿运动鞋，不得穿钉子鞋、皮鞋、凉鞋测试。
2. 一律采用站立式起跑。
3. 跑动时身体不能碰杆或用手扶杆。

二、反复侧跨步

(一) 测试方法

受试者双脚骑跨在中线上，取半蹲姿势。听到哨声后，迅速向右侧跨步移动，按照“中线→右→中线→左”的顺序反复移动（图 5-17），每通过（触及或跨过线）一线，计 1 次，记录 20s 内所通过的次数。测 2 次，以次为单位记录成绩，取最好成绩。

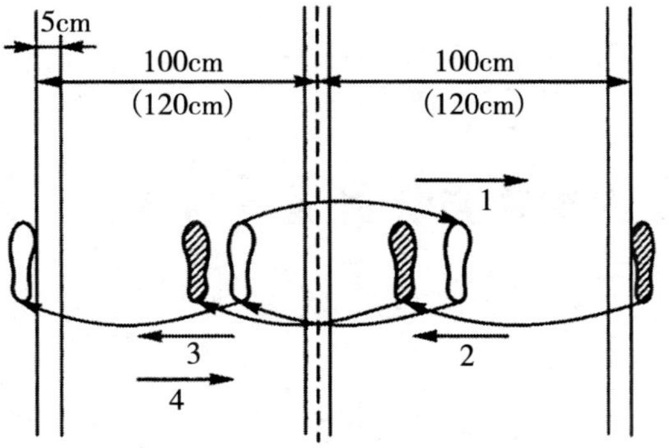

图 5-17　反复侧跨步测验示意

(二) 注意事项

选择平坦、不滑的场地进行测试。

三、象限跳

(一) 测试方法

受试者站在起点线后，听到哨声后双脚并拢，并按照“起点→1→2→3→4”的顺序反复跳 10s（图 5-18），每跳入一个象限计 1 次，以次为单位计数。测 2 次，取最好成绩。

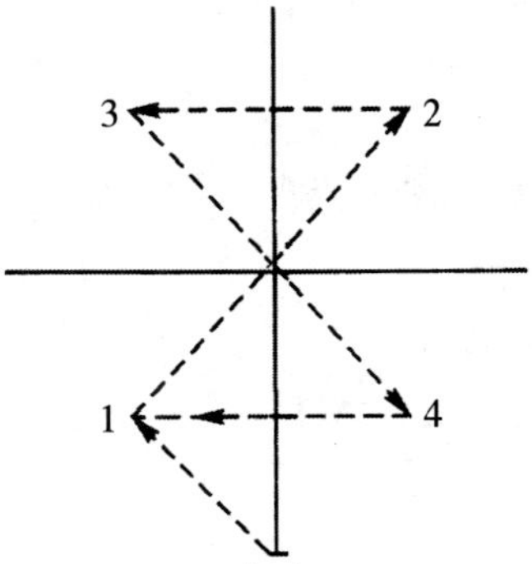

图 5-18　象限跳测验示意

(二) 注意事项

受试者跳跃时必须双脚同时起跳，同时着地；踏线或跳错象限一次扣 0.5 次。

【结果分析与评价】

1. 十字变向跑所需要的时间越短，说明受试者在跑动中快速变换身体方向的能力就越强。

2. 反复侧跨步的次数越多，说明受试者快速向两侧变换运动方向的能力及动作的协调性就越好。

3. 象限跳的次数越多，说明受试者在快速跳跃中，支配肌肉运动和克服身体惯性的能力就越强。

【作业与思考题】

举例说明专项运动的灵敏素质的特点。

实验九 平衡素质指标的测量与评价（综合型实验）

【目的要求】

通过实验使学生掌握平衡素质的测试方法。

【实验器材】

秒表、口哨。

【方法与步骤】

一、闭目单足立

(一) 测试方法

受试者赤足站在平坦地面上，双手叉腰，两腿并拢直立，足尖向前。当听到哨声后，受试者闭目的同时用习惯支撑的那条腿单足站立。计时从单足支撑开始到失去身体平衡为止。以秒为单位记录站立时间。测 2 次，取最好成绩。

(二) 注意事项

1. 当受试者离地脚触地、支撑脚移动或手离开腰时停表。
2. 测试时需要有人保护，尤其对患有高血压及平时有眩晕现象的受试者要慎重对待。
3. 在测试过程中受试者不能睁眼。
4. 测试人员站在受试者的正面进行测试。

二、单足前脚掌站立

(一) 测试方法

受试者赤足站在平坦地面上，双手叉腰，两眼平视前方。当听到哨声后，受试者支撑腿的脚跟抬起，成单足前脚掌支撑站立，记时从单足前脚掌站立开始到失去身体平衡为止。以秒为单位记录站立时间。测 2 次，取最好成绩。

（二）注意事项

1. 当受试者支撑脚移动或足跟着地时停止计时。
2. 当受试者非支撑脚触及任何物体时停止计时。
3. 当受试者手离开腰时停止计时。

【结果分析与评价】

1. 闭目单足测验是在不依赖于视觉的情况下，检测受试者的位置感觉和本体感觉间的协调能力。闭目单足立的时间越长，说明受试者静态平衡能力越好。

2. 单足前脚掌站立，站立时间越长，说明受试者维持身体平衡的能力越强。

【作业与思考题】

单足站立与哪些身体素质有关，如何提高练习者的平衡能力？

实验十　速度素质指标的测量与评价（综合型实验）

【目的要求】

速度素质一般分为位移速度、动作速度和反应速度。通过实验使学生掌握速度素质的测量方法。

【实验器材】

50m 跑道、秒表、发令旗、口哨。时间计数器、金属敲击棒两支。

【方法与步骤】

一、50m 跑

（一）测试方法

受试者至少 2 人 1 组，采用站立式起跑。受试者听到哨声后快速起跑，跑向终点。发令员在吹哨的同时挥动发令旗，计时员看到旗后开始计时。当受试者跑到终点时（胸部与终点线垂直）停表，以秒为单位记录成绩，精确至 0.1s，小数点后第二位数按非 0 进 1 的原则进位（如 10.11s 应计为 10.2s）。测 2 次，取最佳成绩。

（二）注意事项

1. 受试者做好准备活动，以免受伤。
2. 受试者在测试时须穿运动鞋或平底鞋，不得穿钉子鞋、皮鞋、凉鞋。
3. 发现受试者抢跑和串道时，要重跑。
4. 每次测验后，测试者必须将秒表回零。

二、两手快速敲击

受试者站在测试台前，调节金属触板与其髂嵴（髋骨上缘）同高。受试者两手各执一支金属棒，听到口令后，两手快速交替敲击金属触板，记录计数器的数值（10s 内重复动作的次数）。测 2 次，取最佳成绩。

【结果分析与评价】

1. 50m 跑所需时间越短，说明受试者的快速跑动能力越强。表 5–2 为我国学生 50m 跑成绩的统计结果。

2. 两手快速敲击的次数越多，说明受试者的动作速度越快。

表 5–2　2002 年我国 7~22 岁学生 50m 跑成绩的统计结果

年龄(岁)	男生		女生	
	n(人)	$\bar{x} \pm s$ (s)	n(人)	$\bar{x} \pm s$ (s)
7	6556	11.20 ± 1.20	6312	11.80 ± 1.40
8	6520	10.50 ± 1.00	6052	11.10 ± 1.20
9	6661	10.10 ± 1.00	6358	10.60 ± 1.10
10	6844	9.70 ± 0.90	6137	10.20 ± 1.00
11	6755	9.40 ± 0.90	6389	10.00 ± 1.00
12	7299	9.20 ± 0.90	6892	9.90 ± 1.00
13	6899	8.70 ± 0.90	6723	9.70 ± 1.00
14	6827	8.30 ± 0.80	6686	9.70 ± 1.10
15	7228	7.90 ± 0.70	6933	9.60 ± 1.00
16	6958	7.70 ± 0.70	6752	9.60 ± 1.00
17	6734	7.60 ± 0.70	6508	9.60 ± 1.00
18	5511	7.60 ± 0.70	4744	9.50 ± 1.00
19 ~ 22	9429	7.60 ± 0.70	8602	9.30 ± 0.90

（引自：中国学生体质健康监测网 2002 年监测报告，高等教育出版社，2005）

【作业与思考题】

请结合专项说明速度素质的特点。

实验十一　耐力素质指标的测量与评价（综合型实验）

【目的要求】

通过实验了解耐力素质的种类并掌握耐力素质的基本测量方法。

【实验器材】

田径场地一块（400m、300m、200m 的场地均可）、秒表若干块、口哨、发令旗、皮尺、距离标志牌、50m 跑道（道宽 2 ~ 2.5m），在起跑线与终点线 0.5m 处的跑道正中各立一标志杆（杆高 1.2m 以上），高单杠、凳子。

【方法与步骤】

一、800m 跑（女子）或 1000m 跑（男子）

（一）测试方法

受试者至少 2 人一组进行测试。受试者采用站立式起跑，听到哨声后立即起跑。发令员在吹哨的同时挥动发令旗，计时员看到旗后开始计时。当受试者跑到终点(胸部与终点线垂直）时停表。测 2 次，以秒为单位记录成绩，精确至 0.1s。

（二）注意事项

1. 工作人员在测试过程中应向受试者报告所剩的圈数，以免跑错距离。
2. 受试者在测试时须穿运动鞋或平底鞋，不得穿钉子鞋、皮鞋、凉鞋。
3. 每次测验后，测试者必须将秒表回零。

二、12 分钟跑

（一）测试方法

受试者采用站立式起跑，听到哨声后立即起跑绕跑道跑 12 分钟。发令员在吹哨的同时挥动发令旗。计时员看到旗后开始计时。测试人员负责给每一名受试者报圈数。当听到“停止”信号后，记下受试者所处的地点，丈量所跑的距离。测 1 次，以米为单位记录成绩，不足 1 米的舍去不计。

（二）注意事项

1. 参加测试前受试者应做健康检查，并做好准备活动。
2. 受试者在测试时须穿运动鞋或平底鞋，不得穿钉子鞋、皮鞋、凉鞋。

三、50m × 8 往返跑

（一）测试方法

受试者 2 人一组进行测试。受试者站在起跑线后听到哨声立即起跑，往返 4 次。受试者按逆时针方向绕杆跑，绕杆时不得碰杆或用手扶杆，不得串道。测试人员发出口令的同时开表计时。当受试者跑到终点（胸部与终点线）垂直时停表（图 5–19）。测 1 次，以秒为单位记录成绩，精确至 0.1s。

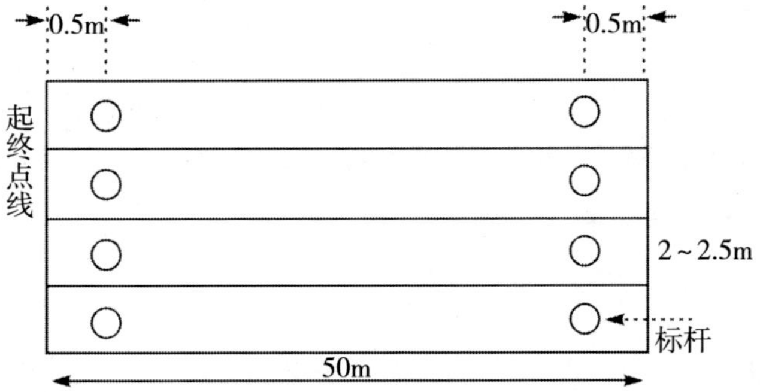

图 5-19　50m×8 往返跑测验示意

（二）注意事项

50m×8 往返跑注意事项与 800m 跑相同。

四、俯卧撑

（一）测试方法

测试前受试者俯身两手撑地，双手分开与肩同宽，双臂伸直，手指向前。同时双足并拢，前脚掌着地，两腿向后伸直，身体保持平直。当测试人员发出“开始”口令后，受试者屈臂使身体平直下降至肩肘同高，然后将身体平直撑起至开始姿势，此时为完成一次俯卧撑。受试者反复做至力竭为止。测 1 次，以次为单位记录其完成次数。

（二）注意事项

1. 受试者如果出现提臀、塌腰、屈膝、臂未伸直，未保持身体平直或身体未下降至肩肘同高时，该俯卧撑动作不算。

2. 1 名测试人员负责 1 名受试者，报数并负责指出错处。

五、引体向上

（一）测试方法

受试者跳起，采用双手正握方式握杠，间距与肩同宽，呈直臂悬垂姿势。身体静止后，两臂同时用力向上引体（身体不得有任何附加动作），当引体上拉躯干到下颌超过横杠上缘，然后还原至直臂悬垂姿势为完成一次。反复做至力竭为止。测 1 次，以次为单位记录其完成次数。

（二）注意事项

1. 横杠较高时，应有相应的保护措施，测试人员要防止伤害事故的发生。

2. 身材较矮的受试者，可以借助外力握杠，但测试时必须自行完成动作。

3. 受试者借助身体摆动或其他附加动作引体时，该动作不算。

六、屈臂悬垂

（一）测试方法

受试者站在凳子上，双手正握（或反握）单杠，屈臂使下颌位于横杠之上，受试者双足离开凳面时开始计时。受试者尽量保持该姿势至力竭为止，当下颌低于横杠上缘时停表。以秒为单位记录持续时间，精确至0.1s。

（二）注意事项

不同的握杠方法（正握、反握）对测试成绩有明显影响，所以测前应统一握法。

【结果分析与评价】

1. 800m跑（女子）或1000m跑（男子）测试所用的时间越短，说明受试者的耐力水平越高。表5–3为我国学生800m跑（女）、1000 m跑（男）的评分标准。

2. 12分钟跑的距离越远，说明受试者心肺功能越好。表5–4为我国与日本、美国男子12分钟跑的评价标准。

表5–3 我国学生800m跑（女）、1000m跑（男）评分标准 单位：s

组别	性别	优秀		良好		及格		差
		20分	17分	16分	15分	13分	12分	10分
初一	男	≤247	248～258	259～278	279～304	305～320	321～351	≥352
	女	≤223	224～233	234～251	252～275	276～290	291～325	≥326
初二	男	≤237	238～247	248～266	267～290	291～307	308～344	≥345
	女	≤220	221～230	231～248	249～270	271～285	286～322	≥323
初三	男	≤228	229～237	238～254	255～275	276～290	291～328	≥329
	女	≤219	220～229	230～245	246～265	266～278	279～315	≥316
高一	男	≤222	223～230	231～246	247～265	266～279	280～314	≥315
	女	≤219	220～228	229～244	245～264	265～277	278～310	≥311
高二	男	≤221	222～230	231～204	205～263	264～274	275～308	≥309
	女	≤220	221～229	230～245	246～265	266～277	278～312	≥313
高三	男	≤219	220～228	229～243	244～262	263～274	275～311	≥312
	女	≤220	221～230	231～247	248～265	266～278	279～310	≥311
大学	男	≤219	220～226	227～240	241～258	259～269	270～304	≥305
	女	≤217	218～225	226～240	241～259	260～270	271～303	≥304

（引自：学生体质健康标准（试行方案）解读，人民教育出版社，2002）

表5–4 中国、日本和美国男子12分钟跑评价标准 单位：m

国别	年龄(岁)	最差	差	一般	良好	优秀
中国	18～25	≤2399	2400～2514	2515～2730	2731～2900	≥2901
日本	18～29	≤1999	2000～2399	2400～2799	2800～3199	≥3200
美国	30岁以下	≤1599	1600～1999	2000～2399	2400～2799	≥2800

（引自：李绍荣，部分大学生体力评定的初步探讨，体育科学，1982）

3. 50m × 8 往返跑所用时间越短，说明受试者的耐力水平越高。表 5–5 为我国学生 50m × 8 往返跑统计结果。

表 5–5　2000 年中国 6~12 岁学生 50m×8 往返跑统计结果

年龄(岁)	男生		女生	
	n(人)	$\bar{x} \pm s$ (s)	n(人)	$\bar{x} \pm s$ (s)
6	5507	140.96 ± 16.72	5535	146.29 ± 16.64
7	9057	133.80 ± 14.80	9004	138.98 ± 14.90
8	9081	127.75 ± 14.39	9014	132.94 ± 14.63
9	9025	122.23 ± 13.66	9013	127.76 ± 13.70
10	9105	117.63 ± 13.70	9152	122.86 ± 13.36
11	8996	114.49 ± 13.80	8970	120.06 ± 13.29
12	8962	112.82 ± 24.79	8998	120.98 ± 25.46

(引自：2000 年中国学生体质与健康调研报告，高等教育出版社，2002)

4. 俯卧撑的次数越多，说明受试者肩臂肌肉的力量耐力越好。表 5–6 为我国成年男子俯卧撑评分标准。

表 5–6　我国成年男子俯卧撑评分表　　　　　单位：次

组别(岁)	1 分	2 分	3 分	4 分	5 分
20 ~ 24	7 ~ 12	13 ~ 19	20 ~ 27	28 ~ 40	>40
25 ~ 29	5 ~ 10	11 ~ 17	18 ~ 24	25 ~ 35	>35
30 ~ 34	4 ~ 10	11 ~ 15	16 ~ 22	23 ~ 30	>30
35 ~ 39	3 ~ 6	7 ~ 11	12 ~ 19	20 ~ 27	>27

(引自：国民体质测定标准手册·成年人部分，人民体育出版社，2003)

5. 引体向上的次数越多，说明受试者的上肢肌群和肩带肌群的力量及动力性力量耐力越好。

6. 屈臂悬垂的时间越长，说明受试者上肢肌群和肩带肌群的静力性力量耐力越好。

【作业与思考题】

什么是耐力素质，如果想了解被试者上肢的力量耐力，请设计出几种简单有效的测试方案。

附注

为了便于学生对测量点的选取，针对实验一、二、三、七的内容，特附有关测量点的介绍。

人体测量点，主要是通过骨结节，隆凸和骨骺的边缘等骨性指标确定的，也有一些是依据皮肤的褶皱、皮肤特殊结构和肌行标志确定的。在体育领域中，常用的人体测量点有：

1. 头顶点：头顶部正中矢状面上最高的一点。

2. 头后点：头后部正中矢状面上最向后的一点。离眉间点最远的一点。

3. 头侧点：头的两侧最向外突出的点。

4. 枕外隆凸点：头后部枕外隆凸的尖端。

5. 眉间点：左右侧眉毛的隆起部在正中矢状面上最向前突出的点。确定此点时，受试者头部必须保持耳眼水平位。

6. 耳屏点：外耳道前方耳屏软骨上缘的起点。

7. 颏下点：头部保持耳眼水平位时，颏部在正中矢状面上最低的一点。

8. 颈点：第七颈椎棘突尖端的点，低头时颈部最突出的一点。

9. 喉结节点：正中矢状面上，喉结节最向前突出的一点。

10. 胸上点：胸骨柄上缘的颈静脉切迹与正中矢状面的交点。

11. 胸中点：左右第四胸肋关节上缘的连线与正中矢状面的交点。

12. 胸下点：胸骨体下缘（和剑突相连的地方）与正中矢状面的交点。

13. 乳头点：乳头的中心点。此点对乳头下垂的女性不能使用。

14. 脐点：脐部中心点。

15. 肩胛骨下角点：肩胛骨下角的最低点。

16. 耻骨联合点：耻骨联合上缘与正中矢状面的交点。

17. 髂嵴点：髂嵴上缘最向下方突出的一点。

18. 髂前上棘点：髂前上棘点最向前下方突出的一点。令受试者弯曲大腿。在腹股沟上方用拇指从下往上按髂前上棘，即可找到此测量点。

19. 肩峰点：肩胛骨肩峰外侧缘上，最向外突出的一点。用拇指和中指沿肩胛冈从后内方向前外方触摸，即容易找到此测量点。

20. 桡骨点：桡骨小头上缘的最高点。在上肢下垂，手掌向内的姿势中，肘关节背面的外侧有一个小凹，在此凹中易找到肱桡关节。确定桡骨小头上沿的最高点即为桡骨点。

21. 桡骨茎突点：桡骨茎突点的最下点。拇指用力外展时，在拇长展肌腱、拇短伸肌腱和拇长伸肌腱之间形成一个三角形的深窝，在此窝底部，用拇指向近侧压摸，容易找到此点。

22. 尺骨茎突点：尺骨茎突最下点。

23. 桡侧掌骨点：第二掌骨小头向桡侧最突出的一点。

24. 尺侧掌骨点：第五掌骨小头向尺侧最突出的一点。

25. 指尖点：中指尖端最向下的一点。

26. 大转子点：股骨大转子最高点。令受试者大腿外展，此时在大转子部位形成一个凹窝，由此易找到测量点。

27. 髌骨中点：髌骨底最高点与髌骨尖最下端连线的中点。

28. 胫骨点：胫骨内髁内缘上的最高点。令受试者膝部弯曲，在膝部髌韧带的内侧，探得股胫两骨之间的凹窝，在用手指触摸胫骨内侧髁上缘，易找到此测量点。

29. 内踝点：胫骨内踝尖端最向下方的点。

30. 外踝点：腓骨外踝最下端的点。

31. 跟点：直立时足跟最向后突出的一点。

32. 外侧跖骨点：第五跖骨小头向外侧最突出的点。

33. 内侧趾骨点：第一跖骨小头向内侧最突出的点。

34. 趾尖点：直立时足趾尖最向前突出的一点，多在拇指或第二趾上。

参考文献

[1] 邵象清. 人体测量手册 [M]. 上海：上海辞书出版社，1985.

[2] 体育学院教材委员会. 体育学院通用教材 体育测量评价 [M]. 北京：人民体育出版社，1995.

[3] 体育测量学基础编写组. 体育测量学基础 [M]. 北京：高等教育出版社，1988.

[4] 孙庆祝. 体育测量与评价 [M]. 北京：高等教育出版社，1990.

[5] 许敬鸿. 体育测量学 [M]. 兰州：甘肃教育出版社，1996.

[6] 刘华，郝文亭. 体育测量与评价 [M]. 第 3 版. 桂林：广西师范大学出版社，2005.

[7] 刘星亮，罗飞虹，张金春，等. 体育测量与评价 [M]. 北京：北京体育大学出版社，2007.

[8] 齐家玉，夏云建，黄元汛. 运动人体科学实验 [M]. 武汉：华中师范大学出版社，2006.

第六章　运动生物力学实验

实验一　原地纵跳实验（验证型实验）

【目的要求】

培养学生运用所学的肌肉生物力学特征、基本力学原理及人体整体动作原理，分析人体基本技术动作，提高分析解决问题的能力。

【基本原理】

人体在做原地纵跳时，纵跳高度与动作技术、肌肉工作条件及肌肉工作的力学效应密切相关，不同动作的技术构成和肌肉工作条件，导致不同的力学效应和运动效果。该实验通过简单实测方法获得不同纵跳形式的高度参数，并对参数进行分析，根据肌肉收缩的力学原理以及肌肉工作的条件对不同纵跳模式的相关参数、动作技术进行分析、评价，确定最佳纵跳技术模式。

【仪器与材料】

5 米皮软尺 10 把，松紧带 10 条，成绩标定板 10 个。

【方法与步骤】

现场实测 3 种不同纵跳方式的高度。

1. 站立开始，迅速下蹲并加摆臂的自由纵跳（方式 1）。
2. 站立开始，两臂置于体后，无摆臂的纵跳（方式 2）。
3. 站立开始，下蹲后保持姿势停留 10 秒，加摆臂的纵跳（方式 3）。

每种方式男、女各做 3 次，求平均值并填表（表 6–1）。

表 6–1　不同纵跳方式的高度记录表

成绩 纵跳方式	第一次	第二次	第三次	平均成绩 $\bar{H}$
方　式 1				
方　式 2				
方　式 3				

用一条松紧带将皮尺系在受试者的腰部，用成绩标定板读出起跳前原始长度 H_1，完成纵跳后，记录皮尺的变化长度 H_2，受试者的实际纵跳高度为 $H=H_2-H_1$，将结果填入上表。

【作业与思考题】

1. 确定合理的纵跳技术模式，写出实验报告。

2. 根据不同方式的纵跳高度，运用肌肉生物力学及人体整体动作技术理论对其结果进行对比分析，并作出评价。

实验二 双脚原地纵跳的力学特征实验分析（综合型实验）

【目的要求】

学习人体运动的动力学特征的测量方法，初步掌握测力台的基本操作程序，根据测量结果分析原地纵跳的动力学特征。

【基本原理】

根据牛顿第三定律，人体在完成纵跳动作时给地面一个压力，地面将同等大的反作用力作用于人体，并使人体产生位移，揭示力是物体运动状态变化的原因的理论。由于人体各环节肌肉用力具有多变性，因此反作用力也将随之变化。反作用力可以通过三维测力台进行定量测定，为分析提供准确参数。

【实验仪器与材料】

三维测力系统。该系统包括测力平台和分析软件两大部分。人体在测力平台做纵跳动作，通过数模转换系统将机械信号转变为电信号，经信号放大，记录信息并通过输出系统输出测试参数。

【方法与步骤】

1. 介绍测力系统的构成及原理，接通系统确定采样频率、采样时间等参数进入工作前状态。

2. 受试者在测力台上完成 3 种姿势的纵跳。（1）由半蹲开始，无反向运动不加摆臂的纵跳，（2）由站立开始不加摆臂的纵跳，（3）由站立开始的加摆臂的自由纵跳。

3. 采样结束后存盘，记录实验结果，打印 3 种纵跳形式的 Fz–t 曲线，记录力的特征参数（表 6–2，图 6–1）。

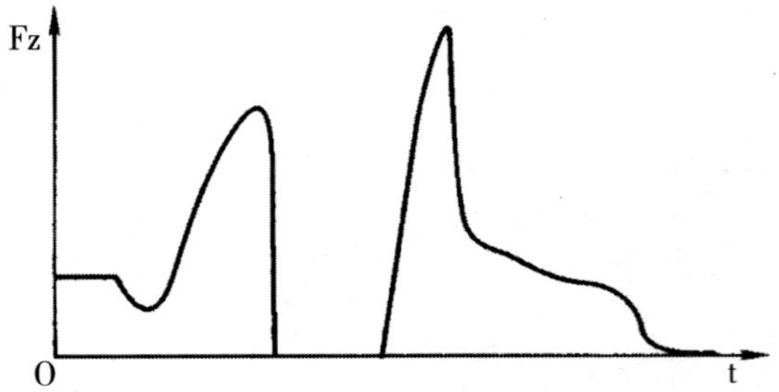

图 6–1 Fz–t 曲线

表 6–2　纵跳实验记录表

测量结果	方式 1	方式 2	方式 3	备注
垂直反向起跳最大力值（N）				
垂直反向起跳冲量（N·s）				
缓冲阶段时间（t_1/s）				
蹬伸阶段时间（t_2/s）				
腾空阶段时间（t_3/s）				
重心腾起最大高度（H/m）				
起跳最大速度（m/s）				

注：按公式 $H=\frac{1}{2}gt^2$，$V_t=gt$ 计算出 3 种纵跳腾起的最大高度和最大速度，将结果填入表内。

4. 在 3 种动作的垂直力曲线图上划分动作阶段，并将各动作阶段的延续时间和起跳垂直力峰值填入记录表。

【作业与思考题】

1. 分析各种不同纵跳动作过程中垂直力曲线的变化规律，区分其差异及产生的原因，确定合理的技术模式。

2. 分析纵跳中摆动与蹬伸协调配合的意义。

3. 写出实验分析报告。

实验三　人体重心一维测定（拓展型实验）

【目的要求】

学习用一维重心测量板测定人体重心的实验方法。对人体不同姿势的重心进行测定，分析影响人体重心的特征及重心位置变化的因素。

【基本原理】

运用静力学力矩平衡原理进行人体重心位置的一维测定（图 6–2）。根据人体静躺在测量板时的体重秤读数，然后再依据力矩平衡方程计算出重心位置。

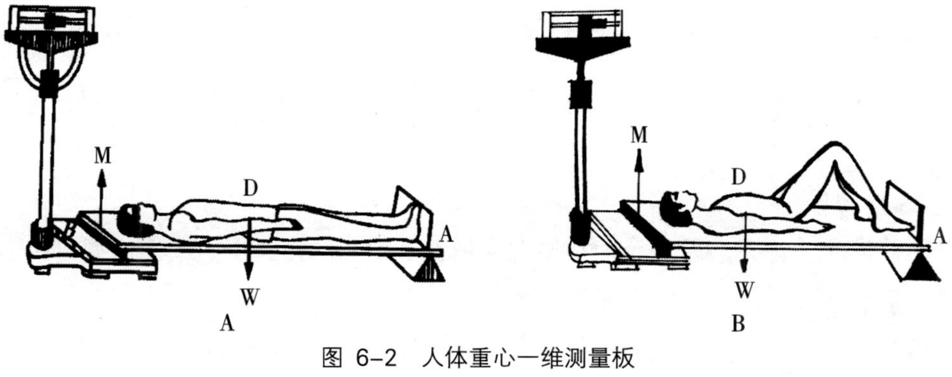

图 6–2　人体重心一维测量板

测定公式：$\sum M_A=0$ (3—1)

$W\times AD-(M-M_0)\times AB=0$ (3—2)

其中：W — 测试对象的体重

AD — 测试对象垂直轴方向重心绝对高度

M_0 — 上板前磅秤的读数

M — 上板后的磅秤读数

AB — 测试对象的身高

$$AD=\frac{M-M_0}{W}\times AB$$

人体重心的相对高度计算公式为：

$$\text{重心相对高度}=\frac{\text{重心绝对高度}}{\text{身高}}\times 100\%=\frac{AD}{h}\times 100\%$$

【实验仪器与材料】

体重秤、身高仪、一维重心测量板。

【方法与步骤】

1. 学生 4 人一组。

2. 赤足测量每人的身高、体重。

3. 被试者以标准解剖姿势平躺在测量板上。一学生读出体重秤读数，另一学生将测定读数记录在表中；然后被试者平躺屈膝，再次测定并记录测定读数于表中。4 个学生交换角色，完成对 4 个人的重心测定工作。

4. 依据实验原理和测量数据结果，分别计算出每个人不同姿势的重心位置和标准解剖位置的相对高度。

【作业与思考题】

根据测量结果描述人体重心的变化特点及其变化的原因，写出实验报告。

实验四 人体重心二维计算测定（验证型实验）

【目的要求】

学习运用分析法（图解法）在运动图片上计算人体重心的方法和原理，深入了解图片解析计算人体重心的基本原理和方法。

【基本原理】

分析法测定人体重心是以合力矩原理为依据，把人体按一定的人体模型看成 14~16 个环节组成的刚体系统。可以事先选定人体模型，依据所确定的模型提供的参数，分别计算出各环节重心，然后相对确定直角坐标系的坐标轴进行力矩合成。公式如下：

$$X_c=\frac{\sum_{i=1}^{n}P_iX_{ci}}{p} \qquad Y_c=\frac{\sum_{i=1}^{n}P_iY_{ci}}{p} \qquad (4\text{–}1)$$

式中 X_c、Y_c 是人体总重心在坐标系 OXY 中的相应坐标值，X_{ci}、Y_{ci} 是人体各环节在同一参考坐标系中的相应坐标值，P_i 是各环节的重量，n 是计算总重心坐标时所取的环节总数，P 是人体总重量，若把 P 看成 i，则 P_i 为相对重量，那么，公式可以简化为：

$$X_c=\sum_{i=1}^{n}P_iX_{ci} \qquad X_c=\sum_{i=1}^{n}P_iY_{ci} \qquad (4\text{–}2)$$

【实验仪器与材料】

运动技术照片一张、直尺、坐标纸。

【方法与步骤】

1. 建立直角坐标系。
2. 确定各关节重心点。
3. 连接关节点构成人体单线图。
4. 测量各环节的长度，填入预制表格内。
5. 根据选定的人体模型环节半径系数，测定各环节的重心位置和坐标，并将其填入表内。
6. 根据选定的人体模型各环节相对重量及各环节重心坐标，分别求出 P_iX_i、P_iY_i，填入表格内。
7. 根据公式求出人体全部环节重心：

$$\sum_{i=1}^{n}P_iX_i \qquad \sum_{i=1}^{n}P_iY_i$$

此即为人体总重心 X_c、Y_c

8. 在图中标出 X_c、Y_c（图 6–3）。

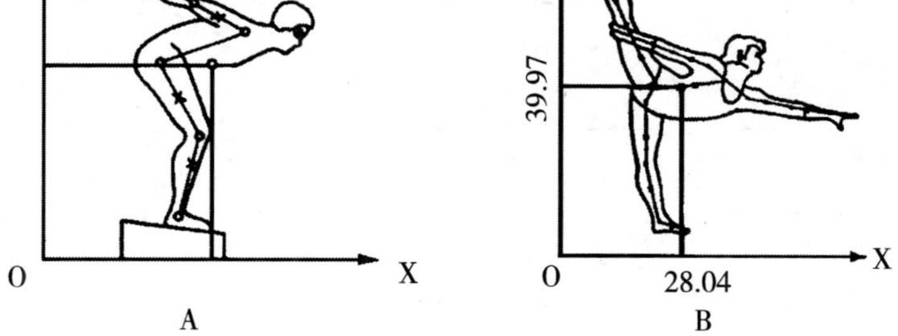

图 6–3　根据照片计算人体重心

表 6–3　分析法计算人体重心记录表

环节	环节重心坐标 X　　Y	相对重量	*PX*	*PY*	备注
头		0.07			
躯干		0.43			
上臂（左）		0.03			
上臂（右）					
前臂（左）		0.02			
前臂（右）					
手　（左）		0.001			
手　（右）					
大腿（左）		0.12			
大腿（右）					
小腿（左）		0.05			
小腿（右）					
足　（左）		0.02			
足　（右）					
合计			ΣPX	ΣPY	

注：布拉温·菲舍尔 14 环节法。

表 6–4　人体各环节相对重量和环节重心半径系数

环节	环节相对重量 男（两侧）	环节相对重量 女（两侧）	环节重心半径系数 男	环节重心半径系数 女
头	0.044	0.037	0.63	0.63
颈	0.033	0.026	0.50	0.50
躯干	0.479	0.487	0.52	0.52
上臂	0.053	0.051	0.46	0.46
前臂	0.030	0.026	0.41	0.42
手	0.018	0.012	0.50	0.50
大腿	0.200	0.223	0.42	0.42
小腿	0.107	0.107	0.41	0.42
足	0.038	0.030	0.50	0.50

注：松井秀治 15 环节法。

表 6–5 各环节重心及合成重心半径系数

项目	环节	男子	女子
各环节重心	头	0.63	0.63
	颈	0.50	0.50
	躯干	0.52	0.52
	上臂	0.46	0.46
	前臂	0.41	0.42
	手	0.50	0.50
	大腿	0.42	0.42
	小腿	0.41	0.42
	足	0.50	0.50
合成重心	头 + 颈	0.46	0.45
	躯干 A（头 + 颈 + 躯干）	0.63	0.64
	躯干 B（头 + 颈 + 躯干 + 上肢）	0.65	0.64
	上肢（上臂 + 前臂 + 手）	0.46	0.44
	前臂 + 手	0.48	0.46
	下肢（大腿 + 小腿 + 足）	0.42	0.39
	小腿 + 足	0.51	0.50
	全身	0.46	0.47

* 重心半径系数是指由环节近侧端至环节重心位置的相对距离。

注：松井秀治 15 环节法。

表 6–6 测定人体各环节重心位置的人体测量标志点

环节名称	标志点
足	足部趾点
小腿	胫骨上点
大腿	髂骨前点
手	中指掌指关节点
前臂	茎突点
上臂	桡骨点
头	颅顶点
躯干上部	第七颈椎棘突
躯干中部	胸骨下沿
躯干下部	脐上沿

注：扎齐奥尔斯基 16 环节法。

表 6-7　根据身高（X_2）和体重（X_1）计算人体各环节重量的回归方程

$(Y = B_0 + B_1X_1 + B_2X_2)$

环节名称	B_0	B_1	B_2	R	δ
足	−0.820	0.0077	0.0078	0.702	0.101
小腿	−1.592	0.03616	0.0121	0.872	0.219
大腿	−2.649	0.1463	0.0137	0.891	0.721
手	−0.1165	0.0036	0.00175	0.516	0.0629
前臂	0.3185	0.01445	−0.00114	0.786	0.101
上臂	0.250	0.03012	−0.0027	0.884	0.178
头	1.296	0.0171	0.0143	0.591	0.322
躯干上部	8.2144	0.1862	−0.0584	0.798	1.142
躯干中部	7.181	0.2234	−0.0663	0.828	1.238
躯干下部	−7.498	0.0976	0.04896	0.748	1.020
说明	计算示例：受试者体重 70kg，身高 173cm，则小腿重量为： $Y = -1.592 + 0.03616 \times 70 + 0.0121 \times 173 = 3.03kg$ R—多重相关系数；δ—回归方程公差				

注：扎齐奥尔斯基 16 环节法。

【作业与思考题】

用 14 环节法和 16 环节法分别计算燕式平衡和弓箭步（两手叉腰）的重心位置（提供动作照片）。

实验五　测定人体局部肢体重心（验证型实验）

【目的要求】

掌握根据运动照片测定人体部分环节重心的原理和方法。

【基本原理】

环节重心位置比较恒定，其位置在环节的纵轴上，可以根据环节长度与该环节重心半径系数求得。但多个环节的合重心位置却因各环节之间的位置而异。要确定多个环节的合重心位置，可以根据共面平行力的合成方法，即两个力的作用点的连线上某一点，该点到两力作用点的距离之比等于此两力的反比（图 6-4），即：

$$\frac{F_1}{F_2} = \frac{CB}{AC} \qquad (5\text{-}1)$$

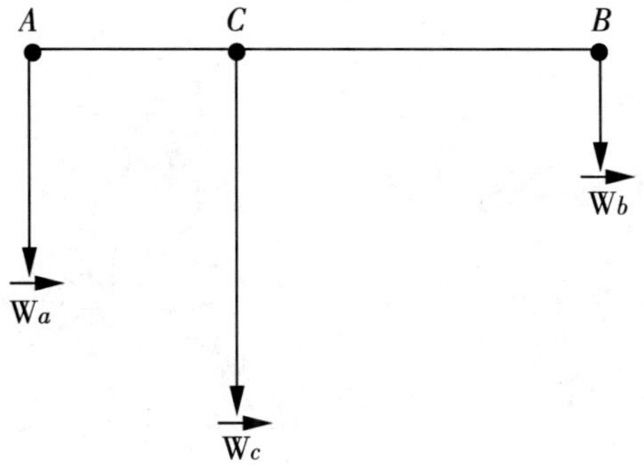

图 6–4　图解法求环节合重心

【实验仪器与材料】

人体部分肢体放大照片，米尺、人体参数表。

【方法与步骤】

1. 根据人体体育动作底片选取某一肢体，制成放大照片。
2. 在照片上标记出各主要关节点。
3. 测量、记录各环节长度。
4. 根据环节重心半径系数和测得的环节长度计算并确定各环节重心位置，记录在照片上。
5. 根据实验原理：$\frac{F_1}{F_2}=\frac{CB}{AC}$，计算出单个或多个环节合重心位置，并在照片上标出。

【实验作业】

用该方法分别求出屈臂动作（前臂和上臂）、屈膝动作（小腿和大腿）的合重心位置（提供动作照片）。

实验六　人体静止状态稳定角确定（验证型实验）

【目的要求】

通过实验使学生掌握静态中人体稳定角的确定方法，了解人体不同姿势不同方向稳定角的方向稳定性及其技术价值，并根据技术动作要求作出客观评价。

【基本原理】

根据稳定角的定义，在实际运动技术图片上准确标注相应的稳定角，并根据技术要求对平衡动作的稳定程度作出判断（图 6–5）。

【实验仪器与材料】

人体静态动作技术图片，铅笔、直尺、量角仪。

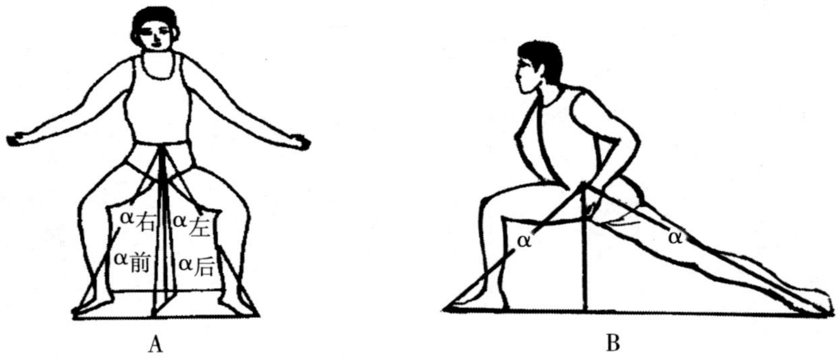

图 6-5　静平衡状态人体稳定角示意

【方法与步骤】

1. 拍摄人体静态动作技术照片。
2. 在给定的技术图片上利用计算法确定人体重心位置。
3. 用直尺画出重心垂线及重心至支撑边界点的连线。
4. 用量角仪确定相应方向的稳定角。

【作业与思考题】

1. 分析影响人体动作稳定性的因素有哪些？
2. 分析不同姿势不同方向稳定角的稳定性、技术特征与功能。
3. 分析篮球运球过人时攻、防队员稳定角的变化特点，评价突破过人的可能性。

实验七　不同跑速时步长与步频关系实验（拓展型实验）

【目的要求】

通过实验使学生加深理解速度概念的物理意义，初步掌握测定平均速率的方法。了解在不同跑速情况下的步长和步频的变化规律。

【基本原理】

跑速＝步长 × 步频

步频＝步数 / 时间

【实验仪器与材料】

计时秒表、20m 卷尺。

【方法与步骤】

一、不同跑速时步长与步频的关系

1. 受试者以慢速、中速、快速和最高速度分 4 次跑完 20m，在 20m 始端加 15m 预跑距离，以便进入 20m 跑道后能以匀速跑完全程。记录 20m 跑的时间和步数。5 人为一个实验组，计时、发起跑信号、计步数、记录和受试人员各一人，轮流司职。上述结果填入表 6–8。

表 6–8　不同跑速时步长与步频记录表

项目	时间(s)	步数(次)	速度(m / s)	步长(m)	步频(步数 / s)	备注
慢速						
中速						
快速						
最高速度						

2. 根据运动学公式，分别计算每次跑的速度、步长、步频，并将结果填入上表。

3. 绘制步长与步频关系图。根据记录采集的数据和计算结果，绘制不同跑速情况下的步长和步频关系图。

二、20m 快跑

由站立式起跑开始，测定 20m 跑的最高速度。记录时间、步数，计算出速度、步长和步频。

【作业与思考题】

1. 速度增加时，你的步长与步频是如何变化的?
2. 比较一、二两个实验中，最高速度的差别是什么?
3. 根据文献，世界优秀短跑运动员在最高速度时，步长约等于 1.014 倍的身高。计算出你的最高速度时，步长与身高之比，进行比较评价。
4. 你认为短跑运动员在速度增加时，步长与步频应该如何变化为宜?
5. 写出实验报告。

实验八　茹科夫转椅试验——动量矩守恒定律验证（演示型实验）

【目的要求】

通过实验加深理解动量矩守恒定律的使用条件，充分认识人体运动时的生物学特征，了解角速度和转动惯量的相互关系。

【基本原理】

茹可夫转椅是由底座、丝杠和座椅三部分组成的转动装置，丝杠与座椅呈光滑连接(忽略转轴摩擦力和空气阻力)，用于进行动量矩守恒定律实验验证。

动量矩守恒定律公式：$I_0\omega_0=I_t\omega_t$ (8-1)

【实验仪器与材料】

茹可夫转椅。

【方法与步骤】

实验对象坐在转椅上，手持哑铃两臂侧平举，借助外力转动转椅，获得初始速度。实验对象在转动过程中将两臂重复做平举和收至体侧动作，观察动作更换时角速度的变化特点（图 6-6）。两臂平举做支撑单脚转动，在转动过程中将两臂收至体侧，观察动作更换时角速度的变化特点（图 6-7）。

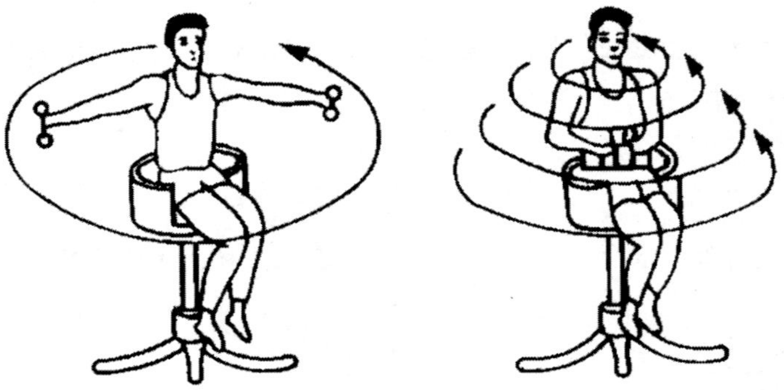

图 6-6 茹可夫转椅

图 6-7 单脚支撑转动

【作业与思考题】

1. 对验证现象进行描述。
2. 分析不同动作角速度变化的原因。

实验九 人体转动惯量测量（演示型实验）

【目的要求】

学习用物理摆的方法测定人体转动惯量，测量和分析人体在各种不同姿势下相对于通过身体质心轴的转动惯量，掌握人体转动惯量的特点及生物学特征，加深对人体转动动作可控性的理解。

【基本原理】

人体转动惯量的测定方法比较多，物理摆法为一种比较典型的测定方法。物理摆法也被称之为复摆法，是在重力作用下绕不通过质心的水平定轴摆动的刚体。物理摆的摆动周期 T 同它的质量 m、质心到悬轴的距离 L 以及相对于转轴的转动惯量 I 有关，其关系式为：

$$T=2\pi\sqrt{\frac{I}{mgL}} \qquad (9\text{–}1)$$

利用物理摆（秋千）来测定转动惯量。根据（9–1）式可得转动惯量公式：

$$I_0=T_0^2\frac{m_0gL_0}{4\pi^2} \qquad (9\text{–}2)$$

式中 I_0 为秋千的转动惯量，m_0、L_0 分别为秋千的质量和秋千质心到转动轴之间的距离，T_0 为秋千的自由摆动周期，$\pi=3.14$；$g=9.81\text{m}/\text{s}^2$。

当人站到秋千上，“人—秋千”系统的质心到秋千转动轴的距离为：

$$L'=\frac{L_0m_0+Lm}{m_0+m} \qquad (9\text{–}3)$$

式中 L' 为系统质心到转动轴的距离。

L 为所测定的姿势下人体质心到秋千转动轴之间的距离，m 是人体的质量。“人—秋千”系统的转动惯量可按下列公式求出：

$$I'=T'^2\frac{(m_0+m)L'g}{4\pi^2} \qquad (9\text{–}4)$$

式中 I' 为“人—秋千”系统相对于秋千转动轴的转动惯量；T' 为“人—秋千”系统的摆动周期；“人—秋千”的转动惯量是秋千转动惯量同人体转动惯量之和：

$$I'=I_0+I \qquad (9\text{–}5)$$

所以人体相对于秋千转动轴的转动惯量为：

$$I=I'-I_0 \qquad (9\text{–}6)$$

人体相对于通过自身质心且平行于秋千转轴的转动惯量 I_{wc}，可按平行轴定理计算：

$$I_{wc}=I-mL^2 \qquad (9\text{–}7)$$

【实验仪器与材料】

一个专门用于测定人体转动惯量的测试框架，用轴承悬于水平轴上。框架下方固定一个平板供人站立（图 6–8）。秋千上方装有测定秋千转动角度装置和秒表。秋千已知数据为 m_0、L_0 和 H（平板到转动轴之间的距离）。

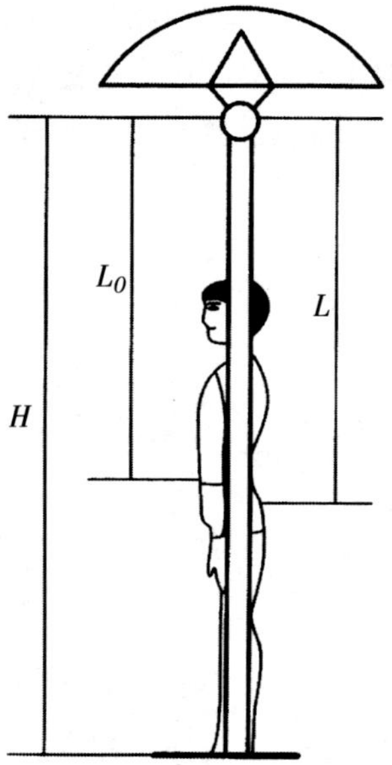

图 6–8　测定人体转动惯量的装置

【方法和步骤】

1. 将秋千推至偏离平衡 10 ～15° 位置，使其自由摆动，测量 10 次摆动的时间，计算每次摆动的平均时间为秋千的摆动周期 T_0。

2. 按公式 $I_0=T_0^2\dfrac{m_0gL_0}{4\pi^2}$ 计算秋千的转动惯量 I_0。

3. 测定受试者的质量 m 和所研究的姿势下身体质心到秋千转动距离 L。

4. 按公式 $L'=\dfrac{L_0m_0+Lm}{m_0+m}$ 计算出“人—秋千”系统质心到秋千转轴之间的距离 L'。

5. 受试者根据测定姿势登上秋千平板。重复步骤 1。

6. 按公式 $I'=T'^2\dfrac{(m_0+m)L'g}{4\pi^2}$ 计算出“人—秋千”系统相对于秋千转轴的转动惯量 I'。

7. 按公式 $I=I'-I_0$ 计算出人体相对于秋千转轴的转动惯量 I，并按公式 $I_{wc}=I-mL^2$ 计算出人体相对于通过自身质心且平行于秋千转轴的转动惯量 I_{wc}。根据研究任务变换姿势重复上述各项测量和计算步骤。将结果填入表 6–9。

表 6–9　人体转动惯量测试登记表

姿势	I_0	L	T_0	T'	I'	I	I_{wc}

【作业与思考题】

1. 人体转动惯量与刚体转动惯量的主要区别是什么？
2. 人体肢体动作和姿势变化对相应转轴的转动惯量及转动角速度变化产生哪些影响？

实验十　绘制运动中人体点的轨迹（综合型实验）

【目的要求】

了解人体运动的运动学特征，掌握人体运动电影图片绘制点的轨迹方法。

【基本原理】

按照运动生物力学影像测量要求拍摄的影片，记录了人体在空间和时间中的运动，反映了人体运动的空间特征、时间特征和时空特征等信息，是分析体育运动动作的重要依据。

将人体运动动作拍摄成影片，再把各幅影片上人体特定点（各关节中心）标记在坐标系中，按时间顺序把各点连结成圆滑曲线，形成人体特定点的运动轨迹。

【实验仪器与材料】

一组按照运动生物力学影像测量要求拍摄的反映运动动作的（短跑运动）高速摄影影片，米尺、坐标纸。

【方法与步骤】

1. 按时间顺序给照片编号。
2. 在各幅照片上建立统一坐标系，并标记人体某一点（如髋关节中心点）。
3. 测量各幅照片上人体某点的坐标值，按一定比例放大移至在坐标纸上。
4. 按时间顺序将各点连成光滑曲线。
5. 选取其他关节中心点，重复步骤 3、4。

6. 观察曲线形状。

【作业与思考题】

1. 实验结果反映了哪些运动学特点？
2. 试描述轨迹反映的运动学特点？
3. 根据轨迹变化特点对运动员的技术作出评价。

实验十一 绘制人体运动技术特征图（综合型实验）

【目的要求】

学习根据电影照片绘制人体运动技术特征图的方法，根据运动技术特征图对运动技术动作进行初步分析。

【基本原理】

电影图片记录了人体运动的连续过程，根据人体解剖位置将影片上人体主要各关节点标记出来，按一定顺序连结各关节点构成人体运动技术特征图（表 6–10）。从而直观反映出人体各环节的相对位置和主要关节的角度。此为初步分析运动学特征的重要依据。

表 6–10　绘制人体运动技术特征图记录表

片号	头		肩		肘		手		髋		膝		踝		趾	
	X	Y	X	Y	X	Y	X	Y	X	Y	X	Y	X	Y	X	Y
1 左																
右																
2 左																
右																
3 左																
右																
4 左																
右																
…																

【实验仪器与材料】

按照运动生物力学影像测量要求拍摄的短跑一个复步的高速摄影放大照片，大头针、裁纸刀、铅笔、三角尺、坐标纸、制图板。

【方法与步骤】

1. 按时间顺序给照片编号。
2. 在照片上选定并建立统一的平面直角坐标系。

3. 在各幅照片上依次标记各关节点的位置，按环节将关节点以直线连接，构成运动简图，并移至到坐标纸上。

4. 在坐标纸上建立坐标系，将前面绘制的各幅运动简图按适当比例移至在坐标纸上。

【作业与思考题】

根据绘制的人体运动简图，描述人体的运动学特点和整体技术构成，观察不同动作阶段的运动学特点及技术特征。

实验十二 测定短跑途中跑人体确定点运动速度随时间的变化（综合型实验）

【目的要求】

学习、掌握利用高速摄影图片测定人体运动时瞬时速度的方法，了解短跑运动中不同动作时相的速度变化特点。

【基本原理】

点的平均速度$\bar{V}=\dfrac{S}{\Delta t}$，当$\Delta t\rightarrow 0$时，$V(t)=\lim\limits_{\Delta t\rightarrow 0}\dfrac{\Delta s}{\Delta t}$，$V$为瞬时速度。高速摄影的图片中，任意画面（K）某点对应时刻的瞬时速度为$V_K=\dfrac{X_{K+1}-X_{K-1}}{\Delta t}$。根据第K（任一）幅画面的前一幅画面K−1和后一幅画面K+1幅某点的坐标计算其位移，时间间隔Δt则由摄影频率确定，摄影频率为n，单位：幅／秒，时间间隔为：

$$\Delta t=\frac{1}{n}\left[K+1-(K-1)\right]=\frac{2}{n} \qquad (12\text{–}1)$$

当摄影频率较高时，$\Delta t\rightarrow 0$，平均速度趋近于瞬时速度$\bar{V}\rightarrow V_K$。

【仪器与材料】

一组按照运动生物力学影像测量要求拍摄的短跑的一个复步的高速摄影放大照片、大头针、裁纸刀、铅笔、三角尺、坐标纸、制图板。

【方法与步骤】

1. 按时间顺序给照片编号。

2. 在照片上选定并建立统一的平面直角坐标系。

3. 在各幅照片上依次标记各关节点的位置，按环节将关节点以直线连接，构成运动简图，并移至到坐标纸上。

4. 选定相应的研究点，测定出点的坐标（x、y），依次类推。

5. 根据 $V_K=\frac{X_{K+1}-X_{K-1}}{\Delta t}$，计算各幅照片对应时刻的瞬时速度。

式中 Δt 可根据 $\Delta t=\frac{1}{n}[K+1-(K-1)]=\frac{2}{n}$ 计算。

6. 求出各幅影片对应时刻的瞬时速度绘制出 v—t 曲线。

7. 观察确定点的速度随时间的变化规律。

【作业与思考题】

1. 观察分析膝关节中心点、肘关节中心点的速度—时间曲线特征。
2. 对运动员上下肢摆动技术作出简单评价，并提出改进的办法。

实验十三 测定短跑途中跑人体重心运动速度随时间的变化（验证型实验）

【目的要求】

学习及基本掌握根据高速摄影照片测定人体重心速度的方法，观察短跑重心速度变化特点与规律。

【基本原理】

基本原理同实验十二。

【实验仪器与材料】

仪器与实验十二相同。

【方法与步骤】

1. 按时间顺序给照片编号。
2. 在照片上选定并建立统一的平面直角坐标系。
3. 求出每幅照片上的人体重心位置（也可将髋关节中心近似视为人体重心位置），并测定出其坐标值（x、y）。
4. 测定重心速度，方法同实验十二，并绘制重心变化曲线图。
5. 观察重心的速度随时间的变化规律。

【作业与思考题】

1. 观察分析人体重心的速度—时间曲线特征。
2. 观察后蹬、腾空、前蹬及支撑缓冲动作阶段重心速度变化特征。
3. 绘制人体重心的速度、加速度矢量图。
4. 对运动员技术做出简单评价，并提出改进的办法。

实验十四　测定短跑途中跑人体关节角随时间的变化（综合型实验）

【目的要求】

学习及基本掌握根据高速摄影照片测定运动中人体关节角及绘制关节角变化曲线的方法，并根据变化特点对运动技术进行评价。

【基本原理】

关节角是以人体相邻两个环节形成的夹角，通常以两个环节纵轴方向的夹角为关节角。在确定基准线后可用量角仪直接在图片上测定。对于动态影片图像而言，每幅画面的关节角都会随时间变化呈现关节角变化特征，并可用绘制关节角—时间变化曲线，以作为运动动作技术评价的重要参数。

【实验仪器与材料】

一组按照运动生物力学影像测量要求拍摄的短跑的一个复步的高速摄影放大照片，三角尺、量角器、坐标纸、制图板。

【方法与步骤】

1. 按时间顺序给照片编号。
2. 在照片上选定并建立统一的平面直角坐标系。
3. 用量角器测量各幅照片上指定的关节角，并作出记录。
4. 根据测量数据绘制关节角—时间曲线。

【作业与思考题】

1. 绘制髋关节角度变化曲线。
2. 描述髋关节角—时间曲线特征。
3. 根据曲线变化特征对运动员髋部技术进行简单评价，并提出改进意见。
4. 写出实验十至实验十四的综合实验报告。

实验十五　步态的运动学测定（综合型实验）

【目的要求】

通过测量了解人体常速走的运动学特点，掌握平面摄像测量方法。

【基本原理】

按照运动生物力学影像测量要求拍摄人体常速走的动作，运用解析软件对录像资料进行解析，获得走动中各步态时相的运动学参数，作为了解分析人体常速走运动学特征的依据。

【实验仪器与材料】

摄像机、三脚架、标杆、影像分析系统。

【方法与步骤】

1. 架设摄像机，拍摄距离 6 米左右，主光轴对准髋关节中心。
2. 设置标志杆和比例尺或系统坐标框架。
3. 确定拍摄范围（1～2 个复步），以反应人体完整的走动技术。
4. 解析录像，从中获取步态运动学特征参数。
5. 显示、打印步态运动学参数及曲线图。

【作业与思考题】

1. 前蹬、支撑缓冲、后蹬各动作时相的速度特征。
2. 前蹬、支撑缓冲、后蹬各动作时相的关节角度随时间的变化特征。
3. 前蹬、支撑缓冲、后蹬各动作时相的人体重心的变化特征。

实验十六 步态的动力学测量（拓展型实验）

【目的要求】

通过人体常速走的测量了解其动力学特征，学习及基本掌握三维测力系统的使用方法。

【基本原理】

常速走是一般人体走动的基本形式。在行走中地面对人体的支撑反作用力随时间变化其大小、方向都会发生变化。三维测力系统把支撑反作用力分解为 3 个方向的分力，并提供测定结果，还可以测定对 x，y，z 3 个坐标轴方向的力矩，比较全面地反映了力随时间的变化特点。测力系统的传感器分为电阻应变式传感器和压电晶体式传感器两种。

【实验仪器与材料】

三维测力系统（含三维测力平台、计算机系统和分析软件），打印纸。

【方法与步骤】

1. 启动软件，设置测试参数。

2. 人体在测力平台上走动，左右脚各踏上测力平台上一次，分别记录和保存测试数据。

3. 通过软件分析数据并形成相关曲线。

【作业与思考题】

1. x，y，z 方向力—时间曲线各有何特点？
2. 曲线上的波峰和波谷各代表步态的哪个动作阶段？
3. 前后方向上的冲量图有何特点？
4. 力矩—时间曲线有何特点？
5. 比较左右脚力—时间曲线、冲量图及力矩—时间曲线的异同点。

参考文献

[1] 运动生物力学教材编写组. 运动生物力学 [M]. 北京：人民体育出版社，1990.
[2] 运动生物力学教材编写组. 运动生物力学 [M]. 北京：高等教育出版社，1988.
[3] 运动生物力学编写组. 运动生物力学 [M]. 第3版. 北京：高等教育出版社，2001.
[4] 李建设，赵焕彬. 运动生物力学 [M]. 第2版. 北京：高等教育出版社，2008.
[5] 李建设，赵焕彬. 运动生物力学实验 [M]. 第2版. 北京：高等教育出版社，2008.
[6] 郑秀瑗，等. 现代运动生物力学 [M]. 北京：国防工业出版社，2007.